Lorenz Knorr
Gegen Hitler und Henlein

Lorenz Knorr

Gegen Hitler und Henlein

Antifaschistischer Widerstand
unter den Sudeten und in der Wehrmacht

Mit einem Vorwort von Arno Klönne

PapyRossa Verlag

© 2008 by PapyRossa Verlags GmbH & Co. KG, Köln
Luxemburger Str. 202, D–50937 Köln
Tel.:   ++49 (0) 221 – 44 85 45
Fax: ++49 (0) 221 – 44 43 05
E-Mail: mail@papyrossa.de
Internet: www.papyrossa.de

Alle Rechte vorbehalten

Umschlag: Willi Hölzel
Druck: Interpress

Die Deutsche Bibliothek verzeichnet diese Publikation in der Deutschen Nationalbibliografie; detaillierte bibliografische Daten sind im Internet über http://dnb.ddb.de abrufbar

ISBN 978-3-89438-390-9

Inhalt

Vorwort von Arno Klönne — 7
Zu diesem Buch — 9

Teil I

Was tun gegen die politische Irreführung der Menschen? — 12
Gemeinsam wollten wir die ČSR verteidigen — 25
»Ich brachte Antifa-Material illegal über die Grenze« — 31
Wochenend im Kneipelbachtal — 43
Nazi-Überfall auf unser Zeltlager — 63
Heiteres Schicksal in schwerer Zeit (1936) — 66
Arbeiter-Kultur und politischer Kampf — 67
Vorbereitung auf illegalen Antifa-Kampf — 74
Die Stimmung im Egerland — 88
Verlorener Kampf ohne Kapitulation — 92
1938 – Nach einer weiteren historischen Niederlage — 101
Begrenzte Sabotage im Rüstungs-Betrieb — 110
Der fanatische Hitler-Anbeter Albert — 117
Unfreiwilliger Kuss – mit folgender Diskussion — 124
Soldat werden – und aktiver Antifaschist bleiben — 132
Letzter gemeinsamer Treff der Antifa Eger — 137
»Ihr werdet gebraucht – für die Zeit nach Hitler« — 143
Kooperation deutscher und polnischer Antifaschisten — 158
Ein Funk-Offizier als Hitler- und Nazigegner — 160
Verbrecherische Befehle und kluge Generalstäbler — 169
Aufklärungs-Lichtblitze durch politische Witze — 181
Das erzählten sich nicht nur Antifaschisten — 187
Die größte Freude für die Deutschen — 188
Anfrage aus London nach der Stimmung der Deutschen — 189
Der schwer verwundete polnische Partisan — 194
Zufälliger Antifa-Treff in Wiesbaden — 200
Zur Zukunft Europas nach dem Krieg — 212
Unsere nicht-dechiffrierte Geheimschrift — 235

Teil II

Weltbild und persönliche Verantwortung als Motivation ... 240
Hitlers Plan – Henleins Partei ... 248
Die »Aktion Ullmann« 1946 ... 281
Europäische Fundamente und Perspektiven ... 291
Nationalismus als Ursache der »Vertreibung«? ... 301

Lorenz Knorr (*1921 in Eger, jetzt Cheb) wurde nach dem Einmarsch der Nazi-Truppen 1938 wegen seiner antifaschistischen Tätigkeit inhaftiert. Nach seiner Entlassung und auch nach seiner Einberufung in die Wehrmacht setzte er seine Widerstandsaktivität fort. Wegen »Wehrkraftzersetzung« kam er 1942 vor ein Kriegsgericht, dann in eine Strafkompanie in Afrika. Später im besetzten Polen fand er neue Möglichkeiten zur antifaschistischen Tätigkeit. Nach 1945 siedelte er mit seinen Eltern im Rahmen eines Antifa-Transportes nach Südbayern aus. Bis heute ist Lorenz Knorr in vielfältigen Funktionen in antifaschistischen und antimilitaristischen Organisationen und als Autor und Publizist tätig. Von 1963 bis 1967 stand er vor BRD-Gerichten, weil er die Vergangenheit der damals an der Spitze der Bundeswehr stehenden Generäle enthüllt und sie als mitschuldig am Massenmord und an schwersten Kriegsverbrechen attackiert hatte. In mehr als 20 Büchern und zahlreichen Broschüren sowie Zeitzeugengesprächen gibt Lorenz Knorr sein Wissen und seine Erkenntnisse an die jüngeren Generationen weiter.

Vorwort von Arno Klönne

Im öffentlichen Bewusstsein der Bundesrepublik heute ist der Kenntnisstand zur Vorgeschichte Tschechiens und der Slowakei, zur Historie des von 1918 bis 1993 mit erzwungener Unterbrechung bestehenden Staates Tschechoslowakei also, erstaunlich gering. Bemerkenswert wenig wird an ein Land erinnert, dessen kulturelles und politisches Leben eng mit den Verhältnissen in Deutschland verknüpft war, und dies nicht nur deshalb, weil dort bis 1945 eine große deutschsprachige Bevölkerungsgruppe mit tschechoslowakischer Staatsangehörigkeit existierte. Zumeist gilt die gegenwärtige deutsche Erinnerung an die Tschechoslowakei ressentimenthaft nur einem bestimmten geschichtlichen Vorgang; dass nämlich nach dem Ende des »Großdeutschen Reiches« die sogenannten Sudetendeutschen gezwungen wurden, das Land zu verlassen, durch den Willen der tschechoslowakischen Staatsführung, durchaus im Einverständnis mit den Regierungen jener Staaten aber, die einen Abwehrkrieg gegen Hitlerdeutschland geführt und gewonnen hatten.

Bis heute hin betreibt die nach 1945 in Westdeutschland gegründete »Sudetendeutsche Landsmannschaft« eine Geschichtspolitik, die historisch-politische Ursachen dieser erzwungenen Umsiedlung verdeckt und zu der demagogischen Legende beiträgt, da sei von »den Tschechen« so etwas wie ein »Völkermord« initiiert worden. Demgegenüber sind erst einmal einige Grundsachverhalte des Verhältnisses zwischen der Tschechoslowakei und Deutschland ins Gedächtnis zu bringen: Ab dem Jahre 1933 grenzten hier zwei Staaten aneinander, die sich in ihrem politischen System prinzipiell unterschieden: Hier – trotz aller inneren Konflikte und Probleme – eine lebensfähige parlamentarische Demokratie, dort ein faschistischer Führerstaat, mit expansiven Absichten. Die Tschechoslowakei bot übrigens, solange sie frei war, vielen deutschen politischen Flüchtlingen und Verfolgten des Nazi-Regimes Zuflucht. Bis 1933 war in der deutschsprachigen Bevölkerungsgruppe im tschechoslowakischen Terrain der Einfluss der Nationalsozialisten schwach; zur Zeit des »Dritten Reiches« wurde dann die »Sudetendeutsche Partei« unter Konrad Henlein zu einer starken Kraft, die »völkisch« – großdeutsche Ziele vertrat und auf die Zerstörung der tschechoslowakischen demokratischen Republik ausgerichtet war. Diese »sudetendeutsche« Politik entsprach den Interessen Hitlerdeutschlands und wurde völkerrechtswidrig von der »reichsdeutschen« Machtelite auf vielfältige Weise gefördert. Im Jahre 1938 ging dann das »Dritte Reich« zur direkten Aggression über. Im ersten Schritt wurden die »Sudetengebiete« dem tschechoslowakischen Staat entrissen und dem »Reich« einverleibt. Durchsetzbar war das, weil die Regierungen

Großbritanniens und Frankreichs den tschechoslowakischen Staat im Stich ließen und den »großdeutschen« Zugriff billigten; wahrscheinlich war dabei das Kalkül im Spiel, Hitlerdeutschland als möglichen Partner im Konflikt mit der Sowjetunion bei Laune zu halten. Damit waren die Tore für den Vorstoß des »Dritten Reiches« gen Osten geöffnet. Im zweiten Schritt zerschlug »Großdeutschland« das restliche tschechoslowakische Staatsgebilde; im Frühjahr 1939 rückte die Wehrmacht in Tschechien ein, das als »Reichsprotektorat Böhmen und Mähren« deutscher Herrschaft unterworfen wurde. Die Slowakei erhielt eine Scheinselbständigkeit als Staat unter deutscher Vormacht. Die Mehrheit der deutschsprachigen Bevölkerungsgruppe in der Tschechoslowakei hatte sich zum Instrument machen lassen für den Prozess der Zerschlagung eines demokratischen Staates und der imperialistischen Ausdehnung hitlerdeutscher politischer Gewalt.

Aber in dieser Geschichte gab es, was die sogenannten Sudetendeutschen angeht, auch eine entgegengesetzte, widerständige Linie, und darüber berichtet die hier vorgelegte dokumentarische Darstellung von Lorenz Knorr. Sie vergegenwärtigt ein nahezu vergessenes Kapitel der historischen politischen Kultur in der Tschechoslowakei und zugleich des Wirkens von Antifaschisten, deren Kampf gegen den Machtanspruch Hitlerdeutschlands und dann des Widerstandes gegen das etablierte faschistische System. Allzu wenig wussten wir bisher über die Arbeiterbewegung in den deutschsprachigen Teilen der tschechoslowakischen Gesellschaft, insbesondere über deren Versuche, sich gegen den Strom eines »völkischen« und faschistischen »Sudetendeutschtums« zu stellen. Die Erinnerungsarbeit von Lorenz Knorr ist dazu geeignet, diesem Mangel abzuhelfen. Anschaulich und aus dem erlebten politischen Alltag heraus stellt sie uns vor, wie »sudetendeutsche« Sozialisten und Kommunisten, Naturfreunde und Gewerkschafter im praktischen Widerspruch lebten und wirkten gegen die politischen Ideologien und Operationen eines expandierenden Faschismus. Sie sollen nicht vergessen sein – dafür steht dieses Buch.

Auch Lorenz Knorr ist, wenn man es so nennen will, ein »Heimatvertriebener«. Er hat das Land, in dem er aufgewachsen ist und als junger Mensch politisch aktiv war, verlassen müssen. Aber er hat aus solchen Erfahrungen ganz andere Konsequenzen gezogen, als eine propagandistische Verwertung des »Vetriebenenschicksals« sie suggeriert. Lorenz Knorr, nach dem Ende des Zweiten Weltkrieges ein »Neubürger« in Westdeutschland, hat über Jahrzehnte hin für die Ideale der sozialistischen Arbeiterbewegung gewirkt; er ist aufgetreten gegen die wieder zu Ehren gekommenen alten Militaristen und gegen die neuen Kriegstreiber, beharrlich und couragiert.

Wir haben ihm viel zu verdanken – nun auch dieses Buch.

Zu diesem Buch

Diesem Band ist eine komplizierte Entstehungsgeschichte eigen. Es beginnt mit Berichten und Analysen aus der Zeit von 1935 bis 1938, der vorfaschistischen Epoche in der damaligen ČSR. In diesen spiegeln sich die Anstrengungen wieder, wirksamen Widerstand gegen die wachsende Übermacht der Hitler-Anhänger zu entwickeln. Neue Probleme ergaben sich von 1938 bis 1945, als antifaschistische Gegenwehr stets mit höchsten Risiken verknüpft war. Obwohl viele zum Soldat-Sein genötigt waren oder als Funkerinnen in okkupierten Staaten wirkten, blieben – per Geheimcode! – die Verbindungen erhalten; eine solche funktionierte auch von 1941 bis 1945 nach London! Weitere ergänzende Beiträge reichen bis ins Jahr 2007. Eine Zeitspanne voller tiefer historischer Brüche!

Die Beiträge aus den Jahren von 1935 bis 1945, die aufschlussreiche Aktionen und Diskussionen schildern, stammen von verschiedenen Verfassern. Bei allen Unterschieden: der »rote Faden« ist das unermüdliche Wirken für eine human strukturierte Weltgesellschaft, allen Hindernissen und Gefahren zum Trotz. Das Ziel einer von Ausbeutung und Krieg befreiten internationalen Ordnung der Freien und Gleichen blieb stets mitgedacht und ist durchgängig zwischen allen Zeilen enthalten. Bei den damaligen Antifaschisten bestand die erworbene Klarheit, dass Kapitalismus und sein Produkt in Krisenzeiten, der Faschismus, das Problem kaum kontrollierter wirtschaftlicher Macht enthalten, die jede politische Demokratie auszuhebeln vermag.

Manche Berichte verdeutlichen, wie der politische Kampf der NS-Gegner außerhalb der KZs verdeckte Gestalt annahm. Die spezifischen Bedingungen im »Sudetengau« nach dem Münchener Abkommen vom 29.9.1938 ergaben sich einerseits durch den gesteigerten Fanatismus derer, die »Heim ins Reich« wollten und höchst intolerant gegen ihre Widersacher auftraten und andererseits durch die vermittelten Erfahrungen aus dem Kampf gegen die Hitler-Diktatur bzw. gegen das enge Bündnis von Kapitalherren, Generalität und NS-Führungs-Clique auf dem Gebiet des Deutschen Reiches.

Viele Schilderungen schrieb man mit dem heute kaum noch bekannten »Tintenstift« auf schlechtes Papier. Erst nach 1945 brachte man solche Texte in eine beständigere Form. Manche Namen sind damals erforderliche »Decknamen«. Um die Authentizität zu erhalten, unterließ man eine stilistische Überarbeitung. Manches verfasste man unter dem permanenten Druck eigener Gefährdung.

Im zweiten Teil des Buches wird zunächst der politische Hintergrund erläutert, der bis 1938 den antifaschistischen Widerstand mitbestimmte. Die freiwillige, gleichwohl tragische, Aussiedlung der Antifaschisten aus ihrer Heimat Böhmen und Mähren gehört ebenfalls zu den aufschlussreichen Themen. Die Auseinandersetzung mit Personen und gesellschaftlichen Gruppen, die in jüngerer Zeit die historische Faktizität zu entstellen oder zu verschleiern trachten, ist unverzichtbar. Das umgekehrte Täter/Opfer-Problem ist stets relevant.

Insofern kann diese Edition nicht denselben Charakter zeigen wie ein Buch, das nach einem vorgefassten Plan und dementsprechend durchdachtem Aufbau geschrieben wurde. Der Verzicht auf manche Wiederholungen hätte die Authentizität mancher unabhängig voneinander verfasster Beiträge eingeschränkt.

Der Verfasser schuldet vielen Kampfgefährten Dank, die nicht mehr leben. Dem PapyRossa Verlag, speziell Dr. Jürgen Harrer, sei für die Herausgabe und den damit verbundenen Bemühungen gedankt. Auch Fritz Freyeisen und Ulli Zimmermann, die bei der technischen Bewältigung – wie auch andere – halfen, verdienen Dank und Anerkennung. Elfriede Knorr schrieb 1960 manche kaum noch lesbare Texte neu, ohne am Inhalt etwas zu verändern: auch ihr gebührt Dank. Schließlich sei denen gedankt, die als Sponsoren an der Herausgabe dieses Werkes mitwirkten.

Lorenz Knorr

Teil I

Was tun gegen die politische Irreführung der Menschen?

Der alarmierende Zuwachs der getarnt faschistischen »Sudetendeutschen Partei« Konrad Henleins bei den Wahlen in der ČSR 1935 löste überall intensive Diskussionen aus. Die Ursachen dieses selbst für die Hitler-Anbeter überraschenden Ereignisses blieben aufzudecken. Von 66 deutschen Mandaten zum Parlament in Prag erreichten die höchst aggressiv auftretenden und im politischen Tageskampf keine Lüge auslassenden Gegner des Mehrvölkerstaates ČSR 44 Sitze! Und das angesichts der Verbrechen, die in Hitler-Deutschland an Antifaschisten und an Juden begangen wurden und werden. In der ČSR wirkte immer noch eine beachtliche Mehrheit der Staatsbürger, die verhindern wollten, dass sich Terror und Mord auch hier ausbreiteten.

Die eher sozialistische als sozialdemokratische DSAP (Deutsche Sozialdemokratische Arbeiterpartei) in Eger verlegte die sonst abendlich stattfindende Parteiversammlung auf einen Samstagnachmittag, um ausreichende Zeit für die Diskussion über die gesellschaftlichen Bedingungen des verstärkten Zuspruchs zu den verkappten Faschisten zu erreichen. Martin Benda, der wiedergewählte Abgeordnete zum Prager Parlament, referierte über das aktuelle Problem; die historisch grundsätzliche Frage der Verführbarkeit von Menschen und die Möglichkeiten der Aufklärung sollte der neue Parteivorsitzende und frühere Vorsitzende der Sozialistischen Jugend (SJ), Georg Walter, präsentieren; Josef Müller, Stadtrat und Parteivize, übernahm es, über einige Konsequenzen zu sprechen.

Martin verwies zunächst darauf, dass die Arbeitslosigkeit in den Gebieten der ČSR mit deutscher Besiedlung auch nach dem Ende der kapitalistischen Weltwirtschaftskrise mit knapp 40% anhalte. Damit werde ein Elend produziert, das leider viele nicht als folgerichtiges Ergebnis profitwirtschaftlicher Warenproduktion wahrnähmen. Dies auch deshalb, weil in den tschechisch besiedelten Gebieten selbst auf dem Höhepunkt der Krise die Arbeitslosigkeit die 3%-Grenze nicht überschritt und damit wesentlich niedriger lag als hier bei uns. Die Ursachen dieser Differenz lägen einerseits in der überdehnten Exportorientierung der deutschen Kapitalisten, die zurückreiche in die vergangene KuK-Monarchie der Habsburger. Die Ausfuhrmöglichkeiten deutscher Produkte seien aber nach wie vor begrenzt. Bezeichnend sei, dass der Handel mit den deutschen Partnern reduziert bleibe, was die Frage aufwerfe, ob man in Berlin an einer anhaltenden Verelendung in den deutsch besiedelten Regionen der ČSR interessiert

Teil I

sei! Andererseits fördere die egoistische kapitalistische Subventions- und Investitionspolitik der großagrarisch/großbürgerlich dominierten Regierung der ČSR diese materiellen Unterschiede. Die Kaufkraft der tschechischen Arbeiter liegt z.Zt. etwa 25-30% über der der deutschen Arbeiter in der ČSR. Die drei Arbeiterparteien im Prager Parlament prangerten diese Verfassungswidrigkeit und Unzumutbarkeit des Öfteren an und forderten die Gleichbehandlung aller Staatsbürger. Die kapitalistisch orientierte Regierung war und ist zu einer Änderung ihrer Politik bislang nicht bereit. Vielleicht ändert das jüngste Wahlergebnis ihre Position. Auch das wäre kennzeichnend: erst der große Zuwachs der Henlein-Front, nicht unsere Argumente, bewirkten etwas! Die Redner der nazistischen Henlein-Front fälschen ein typisch kapitalistisches Problem um in ein nationales und fördern damit den sogenannten Volkstumskampf der Deutschen gegen die Tschechen, obwohl die nationalistischen Vorfahren der Nazis im monarchistischen Österreich-Ungarn die Benachteiligung der Tschechen als etwas Normales darstellten. Wir fordern jedoch die demokratische Kontrolle der Wirtschaft im Interesse des Volkes und letztendlich die Vergesellschaftung der Produktion, was die Befreiung der Arbeit und der Arbeiter bedeutet.

Wir alle erleben, wie der Goebbels'sche Rundfunk die Henlein-Front massiv unterstützt. Ein großer Teil der Deutschen in der ČSR hört vor allem diesen Sender und kennt deshalb kaum oder gar nicht die vernünftigen Alternativen der Sozialisten. Die Hetze gegen die deutschen Antifaschisten in der ČSR erreichte mit Lügen und Irreführungen ein bisher nicht bekanntes Ausmaß. Man bezeichnete unsere führenden Genossen als Bonzen, die auf Kosten des Volkes gut leben – obwohl die Einkommensunterschiede zwischen unseren Spitzenfunktionären im Vergleich zu den durchschnittlichen Arbeiterlöhnen sehr viel geringer sind als die Differenz der Einkommen deutscher Unternehmer in der ČSR zu den durchschnittlichen Arbeiterlöhnen.

Auf der materiellen Grundlage dieser Problematik forderte Henlein und seine Führungsmannschaft die »Autonomie der Deutschen« in der ČSR. Er treibt damit die Forderungen nach dem Selbstbestimmungsrecht der Deutschen in der ČSR, die wir von Anfang an erhoben haben, noch ein Stück weiter. Denn: während wir nach dem Scheitern unserer Versuche, die Deutschen in Böhmen und Mähren dem neuen Österreich anzugliedern, das proklamierte Selbstbestimmungsrecht im Rahmen der ČSR und ihrer demokratischen Verfassung durchzusetzen bemüht blieben – auch, um die demokratische Entwicklung zu verstärken! –, will die Henlein-Front die volle Autonomie nutzen, um die deutsch besiedelten Gebiete der ČSR an das faschistische Deutschland anzugliedern! Das wäre jedoch die Ausbreitung und Verstärkung des barbarischen Deutschlands und ein strategischer Gewinn für deren Raubkriegsplanung. Die Kommentare der Goebbels-Rundfunksender vor und zu der Wahl in der ČSR verrieten deutlicher als die oft verschleiernde Sprache der Henlein-Leute, wenn es um ihre Fernziele geht, wohin die Reise gehen soll: zur Zerschlagung der ČSR als bedeutendes bürgerlich-demokratisches Hindernis der reichsdeutschen Aggressionspläne.

Wir sollten auch selbstkritisch prüfen, warum es uns nicht gelang, trotz guter Argumente viele davon abzuhalten, die verkappten Faschisten zu wählen, und warum die Henlein-Wähler ihr eigenes Verhängnis befördern. Wir sollten diskutieren, warum wir selbst Einbußen erlitten, obwohl unsere ehrenamtlichen Wahlhelfer ihr Bestes gaben beim Plakate-Kleben, Flugblätter-Verteilen und beim Argumentieren für unsere gerechte Sache. Natürlich fehlte es uns trotz der beachtlichen Spendenbereitschaft unserer Mitglieder stets an Geld.

Es wurde der Antrag gestellt, das Referat von Martin sofort zu diskutieren, bevor Genosse Walter das Wort zu seinem Grundsatzreferat erhält. Die große Mehrheit votierte für diesen Antrag.

Schorsch Hoor, der radikale Sekretär der Metaller, diskutierte als Erster: So allgemein, wie Martin, möchte ich die materiellen Unterschiede zwischen deutschen und tschechischen Arbeitern nicht bewerten. In Prag z.B. sind die Bedingungen einigermaßen ausgeglichen. Das gilt auch für das zweisprachige Pilsen. Wie das in Brünn ist, weiß ich nicht; wahrscheinlich gilt dort dasselbe wie für Prag. In den Großstädten zeigen sich auch die Klassenunterschiede viel stärker als in den deutsch besiedelten Randgebieten der ČSR. Die Arbeiter im Grenzland erleben die von Martin genannten und real vorhandenen Unterschiede nicht direkt. Sie erfahren aus unserer Presse, dass es im Lebensstandard deutliche Verschiedenheiten gibt zwischen den deutsch besiedelten Regionen und den tschechischen und dass durch politischen Kampf nicht nur die allgemeinen materiellen Lebensbedingungen anzuheben sind, sondern auch die demokratischen Entfaltungsmöglichkeiten auf ein höheres Niveau gebracht werden müssen: auf dem Weg hin zum Sozialismus! – Die Faschisten dagegen mit ihrer von Berlin finanzierten und gesteuerten Presse sowie gestützt auf den zweifellos gewaltigen Einfluss des Goebbels'schen Rundfunks nützen die von Martin geschilderten materiellen Unterschiede, um den Hass auf die parlamentarische Demokratie der ČSR und auf »die« Tschechen sowie auf uns zu schüren als die Schuldigen für die Misere. Uns bleibt nur die Qualifizierung der politischen Aufklärungsarbeit und die einprägsame Herausarbeitung der täglichen Verbrechen an der Menschlichkeit, die im faschistischen Deutschland geschehen.

Teil I

Der junge Ernst Böhm, einst zu den Theoretikern der SJ zählend, führte aus: Die patriarchalische bis diktatorische Art, in der deutsche Kapitalisten in der ČSR ihre Betriebe führen, sollten wir den faschistischen Lobpreisungen ihrer angeblichen »Volksgemeinschaft« gegenüberstellen. Die Arbeiter erleben, wie mit ihnen in den Betrieben umgegangen wird: Malocher ohne Rechte, trotz der Arbeitsgesetzgebung in der ČSR. Wenn du nicht willst, heißt es da, es gibt genügend andere, die unter solchen Bedingungen arbeiten wollen! – Die vielen Arbeitslosen bei uns könnten wir auf das Beispiel der Sowjet-Union verweisen, die in der kapitalistischen Weltwirtschaftskrise nicht nur keine Arbeitslosen hatte, sondern zugleich auch jährliche Zuwachsraten in ihrer geplanten Ökonomie von 8 bis 10 Prozent verzeichnete. Natürlich erstreben wir keinen Staatssozialismus, sondern eine vergesellschaftete Produktion.

Marie Theusinger, Vorsitzende der Frauengruppe der DSAP in Eger, erklärte: Wahrscheinlich müssen wir mehr als bisher die Frauen direkt ansprechen. Sie tragen eine doppelte Last, wenn der Mann arbeitslos ist und die Familie kaum noch zu ernähren vermag. Sie ist es ja, die in solchen Notlagen versuchen muss, etwas auf den Tisch zu bringen, damit der Hunger nicht zur Verzweiflung führt. Wir wissen, dass viele Frauen ihre Stimme der Henlein-Front gaben, weil sie den Versprechungen glaubten, dass die Nazis hier wie angeblich schon in Hitler-Deutschland sowohl Arbeit schaffen werden als auch mehr Anerkennung für die Mütter durchzusetzen bestrebt sind. Unbeachtet bleibt, dass die Frauen im »Tausendjährigen Reich« vor allem als Gebärmaschinen gebraucht und als solche gefördert werden. Unsere Versuche, Frauen, die nicht Mitglieder unserer Partei sind, zu speziellen Nachmittags-Treffen einzuladen, brachten uns noch nicht den erhofften Erfolg. Jedoch wollen wir auf diesem Gebiet neue Anstrengungen unternehmen; um die politische Aufklärungsarbeit in diesen Bereich hineinzutragen.

Der Stadtrat und Vorsitzende der Buchdruck-Gewerkschaft Zacherl bekundete: Das von der Henlein-Front total missbrauchte Selbstbestimmungsrecht der Deutschen in der ČSR zum Zwecke der Zerstörung der bürgerlichen Demokratie interpretierten wir von Anfang an – wie schon Martin sagte – mit einer prinzipiell anderen Zielrichtung. Gewiss griffen wir als Deutsch-Böhmen die Verkündung Woodrow Wilsons auf und das 1918 allgemein betonte Selbstbestimmungsrecht. Per Volksentscheid wollten wir zum neuen Österreich gehören, nicht etwa, weil wir etwas gegen einen eigenen Staat der Tschechen und Slowaken einzuwenden hatten. Sondern weil wir uns als Teil des neuen Österreich schnellere Fortschritte im Kampf um die sozialistische Demokratie versprachen. Diese Versuche scheiterten an der siegreichen Völkergemeinschaft oder genauer: an deren Regierungen. Die Friedensverträge, die den Weltkrieg abschlossen, waren eben kapitalistisch geprägt, nicht progressiv. Der Streik von 1918 für eine Sozialistische Republik in Böhmen und Mähren scheiterte bekanntlich. Die Minderheiten-Rechte im Rahmen der neuen Verfassung trachteten wir auszubauen – übrigens übereinstimmend mit T. G. Masaryks Position –, um Gleichheit für alle zu erreichen. Die jeweiligen tschechischen Ministerpräsidenten, vor allem Švehla, blockierten jedoch unter dem Druck von Kapital und Groß-Agrariern und unter starkem Einfluss des Großindustriellen Kramař diese Lösung. Unsere Abgeordneten und Senatoren in Prag hörten nicht auf, die Minderheitenrechte und die Selbstbestimmung der Deutschen in der ČSR einzufordern und auszugestalten. Das verschweigen die Henlein-Frontler.

Johann Knorr, Bezirksvorsitzender des Kartells aller Arbeiterorganisationen: Bei unseren Beurteilungen sollten wir nicht vergessen, dass wir Teil der Verlierer des von Deutschland und Österreich-Ungarn angezettelten Weltkriegs waren! Dafür hatten wir einen Preis zu bezahlen. Unsere Lage wäre besser gewesen, wenn unsere Partei 1914 als Kriegsgegner aufgetreten wäre. Die kleine Gruppe um Friedrich Adler – die ich aktiv unterstützte im Kampf gegen den Krieg – setzte sich leider nicht durch. Wie bekannt, demonstrierte ich mit anderen Genossen am 4. März 1919 in Eger für das Selbstbestimmungsrecht. Leider brachten einige Nationalisten falsche Töne in unsere Forderungen. Die tschechischen Soldaten schossen auf uns! Es gab Tote! – Einige Wochen später begrüßte unser Genosse Adam Heinrich eine Delegation französischer Sozialisten im Volkshaus. Sie erklärten uns, dass keine der Siegermächte die geografische Einheit Böhmens ohne innere Naturgrenzen aufzuteilen bereit gewesen wäre. Das Vertrauen in die deutsche und österreichische Arbeiterschaft sei nicht mehr dasselbe wie vor 1914. Sie verwiesen uns auf den politischen Kampf um die Minderheitenrechte und die Notwendigkeit, in einem Mehrvölkerstaat ein Exempel gleichberechtigten Zusammenlebens zu demonstrieren. Das versuchten wir. Die staatliche Integrität der ČSR in den bestehenden Grenzen sollten wir akzeptieren und als Sozialisten für unser Ziel werben. – Ihr wisst, dass die Henlein-Presse und vor allem der reichsdeutsche Rundfunk immer wieder die sogenannte »Schicksalsgemeinschaft der sudetendeutschen Volksgruppe« und die angebliche »ethnisch-kulturelle Einheit« der Deutschen in der ČSR beschwört. Die Klassengegensätze schweigt man tot. – Im Gegensatz zum Genossen Böhm meine ich, dass wir die Sowjetunion mit ihrer Staatswirtschaft nicht empfehlen sollten. Wir kämpfen und werben für eine funktionierende Basis-Demokratie, nicht für Dirigismus einer vom Volk abgehobenen Minderheit.

Teil I

Das zweite Referat zu einigen Grundsatzfragen präsentierte Georg Walter. Er knüpfte zunächst an die vorausgegangene Diskussion an und verwies auf die materiell bedingte Verzweiflung von Menschen, die anfällig mache für gezielte Appelle an Gefühle contra politische Vernunft. Zugleich erschwere die ständige Sorge, wie die Familie ernährt und die Kinder einer angemessenen Ausbildung zugeführt werden können angesichts der anhaltenden Massenarbeitslosigkeit, die notwendige Konzentration auf die politischen Probleme und Perspektiven. Die sozialistischen Arbeiterorganisationen in der ČSR erkannten diese Schwierigkeiten seit langem, es fehlten jedoch die Instrumente und vor allem das Geld für eine umfassende Aufklärung: aus der Not kann politischer Kampf erwachsen, wenn die Ursachen der Misere und die Wege aus dem Elend erkannt sind. Die Zeitungen der Arbeiterbewegung und sonstige progressive Publikationen erreichen meist nur den bewussten Teil der Arbeiterklasse und auch einen Teil der Intelligenz, aber kaum die, denen sie helfen könnten. Wir blieben zunächst nur auf die Argumentation unserer aktiven Mitglieder angewiesen. Vom tschechischen Rundfunk fehlt die Unterstützung, davon abgesehen, dass die meisten Deutschen der tschechischen Sprache nicht mächtig sind, von den gemischtsprachigen Großstädten wie Prag abgesehen. Dadurch finden die Goebbels'schen Hetzsender ein weites Feld für ihre irreführenden und das Klassenbewusstsein bzw. besser das Klassenempfinden zerstörende Propaganda. Ein materielles Problem mische sich mit dem Einfluss einer inhumanen Ideologie; angepeitschte Emotionen und fehlgeleitetes Bewusstsein erschweren uns die Werbearbeit.

Bevor aber über wirksame Gegenmaßnahmen und fundierte Aufklärung gesprochen wird, seien einige längerfristige prinzipielle Probleme ins Blickfeld zu rücken. Die Frage nämlich, wie ein geschichtlicher Entwicklungsprozess mit seinen prägenden Einflüssen die ausgebeuteten und geknechteten Volksmassen zu stillen Duldern ihres schweren Schicksals brachte und unter welchen konkreten Bedingungen sie aufbegehren und zu bewussten Gestaltern ihrer eigenen Lebensbedingungen sich emporarbeiten. Darüber bleibt nachzudenken.

Das Bismarck'sche Sozialistengesetz von 1878 bis 1890 erreichte bekanntlich das Gegenteil seiner geplanten Ziele, die emporstrebende proletarische Bewegung mit ihren freiheitlichen und gerechten Losungen exemplarisch zu zerschlagen. Die kämpferische Geschlossenheit angesichts des gemeinsamen Elends und die politische Übereinstimmung im Wollen sowie die klare Zielorientierung beflügelte die Bewegung unter der sozialistischen Losung. Eine konsequente und Beispiel gebende Leitung unter Bebel und Liebknecht bot zusätzliche Orientierung. Im Hochverratsprozess verwandelten sich diese beiden Spitzenfunktionäre von Angeklagten zu Anklägern: sie demonstrierten dem Volk und vor allem der revolutionären Arbeiterbewegung, wie man aus der Defensive heraus beispielhaft angreifen kann. Sie präsentierten in diesem Prozess die Alternative zum kapitalistischen Ausbeuter- und Kriegssystem. – Ähnliches gilt für den rasanten Aufstieg unserer austromarxistischen Partei nach der obrigkeitsstaatlichen Auflösung der Arbeitervereine in der KuK-Monarchie 1870 unter der vorbildlichen Leitung Victor Adlers samt dem Hainfelder Parteitag und Programm von 1888/89 mit seinen deutlichen Wegweisungen.

In beiden Fällen drängten unerträgliche materielle Lebensbedingungen in Verbindung mit der den Ausweg weisenden sozialistischen Idee und einer konsequenten prinzipientreuen Leitung dazu, dass ein großer Teil des Proletariats zum bewussten Subjekt der Geschichte aufstieg und verändernd auf die vorgefundenen gesellschaftlichen Zustände einwirkte. Fehlen diese drei Bedingungen, verweilt der Großteil der Massen in einem als auferlegtes Schicksal empfundenen Dasein.

Die historische Rolle jener Kräfte, die den Menschen einreden, das alte Herr-Knecht-Verhältnis sei gottgewollt und ein Aufbegehren dagegen sei Sünde, ist dabei nicht zu vergessen. Heute dient die Volksgemeinschafts-Ideologie dazu, in Verbindung mit dem Führer-Gefolgschafts-System die Volksmassen zu hörigen Dienern eines modernen Ausbeuter- und Kriegssystems zu degradieren. – Zu den herrschaftsstabilisierenden Legenden gehört, dass die Mehrheit des Volkes zur eigenverantwortlichen Schicksalsgestaltung unfähig sei und dass es der Führung durch eine kleine Minderheit bedürfe, wenn das Gemeinwesen funktionsfähig sein solle. Privilegien für die herrschende Minorität seien erforderlich, damit diese ihre Führungsfunktion mit entsprechenden Mitteln ausüben könnte. Als Marxisten wissen wir jedoch, dass auf einer bestimmten Stufe der Produktivkraftentfaltung die Schaffung der Voraussetzungen für eine angemessene Bedürfnisbefriedigung für die Mehrzahl der Menschen objektiv notwendig ist und dass sich eine spezielle Klasse für Leitungsfunktionen von der Tagesarbeit befreit. Wenn aber die Produktivkraftentfaltung völlig neue Bedingungen hervorbringt, so dass eine privilegierte Klasse überflüssig wird, entfallen alle Legenden von der Unfähigkeit der Massen zu eigenen Schicksalsgestaltung. Eine solidarische Gemeinschaft von Produzenten, die ausreichende Zeit für gesellschaftliche, kulturelle und andere Tätigkeiten vorfindet, vermag dann in einer Gesellschaft der Freien und Gleichen alte antagonistische Widersprüche zu überwinden und volle Entfaltungsmöglichkeiten für alle Menschen und Völker zu genießen. Diesen Weg beschreiten wir trotz aller aktuellen Hindernisse.

Betty Schack, die Egerer Senatorin der ČSR, erklärte sich mit den Ausführungen von Georg weitgehend einverstanden und betonte vor allem die drei Kriterien, die gesellschaftliche Fortschritte durch aktivierte Massen ermöglichen. Es ist auffallend, ergänzte sie, dass wir vor dem Weltkrieg im Bürgertum eine deutliche Übereinstimmung mit der monarchistischen Kriegs- und Ausplünderungspolitik der Wiener Despoten feststellten, von einer kleinen Minderheit abgesehen, die am politischen Erbe der Französischen Revolution von 1789 festhielt. Die Arbeiterschaft war zwar noch nicht völlig immun gegen die Kriegspropaganda und Kriegspolitik, aber ein beachtlicher Teil derselben folgte – wie einige der hier Anwesenden – der marxistischen Theorie, wonach Krieg als unmenschlichste Form kapitalistischer Praxis zu bekämpfen sei. Das Versagen der Führungen in Berlin und Wien sei ein besonderes Blatt: die Orientierung der Massen fehlte bzw. ging in die falsche Richtung. Nach 1918 änderten sich jedoch Bewertung und Einstellung derselben Menschen; sie kamen durch Schrecken und Opfer des Krieges zu einer gegenteiligen Position. Stimme also das Sprichwort: durch Schaden wird man klug? Das würde bedeuten, dass erst durch menschliche Katastrophen eine Änderung von Denken und Verhalten eintrete. Das wäre schrecklich! Ist es nicht eher so, wie es im Referat anklang, dass die spezifischen gesellschaftlichen Bedingungen den Menschen zu dem prägen, was er ist, und dass eine grundlegende Veränderung von Staat, Wirtschaft und Gesellschaft andere Menschen hervorbringt?! Die Mitstreiter in der Arbeiterbewegung und bei allen großen Aufständen der Menschheitsgeschichte sammelten im politischen Kampf ihre Erfahrungen, die zu Umwälzungen oder Fortschritten führten. Trotz alledem bleibt Aufklärung in Verbindung mit dem politischen Kampf nötig, weil sie das Erfassen der jeweiligen Wirklichkeit beschleunigt. Im aktuellen Fall fördert antifaschistischer Widerstand und das Fördern des Erkennens der Lage die Bewusstwerdung, die zu gesellschaftlichen Fortschritten führt. Das ist ein langer Weg!

Peter, reichsdeutscher Emigrant, der aus Sicherheitsgründen unter Pseudonym in Eger lebt: Zwar wollte ich zum ersten Referat sprechen, es passt jedoch auch zum Grundsatzreferat. Was sind die praktischen Ansätze dafür, dass gegenwärtig das Klassenbewusstsein nicht erwachen kann, obwohl das Elend dazu drängen müsste? Den deutschen Arbeitern in der ČSR wird vom Goebbels'schen Hetzsender – und nicht nur von diesem! – ständig eingeredet, Hitler habe die Arbeitslosigkeit beseitigt, während die Prager Regierung nichts unternehme, um dasselbe für die deutschen Arbeiter in der ČSR zu tun. Das erhellt nicht die reale Lage, sondern schürt Hass. Auf den ersten Blick ist es zwar richtig, dass es im Reich kaum Arbeitslose gibt. Viele fragen nicht, für welchen Zweck und mit welchen Folgen Arbeit geschaffen wird; verständlicherweise ist ihnen das Hemd näher als der Rock. Sie freuen sich, dass sie überhaupt die Möglichkeit erhalten, Geld für den Lebensunterhalt zu bekommen. – Das Problem ist aber, dass die gesamte Arbeitsbeschaffung im faschistischen Deutschland auf Raubkrieg angelegt ist. Die Aufrüstung z.B., die weiter beschleunigt werden soll nach den jüngsten Informationen, brachte über zwei Millionen Arbeitsplätze. Ähnliches gilt für den strategischen Autobahnbau, der der schnellen Verlegung von Truppenverbänden dient und der im Krieg Vorteile verschaffen soll, wenn man wechselweise im Osten oder im Westen den Schwerpunkt seiner Angriffshandlungen sieht. In der Propaganda stellt man aber den zivilen Nutzen heraus, den es gewiss auch gibt. Aber das ist nicht das Primäre. – Die Arbeiterklasse und das Volk als ganzes werden die geplanten Eroberungskriege mit Gut und Blut bezahlen müssen. Aber die Menschen nötigt man, mit ihrer Hände Arbeit den Angriffskrieg vorbereiten zu helfen. Dazu dient das Arbeitsbeschaffungsprogramm Hitlers. – Nehmen wir das Beispiel strategischer Autobahnbau: mir liegen Informationen vor über die Arbeiter, die ganze Berge wegschaufeln und riesige Täler überbrücken oder einebnen sollen. Schon beim ersten Teilstück der Autobahn zog man arbeitslose Buchdrucker, Friseure, Büroangestellte, Kunsttischler, sogar Kulturschaffende zum Straßenbau heran, um die Vorbereitungen zum Angriffskrieg zu beschleunigen.

Meine Frage ist, wieso Menschen von kurzfristigen Vorteilen geblendet werden können bzw. sich blenden lassen und warum sie die längerfristigen fatalen Folgen ihres Wirkens nicht zu erkennen oder nicht auszuschließen vermögen? Ich suche noch nach plausiblen Antworten. Das grundsätzliche Problem besteht jedoch.

Georg Schwinghammer, Ex-Vorsitzender der SJ: nach Absprache mit dem neu gewählten Vorsitzenden der SJ, Lorenz Knorr, und einig mit diesem, will ich zunächst auf Betty eingehen: zwar stimmt es, dass 1918 eine starke pazifistische Bewegung in Deutschland, Österreich, bei uns und auch in anderen Staaten entstand. Es stimmt aber auch, dass die Arbeiterbewegung durch den Krieg gespalten wurde und die einstige Kampfkraft durch die prinzipienwidrige Burgfriedenspolitik deutlich gemindert wurde. Unsere Gegner und viele sonst gute Arbeiter fragen uns, warum die Arbeiterbewegung 1918 versagte! Die Lage und die Idee für eine revolutionäre Veränderung war gegeben; nur die Führungen versagten jämmerlich. Bei unseren Schwierigkeiten beim Gewinnen der Massen muss man diese groben Fehler einbeziehen. Es ist etwas daran, dass die Arbeiteraristokratie sich verselbstständigte von ihrer Basis und dass darin manche Fehlentscheidungen ihren Grund haben. – Selbstverständlich akzeptieren wir beide, dass Georg seine drei Punkte für das Gelingen von sozialen Fortschritten und Transformationen auf die Ereignisse Ende des 19. Jahrhunderts in Mitteleuropa stützte. Damals hatte die Arbeiterbewegung kein Glaubwürdigkeitsproblem. Die Pariser Kommune von 1871 ist jedoch einer Würdigung wert, weil dort, im Kampf geboren, eine beachtliche Schöpferkraft des Proletariats ihren konkreten Ausdruck fand. Es war die erste selbstverwaltete von Arbeitern und Kleinbürgern geschaffene Kommune mit zukunftsweisenden Praktiken: der unentgeltliche Unterricht an allen Lehranstalten, die Mietfreiheit, die Trennung von Kirche und Staat, die Sozialisierung von Betrieben. Dieses demokratische Rätesystem wies den Weg zur befreiten Arbeit als Grundlage allseitiger Selbstentfaltung. Die Beteiligten erfuhren im Kampf ihre eigenen Interessen und deren Durchsetzungsmöglichkeiten. Ihr Lehrmeister war die reflektierte Realität. – Persönlich möchte ich zu Peter sagen, dass man nicht verallgemeinern kann, dass viele die Folgen ihres Tuns nicht erkennen. Die Arbeiterbewegung lehrte ihre Mitstreiter zu erkennen, welche Handlungen den Weg zum Sozialismus blockieren und welche den Weg frei machen. Das Ziel bestimmte und bestimmt die Praxis.

Klara Netsch, Vorsitzende sozialistischer Erzieherinnen und Erzieher in Eger: Unsere praktischen Beobachtungen von Heranwachsenden zeigen uns, dass Kinder keineswegs träge und teilnahmslos sind, sondern aufgeschlossen für Neues und höchst kreativ. Ob diese Fähigkeiten später nachlassen oder weiterentwickelt werden, hängt eindeutig von den Umwelteinflüssen ab. Wissenschaftliche Untersuchungen bestätigen das. Schon die Art, wie Kinder sprechen, verweist darauf, ob sie in Familien mit gebildeten Eltern aufwachsen oder ob die Familie zum Lumpenproletariat gehört. Proletarier-Kinder, die man schon früh zur Mitwirkung in familiären und anderen Bereichen heranzieht, z.B. in den selbstverwalteten Gruppen der Roten Falken, entwickeln ein ganz anderes Denken und Verhalten als Kinder, die als Untertanen, d.h. zu bedingungslosem Gehorsam, erzogen werden. In unseren Schulen sollte es nach der Schulgesetzgebung unserer Republik Pflicht sein, die Kreativität und Aufgeschlossenheit zu fördern und kritisches Mitwirken anzuregen. Die negativsten Einflüsse wirken jedoch in der Arbeitswelt. Wo berufliche Tätigkeit auf Fremdbestimmung gründet und devote Unterordnung verlangt wird, erhalten wir das, was Peter beklagt.

Die Möglichkeiten der Selbstentfaltung und Selbstbestimmung in befreiter Arbeit sind erst noch durchzusetzen. Gleichwohl erkennen wir bereits in unserer Zeit, dass es keine Schicksalsfügung ist, sondern Ziel kapitalistischer Herrschaft, gesteigert im Faschismus, wenn die Menschen Unerträgliches hinnehmen, statt zu widerstehen und nachzudenken über die Folgen ihres Handelns oder Unterlassens. Die Macht des Kapitals und der Faschisten gründet auf der Unwissenheit der Massen und ihrer Verführbarkeit unter den gegenwärtigen Bedingungen. – Wir wissen, dass die Kinder und die Jugendlichen die Träger der kommenden Gesellschaft sind. Unser Einfluss auf die jungen Menschen und unsere Gemeinschaft mit ihnen entscheidet darüber, wie die Gesellschaft von morgen aussehen wird. Es ist nicht nur unser politischer Kampf, es ist auch unser Verhältnis zu den Nachwachsenden, das garantiert, wie die Zukunft gestaltet sein wird.

Josef Müller: Aus Vorträgen und Diskussionsbeiträgen ergibt sich einiges, was festzuhalten bleibt. Vergleichen wir die Ausgangslage von Martin mit seinen Hinweisen auf die anhaltende Not in den deutsch besiedelten Gebieten der ČSR mit Georgs drei Bedingungen für sozialen Fortschritt, dann ist festzustellen: die materielle Misere, die ergänzt wird von einer geistig-moralischen, ist zur Zeit kein Antrieb oder kein Hebel für eine sozialistische Politik. Die Faschisten ziehen den größten Nutzen daraus. Das hängt nicht nur damit zusammen, dass – wie einige feststellten – unsere materiellen Mittel völlig unzureichend sind, um wirkungsvoll aufzuklären, die Ursachen des Elends aufzuzeigen und das Lügengebäude der Faschisten erkennbar zu machen. Der Verweis auf die von Berlin massiv unterstützten Publikationen der Henlein-Front erreicht deshalb kaum die Massen. Gleiches gilt von der Irreführung mit der »Volksgemeinschaft«, die mit der Realität des Führer-Gefolgschaftssystems kollidiert. Es sind die machtpolitischen Veränderungen in Mitteleuropa seit 1933 auf der Basis der kapitalistischen Krise, die uns die Aufklärung erschweren. Da hängen innenpolitische Probleme mit außenpolitischen zusammen. Wir werden zwar nicht aufhören, die Funktionen der reichsdeutschen Arbeitsbeschaffungsmaßnahmen herauszuarbeiten und zu vermitteln mit ihrer Kriegsorientierung. Wesentlich ist die Erinnerung an die Schrecken des Krieges, die erneut drohen, wenn Hitler und seine Hintermänner in den Konzernen und Generalstabszentren nicht gestoppt werden.

Unsere Abgeordneten und Senatoren werden in Prag immer wieder und mit noch mehr Nachdruck als bisher auf die Ursachen und Folgen des erschreckenden Zuwachses der Henlein-Front hinweisen und die Einlösung des Verfassungsauftrags einfordern. Sie müssen dabei mit unseren Aktionen unterstützt werden. Auch dem tschechischen Großbürgertum kann der Zuwachs der deutschen Faschisten nicht gleichgültig seine. Die Minderheitenrechte sind endlich zu realisieren, um den Nazis den Wind aus den Segeln zu nehmen.

Der Missbrauch des Selbstbestimmungsrechtes durch die Faschisten ist stärker als bisher zu betonen, auch gegenüber dem Ausland. Unsere Forderungen in dieser Richtung zielen auf den Ausbau der Demokratie und der sozialen Gerechtigkeit in der ČSR. Die Henlein-Front versucht per Selbstbestimmung mit irregeführten Menschen den Anschluss an das diktatorische Deutschland zu erreichen, damit die Demokratie zu zerstören und die Vorbedingung für Kriegsvorbereitung und Raubkrieg zu schaffen. Das sollten wir unseren Bruderorganisationen in den demokratischen Ländern vermitteln. Wir selbst streben ein gutes Zusammenleben im Mehrvölkerstaat an, betonen aber die Klassenfrage weiter wie bisher. Vorrang hat zur Zeit jedoch der politische Kampf tschechischer und deutscher Antifaschisten gegen die Gefahren, die von der Faschisierung ausgehen. Die eigene Schicksalsgestaltung der Menschen und Völker als Ziel immer wieder der hierarchischen bis despotischen Gliederung des Faschismus als infamster Stufe des Kapitalismus gegenüberzustellen, bleibt uns aufgetragen.

Langfristig wollen wir dafür sorgen, dass das vom Kapitalismus produzierte und vom Faschismus instrumentalisierte Elend wieder Wasser auf die Mühlen linker Politik wird: im Sinne des sozialistischen Humanismus. Zwar sind wir in Mitteleuropa in der Minderheit; weltweit aber gehören wir zu der großen Mehrheit, die den Faschismus bekämpft. Unser Internationalismus wird siegen!

Unsere Partei kennt die Fehler der Vergangenheit und wird sie nicht wiederholen. Unsere gewählte Leitung darf die Bodenhaftung nicht verlieren. In Eger und Umgebung stellt sich die gewählte Leitung der Kritik und dem Votum der Basis. Das bleibt auch so in der Landesleitung. In den Aktionen diskutieren wir nicht. Aber vorher und danach wird diskutiert und die Leitung hat Rede und Antwort zu stehen.

Die allseits festgestellte Unwissenheit und Verführbarkeit der Massen ist eine Sache, der sich die Arbeiterbewegung von Anfang an zu stellen hatte. Singen wir in einem unserer schönsten Kampflieder nicht etwa: »Der Feind, den wir am meisten hassen, der uns umlagert schwarz und dicht, das ist der Unverstand der Massen, den nur des Geistes Schwert durchbricht.« Wir wissen, dass das nicht irgendein Erbübel ist, das manche den Leuten einzureden versuchen. Das ist gesellschaftlich bedingt, wie mehrfach festgestellt wurde. Deshalb erstreben wir die Neuordnung der Besitzverhältnisse und die Befreiung der Arbeit, die Selbstentfaltung und Selbstbestimmung mit sich bringt. Gleichwohl sind jetzt Gespräche mit den Menschen erforderlich trotz aller Hemmnisse.

In unseren Seminaren thematisierten wir nicht nur die von Georg benannten Beispiele für den Aufstieg der Arbeiterklasse in Mitteleuropa. Die großen sozialen Bewegungen wie Spartakus, Bauernrevolte, Französische Revolution, unsere halbe Revolution von 1848 im Habsburger- und Hohenzollernreich, aber auch die Pariser Kommune besprachen wir. Nicht abgeschlossen sind Diskussionen und Urteile über die Oktoberrevolution in Russland. Da bleiben unterschiedliche Positionen zu respektieren. Ich erinnere an den Vortrag von Josef Luitpold Stern, den er vor kurzem in Eger hielt: er verwies auf das weltgeschichtliche Experiment und auf das Heben des Klassenkampfes auf die staatliche und internationale Ebene: von den Kapitalisten aller Schattierungen mit größter Sorge beobachtet und von den Berliner Faschisten als Hauptfeind klassifiziert. Richtig ist, dass die Sowjetunion während der kapitalistischen Weltwirtschaftskrise mit ihrem 1. Fünfjahresplan ihre Ökonomie jährlich um fast 10% steigerte und dass dies im 2. Fünfjahresplan fortgesetzt wird. Umstritten sind unter vielen Linken die Methoden der Machtausübung. Gleichwohl ist unbestritten, dass das ererbte Analphabetentum fast überwunden ist und das Bildungssystem findet internationale Anerkennung. Wir aber orientieren uns an Schweden, dessen kapitalistische Reste noch zu überwinden sind.

Selbstverständlich ist die Werbung bei Frauen und das Bemühen um unseren Nachwuchs zu verstärken. Unser Kinderparlament der Roten Falken, dem der jetzige Vorsitzende der SJ lange als Sprecher vorsaß, und die Kooptierung des jeweiligen SJ-Vorsitzenden in den Egerer Parteivorstand belegen unsere Bestrebungen in diesem Bereich. Wir wissen, dass die Befähigung der Menschen für unseren politischen Kampf und für die Gestaltung des Sozialismus nicht erst bei den Erwachsenen beginnt, sondern bereits bei den Kindern. Sie erleben und erleiden oft, wie der Vater arbeitslos wird oder an Streiks teilnimmt und dabei auch ausgesperrt werden kann. Darüber spricht man in den Familien. Oft macht man den Kindern in einfacher Weise die Ursachen des Elends bekannt. Deshalb soll die Verbesserung unserer Frauenarbeit nicht nur den Anteil der Frauen als Mitglieder und gewählte Funktionärinnen erhöhen. Wir wollen die Frauen auch bei ihren Erziehungsaufgaben stärker unterstützen.

Zum Schluss, Genossinnen und Genossen: nach der Diskussion geht die politische Arbeit weiter. Ich danke allen, die hier mitwirkten oder zuhörten.

> Georg Schwinghammer und ich zeichneten die wichtigsten Beiträge sofort auf. 1938 vergrub ich den Text gut verpackt im Garten unseres Genossenschaftswohnhauses – bis 1945!

TEIL I

Gemeinsam wollten wir die ČSR verteidigen

Die vom Hitler-Faschismus nach 1933 ausgehende zunehmende Kriegsgefahr veränderte nicht nur das Verhältnis zwischen Deutschem Reich und ČSR, sondern auch das zwischen antifaschistischen und faschistischen Deutschen in der ČSR in mehrfacher Hinsicht. Bekanntlich versuchte die NS-Führung die ČSR als letztes bürgerlich-demokratisches Bollwerk in Mitteleuropa zu liquidieren, um eine größere und verbesserte Ausgangsbasis für die in Hitlers »Mein Kampf« angekündigte »Eroberung neuen Lebensraumes in Osteuropa« zu bekommen. Die Sudetendeutsche Partei Konrad Henleins war ein wichtiges Instrument zur Durchsetzung dieses Expansionsziels.

Die bis 1933 normalen Beziehungen zwischen Deutschem Reich und Tschechoslowakischer Republik verschlechterten sich in dem Maße, in dem die von der Goebbel'schen Propaganda angestachelten sudetendeutschen Nazis ihre provokatorischen Aktionen gegen die Prager Regierung und die örtlichen Institutionen der ČSR steigerten. Zugleich wuchsen die Differenzen zwischen den deutschen Antifaschisten in der ČSR und den sudetendeutschen NS-Anhängern von der politischen Gegnerschaft zur offenen Feindschaft mit Mordandrohung. Wer mit »den« Tschechen kooperierte, um anstehende Probleme vernünftig zu lösen, wurde ebenso übel beschimpft wie die Tschechen auch. Jene Tschechen, die in den deutschen Randgebieten Böhmens und Mährens, später auch der Slowakei, siedelten (z.B in der Zips oder dem Liptauer Ländchen), rückten folglich näher an die deutschen Antifaschisten heran. Gemeinsame tschechisch-deutsche Aktionen gegen die zunehmende Gefahr bzw. Gefährdung des eigenen Lebens wurden selbstverständlich.

Auch im historischen Rückblick konstatierten damals viele, dass es in Böhmen und Mähren niemals nur ein tschechisch-deutsches Problem gab – mal von enger Kooperation, mal von riskanter Konfrontation bestimmt. Zugleich standen oft Bürger gleicher und verschiedener Sprache gegeneinander, die einen kosmopolitisch-human orientiert, die anderen nationalistisch-aggressiv eingestellt.

Die wachsende Arbeiterbewegung pflegte sowieso den Internationalismus und versuchte, die soziale Frage über alle staatlichen und sprachlichen Grenzen hinweg gemeinsam zu lösen. In Nordböhmen z.B. veranstaltete man schon in der K.u.K.-Monarchie gemeinsame Kundgebungen, um Forderungen und Ziele mit vereinter Kraft zu einem Ergebnis zu bringen. Das waren keine Einzelbeispiele!

Das Folgende betrifft vor allem Westböhmen, weil der Chronist vieles aus eigenem Erleben und manches aus verlässlichen mündlichen und schriftlichen Quellen kannte und auch in der Erinnerung behielt. Manches ließe sich unschwer auch auf die anderen deutsch besiedelten Gebiete der ČSR übertragen.

Die Zahl der in Westböhmen, vor allem in Eger, heute Cheb, wohnenden Tschechen pendelte um etwa fünf Prozent. Die Mehrheit gehörte zum bürgerlichen Sportverband »Sokol« und grüßte mit N'zdar (Nazdar, so viel wie ‚Heil'). Linksorientierte Tschechen blieben in der Minderheit.

Bis etwa 1936 gab es nur geringe Kontakte zwischen bürgerlichen Tschechen und Deutschen. Die links orientierten Tschechen nahmen – obwohl sie eigene Parteien hatten – meist an den Veranstaltungen der sozialdemokratischen DSAP oder der KPČ teil. Den 1. Mai und den Internationalen Frauentag feierte man gemeinsam. Soweit die tschechische Linke in Westböhmen keine eigenen Kultur- und Sportvereine hatte, wirkte sie in den deutschen Vereinen dieser Art mit. Zwar gab es da und dort eine eigene tschechische Arbeitersportgruppe. Diese trafen sich oft zum Wettstreit mit den ATUS-Gruppen, d.h. mit denen des Arbeiter-Turn- und Sportverbandes. Im Turnsaal der Tschechischen Schule in Eger/Cheb fand mancher dieser Wettkämpfe statt, soweit sie nicht im Freien auf dem allgemeinen Sportplatz ausgetragen wurden. Zeitweise existierten in Eger und Karlsbad/Karlovy Vary kleine tschechische Gesangvereine. Manche Tschechen blieben jedoch aktive Mitglieder in Arbeiter-Gesangvereinen.

Große Kulturveranstaltungen der deutschen Linken in Westböhmen wurden selbstverständlich von tschechischen Freunden besucht. Monatlich fand z.B. in Eger/Cheb eine Matinee statt oder man zeigte einen neuen sowjetischen Film. Das blieb Sache aller Linken.

Im Bund der Sowjetfreunde wirkten der linke Flügel der DSAP und Kommunisten sowie Mitglieder beider tschechischen Arbeiterparteien mit. Zum 7. November fanden jährlich große Kulturveranstaltungen statt. Jahrüber traf man sich zu kleineren Zusammenkünften. Dieser Bund erhielt ab 1936 starken Zulauf, weil immer mehr Menschen angesichts der faschistischen Bedrohung vor allem auf die Hilfe der UdSSR setzten und den Ausbau freundschaftlicher Beziehungen zwischen ČSR und UdSSR verlangten.

1936 veranstalteten die Offiziere am Flugplatz in Eger/Cheb ein Sportfest. Alle deutschen Sportvereine von Eger/Cheb waren eingeladen. Der ATUS nahm teil, die bürgerlichen Sportvereine nicht. Vor 1936 wäre es kaum denkbar gewesen, dass Sokol und ATUS an gemeinsamen Veranstaltungen teilgenommen hätten. Nach 1936 änderte sich das, weil eine Art Zusammengehörigkeitsbewusstsein entstand angesichts der immer aggressiver auftretenden Sudetendeutschen (Nazi-) Partei. Es gab keine Berührungsängste der Sokol mehr, wenn es um gemeinsame Aktionen mit deutschen Antifaschisten ging.

Bereits vor dieser Zeit hatte die DSAP die »Rote Wehr« aufgestellt, später umbenannt in »Republikanische Wehr« (RW). Mitglieder waren vorwiegend Männer aus Berufen, die Körperkräfte verlangten. Im Unterschied zu den entsprechenden Nazi-Schläger-Trupps gab es kein spezielles Training. Das demonstrative Auftreten der RW half allein schon manchmal, um die Faschisten von Angriffen abzuhalten. Bei Aufmärschen zum 1. Mai z.B. zog eine Hundertschaft mit gleicher Kleidung und Koppel an der Spitze, eine andere am Schluss des Demonstrationszuges. Weil es allein in Eger/Cheb drei RW-Hundertschaften gab, postierte man oft eine in der Mitte solcher Züge. Versuche der Faschisten, solche Manifestationen zu verhindern oder zu stören, waren ja nicht selten.

Die Sozialistische Jugend (Teil der DSAP), Gewerkschaftsjugend, ATUS- und Naturfreundejugend sangen bis 1936 gemeinsam: »Nie! Nie, woll'n wir Waffen tragen! Nie! Nie, woll'n wir wieder Krieg: Hei! Soll'n die großen Herren selber sich erschlagen. Wir machen einfach nicht mehr mit! Nein! Nein! Nein!« Die älteren Genossen warnten: Der Hitler steht mit seinen Truppen vor der Tür! Und ihr wollt euch nicht wehren? Ihr wollt nicht dagegen kämpfen?

Nach monatelanger heißer Diskussion beschlossen wir: Die Wehrhaftmachung der Jugend ist heute durch die faschistische Gefahr ein Gebot der Stunde! – Die massiver werdenden Attacken spezieller Nazi-Staffeln gegen linke Versammlungen oder Volkshäuser sollten eine harte Gegenwehr erfahren!

Das erste große Jugendzeltlager bei dem Grenzort Liebenstein, das 1936 der Wehrhaftmachung dienen sollte, besuchte der tschechische General Sirowy. Er stieg vom Pferd, als ihn der Kreisturnwart C. Perlet am Lagereingang begrüßte. An die versammelten Jugendlichen – etwa vier Hundertschaften – richtete er eine Ansprache. Zum gemeinsamen antifaschistischen Kampf rief er auf. Er versprach die Unterstützung durch Spezialisten und Ausbilder der Armee der ČSR.

Es konnte nicht nur ein allgemeines Härtetraining sein, das nun folgte. Wir lernten schießen: Notwehr! Was unsere erbitterten Feinde nicht einmal als Fremdwort kannten, lehrte uns ein tschechischer Offizier: Jiu-Jitsu. Heute etwas Altes! Damals kaum bekannt und deshalb wirkungsvoll! Wenn es die Zeit erlaubte, trainierten wir nach der Arbeit an einer rauhen Mauer hinter unserem Jugendheim im Volkshausgarten, um unsere Handkanten zu härten. Handkantenschläge gehörten später zu unseren gefürchtetsten Waffen, wenn man richtig damit umzugehen wusste. Zudem trainierten wir von Anfang an Verteidigungs- und Angriffstaktiken als gestaffelte Gruppe, was den Nazis ebenfalls fremd war. Bald waren wir in der Lage, gegnerische Mehrheiten, die den Weg versperrten oder per Masse angriffen, in Teile zu spalten und die Anführer durch Handkantenschläge »außer Gefecht« zu setzen. Man wählte mich zum Leiter der Pionier-Abteilung: alles Freiwillige, die Abend für Abend unterwegs waren, um in den Dörfern des damaligen Egerlandes die sichere Durchführung von Heimabenden oder anderen Veranstaltungen zu garantieren.

Unser Auftreten und unsere Aktivität entwickelte sich für die Faschisten und deren Schläger-Truppen bald zu einer ungleich größeren Herausforderung als die RW. Vor unseren Kampfmethoden wichen die Nazis bald zurück, sobald wir auftauchten. Aber sie schworen uns: »Rache, Rache!«

Es blieb nicht bei unserem Tätigsein als Pionier-Abteilung. Über Hitlers »Mein Kampf« wussten unsere Jungen und Mädels bald besser Bescheid als jene, für die das Buch geschrieben war. Oft hatten wir in Pausen am Arbeitsplatz, in Berufsschulen oder bei sonstigen Anlässen, wo Gewaltanwendung verboten war, heftige Diskussionen mit unseren politischen Kontrahenten. Da war es vorteilhaft, besser als die Faschisten über Hitlers Kriegsziele, über die Hintermänner des NS-Regimes oder über Hitlers Begründungen für skrupellosen Terror gegen Antifaschisten, Juden und Tschechen bzw. über »minderwertige Rassen« im Detail Bescheid zu wissen. Damals verfügten die sudetendeutschen Nazis noch über eine Reihe junger Leute, die – wenn auch total verblendet! – zu diskutieren wussten. Für die Haltung mancher Unentschiedener blieb es wichtig – oft selbst für unsichere Nazis! – wie sachgerecht und beweisstark wir auf die Anwürfe der Nazis zu reagieren wussten.

Es soll nicht verschwiegen werden, dass das tschechische Großbürgertum, besonders die Partei der Großagrarier, mit einer chauvinistischen Politik der Sudetendeutschen (Nazi-) Partei viele Anlässe für politische Angriffe oder Kritiken bot. Die tschechische und die deutsche Linke kritisierten vieles auch, jedoch konstruktiv und auf Festigung der Demokratie in der ČSR gerichtet.

Oft diskutierten wir solche Probleme auch mit unseren tschechisch-bürgerlichen Freunden, die gleichwohl entschiedene Antifaschisten waren und blieben. Diskussionsgegenstand mussten auch jene westeuropäisch-bürgerlichen Regierungen sein, die mit Nazi-Deutschland kooperierten, statt es zu boykottieren. Deutlich wurden massive westliche Proteste vermisst, als das NS-Regime gegen Juden und Antifaschisten vorging. Manches Sokol-Mitglied bekam nach derartigen Debatten eine andere Einstellung zu politischen Fragen.

Eine neue Eskalationsstufe sudetendeutsch-nazistischer Aggressivität brachte ein Doppelereignis im März 1938. Der deutsche Einmarsch in Österreich führte zur strategischen Umklammerung der am stärksten industrialisierten Gebiete der ČSR, nämlich Böhmens und Mährens. Fast gleichzeitig verließen – außer der DSAP – alle deutsch-bürgerlichen Parteien den antifaschistischen Block und traten der Sudetendeutschen (Nazi-) Partei bei. Nur ein Fünftel der Deutschen in der ČSR blieb betont antifaschistisch. Die Provokationen der deutschen Faschisten in der ČSR nahmen drastisch zu. Es versteht sich von selbst, dass alle Antifaschisten in den Randgebieten der ČSR enger zusammenrückten.

In Eger/Cheb spitzte sich die Lage dramatisch zu, als der als Linker bekannte tschechische Polizist A. Kriegel pflichtgemäß zwei Nazis erschoss, die zur Sperrzeit als Kuriere Henleins per Motorrad unterwegs waren und dem Anruf zum »Halt!« keine Folge leisteten. »Eger schwimmt im Blut!« hieß es wieder einmal in der Goebbels'schen Giftküche. In den folgenden Tagen berieten tschechische Polizisten und Gendarmen auf Anregung von A. Kriegel – unüblich! – mit der Leitung der deutschen Antifaschisten, um gemeinsam die Lage unter Kontrolle zu bekommen. Der Vorgesetzte Kriegels, ein Sokol, stimmte zu! Eine antifaschistische Großdemonstration in Eger versuchten die Nazis vergeblich zu sprengen. Nur Einzelne griff man auf dem Heimweg tätlich an. Der Chronist musste sich gegen fünf Angreifer wehren.

Die politische und kulturelle Zusammenarbeit von Tschechen und Deutschen, alles verflochten mit dem antifaschistischen Kampf, währte bis zum Sommer 1938. Der Münchner Verrat – anders ist dieses »Abkommen« nicht zu klassifizieren – warf seine Schatten voraus: Viele Tschechen, die nicht unbedingt in den Grenzgebieten bleiben mussten, reisten mit ihrer Habe in das scheinbar sichere Innere der ČSR. Deutsche Antifaschisten in Zivil lagen mit tschechischen Gendarmen gemeinsam bewaffnet an der Grenze, um Übergriffe der »sudetendeutschen Freischärler« so weit wie möglich zu verhindern. Die Lage nach dem Einmarsch deutscher Truppen braucht hier nicht dargestellt zu werden.

Die Erfahrungen des gemeinsamen antifaschistischen Kampfes bis 1938 in den deutsch besiedelten Gebieten der ČSR – bei Vorstehendem kann es sich nur um einen Ausschnitt handeln – sind nur bedingt auf unsere Zeit übertragbar. Die Verhältnisse sind heute grundlegend anders. Gleichwohl: gemeinsame Diskussionen über den Neofaschismus in der BRD nach 1945 und in der Tschechischen Republik nach 1990, über die realen Ursachen und die Bekämpfung sind erforderlich. Dabei wird das eine oder andere aus den historischen Erfahrungen und Lehren einfließen.

Man sollte auch gemeinsam erörtern, welche Folgen die seit 1990 wirksame neue Globalstrategie der NATO sowohl für die internationale Lage als auch für die beiden Staaten mit sich bringt. Das Verhältnis zwischen Militarisierung von Gesellschaften privatwirtschaftlicher Art und Neofaschismus könnte ein Thema sein. Beide bedingen einander!

Das antifaschistische Liedgut und die Dichtkunst von Tschechen und Deutschen aus der Zeit bis 1938 könnte interessant sein: als Kulturäußerung und in der Diskussion.

Zu prüfen wäre auch, ob man Schulklassen in beiden Staaten anregt, der Biografie bekannter Personen vor Ort und in der Literatur nachzuforschen, wo die Verflechtung tschechischer und deutscher Historie zu erkennen ist. Das könnte z.B. Bertha von Suttner sein oder Julius Fučik oder Karl Kraus u.v.a. Es gibt genügend Personen, die das gemeinsame Kulturgut verkörpern oder die Infernalität chauvinistischen Denkens und Verhaltens aufdecken.

Ein Gegenstück zur Praxis mancher Sudeten- und anderer Deutscher, die die tschechisch-deutsche Geschichte erst ab 1945 ins Blickfeld rücken, könnte die Thematisierung und Erforschung der tschechisch-deutschen Geschichte vor 1935 sein. Bei allen Debatten mit Repräsentanten der Sudetendeutschen Landsmannschaft werfen diese meist von Anfang an die Frage nach den Beneš-Dekreten von 1946 auf, ohne nach deren Voraussetzungen zu fragen. Oder es ist zu hören: Unrecht kann man doch nicht mit Unrecht vergelten oder aufrechnen. Da wäre schon klarzustellen, dass nach 1945 nicht nur die Repräsentanz der Siegermächte davon ausging, dass die Sicherheit der ČSR und Polens z.B. sowie die gesamteuropäische Sicherheit nur durch den Transfer aller Deutschen aus ihren bisherigen Heimatstaaten und ihre Zusammenfassung in einem kontrollierten Deutschland zu gewährleisten sei. Vor allem das Ansinnen bzw. die Erpressung bliebe zurückzuweisen, dass Tschechen eine Bringschuld hätten, wenn sie in die Europäische Gemeinschaft eintreten wollen.

Zeitzeugenbericht aus dem Egerland, aufgeschrieben von
Lorenz Knorr für das Seminar in Pec, 3.3.2001

Teil I

»Ich brachte Antifa-Material illegal über die Grenze«

Ein Sozialist aus dem
tschechoslowakischen Grenzland berichtet

Die Arbeiterorganisation der westböhmischen Städte Eger/Cheb, Asch/Aš, Graslitz/Graslice und Joachimsthal/Jáchymov unterhielten stets enge Verbindungen zu ihren Genossen und Genossinnen im benachbarten Deutschland. Zwar blieb man, geschichtlich bedingt, vor allem an Wien und den dortigen Entwicklungen der sozialistischen Bewegung orientiert; schließlich gehörte Böhmen bis 1918 zur K.u.K.-Monarchie Österreich-Ungarn, und die böhmischen bzw. mährischen Arbeiterorganisationen galten als die aktivsten der österreichischen, von Wien abgesehen. Doch gehörte es zum selbstverständlichen Internationalismus, dass man über die Staatsgrenzen hinweg des Öfteren gemeinsame Veranstaltungen mit gleichgesinnten Parteien und Verbänden in Deutschland durchführte, im Westen mit französischen oder belgischen und holländischen, Erfahrungsaustausch eingeschlossen, ebenso gab es persönliche Bekanntschaften.

Nach 1933, als die deutschen Faschisten alle links orientierten Verbände verboten und ihre Mitglieder verfolgten, peinigten oder einkerkerten, blieben die grenzüberschreitenden Verbindungen nur in illegalen Sonderfällen erhalten. Soweit es Eger/Cheb betraf, arbeiteten junge antifaschistische Frauen in den reichsdeutschen Industrieorten Schirnding und Arzberg, Ascher Antifaschistinnen in der reichsdeutschen Industriestadt Selb. Dadurch konnten Verbindungen zu den dortigen Antifaschisten hergestellt oder Botschaften übermittelt werden. Auch Berichte über Antifa-Aktionen – soweit es diese noch gab – erreichten die böhmischen Arbeiterorganisationen. Von den Grenzorten existierten Verbindungen nach Marktredwitz, Wunsiedel und Bayreuth bzw. nach Bad Elster, Bad Brambach, Oelsnitz und Plauen. Materialtransporte führten stets zu Verhaftungen, weil die Bahn an der Grenze stark kontrolliert wurde. Außerdem vermittelten manche »Handlungsreisende« – Genossen, die in Hitler-Deutschland auf die Straße gesetzt worden waren und keine Arbeit in ihrem Beruf fanden – bei ihren »Geschäftsreisen« wichtige Erfahrungen des illegalen Antifa-Kampfes bzw. verwiesen auf Fehler, die man nicht wiederholen sollte.

Verlässliche, sportlich gestählte Grenzgänger gesucht

Im Frühjahr 1936 berichtete W. Novy, Sekretär der Deutschen Sozialdemokratischen Arbeiterpartei in der Tschechoslowakei (DSAP) in Eger bei einer örtlichen Parteivorstandssitzung, dass in Nordböhmen nach dem Scheitern von Antifa-Materialtransporten per Eisenbahn die dortigen Genossen über die »grüne Grenze« der Böhmisch-Sächsischen Schweiz wichtiges Informations- und Aufklärungsmaterial nach Bad Schandau, Königsstein und Sebnitz zu den dortigen »Illegalen« brächten. Nach einem Gespräch, das er in Prag mit Erich Ollenhauer vom exilierten Parteivorstand der SPD geführt hatte, wünschte dieser, dass solches auch im Erzgebirge in die dortigen sächsischen Industrieregionen und von Eger nach Oberfranken gebracht werden sollte. Mit dem Genossen Amstätter, dem Parteisekretär in Asch, sei bereits verabredet, dass die dortigen »wilden Kontakte« nach Selb, Hof, Oelsnitz und Plauen »systematisiert« würden und dass man prüfe, welche illegalen Grenzübergänge für den Transport von Antifa-Material geeignet seien. In Joachimsthal beständen bereits konstante Verbindungen zu sächsischen Antifaschisten. In Eger hätte man sich zu sehr mit den politischen Kämpfen mit den hiesigen Henlein-Nazis befasst und die Verbindungen nach Oberfranken vernachlässigt. – Und dann, direkt an meinen Vater gerichtet: Dein Sohn erreichte doch beim Sommersportfest des ATUS (Arbeiter-Turn- und Sportverband) auf unserem Waldsportplatz unter dem Grünberg (dem letzten böhmischen Ausläufer des fränkischen Fichtelgebirges) beim Hindernis-Langlauf den 1. Preis. Der könnte doch mal mit seinen Jugendgenossen erkunden, wo ein geeigneter illegaler Grenzübergang für unsere Antifa-Materialien zu erschließen wäre. Wir wissen, dass an der Grenze Böhmen/Oberfranken nicht nur reichsdeutsche Gendarmen patrouillieren, sondern auch bewaffnete SA-Männer. Hunde dieser Nazi-Grenzer sah man noch nicht. Diese würden alles erschweren. Wir brauchten sportlich trainierte Leute, die für die Partei solche riskanten Aufgaben übernehmen und die Übergabe unseres Informationsmaterials an dortige Antifaschisten gewährleisten. (Sinngemäß notiert Ende September 1936 nach dem Bericht meines Vaters in der Familie.) Meine Mutter hatte Bedenken, meine Schwester und mein Vater meinten, dass ich das schaffen würde – und sollte.

Wenige Tage später wanderte ich mit zwei Jugendgenossen südwestlich der stark bewachten Grenze des Grünbergs in der Nähe von Waldsassen und Münchenreuth, um mögliche verdeckte Übergänge zu erspähen. Dort wirkten jedoch nach Informationen unserer reichsdeutschen Antifa keine illegalen Gruppen.

Der Weg nach Schirnding und Arzberg war von hier aus sehr weit; der Vorteil einer schwach gesicherten Grenze fiel also kaum ins Gewicht. Nur in der Nähe des Gasthofs »Schwalbenmühle« südlich des Grenzübergangs bei Mühlbach fanden wir nach zwei Stunden eine Stelle, die auf beiden Seiten der markierten Grenze ausreichend Deckung bot. Allerdings patrouillierten an dieser Stelle bewaffnete SA-Männer! Etwa jede Viertelstunde kam eine Streife vorbei: ohne Hunde! Wir blieben auf dem uns gut bekannten Waldweg vom Buchbrunnen zur Schwalbenmühle diesseits der Grenze, stellten aber fest, dass jenseits eine Schneise in den Wald geschlagen war, um eventuelle illegale Grenzübertritte zu erschweren. Das Gelände war jedoch uneben und zum Teil unübersichtlich. Wir riskierten einen Versuch: Während meine zwei Genossen auf böhmischer Seite in Deckung blieben und im Notfall das Interesse der SA-Männer auf sich ziehen sollten, überquerte ich die Grenze, voll in Deckung, robbte über die Schneise, als die SA-Streife vorbei war, erreichte den relativ sicheren deckungsreichen Wald und gelangte auf demselben Weg nach knapp zwanzig Minuten unentdeckt wieder zu meinen Genossen: eine Möglichkeit des illegalen Übertritts war erschlossen! Im Fall einer Entdeckung durch die SA-Patrouille konnte es allerdings höchst gefährlich werden.

Der illegale Antifa-Materialtransport funktioniert

Zwei Tage später passierte ich, begleitet von zwei Jugendgenossen, die vor der Grenze aufpassen und eventuell auch warnen sollten, die bewachte Grenze und robbte über die Schneise: mit dem »Neuen Vorwärts« auf Dünndruckpapier in den Taschen. Eine Genossin, die in Schirnding arbeitete, hatte einen Treff sowie ein Losungswort mit einem reichsdeutschen Antifaschisten verabredet.

Aus Sicherheitsgründen sind bei illegalen Treffs die vereinbarten Zeiten peinlich genau einzuhalten. Deshalb blieb ich vor Schirnding, ca. 2 Kilometer von der Grenze entfernt, im Wald versteckt. Pünktlich auf die Minute kam ich am vereinbarten Treff an, mit einem weißen Taschentuch die Stirn wischend. Ein kräftiger Mitdreißiger, ebenfalls mit einem weißen Taschentuch die Stirn wischend, kam auf mich zu und sagte leise: »Für Deutschland«. Ich erwiderte das Losungswort und übergab die zwei Päckchen mit dem »Neuen Vorwärts«. Er nannte ein Datum mit Uhrzeit für den nächsten Treff am selben Ort. Kaum zwei Minuten später trennten sich unsere Wege. Als ich zur Grenze kam, standen genau dort, wo ich »wechseln« wollte, einige SA-Männer und ein reichsdeutscher

Gendarm. Zufall? Besorgt und vorsichtig wich ich etwa 300 Meter nach Süden aus, jede Deckung nutzend, passierte robbend die Schneise, dann die Grenze. Einige Minuten später traf ich meine Genossen. Sie vermochten keinen Grund zu nennen, warum an »unserer« Übergangsstelle plötzlich Bewachung tätig war. Ansonsten verlief alles gut.

Zu Hause und im Parteibüro musste ich natürlich berichten. Auf Fragen, ob diese Aktion in gleicher Weise fortzusetzen sei, antwortete ich bejahend. Das Risiko, das mit diesen »Transporten« verknüpft blieb, war allen bewusst.

Eine Woche später sollte ein anderer Jugendgenosse, begleitet von mir und einem weiteren Genossen, den illegalen Treff realisieren und einiges übergeben. Wieder sahen wir bewaffnete SA-Männer patrouillieren. Etwa 300 Meter weiter südlich am ansteigenden Hang wollte mein Genosse, der Karl, über Grenze und Schneise. Plötzlich Schüsse! Wir sprangen aus unserer Deckung und schrien laut, um die Aufmerksamkeit der SA-Leute auf uns zu lenken. Karl lief im Zickzack durch den Wald zu uns, hinter ihm die mit Pistolen schießenden SA-Männer. Einige! Offenkundig stimmte unsere Annahme nicht, dass zu festen Zeiten je zwei SA-Männer die Grenze entlanggingen. Plötzlich stand ein tschechoslowakischer Gendarm auf dem Weg und gebot den SA-Männern, die verfolgend die Grenze überschritten hatten, mit dem Gewehr im Anschlag ein deutliches »Halt oder ich schieße!«. Die SA-Männer wichen über die Grenze zurück. Doch der ČSR-Gendarm wollte Karl wegen unerlaubtem Grenzübertritt auf die Wache in Mühldorf mitnehmen. Trotz allen Argumentierens: er sollte auf jeden Fall mit! Wir begleiteten die beiden. Auf der Wache in Mühldorf erklärte ich dem diensthabenden Gendarmerie-Offizier, warum die Grenze passiert werden sollte; er möge doch seinen Major in Eger/Cheb anrufen. Nachdem er das getan hatte, sagte er: »Der Herr ist frei!« Ich erklärte ihm, dass am folgenden Tag zur selben Zeit die gleiche Aufgabe zu erledigen sei. Er nahm dies zur Kenntnis. Natürlich verriet ich nicht unsere Regel, wonach bei einem geplatzten Treff genau einen Tag später dieselbe Aktion zu wiederholen sei – möglichst mit besserem Ergebnis.

Am nächsten Tag übernahm ich die gestellte Aufgabe; zwei standen vorsichtshalber Wache. Diesmal überquerte ich etwa 1 km südlich Grenze und Schneise, als zwei bewaffnete SA-Männer vorbei und andere nicht in Sicht waren. Den ČSR-Gendarm entdeckten meine Genossen etwa dort, wo am Vortag der Zwischenfall passiert war.

Rechtzeitig erreichte ich den Treff, diesmal ein kleines Holzstöckchen in der linken Hand. Der andere, ein älterer, drahtig wirkender Genosse, kam ebenfalls mit Holzstöckchen in der linken Hand und flüsterte das neue Losungswort, übernahm mein Päckchen und händigte mir seinerseits ein kleineres aus. Das meine enthielt Informationsmaterial von böhmischen Antifaschisten; das seine übergab ich dem Parteisekretär in Eger. Von Novy erfuhr ich, dass er den Grenzkommandeur informiert hatte, wann unsere Aktion stattfinden sollte. Nur er wisse Bescheid – für den Fall, dass eine Panne passiere. Von dieser Seite gebe es Unterstützung.

Bei tiefem Schnee über die Grenze? Und die Spuren?

Mitte November 1936 begannen wir zu überlegen, wie der »Antifa-Transport« durch den verschneiten Winterwald erfolgen könne. Spuren im Schnee waren höchst verräterisch! Wer ging zu dieser Jahreszeit quer durch den tief verschneiten Grenzwald? Noch schlimmer: Spuren im Schnee hätten den SA-Männern gezeigt, wo und in welcher Weise wir die Grenze überquerten.

Nach Rücksprache mit meinem Vater, der als Kolporteur aller Arbeiterzeitungen und auch des »Neuen Vorwärts« zuständig war, und mit dem Parteisekretär lud dieser einen verlässlichen älteren Genossen ein, der als Bahnangestellter einen regelmäßig grenzüberquerenden Kali- und Kohletransportzug zwischen Falkenau/ČSR und Marktredwitz in Oberfranken begleitete. Im Parteibüro des Volkshauses und in meiner diesmal unverzichtbaren Anwesenheit informierten wir ihn über den bisherigen Ablauf der Transporte und die Unmöglichkeit, diese bei Schnee weiterzuführen.

Er verstand sofort, gab jedoch zu bedenken, dass er als Bahnangestellter keine politischen Aufgaben im Dienst erledigen dürfe. Angesichts der Massenarbeitslosigkeit wollte er seine relativ sichere Stelle gerne behalten. Nach einer kurzen Pause erklärte er jedoch, dass es in einigen Transport-Waggons sichere Verstecke gebe und dass die Zollbeamten in Schirnding nur die Waggonladungen kontrollierten. Es hätte noch nie einen Zwischenfall gegeben; die Zollbeamten seien bei dieser Ladung an schneller Abfertigung interessiert. Schließlich erklärte er sich angesichts der Wichtigkeit dieser Antifa-Transporte bereit, zur Winterzeit die Überbringung zu erledigen. Genosse Novy sicherte ihm sofortige Hilfe für den Fall zu, dass es einmal eine Panne geben sollte.

Unsere Genossin, die in Schirnding arbeitete, überbrachte die Botschaft zwecks Abholung dieser »Fracht«. Der Zug hielt jedoch nur in Arzberg und in

Eger; alle sonstigen Stationen durchfuhr er. Die erforderliche Umstellung war kein großes Problem. Jeweils in Arzberg, wo es keine Kontrollen gab, erfolgte die Übergabe. Natürlich nur mit Kennwort.

Inzwischen wählte man mich auf der Jahresversammlung zum Vorsitzenden der (Vereinigten) Sozialistischen Jugend. In dieser Eigenschaft gehörte ich dem Vorstand der Ortsgruppe Eger der Freundschaftsgesellschaft ČSR/UdSSR an (früher Bund der Sowjetfreunde; die Umbenennung erfolgte wegen erforderlicher größerer politischer Breite und wirkte sich positiv aus). Von einigen KP-Genossen, die dem Vorstand angehörten, erfuhr ich, dass in der Wohnung eines KP-Vorstandsmitglieds ganze Stapel von politischen Schriften und auch von der »Roten Fahne« auf Dünndruckpapier lagerten. Sie hatten niemand, der Antifa-Materialien über die Grenze bringen konnte. Ich sagte zu, dass ihre Informationstexte von uns mitgenommen werden könnten, jedoch müsste der Empfang geregelt werden. Nach Schirnding wäre es möglich, jedoch erst, wenn es keinen Schnee mehr gäbe. Für unseren Genossen bei der Bahn wollte ich keine Zusage geben.

Anfang März des Jahres 1937 verzichteten wir auf die Hilfe des Genossen von der Bahn und überquerten die Grenze wie schon im Herbst 1936. Durch unsere Genossin war vorbereitet und ermöglicht worden, dass wir auch die »Rote Fahne« mitbrächten – allerdings könne zum Treff jeweils nur eine Person kommen.

Ein unerwarteter Zwischenfall

Es schien, als hätte sich der »Antifa-Transport« völlig normalisiert. Alles lief reibungslos, bei größter Vorsicht natürlich! Angesichts der faschistischen Desinformationen blieben unsere Informationsmaterialien sehr gefragt. Die Wünsche unserer Genossen befriedigten wir von Eger aus, so gut wir konnten.

Ende Mai ereignete sich jedoch ein Bruch in der »Normalität« der illegalen Grenzübertritte. Beinahe sorglos durchschritt ich den mit niedrigen Hecken durchsetzten Wald hinter Grenze und Schneise, als kurz vor Schirnding plötzlich ein älterer Mann mit umgehängtem Gewehr vor mir stand. Er hatte mich offenbar früher gesehen als ich ihn. Ich erschrak über diesen unerwarteten Zwischenfall, denn noch nie war ich jemandem zwischen Grenze und Zielort begegnet. Früher war ich allerdings viel vorsichtiger durch den Wald gegangen; ich hatte mich an diese Ungestörtheit zu sehr gewöhnt. Es war der Förster – eigenartiger Weise ohne Hund – also ein Staatsangestellter, und die waren bekanntlich keine Linken. Freundlich sagte er zu mir: »Sie sind offenbar ein Fremder; ich sah Sie noch nie in meinem Revier. Kommen Sie von der Grenze?« – »Nein, nein! Ich wohne in Bayreuth. Ich wollte mich hier nur mal umsehen. Gleich gehe ich weiter!« – »Aber Sie reden ja gar nicht im Bayreuther Dialekt. Ich wohnte nämlich auch in Bayreuth, in der Richard-Wagner-Straße. Nun ist das Forsthaus Seussen meine Bleibe; das hier zugehörige Forsthaus brannte aus ungeklärten Gründen vor einigen Monaten ab. Gehören Sie etwa zu denen, die von den Tschechen grausam verfolgt werden und nun hier Schutz suchen? Drüben in Wiesau ist ein Ausbildungslager für Freischärler; das wissen Sie wahrscheinlich schon. Wehrmachtsoffiziere bilden diese Sudetendeutschen für den Krieg aus, den wir bald bekommen werden.« – Sie haben ja gar keinen Hund als Förster«, versuchte ich abzulenken. – »Ja, den hab ich vorige Woche am Forsthaus begraben. Er war schon alt. Morgen fahr ich nach Marktredwitz und kauf mir einen jungen Jagdhund. Den muss ich natürlich erst abrichten. Das Wild sucht sich seit einem Jahr andere Weide- und Futterplätze im Wald, seitdem an der Grenze öfter mal geschossen wird. Insofern brauche ich zur Zeit keinen Jagdhund. Aber wahrscheinlich löst der Führer das Grenzproblem. Die Sudetendeutschen gehören ja zu uns, nicht zu den kultur- und deutschfeindlichen Tschechen. Die Förster auf der nördlichen Seite der Eger haben es besser als ich. Dort ist die Grenze kaum bewacht, dort fallen keine Schüsse. Das Wild verhält sich so wie früher auch. Die können noch Hirsche schießen.«

»Was jagten Sie denn früher?«, fragte ich, um einen politischen Disput zu vermeiden. – »Die Hirsche wanderten ab in den Böhmerwald. Rehwild, Hasen und Füchse haben wir genug; Schwarzwild gab es hier seit langer Zeit nicht mehr.« – »Sehr interessant! Aber ich muss nun weiter nach Arzberg.« – »In Schirnding fährt der Regensburger Zug nach Schnabelwaid, dort können Sie nach Bayreuth umsteigen. Da brauchen Sie doch nicht bis nach Arzberg zu gehen.« – Danke. Ich will in Arzberg Strickwaren einkaufen.« – «Na, dann viel Spaß dabei.«

Ich war froh, dass er Richtung Süden weiter durch den Wald zog. Noch mal Glück gehabt! Offenbar ist größte Aufmerksamkeit auch dann geboten, wenn man Grenze und Schneise hinter sich hat. Ich wäre ihm ausgewichen, hätte ich ihn früher als er mich gesehen. Er konnte unter Umständen Meldung erstatten, dass er in seinem Revier einen Fremden angetroffen hatte. Das könnte Folgen mit sich bringen, die unsere »Transporte« erschwerten.

Erschwerte Bedingungen

Über meinen Vater bestellte mich der Parteisekretär für einen Samstagnachmittag in sein Büro, in dem er sonst zu dieser Zeit nicht weilte. Also etwas Besonderes! Als ich ankam, saß bereits die Genossin da, die sonst als eine Art Botschafterin über die Grenze wirkte. Novy sagte mir, dass sie etwas zu berichten habe, was ich auf jeden Fall wissen und berücksichtigen sollte. Ihre Kontaktpersonen, so die Genossin, hätten ihr von mehreren Schlägereien zwischen Antifaschisten in Schirnding und örtlichen SA-Männern berichtet. Meist sei das in Gasthäusern vorgekommen, die traditionell von beiden Seiten besucht wurden. Im Unterschied zu Marktredwitz und Wunsiedel gebe es in den Grenzorten relativ wenige Nazis. Die hier an der Grenze patrouillierenden SA-Leute kämen meist von den genannten Orten und führen am Abend bei Einbruch der Dunkelheit wieder in ihre Wohnorte. Die SA-Männer seien hier stets in der Minderheit, auch in den Gasthäusern, wo man abends das Bier trank. Ob die Faschisten provozierten oder unsere Genossen, meist kräftige Arbeiter, war nicht zu erfahren. Jedenfalls bekamen die SA-Leute meist blutige Nasen. Sie meldeten dies jedoch nicht weiter an die Polizei oder an ihre vorgeordneten Dienststellen, weil sie sich offenbar nicht blamieren wollten. Nun sei allerdings Verstärkung im Ort: für die Grenzleute der SA sei eine Baracke aufgestellt worden, wo sie übernachten könnten. Sie kämen nun auch in die Gasthöfe und drohten mit Verhaftungen, wenn es Angriffe auf sie gebe oder wenn weiterhin ihre Plakate von den Wänden gerissen würden. Zwar konnte man unseren Genossen nichts nachwiesen, aber der Verdacht genügte bei den Faschisten, um jemand zu foltern und einzusperren.

Novy berichtete, dass in den Garnisonsstädten Plauen und Oelsnitz die Gestapo häufig brutal zugreife und dass manche Antifa-Versammlungen aufgeflogen waren, mit folgenden Verhaftungen. Große Zusammenkünfte solle man vermeiden. Illegal Plakate kleben: das könne man auch von Mann zu Mann vorbereiten und dann in Einzelaktionen durchführen. Novy wunderte sich, dass in den Grenzorten nahe Eger noch keine Gestapo am Wüten sei; in Marktredwitz und Wunsiedel, vor allem aber in Bayreuth und Weiden sei das längst der Fall.

Vierzehn Tage später brachte ich von meinem Antifa-Transport die Nachricht mit, dass die Genossen in Schirnding und Arzberg bei ihren Gaststätten-Bierabenden keine Absprachen mehr über geplante Aktionen trafen. »Es ist ein Verlust an Demokratie, aber unbedingt erforderlich wegen des Schutzes unserer Aktivisten, dass künftig beauftragte kleine Gruppen die Pläne ausarbeiten und dass die operative Arbeit dann in Kleingruppen fortgesetzt wird. Ende der großen Versammlungen! Neue Aktionsformen! Der Kampf geht weiter!« So die Parolen.

Es war höchste Zeit. Eine Woche später hatte die Gestapo in den beiden Grenzorten ihre Stützpunkte und begann mit Verhören! Wenige Tage später verhaftete die Gestapo in Schirnding und in Arzberg einige Antifa-Aktivisten, meist Kommunisten. Nur zufällig? Oder ein Warnsignal an die ehemaligen SPD-Funktionäre? Die Angehörigen erfuhren nichts über den Verbleib der Verhafteten. Nur kurz und bündig: »Staatsfeinde dulden wir nicht!« Viel später wurde bekannt, dass einige in Bayreuth im Gefängnis einsaßen. Von anderen hörte man nie wieder etwas.

Die Antifa-Transporte funktionierten weiter wie bisher. Eine stärkere Bewachung der Grenze war nicht zu erkennen. Gleichwohl blieb größte Vorsicht geboten.

»Antifa-Transporte« – ohne Empfänger in Franken?

An einem verregneten Maitag des Jahres 1937 passierte ich wieder einmal die Grenze, während zwei Genossen zurückblieben – für alle Fälle! Im Regenmantel über die Schneise zu robben, das war etwas schwieriger als sonst. Die SA patrouillierte wie immer; zehn Minuten Zeit blieb für den Grenzwechsel. In Schirnding kam diesmal niemand zum vereinbarten Treff! Ich verließ ihn sofort. Aber wohin? Die Wärme und Trockenheit einer Gaststube hätten mir wohlgetan. Aber da wäre ich sofort als Fremder erkannt und angesprochen worden. Dies galt es nach allen Regeln zu vermeiden. Da konnte jemand die Polizei informieren oder gar die Gestapo. Also ging ich trotz leichten Regens zurück in den Wald. Von weitem sah ich den Förster; sonst erschien mir diese Gegend wie immer fast menschenleer. Aus meinem Versteck in einem Gebüsch hatte ich einen begrenzten Ausblick in Richtung Schirnding. Ohne Zwischenfall ging ich nach einer Stunde wieder zum Treff. Es kam niemand. Also unverrichteter Dinge wieder zurück. Ich kam ohne Probleme wieder über die Grenze. Meine Genossen war höchst erstaunt, dass ich alle Materialien wieder mitbrachte.

Abends suchte ich in Eger die Genossin auf, die sonst Botschaften überbrachte. Sie war nicht zu Hause. Ich fand sie im Volkshaus bei einer Probe der Laienspielgruppe. Sie erschrak, als ich sie darüber informierte, was in Schirnding geschehen war: »Da muss etwas Unangenehmes passiert sein. Morgen Abend erhältst Du von mir Bescheid.« Wir trafen uns am nächsten Tag in ihrer Wohnung. Ihre Eltern sollten von ihrer Mission nichts erfahren. Sie gehörten zwar auch der Partei an, aber in dieser vertraulichen Sache wollte sie ihre Eltern nicht eingeweiht wissen. In ihrem Zimmer erklärte sie mir, dass der zum Abholen bestimmte Genosse am Tag des Treffs zeitig in der Frühe verhaftet worden war. Der Grund wurde nicht genannt. Für die folgende Woche sollten zwei Genossen bestimmt werden, die sich kurz vor dem Treff verständigen würden, wer ihn wahrnahm. Ich fragte die Genossin, ob die üblichen kleinen Antifa-Treffs weiterhin stattfänden. Nach ihren Informationen ja, aber mit größter Vorsicht.

Am vereinbarten Tag überquerte ich wieder einmal die Grenze mit den üblichen Sicherheitsmaßnahmen. Ein erfolgreicher Treff! Er flüsterte mir ins Ohr: »Es wird gefährlich! Aber wir machen weiter.« Vierzehn Tage später lebte er nicht mehr: erschossen!

Warum diese Geheimhaltung im Parteivorstand in Eger?

Während einer Parteivorstandssitzung der Ortsgruppe Eger, an der ich als Vorsitzender der Sozialistischen Jugend qua Funktion teilnahm, berichtete der Sekretär wieder einmal über die Versorgung »unserer Genossen jenseits der Grenze« mit Antifa-Material. Zugleich berichtete er, dass nicht nur ein Genosse in Schirnding erschossen worden war, sondern auch einer aus Joachimsthal, als er von einem Materialtransport zurückkehren wollte. Die näheren Umstände beider Morde seien nicht bekannt. Im sächsischen Annaberg-Buchholz sei eine komplette Antifa-Gruppe aufgeflogen; zahlreiche Verhaftungen seien erfolgt. Noch wisse man nicht, ob ein Zusammenhang mit den schrecklichen Ereignissen in Sachsen bestehe. Bei uns laufe die Versorgung gut. Einzelheiten sollten im Vorstand nicht erörtert werden. Dennoch fragte Genosse Zacherl, Stadtrat der Partei und Vorsitzender des örtlichen Buchdruckerverbandes, ob »der junge Knorr« den ihm einst vom Parteisekretär zugedachten Auftrag erledige. Novy lenkte ab: »Wir sind dem Genossen Knorr jun. sehr dankbar, dass er damals die Möglichkeiten erkundete, wo und wie man unser Informationsmaterial zu den oberfränkischen Genossinnen und Genossen bringen kann. Diese Sache funktioniert; damit sollte sich der Parteivorstand zufrieden geben.« Zacherl erneut: »Bei allem Verständnis für die Geheimhaltung: der Vorstand, der diese Aktion beschloss, sollte auch Bescheid wissen, wie das funktioniert.« Nun mischte sich der Vorsitzende, Genosse G. Walter, ein: »Mir persönlich ist bekannt, welche Genossinnen und Genossen diese riskante Arbeit erledigen. Es gab nur kleinere Zwischenfälle, die geregelt wurden. Bei diesen Informationen sollte man es belassen.« Zacherl und die Kassiererin waren damit nicht zufrieden. Vor allem die Kassiererin wollte wissen, wieso und warum überhaupt Frauen einbezogen wurden, wenn das so eine gefährliche Sache sei. Die Mehrheit folgte jedoch den Empfehlungen des Vorsitzenden und des Sekretärs.

Nach der Sitzung fragte mich Zacherl nach Einzelheiten. Verabredungsgemäß schwieg ich. Nun ein älteres Vorstandsmitglied: »Wieso darf er etwas wissen, was man uns nicht erklärt?« Dazu G. Walter: »Zur Sicherheit der ausführenden Genossinnen und Genossen sollte man keine Einzelheiten erörtern.« Die Kassiererin: »Es ist nicht in Ordnung, dass man für solche Aktionen Frauen einschaltet!« – »Wir haben doch gute Sportlerinnen«, bemerkte Zacherl zynisch.

Trotz vieler Verhaftungen: die Aktion ging weiter bis zum Diktat von München am 29.9.1938.

Nach dem Einmarsch

Damit war die Sache noch nicht zu Ende. Sofort nach dem Einmarsch der deutschfaschistischen Truppen in die deutsch besiedelten Gebiete der ČSR demolierten bewaffnete Egerer SA-Männer das unserem Wohnsitz gegenüberliegende Genossenschaftshäuschen des Parteisekretärs Novy. Danach schlugen sie meinen Vater in unserer Wohnung blutig, nachdem er nicht sagen wollte, wo sich Novy befand. Einige Tage danach erhielt mein Vater aus Prag den »Neuen Vorwärts«, 100 Stück wie immer, als sei nichts geschehen. Wir berieten in der Familie, ob es ein Versehen der Post sein könnte oder eine Falle. Nach langer Diskussion meinten wir, dass wir einen zusätzlichen Beweis unserer bekannten Antifa-Haltung unter den veränderten Bedingungen nicht zu liefern brauchten. Mit dem »Neuen Vorwärts« vermochten wir sowieso nichts mehr anzufangen. Ich wurde beaufragt, diese Sendung beim Standortkommandeur, einem reichsdeutschen SS-Standartenführer, abzugeben, keinesfalls bei hiesigen Faschisten! Im Egerer Rathaus wurde ich sofort zum Kommandeur vorgelassen. Die Folge der Übergabe war ein stundenlanges Kreuzverhör durch SS-Männer bei zwei auf mich gerichteten starken Scheinwerfern. Es gab viele Schläge, auch ins Gesicht, und schreckliche Drohungen. Man versuchte, mich zu belastenden Aussagen über inhaftierte Genossen zu zwingen; vor allem wollte man wissen, wo unsere Waffen versteckt seien. Trotz aller Quälereien: von mir konnten sie die erwünschten Aussagen nicht erhalten. Etwa um Mitternacht brachte man mich ins Egerer Gefängnis, Einzelzelle.

Die seit Wochen vorbereiteten verdeckten Antifa-Aktionen setzten wir freiwillig und in Dreier-Gruppen fort, nachdem ich etwa sechs Wochen später aus dem Gefängnis entlassen wurde: mit erzwungener Unterschrift, dass ich nichts gegen »den Führer und das nationalsozialistische Deutschland« unternehmen werde. Einen Aufruf an meine Genossen und Genossinnen, sie mögen »dem Führer die Treue halten und ihrer einstigen falschen Einstellung abschwören«, unterzeichnete ich nicht. Das versuchten sie schon während der Haftzeit vergeblich von mir zu erhalten.

Nun existierte niemand mehr, der uns per »Antifa-Transport« mit Informationen versorgen konnte. Wir waren auf unsere sozialistische Überzeugung und auf gelegentliches Abhören von »Feindsendern« angewiesen.

Teil I

Wochenend im Kneipelbachtal

Eine rot-schwarze Veranstaltung

Nachtwanderungen ins schöne Kneipelbachtal hatten 1937 längst traditionellen Charakter, den ihnen die Egerer Sozialistische und ATUS-Jugend verlieh. Dieses kleine Gebirgstal im reizvollen Kaiserwald, knapp vier Wanderstunden von Eger entfernt, bot an manchen Wochenenden gute Erholungs- und Erlebnismöglichkeiten für jene, die nach Tagen anstrengender fremdbestimmter körperlicher oder geistiger Arbeit endlich einmal selbst bestimmen und in der freien Natur sich selbst befreien wollten. In froher und solidarischer Gemeinschaft mit gleichgesinnten Jungen und Mädels strebten wir auch danach, für das politische Leben zu lernen, durch vielfältigen Sport unseren Körper zu stählen und durch häufiges Wandern unsere humanen Ideen hinauszubringen in andere Städtchen und Dörfer. Stets trachteten wir, neue Mitstreiter für bessere Lebensbedingungen aller Menschen sowie für eine gerecht geordnete Welt zu gewinnen. Gespräche an den Zielorten mit anderen Zeitgenossen und kleine Veranstaltungen sollten unseren Vorsätzen dienen. – Im Kneipelbachtal begann ja auch für die bergfreudigen Genossinnen und Genossen der steile Aufstieg nach Perlsberg, wo man sich auf der geräumigen Wiese des Naturfreundehauses mit denen traf, die per Autobus ankamen, um irgendetwas zu feiern, umgeben von einer reichen Natur. Im Kneipalbachtal endete auch die nicht gerade einfache Ski-Abfahrt derer, die manches Winterwochenende oder die Zeit zwischen den Jahren im Mittelgebirge verbrachten.

Dieses Mal erwarten wir eine klare Vollmond-Nacht. Unsere »Vorausabteilung«, drei arbeitslose Jugendfreunde, waren mit Fahrrädern und unseren Vier-Personen-Zelten schon nachmittags abgereist. Ausnahmsweise sollten die Behausungen am Waldrand stehen und die Feuerstelle samt Reisig- und Holzvorräten angelegt sein, wenn etwa 20 nachtwanderfreudige Mitglieder unserer Jugendabteilung dieses Tagesziel am Freitag gegen 22 Uhr erreichten. Samstagnachmittag wollten weitere 20 nachkommen. Rückkehr: am Sonntag, abends.

Wie sonst auch trafen wir uns um halb 7 Uhr abends am Volkshaus. Es ist noch hell und keiner bzw. keine lässt uns warten. Alle tragen große vollbepackte Rucksäcke. Der Toffel (Christoph), mein Vorgänger als Jugendleiter, kommt sofort auf mich zu: Kennst du die neuesten Auseinandersetzungen in Partei und Gewerkschaften über Stalins »Säuberungen«? Man versucht sie zu nutzen – gegen uns Linke. Da müssen wir uns kräftig wehren! Der Haberkorn und der Novy (der Egerer Parteisekretär und der vom Kreis) griffen uns gestern auf einer Gewerkschaftsversammlung im Volkshaus heftig an, weil wir die Sowjetunion als Experiment verteidigen. Die Moskauer Schauprozesse beweisen angeblich, dass wir unseren Kurs schleunigst zu korrigieren hätten. Oder man werde Konsequenzen ziehen. Die Zeit irgendwelcher Aktionseinheiten mit den Bolschewiken sei vorbei. Und das erklärten die angesichts der ständigen nazistischen Bedrohung!

Ich gebe das Abmarschzeichen und antworte: Selbstverständlich habe ich die diesbezüglichen Nachrichten und die attackierenden Kommentare im »Volkswillen«, im illegalen »Vorwärts« sowie die Rechtfertigungen in der »Roten Fahne« gelesen. Am Arbeitsplatz sprachen mich ebenfalls einige Kollegen darauf an. Von meinem Vater, der die offizielle Parteilinie vertritt, weiß ich auch, dass man die Linke für mögliche Stimmenverluste verantwortlich machen wird, wenn sie sich nicht klar von der Sowjetunion und den hiesigen Kommunisten distanziert. Ich fragte meinen Vater bereits, was die Egerer Parteiführung vom Prager Manifest des exilierten reichsdeutschen Parteivorstandes hält, der nach Beginn der nazistischen Diktatur die historischen Grundlagen der Spaltung für überholt erklärte. Allerdings halte ich die rabiaten Säuberungen Stalins für einen nicht zu entschuldigenden Verrat an marxistisch-leninistischen Prinzipien und angesichts der geringen qualifizierten Führungspotenz, die in der Sowjetunion mit ihren gewaltigen Aufgaben vorhanden ist, für ein Verbrechen. Wir müssen unterscheiden zwischen der außenpolitischen Funktion der Sowjetunion und Aktionseinheit einerseits und den ideologisch-politischen Positionen andererseits. Trotzdem stimme ich dir zu, dass wir uns wehren müssen gegen alle Versuche, die Moskauer Schauprozesse gegen den Einfluss der Linken in Partei und Gewerkschaften zu nutzen. An Freunden wird es dabei nicht fehlen.

Der Karl, der Ossi, der Zees, die Erika und die Anna scharen sich interessiert um uns beide, während wir stadtauswärts schreiten. Der Toffel erwidert: Aber der Walter Michel, unser gemeinsamer politischer Lehrer, sagt doch: Wo gehobelt wird, da fallen Späne! Der Klassenfeind muss unnachgiebig bekämpft werden! Ich gebe zu, dass ich diese Mittel auch für falsch halte. Aber die Sowjetunion hat sich gegen viele innere und äußere Feinde zu verteidigen. Das dürfen wir nicht übersehen. Der Klassenfeind nutzt jede Gelegenheit, jede Schwäche, um eine Bresche in seine weltpolitischen Widersacher zu schlagen. – Meine Antwort: Die alten Kampfgefährden Lenins, Radek und Trotzki, Bucharin und die Gewerkschaftsspitzenfunktionäre Kamenjew und Sinowjew als mögliche

Teil I

Klassenfeinde zu denunzieren und eventuell liquidieren zu lassen – dazu Hunderte anderer treuer Bolschewiken: das ist skrupelloser Cliquenkampf, aber keine kommunistische Politik! Mit sogenannten Rechts- und Linksabweichlern fing es 1927 an, als Stalin die These von der »eingeschlossenen Festung« verkündete und »absolute revolutionäre Disziplin« verlangte. Nichts gegen revolutionäre Disziplin, die brauchen wir auch. Aber wo hört der rücksichtslose Kampf Stalins gegen seine Rivalen auf? Totale Gleichschaltung oder gar die Verfolgung der alten leninistischem Garde kann und darf doch kein Ziel revolutionärer Politik sein. Wir müssen klarstellen, dass die Oktober-Revolution in Russland bei unterentwickelten ökonomischen und politisch-demokratischen Bedingungen stattfand, dass sie dennoch in der internationalen Arena eine positive Rolle spielt. Welcher andere Staat präsentierte derartige Abrüstungsvorschläge und solche für kollektive Sicherheit gegen mögliche Aggressoren. Das ist im Interesse aller Völker!

Teilst du etwa die menschewistische These, dass die Sowjetunion unter Lenin eine ganze historische Epoche übersprang, nämlich den Kapitalismus, und dass dies ein Fehler war?, mischt sich der Karl ein. – Nein! Nein! Ihr kennt doch meine Position, reagiere ich. Die Konzeption des sowjetischen Rätesystems mit demokratisch gewählten und von der Basis jederzeit abberufbaren Deputierten in den verschiedenen Wirtschaftsbranchen war und ist immer noch entwicklungsfähig, bleibt auch für uns ein Vorbild. Trotz der zurückgebliebenen Entfaltung der Produktivkräfte im Jahre 1917 bleibt es vorwärtsweisend. Aber Stalin und seine Administration sorgten für die Degenerierung des basisdemokratischen sowjetischen Rätesystems. Zwar mag der rapide Aufbau eine leistungsfähige Bürokratie erfordern, gerade in einem technisch und politisch unterentwickelten Land ohne demokratisch geschultes und erfahrenes Proletariat. Insofern wird bei geplanter und nationalisierter Wirtschaft eine administrative Anleitung erforderlich sein. Diese muss jedoch ein Instrument der Arbeiterklasse bleiben; sie darf sich nicht verselbständigen und nicht zu einem staatlichen Mittel neuer Unterdrückung werden. Der notwendige rasche industrielle Aufbau muss zugleich die Eigenkräfte des Proletariats fördern – und später die kollektive und die persönliche Selbstverwirklichung. Wenn aber alle demokratischen Kontrollmöglichkeiten ausgeschaltet werden, führt das zur miserabelsten Herrschaft einer neuen Clique, auch mit Schauprozessen. Vergesst nicht, was uns Luitpold Sterz, unser großer Lehrer, mit auf den Weg gab.

Die Anna und die Erika stimmen mir zu. Inzwischen ist der Willi, der Sohn des Egerer Parteisekretärs, zu uns gestoßen: Habt ihr nicht immer gepredigt, mit Beginn des 1. Fünfjahrplanes waren die industriellen Voraussetzungen für die Entfaltung eurer Sowjet-Demokratie erfüllt? Und was passierte tatsächlich? Hört doch endlich auf, diese sogenannte proletarische Diktatur über die zerstörte Herrschaft der zaristischen Feudalherren als ein Vorbild für uns herauszustellen. Der Stalin und die Sowjetdiktatur schaden uns allen. Das fing doch schon mit Lenin an. War das nicht, was ihr die glorreiche Oktober-Revolution nennt, der Putsch einer zu allem entschlossenen Minderheit? Den Bauern Land versprochen und dann die Zwangskollektivierung, den Arbeitern Brot versprochen und dann die Hungerjahre. Und jetzt die »revolutionären« Schauprozesse. Mit sozialem Fortschritt hat das nichts zu tun; der ist nur durch geduldige Reformarbeit zu haben. Starker Protest gegen Willi, auch wenn er sich dagegen verwahrt, dass man die Linke hierzulande für »Stalins Exzesse« verantwortlich macht. Selbst der eher bedächtige Toffel reagiert nun empört: Die russische Oktober-Revolution war ein weltgeschichtlicher Schritt nach vorn, mit all ihren Fehlern. Hätte die Führung der deutschen Sozialdemokratie 1918 nicht schmählich versagt, als die Revolution gegen Monarchie und Großkapital notwendig und möglich war, hätte in der Sowjetunion sich vieles anders entwickeln können. Schließlich verstand Lenin die Russische Revolution als Initialzündung. Es waren andere, welche die Beschlüsse der internationalen Sozialisten-Kongresse nicht befolgten. Die Hungerjahre in der Sowjetunion sind doch nicht von den Bolschewiken zu verantworten; das waren Kriegs- und Konterrevolutionsfolgen. Zu klären haben wir die Ursachen und mögliche Folgen der Schauprozesse und unsere Position dazu!

Der Edi, der sich sonst lieber mit feschen Jugendgenossinnen beschäftigte als mit prinzipiellen Problemen, wirft nun lautstark ein: Wollt ihr den Bauern vom Kneipelbachtal etwas von der Sowjetunion und von unserer nicht ausdiskutierten Stellungnahme zu deren Problemen erzählen? Die wissen bestenfalls etwas Falsches über den Spanischen Bürgerkrieg, was man vielleicht richtigstellen kann. Interessieren werden sie sich vor allem dafür, wie sie mit ihren speziellen Schwierigkeiten fertig werden können. Habt ihr euch dazu schon etwas überlegt? Ist euch aufgefallen, wie sie die Ohren spitzten, als der Walter Michel letztes Mal über die praktischen Folgen der Weltwirtschaftskrise, über deren Ursachen und über ein demokratisch-fortschrittliches Bauernprogramm sprach? Der Michel hat den richtigen Nerv getroffen. Was wir als junge Sozialisten wollen, wissen sie von früheren Gesprächen. Überlegt euch, wie wir argumentieren!

Wir einigen uns schnell, die begonnene Diskussion über die Sowjetunion bei nächster Gelegenheit fortzusetzen. Der Karl stimmt zur Herstellung unserer Gemeinsamkeit ein Lied an: »Wann wir schreiten Seit' an Seit' ...«. Der Ernst begleitete uns auf der Mundharmonika. Unsere »Alten« spielten bei früheren Wanderungen Klampfe und Mandoline. Wir »Jungen« sind nur gute Sänger. Inzwischen hatten wir Mazelbach hinter uns gelassen und wandern in der eingetretenen Dämmerung über breite Feldwege ostwärts. Zu dreien oder vieren, manchmal eingehakt, ziehen wir singend dahin.

Im Stillen denke ich daran, dass auf diesem Feldweg nach Treunitz mein Vater oder ich die Mutter des Öfteren abgeholt hatten. Auf abgeernteten Kartoffelfeldern hackte sie an manchen Nachmittagen bis zwei Zentner Erdäpfel heraus und verlud sie auf unseren Leiterwagen. »Um Geld zu sparen!« Sie benützte stets den gleichen Heimweg, damit wir uns nicht verfehlten. Das war auch ein Stück Gegenwart!

Zwischendurch berichtet der Toffel, unser Spezialist in Sachen Spanischer Bürgerkrieg, über die neueste Lage an den Fronten und vor Madrid. Natürlich sind wir Kriegsgegner. In Spanien aber wollen die Faschisten und die Falangisten einen hoffnungsvollen demokratischen Anfang im Keim ersticken. Das liefert uns Argumente für die Volksfront und für die Aktionseinheit der Arbeiterparteien. Solche Bündnisse sollte man nicht erst dann eingehen, wenn höchste Alarmstufe ist! Das muss rechtzeitig praktiziert werden! Begeistert singen wir »Vor Madrid im Schützengraben!« und »Vorwärts, Internationale Brigade«. Nur der Willi sang bei Kampfliedern nicht mit, die auch die Kommunisten hatten. Aber er toleriert unsere Haltung. Er agierte ja auch gegen die faschistische Einmischung. Wir anderen dagegen kritisierten in diesem Fall die Nichteinmischungspolitik der Westmächte, weil sie den Faschisten einseitige Vorteile bringt, die sich negativ für alle europäischen Völker auswirken können.

Erika berichtet, dass unser RW-Arzt Dr. Spiegel (RW hieß früher »Rote«, jetzt »Republikanische Wehr«, ein Schutzbund gegen nazistische Angriffe auf unsere Veranstaltungen und Umzüge) 50 Kronen für unsere Ortsgruppenkasse und zusätzlich 20 Kronen für diese Wanderung spendierte. Beifall! Für 10 Kronen kaufte die Vorausabteilung bereits gutes Selchfleisch für das Erbsenpüree. Wird akzeptiert. Gibt noch eine Überraschung, sagt Marie; hab' ich im Rucksack! Was denn?, wollen einige wissen. Verrat ich nicht, erklärt Marie. Bleibt bis morgen ein Geheimnis! Nur Erika kennt es auch. – Na, habt euch mal nicht so mit Geheimnissen!

Zwischen Gaßnitz und Klein-Schüttüber rasten wir. Die Rucksäcke werden abgestellt. Zwei große Feldflaschen mit Tee für 20 Personen sind vorhanden. Jede bzw. jeder erhält einige Schlucke aus dem Becher. Heller Vollmond, Sternenhimmel, ganz leiser Wind streicht über Felder und durch die Büsche.

Richtig romantisch! Einige kennen die Sternbilder, andere wissen sogar, wie man nach dem Stand der Sternbilder die Uhrzeit bestimmt. Halbzeit auf dem Weg zu unserem Platz im Kneipelbachtal. Menschen sehen wir nur, wenn wir die Siedlungen passieren, Hundebellen. Sonst weit und breit nur wir auf Nachtwanderung.

Beim Weitergehen sagt der Ernst, dass die Bauern in Miltigau und Markusgrün oft über die Juden schimpfen. Selbst Leute, die in Eger, Sandau oder Königswarth industriell oder handwerklich arbeiten, machen diesen Unsinn mit. Ob ihnen die Henlein-Funktionäre den Hass gegen die Juden beibrachten? Dazu der Willi: Ein tschechischer Groß-Agrarier will hier Land aufkaufen. Der nutzt die Not der Bauern und der Halb-Landwirte aus. Viel erreichte er noch nicht. Aber die Leute haben Angst um ihren kleinen Besitz. Die Bezirksverwaltungen sind machtlos. Die Henlein-Leute schlachten diese Sache propagandistisch aus: sie schüren den Hass gegen den »tschechischen Juden«, obwohl er kein Jude ist. – Das sind kapitalistische und großagrarische Praktiken: der Große verschlingt die Kleinen, sagt der Toffel. Da fehlt die Aufklärung über die Funktionsweise des kapitalistischen Systems. Die Erika meint: Wir sind fast ausschließlich auf Arbeiterprobleme hin orientiert. Der Landbevölkerung muss auch geholfen werden. Ob da mit einer allgemeinen Kapitalismus-Kritik ein paar Strohhalme zu gewinnen sind, bezweifle ich. Außerdem ist jetzt der gemeinsame Kampf aller Demokraten gegen die Nazis wichtiger. Die Nazis verstehen es, mit ihrer Hass-Propaganda von den tatsächlichen Problemen abzulenken. Ob man Kapitalismus-Kritik mit unserem Kampf gegen die Nazis inhaltlich verbinden kann, weiß ich nicht. – Nach längerem Hin und Her erhalte ich den Auftrag, bei unserer geplanten Veranstaltung in Miltigau die wirtschaftlichen und politischen Ursachen der vielfältigen Nöte dieser Leute anzusprechen und das freiwillige Genossenschaftswesen als einen möglichen Ausweg zu schildern. Unsere Position zur Judenfrage war immer klar: man macht sie zu Sündenböcken und Hassobjekten, um von den wirklichen Ursachen vieler Nöte abzulenken. Die Erika will sich einen Sketch ausdenken, mit dem das Problem volkstümlich darzustellen ist; einige Antworten sollen eingeflochten werden.

Aus dem Nachthimmel erheben sich immer deutlicher zu erkennen die dicht bewaldeten Berge des Kaiserwaldes. Der Weg ist uns bekannt, Taschenlampen brauchen wir nur selten. Am rauschenden Bach entlang im dunklen Tal wandernd und singend nähern wir uns der alten Kneipelbachmühle. In der Nähe brennt ein kleines Feuerchen. Gleich sind wir da – und staunen! Anstelle unserer drei Mann von der »Vorausabteilung« erwarten uns sechs Personen, darunter ein Mädchen. »Freundschaft« – »Willkommen im Kneipelbachtal!« Einen von der hiesigen Dorfjugend kennen wir von früheren Begegnungen. Wir erfahren: die anderen waren drüben an der Säuerlingsquelle, sahen und hörten unsere Vorausabteilung am Feuer singen, kamen und erkundigten sich, was am Wochenende zu erwarten sei. Der uns Bekannte weilte schon seit der Ankunft unserer Dreier-Gruppe hier. »Zelte stehen! Zitronentee mit Rauchgeschmack ist gleich fertig. Keine Probleme bei der Anreise!«, meldet der Sprecher der Vorausabteilung.

Wir setzen uns im Kreis um das nun stärker entfachte Feuer und unterhalten uns mit unseren drei Gästen von der Miltigauer Dorfjugend. Jeder bekommt Tee; manche knabbern noch etwas. Der frühe Sonntag Nachmittag wäre eine gute Zeit für eine Veranstaltung, bekunden die drei, nachdem sie unsere Pläne gehört und sich abgesprochen haben. Unsere Dorfjugend könnte auch ein Heimatlied singen und einen Volkstanz beitragen, wenn es euch recht ist. Der Pfarrer meinte das letzte Mal sowieso, dass man euch nicht allein alle Trümpfe überlassen solle, sagt das Mädchen schmunzelnd; wir hätten ja auch etwas zu bieten, die Miltigauer Dorfjugend.

Na prima! Endlich mal eine gemeinsame Veranstaltung! Wenn ihr ein Programm mit uns zusammen gestaltet, bekommen wir wahrscheinlich mehr Zuschauer und Zuhörer! – Gemeinsam singen wir Abendlieder. Es ist spät, als sich die drei verabschieden. Samstag Abend wollen sie mit einigen anderen zu uns kommen, um Einzelheiten für die gemeinsame Veranstaltung abzusprechen.

Hatten wir noch nie!, ruft nachher der Toffel aus. Dass wir mit denen und die mit uns so gut zurechtkommen, ist doch was Neues! Wenn die uns früher hier an der alten Mühle beobachteten, dann immer auf Distanz. Unsere Gespräche im Dorf führten wir meist mit den Alten. Nur unser Bekannter von der Dorfjugend redete mal mit uns. Bei unseren kleinen Werbeveranstaltungen schauten zwar neben manchen Alten vor allem die Jungen zu. Mehr aber nicht! – Wie ist das zu erklären, dass die sich plötzlich mit uns Sozis einlassen?, begehrt der Willi zu wissen. Der Hermann von der Vorausabteilung erklärt uns: Den Bekannten sagten wir gleich, was los ist. Die zwei anderen fragten, ob noch mehr kämen, als sie die sechs Zelte sahen. Und ob wir genug Brennmaterial zum Abkochen haben. Und was wir am Wochenende vorhaben, wollten sie vor allem wissen. Die setzten sich sofort zu uns, als wir sie dazu einluden. Man soll allen helfen, die Hilfe brauchen, sagte die Kati, aber ihr macht alles allein. Wir hätten euch auch geholfen, wenn es nötig gewesen wäre. Die Kati scheint ein feines Mädchen zu sein. – Hast du dich in sie verknallt?, stichelt der Edi; Quatsch! ist die Antwort.

Für heute sollten wir Schluss machen, fordert uns die Erika auf. Ich bin nicht allein müde. – Geht aber vorher scheiß'n, rät der Karl, sonst furzt ihr die Zelte voll! – Du Schwein, rügt die Erika, obwohl sie nachher zugibt, dass der Karl Recht hat. Aber diese unfeine Wortwahl! – Du hast aber auch »Schwein« zu mir gesagt; ist auch nicht die edelste Bezeichnung unter Jugendgenossen und -genossinnen, reagiert der Karl. Lachen. – Bei uns in den Mädchen-Zelten ist die Luft am Morgen nicht halb so dick wie bei euch, behauptet die Erika; nehmt euch ein Beispiel! – Ihr schluckt wohl edle Parfüms vor dem Schlafengehen, feixt nun der Zees. – Sei nicht so frech, du alter Kochkessel-Auslecker, kontert die Maria. – Jetzt aber Schluss, alles in die Zelte! Schlaft gut!

In der Morgenkühle turnen wir im taufrischen Gras, waschen uns am Bach und bringen die Zelte in Ordnung, während die Erika und die anderen Mädchen, die Tee kochen wollten, selten untätig sind. Zwei Feuerstellen mit zwei Kochkesseln sind zwar hergerichtet, aber die Kessel sind leer! Überraschung!, sagt Marie. Ich merke nichts.

Da kommen unsere Einholer mit einem beachtlichen Körbchen Eier und einer Kanne Milch: stellt euch vor, die Bauern wollten kein Geld von uns! Die hörten uns gestern abend und in der Nacht singen.

Gefiel ihnen sehr gut. Die drei von der Dorfjugend sagten ihnen, dass wir gute Menschen sind. – Während sich einige wundern über so viel ungewohnte Güte, kommandiert Erika: die Milch in die Kochkessel! Die Marie hält eine große Tüte hoch: Kakao! Eine Spende von unserem Dr. Spiegel. Beifall. Das wird ein ausgezeichnetes Frühstück. Ein Sonderlob für Erika und Marie, die Dr. Spiegel zu diesen Spenden animierten. – Dieser Tag fängt gut an, so wie der gestrige gut endete, meinte die Anna vor dem gemeinsamen Morgenlied.

Vor der Freizeit wird beraten. Küchendienst und Zeltwache bis zum Abendessen sind schnell festgelegt. Erika soll den Sketch vorbereiten. Zwei werden per Rad nach Miltigau fahren, um das Veranstaltungsterrain am Sport- oder Dorfplatz genau zu erkunden. Gemeinsam beraten wir zunächst unsere Diskussions-Schwerpunkte und den vorläufigen Ablauf der Veranstaltung. Am Sonntag Vormittag, wenn wir die Pläne der Dorfjugend kennen und unsere anderen Jugendgenossinnen und -genossen aus Eger hier sind, wird endgültig entschieden. Heutiges Mittagessen: 13 Uhr, Erbsenbrei mit Selchfleisch.

Einige wollen sich in die Sonne legen und ausruhen. Drei beabsichtigen, im Bergwald bei Markusgrün die Hirsche zu beobachten. Zwei Kundige gehen auf Pilzsuche. Mit Toffel und Karl vereinbare ich, nach Ober-Perlsberg hinaufzusteigen. Dort erwarben Egerer Henleins an Waldrand ein größeres Gelände mit Haus. Mal sehen, ob zu erkennen ist, was die vorhaben. Entfernung etwa vier Kilometer, Höhenunterschied gut 300 m. Ober-Perlsberg liegt mit 850 m Seehöhe am Fuße des Judehau, mit 981 m der höchste Berg des Kaiserwaldes. Die warme Sonne bereitet uns keine Schwierigkeiten, denn der Bergweg verläuft im kühlen Hochwald. Auffallende Ruhe, kaum Vogelzwitschern. Wir schreiten sehr schnell voran, sodass längere zusammenhängende Diskussionen ausfallen. In einer knappen Stunde sind wir oben. Das Nazi-Objekt ist bald identifiziert; vor dem Haus und neben der breiten Anfahrt stehen einige Autos. Karl erkennt mit dem Fernglas einige bekannte Nazis aus Eger. Wahrscheinlich richten die einen Mehrzweck-Stützpunkt ein: für Schulung und Erholung, vielleicht auch als Agitationszentrum für die nahen Kaiserwald-Dörfer auf den weiten Höhenrücken. Bei den letzten Wahlen erreichten die Henleins in diesen abgelegenen Dörfern beträchtliche Stimmenzuwächse, nicht primär, aber auch auf Kosten der Sozis.

Nachdenklich sage ich: Die tschechisch-bürgerlichen Parteien lassen in ihrem ungezügelten Nationalismus aber auch gar nichts aus, was den Henleins bei ihrer skrupellosen Demagogie nützen kann. Der Katz und der Benda (zwei sozialdemokratische Abgeordnete) rechneten uns kürzlich bei einer Schulung vor, dass seit 1920 die staatliche Investitionstätigkeit primär auf tschechisches Gebiet konzentriert ist, dass die Deutschen, die Slowaken und die Ungarn in der ČSR, mit ca. 7 Millionen Menschen ebenso stark wie die Tschechen, nur etwa ein Viertel sämtlicher staatlicher Investitionen erhielten. Die erkennbar größere Not und die viel höhere Arbeitslosigkeit in den deutschen Randgebieten, die auch durch diese ungerechte Finanzpolitik entstanden ist, beuten die Henleins rücksichtslos für ihre gefährlichen Pläne aus. – Der Toffel und der Karl stimmen mir sofort zu. Aber: so darf man es der Landbevölkerung nicht sagen; das weckt antitschechische statt antinazistischer und antikapitalistischer Gefühle. Wir müssen den Leuten verdeutlichen, dass die tschechischen und die deutschen Arbeiterparteien laufend praktische Vorschläge unterbreiten, wie Industrie, Handwerk und Landwirtschaft in den notleidenden Randgebieten wirksam unterstützt und die Mängel der Stadt- wie auch der Landbevölkerung zu überwinden sind. – Einverstanden!, sage ich: positive Beispiele nennen, die uns helfen können. Zugleich muss jedoch der deutsche und der tschechische Nationalismus attackiert werden; ebenso unsoziale kapitalistische Praktiken, die die Leute ständig am eigenen Leibe erfahren. Im deutlichen Unterschied zu den Hitler- und Henlein-Predigern, ja offensiv gegen sie, sollten wir immer wieder herausarbeiten, dass in dieser Welt keine nationalistischen und keine kriegerischen Praktiken weiterführen, nur noch mehr Elend bringen, dass nur friedliche internationale Zusammenarbeit der Völker und Staaten weiterhelfen. – Es gab keine Unterschiede.

Der Toffel: Der Willi berichtete gestern auf den Weg hierher, dass die Mitgliederzahlen in unserer westböhmischen Partei rückläufig sind, obwohl die Funktionärskader fest stehen. In einigen ATUS-Verbänden gab es Krach, weil eine Reihe guter Leute, meist arbeitslos, zu den Henleins wechselten. Sie wurden ausgeschlossen. Nun machen sie bei den Henleins Wehrerziehung: gegen die Tschechen und gegen alle, die es immer noch mit diesen halten. In einigen Gewerkschaften prallten die Meinungen auch aufeinander, weil die Henleins nun mit reichsdeutschen Parolen auftreten: Der Hitler beseitigte Not und Arbeitslosigkeit, die Prager Tschechen können oder wollen das nicht. Der Haberkorn (der rechte Parteisekretär) und unser Hoor Schorsch (der linke Gewerkschaftssekretär) gaben sofort gemeinsame Losungen aus: Hitler bereitet den Krieg vor, deshalb die Aufrüstung und der strategische Straßenbau! Diese Art von Arbeitsbeschaffen werden wir teuer zu bezahlen haben! Aber die Henlein glauben einfach nicht, dass der Hitler samt Großindustrie Krieg wollen. Die nehmen seine Friedensdemagogie ernst!

Der Karl: Bei uns im GEC-Warenhaus läuft das anders. Gestern las der Direktor auf einer Hausversammlung einiges aus Hitlers »Mein Kampf« vor: über die Notwendigkeit eines Eroberungskrieges. Mensch, da staunten einige. Unser Angestellten-Sprecher verlangte sofort, dass dies allen Arbeitern und Angestellten zugänglich gemacht wird. »Stand im Vorwärts«, konterte der Direktor. Ich hab's gelesen, einige andere auch. Die Knorr Emma (meine Schwester!, lk) berichtete, dass kaum die Hälfte der hier Beschäftigten den »Volkswillen« abonniert hat. Also eine Werbeaktion. Am nächsten Tag lagen Bestell-Listen aus: 25 neue Abonnenten! Dann gaben die Henlein die Parole aus: Kauft bei Deutschen! Sabotiert das jüdisch-rote GEC-Warenhaus. Sofort setzte der Direktor einige wichtige Preise herab. Da konnten die »Deutschen« nicht mithalten. »Jüdische Schmutzkonkurrenz!«, konterten die Henleins. »Wir sind eine Arbeiter-Genossenschaft«, reagierte unser Direktor und setzte weitere Preise herab. Neuer Käuferansturm. Jetzt lesen sie an den Verkaufsständen die Hitler-Zitate über den notwendigen Eroberungskrieg. »Wir wollen in Frieden arbeiten und leben!«, wird nun auf unserem Transparent verkündet.

Mann, ihr seid gut!, lobt der Toffel den Karl und unser GEC-Warenhaus. Bei uns in der Fabrik ist das anders. Die Henleins halten zwar die Schnauze, weil sie wissen, dass ihnen unsere Schutzleute die Fresse polieren, wenn sie frech werden. Ob das so richtig ist, weiß ich als Vertrauensmann nicht. Aber unsere Leute wollen das so. Als ich mit einigen Henleins redete, weil ich sie als langjährige ehemalige Sozialdemokraten überzeugen wollte, dass sie jetzt politisch total schiefliegen, griffen mich unsere Genossen an: Die Nazi kapieren nur, wenn sie eins auf den Deckel kriegen! Dabei glaube ich immer noch an das Gute im Menschen. Nur die gesellschaftlichen Verhältnisse sind anders, als es für die Menschen gut ist.

Erschrocken weist der Toffel plötzlich auf das Henlein-Haus. Mann, die hissen die verbotene Nazi-Fahne der Reichsdeutschen! Wir hören das Horst-Wessel-Lied! Mit dem Hitler-Gruß stehen sie im Kreis um den Fahnenmast. »Eine Provokation«, entfährt es dem Toffel. Aber hier gibt es kaum tschechische Gendarmen, die man zum Eingreifen drängen könnte. Wir schleichen am Waldrand und im Schatten näher an das Objekt heran, während dort einer eine Rede hält. Die Henlein verschwinden im Haus. Aus den offenen Fenstern dringt Sieges-Gejohle. Offenbar saufen sie auf ihren leichten Sieg. Kein Mensch im Garten, kein Mensch vor dem Haus. Die feiern!

»Die Fahne holen wir runter!«, empfiehlt der Karl. – Mann, das geht nicht, erwidert der so oft besonnene Toffel. Die massakrieren uns, wenn sie uns erwischen. Und weit und breit ist niemand da, um uns zu helfen. – Doch, wir machen es, sag' ich angesichts des Besäufnisses im Haus. Damit ist die Sache entschieden. Du, Toffel, nimmst meine Schreckschusspistole. Du feuerst alle fünf Schuss ab, falls sich uns jemand nähert. Aber nur in die Luft schießen, wenn es notwendig werden sollte! Der Karl holt die Nazi-Fahne runter! Ich hau jeden mit einem Handkanten-Schlag zusammen, der uns angreift. Falls wir entdeckt werden, dauert es sowieso eine Weile, bis von denen genügend aus dem Haus kommen. Fluchtweg notfalls Richtung Unterholzsaum und dort bergauf. Passt auf: wir gehen jetzt noch 50 Meter weiter, rennen an die Rückseite des Hauses, dann an der Frontseite unter den Fenstern entlang, sodass uns niemand sieht. Dann sind es noch 10 Meter zum Fahnenmast. »Halteschnur ist nur leicht verknotet«, sieht der Karl durchs Fernrohr. »Alles klar?«, frage ich. Augenleuchten und kurzes Kopfnicken.

Der Toffel stolpert zwar und fällt hin, als wir auf das Haus zueilen, aber der Karl ist bereits am Fahnenmast, während ich ihn gegen das Haus abdecke. Nichts passiert seitens der Nazis. Der Toffel ist da, der Karl hat die Fahne. »Wir hauen ab Richtung Judenhau«, ordne ich hastig an, »wir lenken sie in die falsche Richtung, falls die uns verfolgen sollten.« Durch die offenen Fenster hören wir bekannte Nazi-Lieder, während wir im Wald verschwinden.

Der Karl ist neugierig, wann sie entdecken, dass ihre Fahne fehlt. Aus sicherer Entfernung will er mit dem Fernglas beobachten, wie sie reagieren. »Quatsch! Das könnte gefährlich werden! Die hatten zwar keine Hunde dabei. Trotzdem müssen wir schleunigst weg von diesem Gebiet.« Wir eilen erst weiter Richtung Judenhau, bevor wir bergab einschwenken zum Kneipelbachtal. Auf einem kleinen Hau entdeckt der Toffel Salbeipflanzen. »Los, Füße einreiben«, empfiehlt er. Das machen unsere illegalen Grenzgänger auch. Nicht einmal ein Polizeihund findet die Spur, wenn man mit Salbei eingerieben ist. Wir folgen seinem Rat, hoffen, dass dieser überflüssig bleibt, und eilen weiter. – Wir werden die anderen unterrichten, sag' ich. Auf Angriffe der Henleins, auch wenn sie kaum zu erwarten sind, sollten wir jedenfalls vorbereitet sein. Da sie uns nicht bemerkten, wissen sie nicht, wo sie suchen sollen. – Klar! Nach dem Mittagessen, sagen wir's, bestärkt der Toffel. Der Karl ist stolz! Er windet die Nazi-Fahne um den nackten Bauch und zieht Hemd samt Jäckchen darüber. Kurz vor der vereinbarten Mittagszeit erreichen wir unseren Wochenendplatz.

Das gute Essen wird gelobt. Wichtige Mitteilung, erkläre ich und berichte nicht allzu laut und ohne jedes Pathos über den Fahnenklau. Starker Beifall. Die Anna küsst jeden der Beteiligten auf die Wange. Wieder Beifall. Der Willi aber mahnt: Ich freue mich zwar mit euch, aber das war abenteuerlich. Beifall, aber nicht für ihn! Willi lässt sich nicht beirren: Wenn die uns mit Pistolen auf den Leib rücken! Zwischenruf: »Feigling!« Ihr macht Aktionen und bedenkt nicht die Folgen. Wollt ihr hier die Nazi-Fahne auch noch hissen als Sieges- oder Beute-Objekt?

Quatsch, sagt der Toffel. Ich war zwar im ersten Augenblick gegen diese Aktion. Aber mit gutem Gewissen unterstreiche und erweitere ich den Bericht unseres gewählten Vorsitzenden und Hundertschaftsführers. Mit dieser Formulierung verlangt er indirekt Disziplin. Willi kuscht. Der Toffel weiter: Ob wir die Nazi-Fahne in Eger der bürgerlichen Presse oder der Polizei mit einem Bericht über solche Vorkommnisse übergeben, diskutieren und entscheiden wir später, wenn wir etwas Abstand gewonnen haben. Außerdem müssen die anderen Genossinnen und Genossen mitberaten, die jetzt noch nicht anwesend sind. Die Dorfjugend erfährt nichts von diesem Unternehmen. Die Wachen verdoppeln wir, das unterstütze ich. Aber denkt doch mal nach: Wen sollen die in diesem großen, zudem sehr unübersichtlichen Gebiet verdächtigen? Bestenfalls ihre Gegner droben auf den Höhen. Zu überlegen ist, ob wir die Perlsberger Naturfreunde warnen. Wir wissen von nichts, sollte uns jemand fragen!

Wir verständigen uns: nachmittags bleibt alles hier, unauffällig! Wenn die anderen zum Abendessen eintreffen, informieren wir sie sofort. Mit gut 40 Personen, darunter 10 erfahrenen Jiu-Jitsu-Kämpfern, werden wir mit denen fertig, falls sie uns verdächtigen. Marie versteckt die Fahne im Doppelboden ihres Spezialrucksacks. Einer fährt mit dem Rad den Umweg über Königswarth nach Perlsberg zum Naturfreundehaus, um »uninformiert« zu fragen, ob es etwas Besonderes gibt. Ein anderer versucht dasselbe in Miltigau. Die Gendarmerie wird vorläufig – und hoffentlich endgültig – nicht eingeschaltet. Kein Triumph! Schweigepflicht!

22 Jugendgenossinnen und -genossen treffen unter Leitung von Christel bereits um 17 Uhr im Kneipelbachtal ein. Sie staunen gleich zweimal: über den Coup mit der Nazi-Fahne und über die Verabredung mit der Dorfjugend. Beides neu in der Geschichte der Sozialistischen und ATUS-Jugend von Eger! Inzwischen sind unsere Kundschafter zurück. Bei den Perlsberger Naturfreunden war eigenartigerweise nichts bekannt. Schämten sich die Henleins ihrer Niederlage? Oder fürchteten sie, bei verbotenen Handlungen erwischt worden zu sein? In Miltigau war auch nichts zu erfahren. Konnten wir uns damit bereits zufriedengeben?

Wir sind jetzt genug Leute, um die Wachen zu vervierfachen, rät der Willi. Unsinn, meint Christel, wenn die am Tag nicht kamen, suchen sie in der Nacht erst recht nicht! – Die Verdoppelung der Nachtwachen genügt, entscheide ich. Zustimmung.

Der Küchendienst bereitete inzwischen »RW-Beton« vor: Reis mit Fleisch, anschließend Räuchertee. Noch während wir im Kreis sitzen, kommen zehn Personen von der Dorfjugend, darunter drei Mädchen; auch Kati ist wieder dabei. Beinahe herzliche Begrüßung! »Wir bringen euch frohe Botschaft: eine gemeinsame Veranstaltung auf dem Dorfplatz ist möglich«, sagt einer von ihnen; der Pfarrer und der Bürgermeister sind einverstanden. – Beachte die Reihenfolge der Zustimmung, flüstert mir die Christel ins Ohr und lacht. – Schnell einigen wir uns, dass die Dorfjugend zwei Heimatlieder und zwei Volkslieder beiträgt. Unseren eigenen Programm-Vorschlag nehmen sie zur Kenntnis: jede Seite toleriert die andere. Etwas Beklommenheit bei uns, als der Sprecher der Dorfjugend hinzufügt, vor oder hinter eurem Sprecher soll auch der Pfarrer ein paar Worte sagen. – Unsere momentane Zurückhaltung scheinen sie richtig verstanden zu haben, denn nun wird ihr Sprecher deutlich: Eure früheren Veranstaltungen, Reden und Gespräche mit den Einheimischen wurden stets mit Aufmerksamkeit verfolgt. Viele von uns stimmen in wichtigen praktischen Dingen mit euch überein, auch wenn wir einige andere prinzipielle Auffassungen haben. Jedenfalls sehen und hören wir euch lieber als die Henleins! Spontaner Beifall der meisten von uns. Die Christel flüstert mir ins Ohr: von denen hätten wir wahrscheinlich Unterstützung wegen der Nazi-Fahne; aber in eine Falle dürfen wir nicht laufen. Sag lieber nichts!

Die Erika, die Marie und der Ernst sprechen mit drei Vertretern der Dorfjugend die Einzelheiten der Veranstaltung ab. Sie lassen sich am Waldrand nieder. Die anderen setzen sich im Kreis um das Feuer und singen. – Aufgeregt kommt der Willi zu mir: Da schleichen fremde Leute herum! Gib Alarm! – Ruhe, Willi, mach keinen Unsinn. Wir werden eventuelle Beobachter nicht voreilig warnen. Christel hört mit. Unauffällig informiert sie den Toffel, der sofort zu den Wachen geht und größte Aufmerksamkeit fordert. Dem Sprecher der Dorfjugend sage ich, dass wir nachmittags beobachtet wurden und dass auch jetzt Vorsicht geboten ist. – Wir helfen euch, klar. Zu euch haben wir Vertrauen. Er schickt einen seiner Leute zur alten Kneipelbachmühle, einen anderen zu den Höfen am Eingang des Tales. Der Toffel kommt von der Wachinspektion zurück: sie hätten nichts Besonderes beobachtet, jedenfalls nicht in unserer Nähe.

Der Dorfjugendsprecher erkundigt sich noch einmal, ob wir alles haben, was wir zur Nächtigung im Kneipelbachtal benötigen. Dann will er wissen, warum wir alle Jahre hierherkommen. Nur wegen unserer Veranstaltungen in den umliegenden Dörfern? – Nein! Das ist nur die eine Sache, erkläre ich ihm. Wir lieben die Natur und suchen Erholung von des Tages harter Arbeit. Hier am Rand des Kaiserwaldes sind andere Entfaltungsmöglichkeiten, als die Stadt sie uns je bieten kann. Außerdem interessieren wir uns auch für das Leben der Landbevölkerung und ihre speziellen Probleme. Das sind ganz andere, als wir sie erfahren. – Das scheint ihm zu gefallen. Inzwischen sind seine Späher zurück: einige Bauersleute aus dem Dorf hätten gehört, dass hier abends schöne Lieder gesungen würden. Die waren bei den Höfen am Taleingang und warten immer noch darauf, dass nun etwas geboten wird, zumal auch einige von der Dorfjugend bei den städtischen Sängern sind. Die sollten wir nicht enttäuschen, sagt der Dorfjugendsprecher. Mehrstimmig singen wir Abendlieder, auch einige flotte Kanons. Kati setzt sich neben mich und sagt, sie sei die Singleiterin im Dorf. Von uns könne sie aber noch etwas lernen. Besonders diese Kanons seien etwas besonders Schönes.

Die Christel ist argwöhnisch geworden. Sie misstraut dem Frieden. Warum? Ich korrigiere meine vorherige Meinung, sagt sie: Sollten wir nicht die Wachen verstärken? – Mach das, sage ich, um einen Kompromiss zu schließen, obwohl ich selbst nichts befürchte.

Wieder ist die Zeit nach elf, als uns die Dorfjugendvertreter zufrieden verlassen. Sie freuen sich auf den kommenden Tag.

Die Christel setzt sich zu mir ans glimmende Feuer. Sie drückt sich etwas zu eng an mich, wie ich empfinde. Der Toffel und der Karl erörtern neben uns den Fahnenklau. Der Willi inspiziert ohne Auftrag die verstärkten Wachen und fühlt sich offenbar bestätigt. Die Erika verkündet laut ihre Befriedigung über die Absprachen mit der Dorfjugend. Der Zees legt noch etwas nach am Feuer: Die Wachen sollen sich zwischendurch auch mal aufwärmen können. Der Karl belehrt ihn etwas hart: Die haben im Dunkeln zu sitzen und aufzupassen; am Feuer aber sieht man sie! Aber die Wachen haben zu sehen, ob hier etwas los ist! Der Zees säuft.

Leise sagt die Christel zu mir: Du denkst immer nur an die Politik oder an deinen Beruf oder über deine Aufgaben als unser Vorsitzender. Mit mir als deiner Stellvertreterin und deiner früheren Konkurrentin im Kinderparlament redest du nur über die Aufgaben der sozialistischen Jugend im Kapitalismus. Für Persönliches nimmst du dir keine Zeit. Ich denke, du merkst gar nicht, wenn du von einem Mädchen verehrt oder geliebt wirst. Was bist du eigentlich für ein Mensch? Bist du nur eine Verantwortungsmaschine oder hast du auch ganz normale menschliche Gefühle? Entschuldige, ich wollte dich nicht kränken. Wenn heute nicht verstärkte Wachbereitschaft wäre, müsste ich dich fragen, ob du nicht mit mir einen nächtlichen Waldspaziergang machen willst. Sie sieht mich etwas herausfordernd an und drückt sich etwas fester an mich.

Liebe Christel, du bist ein liebes, gescheites und schönes Mädchen und eine tüchtige Jugendfunktionärin außerdem. Das schätze ich. Aber nimm mich bitte so, wie ich nun einmal bin. Zwar sind wir beide Freidenker. Aber wir kennen doch den Luther-Spruch: Hier stehe ich, ich kann nicht anders! Gott helfe mir!

Ich helfe dir, auch wenn ich kein Gott bin! Komm, lass uns in den Wald gehen. Die Wachen bleiben doch bei den Zelten. Da stört uns doch keiner. Vergiss mal für eine Stunde deine so gepriesene Verantwortung für andere und für den Sozialismus. Denk mal an dich. Du hast auch eine Verantwortung für dein persönliches Glück. Sanft küsst sie mich auf die Wange.

Der Karl und der Toffel, mit denen ich das Zelt teile, stehen auf: Komm, es ist Zeit! Lass die Christel! Die hält dir auch morgen noch einen Vortrag über die permanente Revolution. Um Mitternacht passiert nichts mehr! Die Wachablösung ist geregelt. – Der Vollmond schien zu lächeln. Die Christel schmollt. Alle verschwinden in den Zelten. Ich bin noch eine Weile wach.

Nach Frühsport und Waschen, nach Morgenlied und Tagesappell schmeckt das Frühstück. Es gibt wieder Kakao. Milch und Eier hatten unsere Einholer wieder unentgeltlich erhalten: »Weil ihr gestern Abend mit der Dorfjugend so schön gesungen habt.« Anschließend wird die Veranstaltung noch einmal durchgesprochen. Mittagessen gibt's heute bereits um 12 Uhr. Bis dahin ist Freizeit – in Platznähe! Nach der gemeinsamen Mahlzeit wird gepackt. Unseren Lagerplatz wollen wir peinlich sauber verlassen. Wir wissen, wie das auf die Dorfleute wirkt. »Die beobachteten uns genauer, als wir dachten«, sagt der Toffel. Die Radfahrer übernehmen Zelte und Kochkessel. Noch eine kurze Rast und ein Abschiedslied. Dann ziehen wir singend nach Miltigau.

Die Dorfjugend empfängt uns. Bald ist auch der alte Pfarrer da. Bereits nach dem ersten Wortwechsel merken wir, dass er ein Geistlicher ist, den das lange Leben im Dorf mit seinen vielen praktischen Problemen ebenso prägte wie der kirchliche Auftrag. Es scheint ein Mensch zu sein mit viel Verständnis für die Alltagssorgen der Landbewohner. Er lobt unsere selbst auferlegte Disziplin und »die frische Art unseres Auftretens«. Von Krieg und Nazi-Diktatur hält er nichts: seine Gegnerschaft begründet er christlich. Hass gegen Tschechen und Juden lehnt er ebenfalls ab. Über den Klassenkampf der Arbeiterschaft dachte er schon nach, verkündet er uns, aber für das Landleben sei das wohl nichts; da müssten alle zusammenarbeiten. Ich wende ein, dass der Klassenkampf von oben nicht minder heftig geführt wird als der von unten. Unser Wirken für humane Lebensbedingungen für alle richte sich nicht gegen Menschen, sondern gegen ein ungerecht geordnetes System. – Sofort verurteilt er die Reichen, die selbstsüchtig sind und nicht an die Not der Armen denken. – Mit einem solchen Pfarrer kann man leben, flüstert mir der Toffel ins Ohr; in der Stadt hören wir anderes von den Pfarrern!

Gegen 3 Uhr warten über 100 Zuschauer auf dem Dorfplatz, doppelt so viele wie früher. Auch von den Nachbardörfern sind einige hier, sagt man uns. Die wenigen Henlein-Provokateure weist der Dorfjugendsprecher schon vor Beginn der Veranstaltung wirksam in die Schranken. Eine Kuhglocke gibt das Zeichen zum Anfang. Mal was Neues! Offiziell begrüßt uns nun der Dorfjugendsprecher, lobt uns als gewissenhafte und saubere Gäste, die keinem Landbewohner Ärger bereiten; er dankt uns für die Bereitschaft zu einer gemeinsamen Veranstaltung. Die Christel antwortet ihm lächelnd und dankt in ihrer gewinnenden Art für die angenehme Zusammenarbeit. Tatsächlich bringt sie es fertig, in fünf Minuten unsere jetzigen Absichten und Ziele im Kneipelbachtal und in Miltigau zu beschreiben, ohne die Revolution auch nur ein einziges Mal zu preisen. Wir singen »Wann wir schreiten Seit' an Seit'« und danach trägt die Dorfjugend ein Heimatlied in Mundart vor, begleitet von einem Ziehharmonika-Spieler und zwei Klarinettisten. Auf unser Agit-Prop-Programm »Genosse, komm mit ins neue Leben« verzichten wir diesmal. Stattdessen folgt ein Sketch unter der Regie von Erika: Zwei alte Mütterchen beklagen das Elend der Zeit und die Not, von der sie betroffen sind. Ein braun Uniformierter kommt und redet ihnen ein, dass die Juden und die Tschechen an allem schuld sind: Jagt sie fort, dann geht es euch besser! Der Führer in Deutschland hat Ordnung geschaffen. Jetzt ist es an uns, ihm nachzueifern. Die beiden Mütterchen fragen sich, was zu tun sei. Eine junge Frau im Blauhemd stellt den Uniformierten: Mit Nazi-Diktatur und Konzentrationslagern sind keine Probleme zu lösen, ist die Not nicht abzuwenden, auch nicht mit Hass und Kriegsvorbereitungen. Ihr sperrt Sozialisten und Christen, Juden und andere anständige Menschen ein, nur weil sie euch nicht passen. Wir sind für genossenschaftliche Selbsthilfe in Stadt und Land. Wir wollen eine neue gerechte Gesellschaft, in der keiner hungern und frieren muss, wo es keine Reichen und keine Armen, sondern nur noch Freie und Gleiche gibt. Wir sind für Freundschaft mit allen Völkern! – Vier junge Männer und Frauen gesellen sich zu der Vierer-Gruppe auf dem Podium und sprechen im Chor: Schluss mit Rassenhass und Terror! Lasst uns gemeinsam eine bessere Zukunft bauen!

Der Beifall zeigt, dass Erika und ihre Sketch-Gruppe den richtigen Ton trafen. Bei früheren Veranstaltungen hatten wir Zuhörer, aber keinen Beifall. Die Christel meckert über diese revisionistischen Tiraden. Aber nun will der Pfarrer reden, obwohl ein Volkstanz der Dorfjugend folgen sollte.

Der Pfarrer lobt die lehrreiche Darbietung der Egerer Arbeiterjugend. Tschechen und Juden sind als Menschen Gottes Geschöpfe wie alle. Schwarze Schafe gibt es in jeder Herde, in jeder Nation. Unchristliche Praktiken, auch Konzentrationslager, sind abzulehnen, aber nicht andere Völker und Rassen. Selbsthilfe, auch genossenschaftliche, ist immer empfehlenswert, aber ohne Gottes Segen gehe es auch nicht. Die Menschen sollen in Frieden zusammenleben und sich nicht bekriegen. Wer Böses tut oder vorbereitet, sollte Buße tun. Ob der Sozialismus der Arbeiterjugend das Richtige ist, das weiß nur Gott. Aber diese jungen Menschen, die heute unsere Gäste sind, haben eine lobenswerte Gesinnung. Deshalb betrachten wir sie als Freunde. Er segnete alle Anwesenden, auch uns.

Er kam auf uns zu, reicht mir, der Christel und dem Toffel die Hand und sagt laut: die Schwarzen und die Roten sollten zusammenarbeiten, damit es uns nicht so geht wie im braunen Deutschland! Die Gruppe von etwa zehn Henleins am Rande des Dorfplatzes verlässt die Szene. Der Dorfjugendsprecher macht uns darauf aufmerksam.

Nachdem der Volkstanz der Dorfjugend vorbei ist, greife ich die Gedanken des Pfarrers auf: Hier, auf diesem schönen Dorfplatz, begegnen sich heute in gegenseitigem Respekt Rote und Schwarze. (Der Pfarrer nickt zustimmend.) Wir sind zur ehrlichen Zusammenarbeit aufgerufen, weil wir die braune Diktatur, weil wir Rassenhass und Krieg ablehnen! (Nicht zu glauben! Zwischenbeifall!). Ablehnen genügt nicht! Wir müssen etwas Praktisches, etwas Wirkungsvolles dagegen tun! (Schon wieder Beifall! Der Pfarrer nickt zustimmend). Ihr Schwarze versucht die Menschen zu ändern, damit sie gut und hilfreich werden oder bleiben. Das tun wir Roten auch. Wir wollen anderen Mitmenschen durch unsere Lebenshaltung sogar ein Vorbild sein. Wir aber fragen vor allem nach den gesellschaftlichen, nach den politischen Gegebenheiten, die entweder das Gute oder das Böse im Mensch fördern. Im Nazi-Deutschland wird das Böse gefördert, nicht das Gute. (Schon wieder Beifall! Rote und Schwarze klatschen gemeinsam, nicht gegeneinander!) In unserer Heimat gibt es ebenfalls solche, die gegen Juden und Tschechen hetzen. Diese suchen und brauchen Sündenböcke für die unbeschreiblichen Nöte, die von ungerechten Besitz- und Machtverhältnissen hervorgebracht werden. Wir von der Sozialistischen Arbeiter- und Sportjugend brauchen keine als Sündenböcke diffamierten Menschen oder Rassen, um von den wahren Ursachen menschlichen Elends abzulenken. Wir kämpfen mit sauberen Mitteln für sozialistische Demokratie, mit der wir unmenschliche Verhältnisse zu überwinden trachten. Gegenwärtig halten wir freie Genossenschaften für notwendig – nicht nur wegen der erforderlichen solidarischen Zusammenarbeit arbeitender Menschen in Stadt und Land, sondern auch für Selbstentfaltungsmöglichkeiten Einzelner, anstelle bürokratischer Bevormundung. (Wieder Beifall!) Genossenschaften sind noch nicht alles, auch wenn sie manche Probleme lösen können, die euch, die Schwarzen, und uns, die Roten, bedrücken. Aber sie helfen uns, Brücken zu bauen in eine bessere Welt. Lasst uns gemeinsam die braune Gefahr überwinden und ein besseres Leben schaffen für alle, auch für die Schwarzen und für die Roten! Langer Beifall. Der Pfarrer reicht mir die Hand. Auch der Dorfjugendsprecher. Die Christel: du hast zwar die Revolution vergessen, aber du warst wieder einmal sehr gut. In Österreich knüppelten die und schossen die Schwarzen die Roten genau so nieder, wie es im Nazi-Reich die Braunen tun.

Während die Dorfjugend tanzt und singt, antworte ich der Christel: Mit Österreich geb' ich dir recht. Jetzt aber in der ČSR und im Jahre 1937 ist die entscheidende Sache, eine möglichst breite Front gegen die Henleins und gegen Hitler-Deutschland zu schaffen. Außerdem, liebe Christel, warst du nicht begeistert nach dem Vortrag über Rosa Luxemburg? – Klar, bin ich immer noch. Die Rosa war ja auch eine Revolutionärin! Und was für eine! – Aber die Rosa warnte, Revolution und Reformen als unvereinbare Gegensätze zu handhaben: sie bilden eine untrennbare Einheit im Kampf für den Sozialismus. Die jeweils konkreten Bedingungen, die objektiven und die subjektiven, verlangen mal das eine, mal das andere. Wir brauchen die Massen für gesellschaftliche Umwälzungen; theoretisierende Minderheiten reichen nicht aus. Gegenwärtig mobilisieren wir mehr für spürbare Reformen als für die Revolution.

Die Christel gibt sich nicht geschlagen: Du weißt doch ebenso gut wie ich, dass manche Berufs-Sozialdemokraten an den Reformen kleben, weil sie die Revolution fürchten. Die leben von braver Reformpolitik, die Revolution würde sie hinwegfegen! Ich bin für die permanente Revolution. Die lässt keiner Partei- und Staatsbürokratie eine Chance. Sieh doch mal die schreckliche Garde Stalins. Von einer Arbeiter-Demokratie würden sie verjagt werden!

Der Toffel hat mitgehört: Macht Schluss! Später könnt ihr weiter diskutieren. Ich mache mit. Aber jetzt ist anderes zu tun. – Die Erika stimmt an: »Wir kommen aus der dumpfen Stadt ...« Um 16 Uhr ist das gemeinsame Programm zu Ende. Die Zahl der Zuschauer verdoppelte sich bereits nach den ersten Darbietungen. Die Christel und der Dorfjugendsprecher schließen mit netten und aufrüttelnden Worten die gelungene Veranstaltung. Zwei ältere Dorfräte kommen zu uns: Wir hörten, dass ihr keinen Alkohol trinkt; sonst hätten wir euch gern zu einer Runde eingeladen. »Lasst der Jugend ihre guten Ideale«, sagt ihnen der Pfarrer und verabschiedet sich von uns. Wir schultern die Rucksäcke und wandern singend heimwärts. Die Dorfjugend begleitet uns bis zum Kreuz an der Landstraße: »Auf Wiedersehen!«

In wechselnden Kleingruppen versuchen wir, die Ereignisse dieses Wochenendes zu bewerten, während wir rüstig durchs Land schreiten.

Kurz zusammengefasst: 1. Unser gutes Ansehen in den Dörfern am Rand des Kaiserwaldes erreichten wir weniger durch frühere Veranstaltungen; diese nahm man zur Kenntnis. Unsere Ordnung und Selbstdisziplin sowie die Sauberkeit am Lagerplatz und das abendliche Singen brachte uns guten Ruf. 2. Dieses Mal leisteten wir einen guten Beitrag zur Herstellung einer breiten Front gegen die Henleins und Hitler-Deutschland. Auf diesem Feld ist weiter zu ackern. Neue Versuche sollten wir planen. 3. Unsere frühere relative Isolierung – »revolutionsbedingt« meinen die einen, während es andere bestreiten – durchbrachen wir dieses mal durch bewusste Betonung wichtiger anti-nazistischer Gemeinsamkeiten mit den »Schwarzen«. Eine wichtige Erfahrung für weitere Aktionen.

4. Unser Eingehen auf die speziellen Probleme der Landbevölkerung half mit, die Anti-Nazi-Front herzustellen. Redeten wir früher an den Interessen dieser Menschen vorbei? Der improvisierte Vortrag Walter Michels war die Ausnahme. Wir sollten mehr wissen von den realen Bedürfnissen dieser Dörfler. 5. Die Dorfjugend und auch der Pfarrer kamen uns auf dem halbem Weg entgegen. Die Dorfjugend suchte eher das gemeinsame Erlebnis; der Pfarrer war einig mit uns im Wirken gegen die Nazi-Diktatur.

Nur einige, vor allem die Christel, meinen, man dürfe revolutionäre Grundpositionen niemals preisgeben, auch wenn man die Anti-Nazi-Gemeinsamkeit herstellt. Die meisten bestreiten, dass wir irgendeine Grundposition aufgaben. Unsere Wortwahl in Sketch und Kurzvortrag war zwar anders als sonst; für die Landmenschen aber war sie verständlich und volksfrontfördernd. Das sei ausschlaggebend. Erika, Karl und ich schreiben die Erfahrungen auf; am Gruppenabend wird alles noch einmal diskutiert. Partei- und Gewerkschaftsführung sollen dazu eingeladen werden.

Nur wenige treten dafür ein, die Nazi-Fahne mit einem Bericht bei der Gendarmerie abzuliefern, die erkannten Egerer Nazi namentlich zu nennen und dann eventuell als Zeugen in einem Gerichtsverfahren bereitzustehen. Mehrheitlich wird entschieden, zu prüfen, ob man anonym Fahne, Bericht mit Namensnennung der erkannten Egerer Nazis an die bürgerlich-nichtnazistische Presse geben sollte, ohne irgendeine Spur auf das Kneipelbachtal zu lenken. Der Toffel wird diese Sache gleich morgen mit Walter Michel beraten und dann den endgültigen Vorschlag vorlegen.

Nach zwei kontrovers einleitenden Kurzreferaten ist demnächst unsere Position zu Stalins Schauprozessen zu klären. Am Volksfront-Kurs einschließlich der Kommunisten wird festgehalten, ebenso an der Mitarbeit in der Freundschaftsgesellschaft ČSR/UdSSR. Nur der Willi erhebt Einspruch. Die Christel, die Erika, die Marie, der Toffel, der Karl und ich sollen das Auftreten im Parteivorstand beraten und den Vorschlag der Gesamtjugendabteilung Eger in der nächsten Woche vorlegen: das soll möglichst von allen unterstützt werden.

Die Erika und die Marie vereinbaren einen Termin mit Dr. Spiegel. Er soll unseren Bericht ebenfalls erhalten und ebenso den Dank der gesamten Gruppe für seine solidarische Unterstützung.

Um halb 8 Uhr erreichen wir die Egerer Schwedenhöhe. Dort stellen wir uns im Kreis zusammen und singen das abschließende Kampflied. Die kommende Arbeitswoche wird wieder alle unsere Kräfte fordern. Alle sind einig, dass wir ein politisch gutes Wochenende verbrachten.

Teil I 63

Nazi-Überfall auf unser Zeltlager

Streiflichter aus schwerer Zeit – ČSR 1938

Im Juni 1938 veranstalteten die linken Jugendverbände des Egerlandes gemeinsam mit einigen Arbeiter-Kulturorganisationen in Sirmitz nordöstlich Franzensbads ein Wochenendtreffen. Etwa 500 Teilnehmer wirkten mit: nicht sehr viel, weil gleichzeitig eine größere gewerkschaftliche Veranstaltung in Falkenau stattfand.

Der Vortrupp, etwa 50 Personen von der vereinigten Sozialistischen Jugend Egers, der ein kleines Zeltlager aufzubauen hatte, zog am Samstagnachmittag von Franzensbad nach Sirmitz. An der Spitze des Zuges, wie üblich, zwei Dreierreihen mit den Trägern der roten Fahnen. In der ersten Reihe mittens schritt Ottilie, eine jüdische Genossin. Sie gehörte dem Vorstand der SJ Eger an. Zwei tschechische Jugendgenossen waren dabei.

Die Pionier-Abteilung, unsere besttrainierte Gruppe für den erforderlichen Schutz solcher Veranstaltungen, war erst zur Abendzeit nach Sirmitz bestellt, weil mit nächtlichen Attacken der Henlein-Faschisten zu rechnen war. Am Ortseingang von Sirmitz zwischen den ersten Bauerhöfen blockierten samstagnachmittags etwa 30 Henlein-Faschisten die Straße und die Seitenwege. Eine kurze Beratung der anwesenden Vorstandsmitglieder über unser Verhalten schien notwendig. Da eilte Ottilie impulsiv auf die Blockierer zu und hieb mit der Fahnenstange auf sie ein. Andere Genossen folgten nun ihrem Beispiel. »Verjagt diese feige Bande!«, rief Ottilie. Die Nazis wichen; offenbar überraschte sie diese unerwartete Attacke. Unser Vortrupp erreichte dann unbehindert die Ortsmitte, wo er von Sirmitzer Genossinnen und Genossen begrüßt wurde. Eine kleine, aber mutige Schar: im Ort eine Minderheit; einst war Sirmitz »rot«! Sie wurden kurz über den Vorfall unterrichtet.

Ottilie feierte man als die Heldin des Tages. Sie war die Tochter eines reichen Kohlehändlers in Eger, der monatlich beachtliche Summen für Arbeiterorganisation spendete. Der jüngere Sohn Karl war einer meiner Schulkameraden und aktives Mitglied in der Jugendgruppe. Zu der Zeit weilte er in Falkenau.

Am Abend traf ich als Bezirksleiter der Pioniere mit 20 weiteren Pionieren aus Eger und Franzensbad ein; fünf aus Wernersreuth gesellten sich dazu. 25 andere Pioniere weilten in Falkenau, um dort ihrer Schutzaufgabe nachzukommen. Man informierte uns über die Vorkommnisse am Nachmittag beim Einmarsch des Vorkommandos. Die Sicherung des Zeltlagers, das inzwischen aufgebaut war, begann sofort. Die älteren Teilnehmer, meist Mitglieder von Kulturorganisationen, wohnten im Dorf bei Genossen-Familien. Manche von ihnen reisten erst am Sonntag sehr früh an.

Am abendlichen Lagerfeuer versammelten sich die inzwischen eingetroffenen ca. 200 Jungsozialistinnen und Jungsozialisten aus dem Egerland. Man sang und tanzte »volks«. Die fünf tschechischen Jugendgenossen forderte man freundlich auf, ein tschechisches Lied zu singen. Manche sangen mit, vor allem jene, die die tschechische Sprache einigermaßen beherrschten. Ottilie trug ein jiddisches Lied vor. Da konnten allerdings nur die beiden jüdischen Jugendgenossen mithalten. Zu jedem Lagerfeuer gehörte eine kurze politische Rede; diese war mir übertragen worden. Der Inhalt war die Bedrohung der ČSR von außen und von innen durch die Faschisten. Dazu natürlich, wie wir in dieser Lage tätig zu sein hatten. Dann wie üblich: die Internationale.

Zwei kleine Scheinwerfer, dazu einige weitreichende starke Taschenlampen standen zur Verfügung, um bei eventuellen Angriffen der Henlein-Faschisten für die erforderliche Beleuchtung zu sorgen. Das Lager selbst blieb im Dunkeln, eine dichte Wolkendecke lag über Sirmitz. Das Lager lag »strategisch günstig« mit gut überschaubarer Umgebung; Angreifer hätten wenig Deckung. Sie müssten über eine offene ebene Fläche angreifen.

Unsere tschechischen Genossen wollten unbedingt an der Nachtwache teilnehmen. Wir lehnten zunächst ab, weil sie das harte Training der Pionier-Abteilung nicht mitgemacht hatten: Handkantenschlag nach Jiu-Jitsu-Art und spezielle Griffe gehörten dazu. Schließlich willigten wir ein, dass sie die Nachtwache verstärken durften. In Kämpfe sollten sie auf keinen Fall verwickelt werden. Auch einige Genossinnen, darunter Ottilie, meldeten sich freiwillig zur Nachtwache: Einverstanden! Aber keine Mitwirkung an Kämpfen, falls wir angegriffen würden! Die Taktik der Pionier-Abteilung sollte nicht durch impulsive Eingriffe gestört werden.

Etwa um 12 Uhr nachts weckte mich ein Pionier: »Die Nazi kommen!« Die Wache bemerkte den nächtlichen Angriff bereits, als die Nazis noch etwa einen Kilometer entfernt waren. Ihr leises Reden war in der ruhigen Nacht über große Entfernung zu hören; zudem hatten sie den Wind im Rücken. Knapp 30 Leute waren es, die nicht vom Dorf, sondern aus entgegengesetzter Richtung, also von der Hauptstraße Eger/Asch vorsichtig auf unser Lager zukamen. Sie machten sich keine besondere Mühe, unbemerkt anzukommen. Offenbar rechneten sie – auch wieder sehr dumm – mit einem Überraschungscoup.

Unsere Taktik war klar: zunächst 15 Pioniere, um sie anzugreifen und zur Umkehr zu bewegen. Die 10 anderen Pioniere Richtung Dorf positioniert, falls auch von dort ein Angriff erfolgen sollte. Allerdings wohnte eine Genossen-Familie am Dorfrand; wir hatten die drei Söhne gebeten, dort Wache zu halten und notfalls per Signal zu warnen.

Als die Henlein-Faschisten ungeordnet neben- und hintereinander auf ca. 50 Meter herangekommen waren, blitzten unsere Scheinwerfer auf. Einige, die »nur« Wache hielten und nicht zur Pionier-Abteilung gehörten, richteten zusätzlich ihre starken Taschenlampen-Scheinwerfer auf sie. Nun waren sie die Überraschten, die nicht mit einem sofortigen Angriff unsererseits und noch dazu mit Rückenlicht gerechnet hatten; sie blieben geblendet.

Per Handkantenschläge schalteten wir sofort die in der vorderster Reihe aus. Obwohl wir selbst Ruhe bewahrten, war das Schreien der Nazis der »Weckruf« für die Lagerteilnehmer. Es gab keine Panik, da mit einem Überfall gerechnet wurde. Viele kamen aus den Zelten. Inzwischen eilten unsere Reserve-Pioniere, alarmiert durch das helle Licht und das Wehklagen der Henlein-Faschisten, von der Dorfseite heran und griffen diese von der Flanke her an.

Der größte Teil der Angreifer flüchtete, einige wehklagend. Fünf Mann hielten wir fest. Es waren bekannte Nazis aus Asch und Haslau, von denen wir mit angemessenem Zwang einige Informationen zu erlangen versuchten. Es war nicht sehr viel, was wir erfahren konnten. Offenbar eine kurzfristig arrangierte Aktion, die mit ihren Leuten in Sirmitz nicht abgesprochen war: im Dorf war Ruhe!

»Wir erlebten schon Schlimmeres, wenn die Nazis nachts angriffen«, sagte einer der Pioniere. Am nächsten Tag fand unsere Veranstaltung ohne Störung statt. Am späten Nachmittag begann die Heimkehr: für weitere politische Kämpfe.

Heiteres Schicksal in schwerer Zeit (1936)

In Pograth, einem größeren Dorf ca. 2 km südlich der Stadtgrenze von Eger, wünschten die örtlichen Antifaschisten eine Veranstaltung zur Information der dortigen Menschen über die neu gegründete faschistische SdP im Ort. Zwar erreichte die SdP im Dorf keinen großen Zuspruch, jedoch schien es geboten, einige politische Barrieren gegen die verkappten Hitler- und Henlein-Anhänger aufzubauen. Aus Eger kamen des Öfteren Trupps der SdP, um für sich zu werben. An einem milden Herbstabend zogen etwa 300 Egerer Antifaschisten nach Pograth, um die dortige politische Veranstaltung zu verstärken. Nicht nur die örtlichen Antifa kamen, sondern auch ein beachtlicher Teil der Bewohner Pograths. Im Garten eines größeren Gasthofs, in dem sich Hühner munter unter die Versammelten mischten, hielt Martin Benda, der Abgeordnete von Eger und Umgebung im Prager Parlament, eine höchst informative, aber auch die »Henlein-Front« massiv attackierende Rede.

Der kräftige Tischler Stich aus Eger, hatte neben seiner Gattin auch seinen etwa zehn Jahre alten Sohn Hansi mitgebracht. Als der Redner wieder einmal die »Henlein-Front« mit ihrer Berlin-Orientierung attackierte, lachte Klein-Hansi mit Blick auf die Hennen und Gockel im Garten und freute sich laut und mit dem Finger auf sie weisend über diese »Henlein-Front«. Seine Mutter erklärte ihm, dass mit »Henlein-Front« eine Partei gemeint sei, keine Hühner und dass dies nicht zum Lachen sei. Der Junge lachte weiter und sagte: »Haha, die Kikeriki Partei«.

Wenn diese kleine Begebenheit in unseren Kreisen erzählt wurde, schmunzelten alle, die das hörten. Kam Klein-Hansi mit seinen Eltern ins Volkshaus oder zu anderen Veranstaltungen, fragte ihn mancher nach der »Kikeriki-Partei«. Mit ernstem Gesicht erwiderte Klein-Hansi: »Das ist doch nicht zum Lachen. Die schlagen doch manche Leute nieder! Aber nicht meinen Vati! Der schlug schon manchen frechen Henlein-Frontler nieder, wenn man ihn angriff!«

TEIL I

Arbeiter-Kultur und politischer Kampf

Die neuen Methoden der Werbe-Psychologie, von den reichsdeutschen Faschisten – leider! – meisterhaft eingesetzt, richteten sich weniger an den Verstand der Menschen. Diesen sollte sie eher paralysieren! Emotionen und Triebkräfte unterhalb der Bewusstseinsschwelle mobilisierte man auf diese Weise. Die angesprochene Masse sollte sich triebhaft mit dem »Führer« identifizieren und im Primitivverhalten zu vorher bestimmten Reaktionen kommen. Die Untersuchungen des französischen Sozialpsychologen Le Bon, fixiert in seinem contra Demokratie und Sozialismus gerichteten Werk »Psychologie der Massen« wendeten die Propagandisten Hitler-Deutschlands höchst raffiniert an: für ihre aggressive und verbrecherische Politik benötigten sie eine Massenbasis. Zugleich ging es ihnen darum, die Erfolge der humanistischen Aufklärung zu unterlaufen. Die Wirkung dieser neuen Art von Einflussnahme zu Gunsten einer barbarischen Ideologie und Praxis blieb nicht auf Deutschland beschränkt! In den deutsch besiedelten Gebieten der ČSR erfuhr man die »Erfolge« dieser Vernebelung von Realitäten und die Herstellung einer Art von Massenpsychose, die sich verhängnisvoll auszuwirken begann. Da der Unterführer Konrad Henlein intellektuell und politisch-fortschrittlich wenig bot, blieb die Auswirkung der neuartigen Einflussnahme der Hitler-Propagandisten unter den Bedingungen sozialer Misere sein wirksamstes Hilfsmittel im politischen Kampf – neben Goebbels' Hetze.

Selbstverständlich blieb Aufklärung ein Mittel, um die neue Art der Präsentation faschistischer Wege und Ziele – trotz ihrer Verschleierung – transparent werden zu lassen. Das reichte jedoch allein nicht aus. Gegen-Kultur sollte helfen, die Masse der Menschen anzusprechen, um alternative Positionen auch emotional an die Menschen heranzubringen. – In einer Gesprächsrunde im Egerer Volkshaus, auf der Partei-, Gewerkschafts-, Frauen- und Jugend-Vertreter sowie Kulturschaffende anwesend waren, erörterte man diese neue Problematik. Weitere Erörterungen dieser Thematik folgten.

Diskussionen über die eigenständige Arbeiter-Kultur führte man in Organisationen der revolutionären Arbeiterbewegung bereits in den 20er Jahren des 20. Jahrhunderts. Einen Auftrieb erhielten diese mit konkreter Praxis verknüpften Aussprachen durch Josef Luitpold Stern, der als emigrierter Direktor der österreichischen Arbeiterbildung, in den deutsch besiedelten Gebieten der ČSR nach 1935 viele Vorträge hielt bzw. Seminare leitete. Deutlicher als bisher betonte er, dass die Arbeiterschaft sowie jeder Prolet zwar die großen Kulturleistungen und Kunstwerke der Menschheit kennenlernen und sich aktiv aneignen sollte. Aber Kunstgenuss dürfe kein Privileg der reichen Minderheit sein! Die großbürgerliche Kultur des 20. Jahrhunderts hätte ihren aufklärenden Wert längst verloren, sei nur auf Sicherung von Vorteilen bedacht – auf Kosten anderer – und entspreche nicht dem politischen Kampf und Ziel der Arbeiterbewegung: erstens werde durch die soziale Misere der Zugang zu Kulturwerten und Kulturereignissen versperrt oder erschwert; zweitens seien die Inhalte der Gegenwartskultur von der Lebenswirklichkeit der Arbeiter weit entfernt. Die vorhandene Werke der Arbeiterliteratur, das Liedgut der Proletarier, die Arbeiter-Volkskunst, die neuen Formen der Fest- und Feiergestaltung sowie die solidarische Art des Zusammenlebens als Basis ständen in unversöhnlichem Widerspruch zu dem, was offiziell als »Kultur« gelte. Es existierten also in unserer von Klassenkämpfen charakterisierten Zeit zwei Arten von Kultur der Industriestaaten nebeneinander und oft auch gegeneinander. Insofern seien die Arbeiterorganisationen verpflichtet, im Rahmen ihres politischen Kampfes nicht nur ihrer alternativen Kulturpolitik und dem Bildungswesen größte Aufmerksamkeit zu schenken, sondern auch die kulturellen und künstlerischen Eigenleistungen der Proleten und ihrer verschiedenen Verbände zu fördern. Der Kampf um bessere materielle Lebensbedingungen allein genüge nicht; qualitativ besser würden diese erst, wenn Produktion und Kultur – sich gegenseitig beeinflussend – weiterentwickelt würden.

Bereits im 19. Jahrhundert brachte der Emanzipationskampf der sozialistischen Arbeiterbewegung nicht nur das Füreinander-Einstehen als Voraussetzung politischer und sozialer Erfolge und Errungenschaft hervor. Auch in der Literatur von Arbeitern und für Arbeiter, bei den entstandenen und verinnerlichten Kampfliedern, den eigenständigen Kulturveranstaltungen entwickelten sich Inhalte und Ausdrucksformen, die im prinzipiellen Widerspruch zu den noch dominierenden großbürgerlichen Lebensweisen und dem Kulturverständnis der herrschenden Klasse standen. Um die Wende vom 19. zum 20. Jahrhundert entstand die Arbeiterjugendbewegung, die dem entwickelten Kulturgut der Proletarier zusätzliche Impulse und Werte vermittelte. Der spezifische Elendsprotest der Arbeiterjugend zeigte hier und da zwar Ähnlichkeiten mit dem Wohlstandsprotest der bürgerlichen Jugendbewegung. Letztere agierte durchaus wirkungsvoll gegen die Verlogenheit und Prüderie der großbürgerlichen Welt; sie konnte jedoch keine prinzipielle Alternative entwickeln und anbieten: es war ein Protest innerhalb der Klasse und im Widerspruch zu den

Aktionen und Lebensweisen der proletarischen Jugend. Was deren Jugendtage hervorbrachten, erwies sich als neues Element in der Kultur der aufsteigenden Klasse. Nach dem Ersten Weltkrieg entwickelten sozialistische Erzieher eine neue Form der Befähigung von Kindern und Jugendlichen für das spätere Wirken mit dem Ziel höherer Formen des Zusammenlebens von Menschengruppen und Völkern. »Das Kind als Träger der kommenden Gesellschaft« erhielt in eigenen »Kinder-Republiken« spezielle Selbstentfaltungs-, Selbstverantwortungs- und Selbstverwaltungsmöglichkeiten in solidarischen Gemeinschaften. In den Jugend-Republiken steigerte man dieses »Staatsbürger werden aus eigenem Erleben« sowie das Hinführen zum politischen Kampf für eine ausbeutungs- und kriegsfreie Gesellschaft der Freien und Gleichen. Mehr denn je hob man in den Kulturveranstaltungen den Gegensatz von aktiven Darstellern und passiven, lediglich konsumierenden Zuschauern auf. Die Arbeiter-Olympiaden als Ausdruck des notwendigen Massensports als Klassensport ergänzten wirkungsvoll die eigenständige Kultur. Stets wirkte man sowohl der Vereinzelung der Individuen als auch der Vermassung entgegen: das »tätige ich« in der Gemeinschaft Gleichgesinnter sollte unter tiefgreifend veränderten gesellschaftlichen Bedingungen den neuen Menschen hervorbringen: solidarisch und erkennend contra mörderische Konkurrenz und wissend über die politischen Folgen seines Agierens. Der Mensch sollte bewusster Gestalter seiner eigenen Geschichte werden!

Die Hitler-Faschisten klauten vieles vom Kulturgut der Arbeiterbewegung, um ihre reaktionären und verbrecherischen Ziele zu verschleiern sowie Arbeiter für ihre barbarischen Praktiken zu werben.

Sie raubten den Begriff Sozialismus, der ursächlich mit Emanzipation und Völkerversöhnung verbunden war – contra Diktatur und engstirnigen Nationalismus. Sie raubten die das Licht der Aufklärung und die Farbe des im Freiheitskampf geflossenes Blutes symbolisierende rote Fahne; man verunzierte sie mit dem Hakenkreuz. Sie raubten den 1. Mai, der für die Befreiung der Arbeit und für den Aufstieg des Proletariats stand – sie funktionierten ihn skrupellos zu einem Tag der vorgetäuschten Einheit von Arbeit und Kapital um. Sie raubten manche Symbole der proletarischen Jugendbewegung und missbrauchten sie zur rücksichtslosen Durchsetzung ihres Befehls- und Gehorsams-Systems, vor allem bei der Jugend.

Das alles aber durfte kein Grund sein, unsere eigenen Symbole und Kulturmerkmale preiszugeben. Wir betonten in diesem Zusammenhang stets die unverzichtbare Unterscheidung von Erscheinung und Wesen, von Irreführung und Realität, von Lüge und Wahrheit.

Während die Parteien der Arbeiterschaft den politischen Kampf führten und vor allem die objektiven Interessen des Proletariats ansprachen und zu realisieren trachteten, die Gewerkschaften mit ihren Mitteln die soziale Lage der Schaffenden zu verbessern suchten – vor allem in den Betrieben –, erreichten die Arbeiter-Kulturorganisationen ungleich mehr Menschen. Sie sprachen den Menschen als Ganzes an, vor allem seine kulturellen Bedürfnisse. Gesangvereine und Musikgruppen, Lesergemeinschaften wie die Büchergilde Gutenberg, Laienspiel- und Theater-Gruppen, Hobby-Vereinigungen, Wander und Naturfreundegruppen u.a. boten den Menschen viele Entfaltungsmöglichkeiten, die Partei und Gewerkschaften nicht zu bieten vermochten. Kulturelle und musische Tätigkeiten führten auf besondere Weise heran an das Durchschauen des unmenschlichen Profitsystems mit seinen Expansions- und Kriegsgefahren, dagegen konnte auch auf diese Weise Notwendigkeit und Humanität einer neuen Gesellschaftsordnung vermittelt werden.

Höhepunkte des kulturellen Ausdrucks und politischer Wegweisung entstanden stets bei den Mai-Vorfeiern, in Eger z.B. im Stadttheater. Das Zusammenwirken aller Kulturorganisationen allein schon fördert das Kooperationsvermögen; das kurze politische Referat verstärkte die Wegweisung zum höchsten Feiertag der Arbeiterbewegung, wie sie in den Vorführungen der Kulturverbände zu erkennen war. Eine der ergreifendsten Veranstaltungen dieser Art fand 1934 statt: man widmete sie der vom österreichischen Kleriko-Faschismus mit den Kanonen der »Heimwehr« zerschlagenen und in die Illegalität »geschossenen« austromarxistischen Arbeiterbewegung. Während man sonst den deutschen Faschismus als Hauptgefahr der Menschheit attackierte oder auch mit den Mitteln von Kunst und Kultur glossierte und die alternativen Ziele der progressiven Kräfte herausstellte, war nun in einem von Egerer Kulturschaffenden erarbeiteten ergreifenden Schicksals-Stück das Wiener Proletariat in den Mittelpunkt gestellt. Das ganze umrahmt von Chören und Rezitationen, Musik und ergänzenden Darbietungen. Wie bei anderen Feiern dieser Art boten Sängerinnen und Sänger vom Nationaltheater in Prag ihre künstlerischen Beiträge, alle Anwesenden ermunternd, beim Refrain mitzuwirken. Manche neuen Kampflieder, die erstmals vorgetragen wurden, endeten mit der Aufforderung an alle, das Lied zu lernen und mitzusingen: »Blutrote Fahne führ' das Volk zum Siege ...« und andere erlebten so ihre Uraufführung.

(Ich selbst stand 1934 erstmals auf der Theaterbühne. Eine Gruppe der Roten Falken wies mit einem Lied den Weg in die Zukunft, trotz des schmerzlichen Rückschlags von 1934 im klerikofaschistischen Österreich. Als Sprecher des Kinderparlaments trug ich dann einen Aufruf von Kindern vor, was in dieser schweren Zeit von den Erwachsenen erwartet wurde: ein Leben in Frieden, das allen Menschen und Völkern die Befreiung vom Joch miserabler Lebensverhältnisse bringen sollte.)

Am Morgen des 1. Mai zog eine Gruppe des Sozialistischen Jugend mit unserem Fanfarenzug zum »Weckruf« durch jene Stadtteile, in denen konzentriert Mitglieder der Arbeiter-Organisationen wohnten. Im Zug dabei war ein Teil der Agit-Prop-Gruppe, die im Dahinschreiten orientierende Sprechchöre bot. Nur gelegentlich riskierten Hitler- und Henlein-Anhänger ein Stören dieses Weckrufs. Kräftige Metaller als SJ-Funktionäre sorgten für die Sicherheit beim Weckruf. Nur einmal wurden die Faschisten frech: gerade am Sozi-Hügel in Eger, wo die meisten Sozialisten wohnten, wagten sie einen Angriff auf die frühen Weckrufer. Mit blutigen Nasen nach einer massiven Abwehr zogen sie unverrichteter Dinge ab!

Die Jahresabschluss-Veranstaltungen, in Eger z.B. im großen Saal des Frankenthales, boten ein von allen Kultur- und Sport-Organisation gestaltetes Programm. Dieses war nicht nur eine Art Leistungsschau mit werbendem Charakter, sondern zugleich als Anregung für die Qualifizierung gesteigerter Einflussnahme auf Außenstehende angelegt. Die Agit-Prop-Gruppe mit Fanfarenzug, der Arbeiter-Gesangverein, die Mandolinen-Spielgruppe, die Laienspielschar, die Bastler u.a. traten auf. Im Unterschied zur Mai-Vorfeier zeigten nun auch der ATUS (Arbeiter Turn- und Sportbund) beste Reckübungen auf der Bühne, die Kinder-Gruppe zeigte Salto-Künste, die Frauen-Gruppe führte ihr gymnastisches Können vor. Die Arbeiter-Radler boten auf Saal-Maschinen ihr Können. Die Roten Falken verbanden ihren Sprech-Chor mit einer Pantomime, um ihre Erfahrungen mit Schule, Arbeitsplatz und Elternhaus laienkünstlerisch zu vermitteln. Manche Darbietungen erfolgten nicht auf der Bühne, sondern im Saal, z.B. die der Agit-Prop-Gruppe, um das Mitwirken der Anwesenden zu animieren.

Die Agit-Prop-Gruppe der SJ führte häufig Veranstaltungen in den umliegenden Dörfern und Kleinstädten durch, um Menschen anzusprechen, die man sonst nicht erreichte. Eine »andere Kultur« war zu vermitteln als das, was diese Leute kannten. Meist kündigte der Fanfaren-Zug diese Veranstaltungen an. Selbstverständlich sprach im Rahmen des bunten Programms ein geschickter Redner über die Notwendigkeit, das Leben der Menschen zu verbessern, was nur organisiert in einer humanen Vereinigung möglich sei. Oft spielte man zum Volkstanz auf und bezog die Zuschauer in das Programm mit ein. Ein häufig vorgetragener Text mit Gesang und angemessenen Bewegungen übernahm Verse eines bekannten Schriftstellers, die man ergänzte:

Das Lied:
Wer den wucht'gen Hammer schwingt,
Wer im Felde mäh't die Ähren,
Wer ins Mark der Erde dringt
Weib und Kinder zu ernähren ...

Ergänzender eigener Liedtext als Refrain:
Der ist Prolet
und kämpft in uns'ren Reih'n
Rote Rebellen
Rebellen woll'n wir sein:

Und dann rhythmisch marschierend andeutend:
Trapp, trapp
du bist Prolet
Trapp, trapp
in unsren Reih'n.

Wieder singend:
Rote Rebellen
Rebellen woll'n wir sein!

Je nach aktueller Lage wechselte das Programm der SJ-Gruppe. In manchen Dörfern versuchten die Hitler-Anbeter und Henlein-Verehrer, diese Veranstaltungen zu stören. Interessant war, dass die Störer sich oft von den Zuhörern isolierten, weil letztere – ob sie unsere Ansichten teilten oder nicht – ungestört zuhören wollten. Verhindern konnten die deutschen Faschisten in der ČSR solche Auftritte nicht. Vorsorglich zogen meist kräftige Metaller mit, um unsere Gegner in die Schranken zu weisen, wenn es erforderlich werden sollte.

Ein mitreißender Song der Agit-Prop-Gruppe war bei einigen Parteioberen umstritten. Der »rote Schorsch«, der Sekretär der Metallarbeiter, Georg Hoor, konnte dagegen diesen Song nicht oft genug von Arbeitern vorgetragen bekommen. Das Problem dieses Textes war, wie die von allen angestrebte Sozialisierung der Großindustrie sowie von Grund und Boden allgemein verständlich, und damit stark vereinfacht, in eine individuelle Aufforderung zur Mitwirkung umzusetzen war.

Der Refrain des von Zeile zu Zeile gesteigerten Textes lautete:
Genosse, komm mit ins neue Leben!
Nimm dir selber, was sie dir nicht geben!
Du hast Anspruch darauf, denn du hast es doch gemacht!
Warum sollst du es nicht haben – das wäre doch gelacht!
Du weißt, wie es um dich bestellt ist!
Genosse, schau wie schön die Welt ist!
Die Volksfront marschiert – Genosse reih' dich ein,
Dann wird's bald anders sein.

Das war zur Zeit, als die Volksfront in Frankreich mit dem Sozialisten Leon Blum als Regierungs-Chef europaweit Beachtung und Nachahmer fand. Da kam dieser rhythmische Song bestens an. Manche rügten jedoch den Text. Der Bezirksvorsitzende des Arbeiter-Kartells, J. Knorr, z.B. erklärte wiederholt, dass dieser Text mit der Aufforderung zum »Selbstnehmen« missverständlich sei, gegen kollektive Aktionen wirke und keine angemessene Darstellung des zu lösenden Problems sei. Die Antwort darauf war die Popularität, die dieser Song erhielt. Außerdem: volksfrontartige Zusammenschlüsse mehrten sich in einigen Orten. Die vom reichsdeutschen Rundfunk angestachelte Aktivität der Faschisten in der ČSR wuchs und machte eine Antwort erforderlich.

Der Mobilisierungsgrad in den eigenen Reihen, die unsere »Gegen-Kultur« erreichte, war beachtlich. Die Festigung des Selbstverständnisses wuchs. Aber diese Gegen-Kultur sollte Unentschlossene erreichen und der Verdummung des Volkes entgegenwirken. Teilerfolge täuschten jedoch nicht darüber hinweg, dass die materiellen Möglichkeiten der Gegenseite ungleich stärker waren als die eigenen Kapazitäten. Zwar verstärkten wir unsere Anstrengungen. Aber es blieb ein ungleicher Kampf. Wir setzten ihn entschlossen fort.

Vorbereitung auf illegalen Antifa-Kampf

Anfang Juli 1938, bevor unsere Mitglieder ihren Urlaub antraten, fand im Egerer Volkshaus eine Pflichtversammlung der (Vereinten) Sozialistischen Jugend statt. Der Appell, bei dem alle 15 Zehnerschaften mit Meldung an den Vorsitzenden antraten, entfiel dieses Mal. Die 15 Zehnerschafts-Ersten (bis 1936 »Zehnerschafts-Führer«) meldeten, von 3 Krankheitsfällen abgesehen, »Vollständigkeit«. Unser »kleiner Saal« war überfüllt. Als einziger Gast nahm der Parteivorsitzende Georg (»Schorsch«) Walter teil.

Er sprach nach der Eröffnung durch den Vorsitzenden zur aktuellen Lage und zu den Aufgaben der Sozialisten angesichts wachsender Bedrohung durch die faschistische »Henlein-Front« im Inneren der ČSR und durch Hitler-Deutschland von außen. »Die Lage nach dem Einmarsch deutscher Nazi-Truppen in Österreich am 13. März ..., nach dem Einschwenken der beiden deutsch-bürgerlichen Parteien auf die gefährliche Henlein-Politik und ihr verräterisches Verlassen der bis zum März festen Antifa-Front sowie den verstärkten Terror der Henlein-Faschisten gegen deutsche und tschechische Antifaschisten und gegen die ČSR als Staat veränderte auch unsere Kampfesbedingungen ... Die Arbeitslosigkeit, besonders in den deutsch besiedelten Gebieten, die trotz Ende der Weltwirtschaftskrise immer noch anhält, begünstigt die Henlein-Front. Was eine Folge kapitalistischer Misswirtschaft ist, lasten sie »den Tschechen in Prag« an. Die Fehler der großbürgerlich-großagrarisch dominierten Regierung, auf die die Arbeiterparteien über Jahre hinweg immer wieder aufmerksam machten und die sie mit Gegenvorschlägen zu entschärfen versuchten: diese Fehler erschweren unsere Argumentation gegen die Hetze der Henlein-Anhänger und gegen die irreführenden Parolen des reichsdeutschen Rundfunks Goebbels'scher Prägung. Die innerstaatliche Selbstbestimmung der deutschen und der ungarischen Minderheiten nach dem Schweizer Modell, von uns von Anfang an eingefordert und von der Regierungsmehrheit boykottiert, verlangen nun die Henlein-Leute mit einer in ihrem Sinne weiterführenden Perspektive ...

Noch sind die wahren Ziele Hitler-Deutschlands nicht bekannt. Nachdem die Westmächte beim Einmarsch in Österreich untätig blieben, besteht die Gefahr, dass man die Faschisten ermutigte. Böhmen und Mähren sind bereits von faschistisch beherrschten Territorien umschlossen. Die ČSR ist das letzte bürgerlich-demokratische Bollwerk in Mitteleuropa. Hier existiert noch ein Kampfplatz für alle, die den Fortschritt zum Sozialismus auf ihre Fahnen schrieben. Wir müssen uns jedoch auf kompliziertere Kampfesbedingungen einstellen …

Unser Kampf für die Verteidigung der ČSR zielt darauf, dass wir nicht das Schicksal unserer Genossinnen und Genossen in Deutschland und Österreich teilen müssen. Wir malen den Teufel nicht an die Wand. Weil wir aber von den Westmächten voraussichtlich nichts zu erwarten haben, setzen wir auf ein mögliches Bündnis mit Sowjetrussland, auf eine Erweiterung des bereits bestehenden Beistandspaktes von 1935: als Abschreckung der deutschen Faschisten in Berlin! Dafür zu wirken gehört zu unseren Aufgaben. Es bleibt dennoch zu prüfen, ob und wie wir unter illegalen Bedingungen unseren Kampf gegen die Diktatur der Faschisten fortsetzen können …

Die Erfahrungen in Deutschland nach 1933 zeigen, dass große Versammlungen nicht geeignet sind, unter den Bedingungen des faschistischen Terrors einen langfristig angelegten Kampf für Sozialismus zu führen. Für die Zeit nach Hitler steht der Sozialismus auf der Tagesordnung! … Im Egerer Parteivorstand diskutierten wir bereits neue Kampfesmethoden. Euer Vorsitzender, der Genosse Knorr jun., nahm aktiv an unseren Überlegungen teil. Wir sollten prüfen, mit welchen Mitteln und Aktionsformen das Massenbewusstsein zu beeinflussen ist, wie Sand ins Getriebe faschistischer Machtapparate gestreut werden kann …

Ein nächster Grundsatz ist Freiwilligkeit. Viele ertrugen zwar die Risiken des antifaschistischen Kampfes, einige unserer Genossen wurden erschossen. Sollte es schlimmer kommen, hört jede bisherige Verpflichtung auf: jeder und jede muss sich selbst entscheiden, welchen Beitrag er/sie für den Kampf um den Sozialismus zu leisten in der Lage ist …

Empfehlenswert ist, den eventuell notwendig werdenden illegalen Kampf gegen den Faschismus in kleinen Gruppen zu führen. Einige Genossinnen und Genossen sollten dann als Koordinatoren wirken … Alles sollte so angelegt sein, dass der politische Feind keine Möglichkeit findet, seine Agenten bei uns einzuschleusen …

Zunächst bleiben jedoch die faschistischen Angriffe auf unsere Parteifreunde in den Grenzdörfern abzuwehren und die Durchführung von Versammlungen unserer Genossinnen und Genossen zu garantieren. In Eger kämpfen wir weiter mit unseren tschechischen Genossinnen und Genossen in Wort und Schrift gegen faschistische Propaganda und Aktionen …«

Die Diskussion sollte nach den praktischen Ergänzungen des Vorsitzenden des Jugendverbandes geführt werden, in Anwesenheit des Parteivorsitzenden.

Lorenz Knorr schlug zunächst vor, die internationale Lage diesesmal nicht zu diskutieren, nachdem vor kurzer Zeit mit einem Genossen der Internationalen Brigaden des Spanischen Bürgerkriegs ausführlich debattiert worden war. Bekanntlich wird der an der Estremadura-Front schwer Verwundete in Franzensbad gesund gepflegt. »Seinen Bericht über den Terror der sogenannten ‚Legion Condor', der deutschen Flieger-Staffeln in Spanien, zeigte uns, was Völker zu erwarten haben, die von den Faschisten angegriffen werden. Sie zeigte uns auch, welche ‚Hilfe' wir von den Westmächten zu erwarten haben, wenn es einmal hart auf hart kommt. Internationale Solidarität wird zwar von den sozialistischen und kommunistischen Parteien geübt, aber eben nicht von den Regierungen der Westmächte …

Bevor wir praktische Fragen erörtern, berichte ich kurz über einige Erfahrungen aus dem Antifa-Kampf im Deutschen Reich. Im nahen Oberfranken agierte man lange in Großgruppen gegen die faschistische Terrorherrschaft. Weil im grenznahen Gebiet die Antifa stark und die Faschisten schwach blieben, war das möglich. Auch dort wird nun der Widerstand in Klein-Gruppen fortgesetzt. Die Opfer, die die Großgruppenarbeit forderte, sind bekannt. Im nahen Vogtland lief der Widerstand völlig anders, weil dort Truppenstandorte der sog. Reichswehr sind und starke Gestapo-Kommandos gegen jeden Widerstand tätig wurden. Nach der Verhaftung führender Genossen beider Arbeiterparteien tragen dort die Jugendgenossen die Antifa-Arbeit. Die Großgruppen flogen auf, und viele Aktivisten sind eingesperrt, manche in den KZs. Eigenartigerweise rechneten die Faschisten nicht damit, dass die linken Jugendverbände einiges aufbieten konnten, um den Widerstand weiterzuführen.

Genosse Walter sagte bereits, dass es keine genauen Kenntnisse über die weiteren Pläne der reichsdeutschen Faschisten contra ČSR nach dem Einmarsch in Österreich gibt. Ich schlussfolgere dennoch, dass wir mit der Verhaftung oder Emigration führender Genossen in Westböhmen rechnen müssen und dass die älteren Genossinnen und Genossen, soweit sie noch auf freiem Fuß sind, überwacht bleiben dürften. Ähnlich wie im Vogtland wird der illegale Antifa-Widerstand von der Jugend zu leisten sein. Darauf sollten wir uns einstellen. In Westböhmen sind die Faschisten sehr aktiv und zahlenmäßig stark. Noch aber können wir uns in relativer Freiheit auf unseren weiteren Kampf einstellen.

Deshalb schlage ich vor, dass wir Ende August festlegen, wie unser Kampf unter erschwerten Bedingungen fortgesetzt wird. Jeder und jede sollte sich dann entschieden haben, ob er aktiv weiterzukämpfen bereit ist – mit einem Fuß im

Leben, mit dem anderen im Grab, wie es ein Widerständler in Schirnding vor nicht allzu langer Zeit erklärte –, oder ob er im zweiten Glied bleibt und notfalls die Kämpfer des aktiven Widerstandes unterstützt.

Unter zentraler Leitung in Eger sollten Dreier-Gruppen in den Stadtteilen Flugblattaktionen und andere verdeckte Maßnahmen wie Sabotage erledigen. Nur einer von jeder Dreier-Gruppe würde dann an den Beratungen irgendwo an geheimen Plätzen in den Bergwäldern teilnehmen. Unsere nächste Versammlung wird im Detail klären, wie die von der Leitung erarbeiteten Texte auf Flugblätter oder Klein-Plakate zum Ankleben an die Dreiergruppen gelangen und von ihnen an die Öffentlichkeit. Einige Übung im nächtlichen Plakate-Kleben haben wir von den Wahlkämpfen in früherer Zeit.

Niemand wird diskriminiert, wenn er aus welchen Gründen auch immer an direkten verdeckten Widerstandsaktionen nicht teilnehmen kann. Die Freiwilligkeit unseres vielleicht bald zu leistenden illegalen Kampfes muss absolute Verlässlichkeit bedeuten. Lieber einige weniger im verdeckten Widerstand mit voller Verlässlichkeit als zahlenmäßig zunächst mehr Leute, aber mit weniger Verlass und mit folgenden Opfern …

Inwieweit die alte Losung stimmt, nach der illegaler Kampf die Massen zur Auflehnung gegen die Terrorherrschaft bewegen muss, wird sich zeigen. Die Erfahrungen im Deutschen Reich waren angesichts des verstärkten Terrors nicht eben besonders ermutigend. Auf jeden Fall versuchen wir, unseren Beitrag zum baldigen Sturz des Hitler-Regimes zu leisten, hier bei uns beginnend.

Bei aller Aktivität hier und jetzt denken wir an die ‚Zeit nach Hitler'. Das heißt: kein Leichtsinn bei all unseren Widerstandsmaßnahmen. Leben wird nicht leichtfertig aufs Spiel gesetzt! Bei allem Wagemut ist stets an unsere Perspektive zu denken: der Aufbau des Sozialismus bedarf vieler erfahrener und marxistisch gut gebildeter Menschen. Zunächst aber lasst uns mit den gegenwärtigen Aufgaben und Problemen fertig werden.«

Die Debatte über die eventuellen praktischen Aufgaben im Falle eines Einmarsches der deutschen Faschisten in die ČSR war im Wesentlichen von der Zustimmung zu den zunächst nur allgemeinen Vorschlägen gekennzeichnet. Gefragt wurde, warum politische Probleme, die privat erörtert werden, offiziell erst jetzt als aktuell zur Diskussion kommen; seit dem Einmarsch in Österreich konnte man erkennen, wer das nächste wahrscheinliche Opfer faschistischer Aggressivität sein könnte. Noch aber sei Zeit für reaktive Maßnahmen.

Erkundungsfahrt nach Prag, Brünn und Preßburg

Mein Stellvertreter im Vorsitz der Egerer SJ, Karl G., schlug vor, wir beide sollten unseren Sommerurlaub nutzen, um in Prag, Brünn und Preßburg politisch zu erkunden, wie man dort auf die wachsende Gefahr für die ČSR im Allgemeinen und für die Antifa im Besonderen zu reagieren gedenke. Daraus ergäben sich vielleicht wichtige Konsequenzen für unsere nächste Pflichtsitzung in Eger. Außerdem könnten wir einiges von den Kulturschätzen und Naturschönheiten der ČSR genießen. Wir taten es: per Fahrrad.

In Prag meldeten wir uns beim Generalsekretär der DSAP, S. Taub, an. Er kannte mich, weil er bei seinen Wochenendaufenthalten in seinem Egerer Häuschen von mir die »Urania«, später die »Tribüne« und den »Volkswillen« zugestellt bekam. Dabei hatte es stets interessante Gespräche gegeben.

Nachdem wir unser Begehren vorgetragen hatten, erklärte er (sinngemäß): Die Westmächte wiesen Hitler zu wenig in die Schranken, deshalb steigert er seine und des deutschen Kapitals Forderungen. Das Risiko wächst, dass nach der Einverleibung Österreichs die ČSR das nächste Opfer sein könnte. Inwieweit die Bündnisverpflichtungen mit Frankreich noch wirken, ist nach dem Ende der Volksfrontregierung unter dem Genossen Blum fraglich. Es scheint, als würde die neue französische Regierung trotz betonter Nationalität in der Politik gegenüber Hitler zurückhaltend taktieren. Der Beistandspakt mit Sowjetrussland, der mit Hilfe Frankreichs zu Stande kam, sollte nun aktiviert werden; die Feindschaft zwischen Hitler-Deutschland und der Sowjetunion ist bekanntlich sehr ausgeprägt. Man hat jedoch den Eindruck, dass die tschechischen Großagrarier und Großbourgeoises, die die Regierung dominieren, ein enges Bündnis mit dem kommunistischen Staat scheuen. Jetzt aber, wo es um die Existenzfrage gehen könnte, sollten solche Vorbehalte weichen ... Auf die Bündnispartner Jugoslawien und Rumänien in der kleinen Entente ist in dieser zugespitzten Lage wenig Verlass. Dennoch: die ČSR als letztes demokratisches Bollwerk in Mitteleuropa muss gehalten werden. Wozu würde man die Hitler-Bande noch ermutigen, wenn die Westmächte in der ČSR-Frage erneut zurückwichen? – Mit unseren schwedischen Genossen herrscht Einvernehmen, dass sie deutsche Sozialdemokraten aus der ČSR aufnehmen, falls ein Überfall sich tatsächlich abzeichnen sollte. Unsere wichtigsten Funktionärinnen und Funktionäre sollten in Schweden eine sichere Bleibe finden. Die Stockholmer verhandelten bereits mit Polen wegen einer eventuellen Durchreise ... »Gut. Aber welche Art von Widerstand ist geplant, denn viele werden bleiben müssen. Uns ist klar, dass manche von uns ins KZ oder ins Gefängnis kommen werden. Wir wollen jedoch nicht kampflos untergehen, sondern mit wehenden Fahnen wie unsere Genossen in Österreich 1934!« – Genosse Taub war erstaunt: »Euer Kampfesmut ehrt euch! Aber wir sind eine kleine Minderheit! Unser Feind ist schwer bewaffnet! Die scheuen vor nichts zurück! Da stellt sich die Frage, ob man untertaucht, bis Hitler am Ende ist. Er steht in Europa großen Mächten gegenüber, gegen die er nicht gewinnen kann.« – »In Eger beschlossen wir den Widerstand in Klein-Gruppen zu organisieren, in die kein feindlicher Agent einzuschleusen ist. Hat die Partei eine Strategie, die sie ihren Mitgliedern empfiehlt?« – Siegfried Taub staunte erneut: »Ich dachte nicht, dass es bereits Pläne für illegalen Widerstand bei uns gibt. Angesichts der Gefährdung unserer Genossinnen und Genossen nach einem eventuellen Einmarsch deutscher Nazi-Truppen kann die Partei auch keine Empfehlung geben, die das Leben unserer Mitglieder aufs Spiel setzt. Wir alle kennen die Opfer, die es in Deutschland gab …« – »Die Kämpfe zwischen deutschen und tschechischen Antifaschisten einerseits und den Henlein-Faschisten andererseits dauern seit Jahren an, mit Opfern! Sollen wir nun kapitulieren? Wir kämpfen unter veränderten Bedingungen mit neuen Methoden weiter. Unsere Entscheidung ist bereits gefallen! Der hier in Prag residierende exilierte Parteivorstand der SPD versorgt seine immer noch aktiven Mitglieder durch uns mit Informationsmaterial. Wir und andere leiten Berichte und Anfragen weiter. Ist geplant, dass wir aus der Schweiz oder aus Dänemark oder aus westlichen Ländern über spezielle Kanäle Informationen erhalten, falls die Faschisten ihre Expansionen fortsetzen?« – Genosse Taub atmete erst einmal tief durch: »Gewiss bestehen enge Verbindungen zu unseren Genossen in der Schweiz. Auch sie wollen versuchen, etwas für eventuelle Emigranten zu tun. Wie mit Informationen für die verbleibenden Genossen geholfen werden kann, ist noch nicht ausreichend erörtert. Das wird demnächst geschehen. Ob und wie dies über Dänemark und die westeuropäischen Staaten geschehen kann, ist noch zu klären; es fehlt die gemeinsame Grenze …«

Wir diskutierten noch etwa eine Stunde über die vielleicht noch verbleibende Zeit für Vorbereitungen auf illegalen Widerstand, obwohl Genosse Taub meinte, dass ein Überfall keineswegs sicher sei. Bei der Regierung der ČSR anzuregen, das Bündnis mit der UdSSR zu aktivieren: darin stimmten wir völlig überein.

Bei aller menschlichen Wärme, die im Gespräch mit S. Taub zu spüren war: insgesamt blieben wir enttäuscht, weil der Parteiführung eine Strategie fehlte, wie nach einem faschistischen Überfall auf die ČSR zu reagieren sei. Die

Planungen für eventuelle Evakuierungen führender Mitglieder schienen uns zu wenig, zu defensiv.

Am nächsten Tag trafen wir uns mit meinem älteren Freund G. Schwinghammer, einst Vorsitzender der SJ in Eger, nun Chefredakteur des »Jungbuchdruckers«. Er wollte uns einige Kultur- und Kunstschätze Prags zeigen. Zunächst aber blieb viel zu diskutieren. Er erkannte wie wir die drohende Gefahr und wunderte sich, dass die Parteiführung so wenig auf aktiven Widerstand setzte. Ähnliches Versagen wie 1933 in Deutschland, wo bei einer widerstandsbereiten Basis die Führung total versagte? »Vielleicht will sie das Leben der Mitglieder nicht gefährden, vielleicht überlässt sie den einzelnen oder den örtlichen Kollektiven die Entscheidung, ob man im aktiven Widerstand das Leben zu riskieren bereit ist oder nicht. Wäre dem so, dann sollte man dies aber auch deutlich erklären. Es könnte sein, dass Taub euch gegenüber zurückhaltend reagierte und dass er das lieber mit den örtlichen Parteigremien zu besprechen beabsichtigt ... Die Massierung deutscher Truppen rund um Böhmen und Mähren ist allgemein bekannt. Bekannt sind aber auch die starke Abwehrbereitschaft und -fähigkeit der tschechischen Armee sowie die drei gestaffelten Verteidigungsringe um Prag: bei Falkenau beginnend, Böhmerwald, Kaisergebirge, die Festung Duppauer Gebirge, Erzgebirge: ihr kennt das! Internationale Militärbeobachter sprechen von einer dreifachen Maginotlinie, die nur schwer zu durchbrechen sein würde. Das dürfte auch dem faschistischen Generalstab bekannt sein! ... Das Problem ist, dass die Henlein-Faschisten immer größeren Anhang gewinnen, weil die großagrarisch-großbürgerliche Regierungsmehrheit hier in Prag so viele Fehler in der Nationalitäten-Politik macht. Egoismus rangiert bei denen vor jeder politischen Vernunft! Ich fürchte, sie werden erst Zugeständnisse machen, wenn es zu spät ist! ... In Prag wächst der gesellschaftliche Druck auf die Regierung, vor allem mit der UdSSR geeignete Maßnahmen zu treffen zur Abwehr und alle Systemverschiedenheiten zurückzustellen ... Ich entschied mich noch nicht, ob ich emigriere oder untertauche. Euren Mut bewundere ich.«

Wir genossen unter Führung meines Freundes »die goldene Stadt« und rüsteten uns bei herrlichem Sommerwetter zur Weiterfahrt. In Prag hatte uns Genosse Taub Quartier besorgt; jedoch verfügten wir über Zeit und Kochgerät, um uns selbst zu versorgen. Am späten Abend kamen wir in Iglau, einer alten Bergarbeiterstadt, an. Wir suchten das Parteibüro auf: »Wegen Ferien bis Ende August geschlossen!« Sozialistische Politik macht Ferien, während Hitler mit seinen Truppen an der Grenze steht!

In Brünn waren wir im Jugendheim der SJ angemeldet. Dort empfing uns der Vorsitzende der örtlichen SJ, Simon J. Ihn beschäftigte nicht nur die Situation nach dem deutsch-faschistischen Einmarsch in Österreich, sondern auch die sich abzeichnende Niederlage der spanischen Volksfront und der Internationalen Brigaden im Bürgerkrieg. »Das war und ist nicht nur eine innerspanische Angelegenheit! Diese hätte das spanische Volk für sich entschieden! Die deutschen Nazis, Mussolinis Faschisten und die Hilfe des Vatikans helfen den rechtsorientierten Putsch-Generalen Franco und Mola, während die Westmächte »Nichteinmischung« beschließen und auch realisieren! Die französischen Antifaschisten helfen, wo sie können; doch das reicht nicht! Die Sowjetunion ist zu weit entfernt … Ein an der Estremadura-Front und zwei vor Madrid schwer verwundete Interbrigadisten, die wir hier pflegen, berichteten uns von ihren Erfahrungen im Bürgerkrieg; auch von Francos Truppen, oft Marokkaner, die zu jeder Brutalität bereit sind, auch gegenüber Verwundeten! …«

Er begehrte von uns zu wissen, wie wir die Perspektive der Volksfront bewerteten, nachdem das französische Experiment unter Leon Blum scheiterte und in Spanien unter anderen Bedingungen dieselbe Misere drohe. Karl: »Im Prinzip gehen wir davon aus, dass die innerstaatliche und die internationale Entwicklung die Volksfront weiter und gebieterischer auf die Tagesordnung setzt. Die drei Arbeiterparteien in der ČSR reichen nicht aus, um dem Ansturm der Faschisten innenpolitisch und von außen Paroli zu bieten. Trotz des Einschwenkens der beiden bürgerlich-deutschen Parteien der ČSR auf den verbrecherischen Henlein-Kurs wirken immer noch linksbürgerliche Personen und Grüppchen, die für eine Antifa-Volksfront in Frage kommen. Dasselbe lässt sich von vielen Tschechen sagen.« Ich ergänzte: »Gerade in der konkreten Situation sind Antifa-Bündnisse, die weit über die Arbeiterparteien hinausreichen, allüberall dringend notwendig. Jede beteiligte Gruppe soll ihre eigene Substanz bewahren: wir unseren Sozialismus, die Kommunisten ihren Leninismus, die Bürgerlichen ihren Liberalismus. Der gemeinsame Feind nötigt uns zur engen Zusammenarbeit. Eine gemeinsame Analyse könnte es durchaus geben, soweit es die bekannten Pläne der Faschisten betrifft; über das Weitere wird man sich verständigen, wenn die Hauptgefahr überwunden ist. Vor allem sollten wir jetzt vorbereiten, was miteinander zu tun ist, wenn Hitlers Truppen einmarschieren und die SA zusammen mit unseren Henlein-Terroristen ihre Macht ungehemmt entfalten …«

»Rechnet ihr tatsächlich mit einem Einmarsch der Hitler-Faschisten? Ich halte Beneš und die Hodscha-Regierung für diplomatisch klug genug, um die internationalen Bündnismöglichkeiten der ČSR mit Frankreich und der Sowjetunion auszunutzen … Österreich war eine spezielle deutsche Sache. Bei der

ČSR ist das etwas anderes. Es vorstößt gegen die Interessen der Westmächte, die den tschechoslowakischen Staat 1918 zu gründen halfen. Und es berührt die Interessen der Sowjetunion, die bei einem Fall der ČSR die deutschen Faschisten unmittelbar an ihrer Grenze hätte: in der Karpaten-Ukraine, dem östlichsten Land der ČSR ... Leider akzeptierten die Westmächte die hilfreichen Vorschläge der Sowjetunion nicht, ein kollektives Sicherheitssystem gegen jeden Aggressor zu schaffen. Das wäre auch eine Garantie für die ČSR gewesen ... Mit der Sowjetunion gibt es neben außenpolitisch Erfreulichem leider noch etwas anderes: die Schauprozesse Stalins gegen die alten Mitstreiter Lenins! Das schadet den europäischen Arbeiterparteien und innerhalb derselben allen Linken, die in der Sowjetunion einen historischen Fortschritt erkennen, trotz aller Verstöße gegen sozialistische und kommunistische Grundsätze. Volksfront-Bestrebungen wurden durch Stalins Praktiken keineswegs gefördert!«

Meine Antwort: »Was die Bewertung von Stalins Ausrottungspraxis gegen die ‚alte Garde der Bolschewiki' betrifft, stimmen wir überein. Das mindert auch das Ansehen der Sowjetunion und untergräbt das realdemokratische Räte-System. Wir diskutierten in Eger, unter welchen Voraussetzungen diese Machtkämpfe in Form von Schauprozessen überhaupt möglich wurden. Der subjektive Faktor erklärt in diesem Zusammenhang einiges, aber keineswegs alles! Sind das die Folgen davon, dass Lenin in einem ökonomisch zurückgebliebenen Land die kapitalistische Phase des Geschichtsprozesses voluntaristisch zu überspringen versuchte, oder liegt es an den Problemen der ‚eingeschlossenen Festung', als die Stalin die Sowjetunion nach dem Ausbleiben der als Initialzündung gedachten Revolutionen in den entwickelten kapitalistischen Industriestaaten erkennt? Eine Mitschuld derer, die in Deutschland die mögliche sozialistische Revolution verhinderten, ist gegeben. Wir haben noch keine endgültige Antwort ... Wir befürchten allerdings, dass die ČSR das nächste Opfer deutsch-faschistischer Aggressivität sein könnte, und wir bereiten uns auf diesen schrecklichen Fall vor. Das ist der Hauptgrund unserer Gespräche mit Genossen in anderen Regionen der ČSR. Uns interessiert, was getan werden könnte, was andere zu tun gedenken und wie man am wirkungsvollsten gegen eine faschistische Machtausübung in Mitteleuropa vorgehen könnte ...«

Karl: »Unsere Kenntnisse über den Antifa-Widerstand in Deutschland führen uns dazu, in gut koordinierter Klein-Gruppenarbeit bei bestmöglicher Tarnung intensiven Widerstand zu leisten. Wir werden unsere Genossinnen und Genossen in die NS-Organisationen »delegieren«, um zu erfahren, wie es dort zugeht und wie dort die Reaktionen auf unsere verdeckten Aktionen sind ...«

Simon: »Ich staune über eure Kenntnisse und Pläne. Bei uns gibt es keinerlei Vorbereitungen auf einen eventuellen Überfall der Nazifaschisten ... Unser Brünner Parteivorsitzender ist zur Zeit auf Urlaub. Aber mein Vater, mährisches Landesvorstandsmitglied der DSAP, könnte heute Abend mit uns diskutieren. Ich lade euch ein, unsere Gäste zu sein ...«

Der Vater Simons, ein bekannter jüdischer Universitätsprofessor der Medizin, ließ sich erst einmal von uns berichten, wie wir die internationale Lage beurteilten und welche Absichten wir als Konsequenz dessen hegten. Er führte dann aus: »Die faschistische Reichsführung besteht nicht nur aus üblen Barbaren. Da beraten eiskalt abwägende Industrielle und Bankiers sowie strategisch-langfristig denkende Generale mit ... Die mögen zu Aggressionen bereit sein, nachdem sie die innenpolitischen Widersacher mit bestialischen Praktiken ausschalteten und nachdem ihnen die anderen Mächte kaum Barrieren in den Weg stellten. Im Kapitalismus regiert eben das Gesetz des jeweils Stärkeren, auch wenn die Steigerung imperialistischer Macht im Faschismus bisherige Praktiken der Kapitaleigner sprengt. Die in Berlin Herrschenden sind jedoch keine Selbstmörder! Sie werden den Rubikon nicht überschreiten, der sie mit der gesamten europäischen Staatenwelt in Konflikt bringt. Sie werden brutal absichern, was sie haben. Ihre Feinde versuchen sie gegeneinander auszuspielen, das ist bekannt. Andere Staatsmänner gebrauchen jedoch ihren Kopf auch und sie verfügen über exzellente Berater ... Eure Widerstandsplanungen ehren euch! Ich hoffe, ihr braucht sie nicht zu realisieren. Durch euren ständigen politischen Kampf mit den Henlein-Faschisten, der oft in Handgreiflichkeiten ausartet, was nicht eure Schuld ist, steht ihr in einem ständigen Bedroht-Sein. Das bringt euch auf solche Planungen. Wir werden hier zu klären haben, wie wir unseren Genossinnen und Genossen in den Grenzgebieten helfen können ...«

Der Abend zog sich in die Länge. An Diskussionsstoff fehlte es nicht. Unsere beiden Gastgeber tranken Wein, wir waren mit Tee zufrieden. »Ihr seid Kultursozialisten: nicht rauchen, nicht tanzen, keinen Alkohol trinken. Wir wissen die Annehmlichkeiten des Lebens mit unseren politischen Verpflichtungen zu verbinden.«

Etwa zwei Fahrrad-Stunden nordöstlich von Brünn befindet sich ein sehenswertes Wunder der Natur: die Macocha (»Stiefmütterchen«): eine über hundert Meter hohe Felswand im Wald mit einem darunter liegenden kleinen See. Hier soll eine Stiefmutter ein Kind in den Abgrund gestürzt haben. Erst bestiegen wir die obere Aussichtsplattform mit Blick auf den See und die Umgebung, dann wanderten wir unten am See, bevor wir mit einem Groß-Kahn und einem Fährmann als Fremdenführer die Fahrt durch das Höhlen-System auf dem unterirdischen Punkwa-Fluß begannen. Die Tropfstein-Höhlen, deren Gebilde im Unterwasser-Scheinwerferlicht zauberhafte Anblicke boten, fesselten uns fast zwei Stunden lang: unvergessliche Eindrücke.

Spät am Abend kehrten wir nach Brünn zurück. Im Jugendheim trafen wir nun eine SJ-Gruppe aus Prag. Wir diskutierten bis in die späte Nacht: sie tranken Wein, wir genossen Tee!

In glühender Mittagshitze erreichten wir am nächsten Tag die Hauptstadt der Slowakei: Preßburg, auf Tschechoslowakisch Bratislava, einst als Poszony die Krönungsstadt der ungarischen Könige. Das Jugendheim an der Donau, bei dem wir angemeldet waren, war verschlossen! Keine Nachricht für uns! Nach einigen Minuten kam ein gut gekleideter Herr mit Brille und Sonnenhut: »Seid ihr die angekündigten Jugendgenossen aus Eger? Ja? Ich bin der Parteivorsitzende, Dr. C. Alle unsere jungen Mitglieder sind in den Ferien.« Er lud uns in eine nahe Kleingaststätte an der Donau zu einer Mahlzeit oder zu Kaffee oder Wein ein.

»Wir wollten mit euch die politische Lage diskutieren und über eure Pläne angesichts der faschistischen Gefahr …«, erklärte ich. – »In der Slowakei gehen die Uhren etwas anders als im tschechischen Teil der Republik. Bei uns ist eher eine klerikofaschistische Bedrohung vorhanden wie von 1934 bis vor kurzem in Österreich. Das dreisprachige Preßburg ist eine Ausnahme. Hier und in wenigen anderen Industriestädten existiert eine relativ intakte Arbeiterbewegung … Vom Tageskampf abgesehen gibt es keine strategischen Überlegungen; das Ziel des Sozialismus ist unbestritten … Gegenwärtig hoffen viele in unseren Reihen auf die UdSSR, obwohl eine akute Gefahr nicht erkannt wird …«

Karl berichtete von unserer Bewertung der Lage und von unseren Eventualplanungen. Genosse C. war sehr erstaunt. »Unsere Jugendgenossen – Mädels sind kaum Mitglieder – diskutieren, wie die Partei auch in speziellen Clubs, die internationalen Ereignisse und die Lage in der Slowakei. Den Einmarsch in Österreich und der mit dem bevorstehenden Sieg Francos zu Ende gehende Bürgerkrieg in Spanien: alles empfindliche Niederlagen für die sozialistische Bewegung! Seit 1933 läuft die europäische Entwicklung gegen den sozialen Fortschritt; dieser ist offensichtlich abgekoppelt vom technischen Fortschritt; ist das ein neues Problem für alle Marxisten? Die Frage ist, wann und wie wir die verlorene historische Offensive zurückgewinnen! Objektiv ist die Welt reif für den Sozialismus, was die wirtschaftliche Konzentration, die Produktivkraftentfaltung und die Krisenanfälligkeit des Kapitalismus beweist. Aber wie steht

es mit der subjektiven Reife der Massen? Versäumten wir als Kenner des dialektischen Geschichtsablaufes etwas? Automatisch dürfte es keine Wende in der gesellschaftlichen Entwicklung geben ... Obwohl bei uns viele gegen jeden sozialen Rückschritt eingestellt sind und das auch deutlich artikulieren, scheint mir ein aktives Widerstandspotenzial nicht vorhanden zu sein. Vielleicht entwickelt sich das erst, wenn eine massive Bedrohung wahrgenommen wird ...«
Dr. C. ordnete die gegenwärtigen Ereignisse in seinen weiten historischen Horizont ein und meinte, dass die Wende zum Sozialismus bald fällig wäre, große Aktivität der Massen vorausgesetzt. Das zu entwickelnde gesellschaftliche Bewusstsein sowie gezieltes politisches Wirken sah er als die größte Herausforderung für die Sozialisten unserer Zeit an.

Die Diskussionen erstreckten sich bis zum Abend. Nach dem gemeinsamen Essen besorgte uns der Parteivorsitzende von Preßburg ein Quartier und verabschiedete sich mit den besten Wünschen für unsere weitere politische Tätigkeit.

Den vorgesehenen Rückweg über Hodonin/Göding, dem Geburtsort Masaryks, unterließen wir, weil man uns eine fast schattenlose Wegstrecke vorausgesagt hatte. Wir wählten die Straße über das historisch ebenfalls bedeutsame Nikolsburg, weil dort mit viel Wald eine schattige Straße nach Brünn unsere Fahrt in der Hitze erleichterte. Gegen Abend erreichten wir Brünn und hatten erneut lebhafte Diskussionen mit Jugendgenossen. Wir wählten einen kleinen Umweg über Königgrätz und Podiebrad, ohne dass dort weitere Diskussionen stattfanden.

Beim Heimweg über Prag, wo wir erneut eine Besichtigung und ein Treffen mit Freund Schwinghammer einlegten, prüften wir das Ergebnis unserer Erkundungsfahrt. Vorweg: ohne dass dies schriftlich fixiert zu werden brauchte; reiche Kulturgenüsse und herrliche Landschaftserlebnisse in knapp zwei Wochen, die ja auch »Urlaub« sein sollten. Die politische Bilanz war gut, wenn auch nicht voll zufriedenstellend.

Neue Erfahrungen für den weiteren Antifa-Kampf?

Was blieb als politischer Ertrag unserer Erkundungsreise festzuhalten? Zweifellos erkannten und notierten wir einige neue Fakten, Zusammenhänge und daraus resultierende Argumente und Aufgaben. Die Unzufriedenheit mit der aus unserer Sicht unbefriedigenden Strategie unseres obersten Parteivorstandes hinsichtlich des weiteren Antifa-Kampfes mochte darin begründet sein, dass

Genosse Taub uns gegenüber vielleicht nicht alles darlegen mochte, was die Parteiführung tatsächlich plante. Wir wollten nun unsere Egerer Parteileitung drängen, in Prag eine kämpferische Strategie einzufordern, sofern es eine solche nicht bereits gab: eine Strategie, die nicht den Bedingungen in Prag oder Brünn, sondern denen in den umkämpften Grenzregionen der ČSR entsprach.

Wir konnten uns nicht vorstellen, dass in den Industriegebieten Nordböhmens, Nordmährens und Südböhmens mit intakten Arbeiterorganisationen andere Kampfesvoraussetzungen existierten als bei uns. Alles, was wir bei früheren Begegnungen mit Antifaschisten aus anderen Grenzgebieten erfahren hatten, ähnelte der Lage bei uns in Westböhmen. Für den Fall eines faschistischen Überfalls von Hitlers Truppen auf die ČSR sollte man vorab klären, wie die Widerständler mit Informationen zu versorgen wären und entsprechende Kanäle des Informationsflusses vorbereiten. Unsere Verbindungen nach Karlsbad, Joachimsthal, Neudeck, Falkenau, Königsberg a.d.Eger, Graslitz wollten wir nutzen, einerseits um unsere Praxis besser abzustimmen und andererseits um darauf zu drängen, dass die dortigen Parteivorstände in Prag darauf drängten, Empfehlungen für die Basisaktivität zu geben. Unter illegalen Bedingungen waren die Basisgruppen so gut wie auf sich allein gestellt. Noch aber blieb Zeit, um erfahrungsgereifte Empfehlungen zu geben.

Nach knapp zwei Wochen wieder zurück in Eger, trafen wir im Volkshaus den Egerer Parteivorsitzenden Georg Walter, den Parteisekretär Wilhelm Novy und unseren Abgeordneten Martin Benda. Wir berichteten. Martin sagte, dass Genosse Taub zweifellos manches unerwähnt ließ, als er mit uns diskutierte. Die Sozialistische Jugend sei in ihren Überlegungen, Planungen und Praktiken der Partei zweifelsohne um eine Nasenlänge voraus. Im Club der sozialdemokratischen Abgeordneten und Senatoren des Prager Parlaments sei einiges von dem, was uns bewegte, erörtert worden; aber Beschlüsse gäbe es noch nicht. Novy übernahm es, mit den Vorständen in den westböhmischen Bezirken zu reden. – Unsere Ausführungen über die Diskussionen in Prag, Brünn und Preßburg nahm man mit großem Interesse zur Kenntnis. Alle dankten uns für diese Initiative und Erkundungen während des »Urlaubs«.

Tags darauf luden wir die Zehnerschafts-Ersten der SJ Eger ein, um sie zu informieren und den Termin der nächsten Voll- und Pflichtversammlung in der zweiten Augusthälfte festzulegen.

Die folgenden Wochenenden berieten wir in Karlsbad-Fischern mit dem dortigen Vorsitzenden und dessen Stellvertreterinnen und Stellvertretern und danach in Joachimsthal mit dem halbamtlichen Bergarbeitersekretär, dem früheren SJ-Vorsitzenden, über die Lage und unsere Planungen. Das folgende Wochenende diskutierten wir in Falkenau, Graslitz und Königsberg a.d.Eger. An einem Abend trafen wir in Asch-Wernersreuth mit A.Riedl, E. Ploß und G. Greiner zusammen. Überall akzeptierte man unsere Vorschläge und ergänzte sie mit eigenen. Im Falle eines Überfalls auf die ČSR wollten wir überall in koordinierten Kleingruppen mit den jeweils vorhandenen Mitteln Widerstand leisten, das Massenbewusstsein zu beeinflussen versuchen und Sabotageakte realisieren. Für alle leitenden Genossen bzw. Genossinnen wollten wir für den Fall eventueller Verhaftungen einige Stellvertreter wählen; es sollte keine Pause im Widerstand geben.

Das Einschleusen verlässlicher Jugendgenossinnen und -genossen in die NS-Organisationen sollte mit der Auswertung der erhaltenen Informationen und Erfahrungen verknüpft bleiben. Regionale Verbindungen wollten wir – ebenfalls gut getarnt – auch unter illegalen Verhältnissen weiterführen: je nach Bedarf. Aktuell sollten alle Aktionen unterstützt werden, die auf eine Aktivierung des Beistandspaktes mit der UdSSR zielten. Diese Hoffnung verblieb uns.

In der zweiten Augusthälfte fand die Voll- und Pflichtversammlung statt. Inzwischen hatten die Westmächte die tschechoslowakische Regierung aufgefordert, das »Sudetengebiet« an das Deutsche Reich abzutreten. Die Prager Spitzenpolitiker weigerten sich. Uns aber wurde bewusst: nun droht akute Gefahr! Von den 150 anwesenden Mitgliedern der SJ meldeten sich freiwillig 33 für den illegalen Kampf. 10 Genossinnen, unsere besten Sportlerinnen, waren dabei! 16, die bereits als »Pioniere« tätig waren, gehörten dazu. Nach Stadtteilen gegliedert bildeten wir 11 Dreier-Gruppen für den Widerstand vor Ort. Eine Handdruckerei in einem abgesonderten Keller sollte in kürzester Zeit für die Herstellung von Flugblättern und Klein-Plakaten bereitgestellt werden. Der Rest unserer Mitglieder versprach, in passivem Widerstand notfalls zu helfen, falls die 33 »Aktiven« in Schwierigkeiten geraten sollten. Wir legten fest, wer in welchen NS-Organisationen tätig werden sollte und wie die Berichterstattung verdeckt funktionieren sollte.

Der Verrat Englands und Frankreichs an der ČSR folgte: das Münchner Abkommen, von uns als Münchner Diktat benannt.

Die Stimmung im Egerland

Gedanken angesichts der bedrohlichen Lage

Der deutsch-faschistische Einmarsch in Österreich und die lahme Reaktion der Westmächte verdeutlichten, dass die ČSR als letztes bürgerlich-demokratisches Bollwerk in Mitteleuropa voraussichtlich das nächste Ziel Hitler'scher Expansionspolitik sein würde. Schließlich brächte es strategische und wirtschaftliche Vorteile für das Machtkartell der Industriebosse, der Generalität und der Nazi-Führungs-Clique, die aggressive Zuarbeit der »Henlein-Front« zu nutzen und einen weiteren Schritt zu der in Hitlers »Mein Kampf« angekündigten »Eroberung neuen Lebensraums des deutschen Volkes« zu tun.

In den Antifa-Parteien, in Gewerkschaften u.a. linken Vereinigungen diskutierte man die Folgen des befürchteten Einmarsches deutscher Truppen, die bereits an der Grenze in Stellung waren. Natürlich besprach man auch die persönlichen Reaktionen, angesichts der näher rückenden Gefahr. Allen war bewusst, dass das Egerland außerhalb des tschechischen Verteidigungsgürtels lag und dass die hier Lebenden zu den ersten Opfern gehören würden.

In einer örtlichen Vorstandssitzung der DSAP erklärte der Parteivorsitzende Walter, dass in einer derart schwierigen Situation ein Parteibeschluss über das weitere Verhalten der einzelnen nicht angebracht sei; jeder müsse selbst entscheiden, wie er sich verhalten wolle! Für die Frauen sagte M. Theusinger, dass die eventuell kämpfenden Männer – wie schon 1934 in Österreich – alle nur mögliche Unterstützung erhalten sollten. Sie lehnte es ab, dass Frauen zur Verteidigung erkämpfter Rechte selbst ein Gewehr in die Hand nähmen. Mit allgemeiner Zustimmung forderte ein jüngeres Vorstandsmitglied die exponierten Funktionärinnen und Funktionäre der Partei auf, rechtzeitig ihre Emigration vorzubereiten: in der »Zeit nach Hitler« bräuchte man lebende Kämpfer und Gestalter, keine Totenehrungen!

In all diesen Diskussionen unterstellte man als selbstverständlich, dass gemäß der historischen Logik und der Aktivität der Sozialisten nach dem letzten Stadium und den wahren Charakter des Kapitalismus enthüllenden Faschismus eine prinzipielle Neuordnung der gesellschaftlichen Verhältnisse notwendig und zu realisieren sei. Es stelle sich die Frage, ob man kämpferisch und wahrscheinlich mit hohen Verlusten untergehe wie 1934 die Sozialisten Österreichs oder ob man »untertauche« im Sinne einer taktischen Anpassung. Eine gemeinsame Antwort konnte es in dieser Angelegenheit nicht geben. Eine starke Minderheit plädierte

– um ein Stimmungsbild zu erhalten – wegen der Glaubwürdigkeit und einer »glorreichen Auferstehung in der Zukunft« für kämpferisches Untergehen, während eine kleine Mehrheit mit fast denselben Argumenten für geschickte Tarnung und taktische Anpassung votierte. Alle wussten, dass analog zur Entwicklung in Deutschland nach 1933 mit KZ und Folter zu rechnen war, bei Kämpfen mit dem Tod. Die Hoffnung, dass man »mit Narben überleben« werde, fand deutlichen Ausdruck. Einige wenige, vor allem Intellektuelle, gaben zu Protokoll, dass sie lieber rechtzeitig exilieren und im Ausland den Antifa-Kampf unter anderen Bedingungen fortsetzen wollten. Für die Sozialistische Jugend erklärte ihr Vorsitzender, dass man bei angemessener Tarnung mit neuen Methoden den Antifa-Widerstand den veränderten Voraussetzungen gemäß organisieren werde, falls nicht auch in die Reihen der Jugend starke Breschen geschlagen würden. Der Stadtrat und Vorsitzende der Buchdrucker-Gewerkschaft Zacherl fragte an und gab zu bedenken, ob es zu verantworten sei, illegale Aktionen durchzuführen und Opfer zu riskieren angesichts der Tatsache, dass das NS-Regime mit seiner abenteuerlichen Außenpolitik in absehbarer Zeit scheitern werde; erst dann sei der volle Einsatz der Sozialisten gefragt. Ihm widersprachen sofort einige mit der Gegenfrage, ob es für die Zukunft besser sei, mit wehenden Fahnen unterzugehen oder den Anschein einer Kapitulation zu erwecken.

Einigkeit bestand darüber, dass man angesichts der Erfahrungen in Deutschland keine illegale Parteiversammlungen durchführen sollte: die Risiken, dass viele auf einmal die Gestapo mit ihren barbarischen Foltermethoden kennenlernen könnten sei viel zu groß. Wenn illegaler Antifa-Widerstand, dann so, dass bei größtmöglicher Wirkung die kleinstmögliche Gefahr entstehe.

Die Metallarbeiter-Gewerkschaft bzw. deren Antifa-Bataillone, die in der westböhmischen DSAP weit links standen, die neben dem Bund der Sowjetfreunde das Verbindungsglied zur relativ kleinen KPČ waren, forderte ihre engagiertesten Kollegen dringend auf, rechtzeitig zu emigrieren. Sie sollten »nach Hitlers Bankrott« wieder verfügbar sein. Einige entschlossen sich für das Untertauchen, um für Antifa-Widerstand »möglichst wenig Gegenwind« zu erhalten.

In der SJ diskutierte man diese Problematik in einer Vollversammlung. Es bestand sehr schnell Klarheit, dass illegaler Antifa-Widerstand nur auf freiwilliger Basis effektiv sein könnte. Einig war man sich auch, dass aus Geheimhaltungs- und Sicherheitsgründen nur in koordinierten Dreier-Gruppen gut vorbereitete Aktionen durchzuführen seien. Die Zehnerschafts-Ersten sollten demnächst probeweise an einem verborgenen Ort eine Vorbereitungs-Aktion besprechen und versuchen.

Eine Genossin und zwei Genossen der SJ Eger suchten per Fahrrad in Karlsbad und in Joachimsthal wichtige Funktionäre auf, um zu erkunden, wie man dort über die politische Entwicklung und unsere Reaktionen darauf dachte. K. Köstler und E .Hohler in Karlsbad berichteten von ähnlichen Diskussionen in Partei, Jugendverband und der Antifa in der Buchdruckergewerkschaft: »Teils Ratlosigkeit, teils Kampfentschlossenheit. Es gibt noch keine konkreten Vorstellungen von eine wirksamen illegalen Antifa-Arbeit, falls eine Besetzung durch faschistische Truppen plus SS und Gestapo erfolgen sollte. Es gibt noch viel zu diskutieren«, lautete die Botschaft aus Karlsbad. Der Sekretär der Bergarbeitergewerkschaft in Joachimsthal, vor kurzem noch SJ-Vorsitzender, erklärte: »Wenn wir hier illegale Aktionen gegen das verbrecherische Nazi-Regime durchführen, weiß jeder im Ort, wer das getan haben könnte. Wir überlegen uns, wie man nach einer eventuellen Besetzung etwas Sinnvolles tun kann.« Ähnliches erfuhren andere Genossen in Falkenau und in Graslitz. Zwar überall Kampfesbereitschaft, jedoch gab es keine ausgereiften Überlegungen dazu, wie man unter den veränderten Bedingungen am effektivsten agieren könnte.

An einem Abend kam ich mit anderen Jugendgenossen von der »rauhen Mauer« hinter der Baracke im Garten des Volkshauses, an der wir durch etwa 20-minütiges »Klopfen« unsere Handkanten härteten. Seit 1936, als wir in Liebenstein die ersten Übungen in Jiu-Jitsu absolvierten, trainierten wir so oft es möglich war, vor allem das Härten unserer Handkanten. Am Volkshaus stand nun der Parteivorsitzende G. Walter und bat mich ins Büro. Dort wartete bereits W. Novy, der Sekretär. »Wir wollen mit dir über eine eventuelle Emigration sprechen. Dein Vater will nicht emigrieren, weil er sich für eine Emigration zu krank fühlt; deine Mutter wird ihren Ehemann nicht verlassen. Ob die Henlein-Faschisten deinen kranken Vater einsperren, ist fraglich. Dann könnte es ersatzweise dich treffen. Du bis außerdem mit einigen anderen Jugendgenossen durch deine bekannten Attacken mit der Pionierabteilung sowieso ein Ärgernis für die Ober-Nazis! Dir ist bekannt, dass auf jeden ‚Einmarsch' der deutsch-faschistischen Truppen stets die SS und die Gestapo folgen; deren Folterpraktiken sind allgemein bekannt. Wäre es nicht zweckmäßig, wenn du emigrierst? Das sollten wir jetzt vorbereiten! Du wirst für ‚die Zeit nach Hitler' dringend gebraucht. Wie denkst du darüber?«

»Aus zwei Gründen bleibe ich! Erstens bereiten wir in der SJ Eger wie auch im Bezirk einiges für den illegalen Widerstand vor. Da kann und will ich als gewählter Leiter keinesfalls flüchten. Zweitens kann ich in dieser Lage meine Eltern nicht alleine lassen.« – Der Parteivorsitzende: »Für deine Eltern kann auch deine Schwester sorgen. Die will auf keinen Fall von Eger weg. Und in der SJ gibt es auch Stellvertreter für den Fall, dass du emigrierst. Niemand wird es dir übel nehmen, wenn du wegen deiner exponierten Stellung vorübergehend ins Ausland gehst, etwa nach Schweden. Es dürfte nicht all zu lange dauern, bis wir alle, die emigrieren müssen, wieder zurück sind.« – L.K.: »Für euer Angebot danke ich. Aber ich bleibe! Das ist endgültig.«

Einige Tage später suchte ich den Sekretär des Metallarbeiterverbandes, G. Hoor, in seinem Büro auf; ebenfalls im Volkshaus. »Schorsch« Hoor war bekannt als Linker in der DSAP und als Repräsentant der Aktionseinheit der Arbeiterparteien, vor allem nach 1933. Kollege Hoor: »Was führt dich zu mir? Bereitet ihr wieder einmal eine Großveranstaltung vor, bei der ihr kräftige Metallarbeiter zur Absicherung benötigt?« – L.K.: »Nein. Ich wollte mit dir über eine Sache sprechen, die einige Funktionäre betrifft. Die Genossen Walter und Novy empfahlen mir, rechtzeitig zu emigrieren; bevor Hitlers Truppen mit der Gestapo im Gefolge bei uns einmarschieren. Ich werde aus verschiedenen Gründen nicht emigrieren; ich bleibe hier!« – G. Hoor: »Das ehrt dich! Bei mir fragten die beiden in derselben Sache auch schon an. Selbst meine Kollegen in den Fabriken empfahlen mir und weiteren höchst engagierten Kollegen zu emigrieren. Die Prager Regierung weigert sich leider, das Beistandsangebot der Sowjetunion anzunehmen: auf die Westmächte brauchen wir nicht zu hoffen. Damit bestimmen die Berliner Faschisten, wann der günstigste Zeitpunkt für einen Angriff auf die ČSR ist. Du kennst die Truppenkonzentrationen jenseits der Grenze; die könnten aus dem Stand angreifen. Zwar verfügt die prima ausgerüstete tschechoslowakische Armee über gut ausgebaute Verteidigungsringe rund um Prag, bei uns beginnend. Die Armee der ČSR würde auch kämpfen, wie uns General Sirowy bei einer Hauptvorstandssitzung der Metaller versicherte. Die Frage ist, ob die Prager Regierung – um einen wahrscheinlich verlustreichen Krieg auszuweichen – die deutsch-besiedelten Gebiete Böhmens und Mährens freiwillig preisgibt. – Ich bleibe auf jeden Fall bei meinen Kollegen, was auch geschehen mag. Sie wählten mich und das hat Konsequenzen.« – L.K.: »Im Kriegsfall lägen wir vor dem ersten Verteidigungsring: Bei uns würden sich die faschistischen Truppen für ihre Angriffe auf die bei Falkenau beginnenden zementierten Bunker und Sperranlagen gruppieren« G.Hoor: »Das Schlimme sind nicht die Truppen, sondern ist die Gestapo!«

> Notiert im August des Jahres 1938. Text mit anderen Schriften in Staniol verpackt und in einer wasserdichten Kiste im Garten meiner Eltern vergraben.

Verlorener Kampf ohne Kapitulation

SUDETENDEUTSCHE FASCHISTEN CONTRA
KAMPFBEREITE ANTIFASCHISTEN

Der politische Kampf deutscher und tschechischer Antifaschisten von 1933 bis 1938 in der damaligen ČSR gegen die zunehmend fanatisierten sudetendeutschen Nazis vermittelt auch heute noch gültige Lehren. Dies nicht nur deshalb, weil sich eine faschistische Vereinigung irreführend »Sudetendeutsche Partei« (SdP) nannte, tatsächlich aber als Trojanisches Pferd für Hitlers Expansions- und Kriegsplanung wirkte. Der »Führer« dieser Leute, Konrad Henlein, gründete diese Vereinigung im Auftrag profitorientierter Kapitalherren 1933 zunächst als »Sudetendeutsche Heimatfront«. Der größte Teil dieser Front kam aus vier Verbänden, die als rechtslastig oder nazistisch bekannt waren. Besonders das Jahr 1938 zeigte den Test- und Vorbereitungscharakter der von der Berliner NS-Propaganda provozierten bürgerkriegsähnlichen Zustände im ehemaligen Mehrvölkerstaat mit einer bürgerlich-parlamentarischen Demokratie und einem breiten Parteienspektrum. Aktuell ist dies angesichts der provokatorischen Forderungen von Sprechern der Landsmannschaften, besonders der Sudetendeutschen, an die Regierung in Prag und andere. Damit wird die Art der Konsequenzen sichtbar, die man aus dramatischen Ereignissen des Jahres 1938 zieht, besonders nach schweren Verbrechen des harten Kerns der SdP.

Anhand belegbarer Fakten wird im Folgenden versucht, dem sog. »Befreiungskampf der Sudetendeutschen« aus der Sicht eines beteiligten Antifaschisten Wesentliches entgegenzuhalten.

Komplizierte Problemlage in der damaligen ČSR

Die politische Frontstellung der Linken in der ČSR, gleich ob deutsche oder tschechische Kommunisten und Sozialdemokraten, richtet sich bis 1933 primär gegen die Politik der Kapitalherren und Groß-Agrarier. Der Kampf um qualitativ bessere Lebensbedingungen und die Emanzipation der Arbeiterklasse blieb hart zu führen. Die egoistische Nationalitätenpolitik der großbürgerlichen Regierung produzierte zusätzliche Attacken der Linken mit konkreten Forderungen. Tatsächlich bevorzugte man die 7 Millionen Tschechen deutlich vor den

TEIL I   93

3,5 Millionen Deutschen, 3 Millionen Slowaken, 800.000 Magyaren und den kleinen Völkerschaften der Karpato-Ukrainer, der Polen und der z.T. sesshaften Zigano. Die individuellen Rechte waren gewährleistet, an Minderheitenrechten fehlte es, z.b. hinsichtlich der Amtssprache oder bei der Besetzung höchster Ämter in der Staatsverwaltung. Die Weltwirtschaftskrise traf in Folge struktureller Probleme die Tschechen ungleich weniger als die anderen Völkerschaften.

Nachdem 1933 in Deutschland das NS-Regime seinen Terror mit Folter, Rassismus und Mord sowie mit Kriegsvorbereitungen begonnen hatte, veränderte sich die politische Frontstellung der Antifaschisten in der ČSR zunehmend. Immer deutlicher zeichnete sich ab, dass der Kampf um die Erhaltung der parlamentarischen Demokratie mehr und mehr Priorität gewann: die vom NS-Regime massiv unterstützten sudetendeutschen Faschisten – oft »Henlein-Front« benannt – steigerten ihre Attacken nicht nur gegen den Staat ČSR, sondern auch contra alles Antifaschistische. Teile des Bürgertums, zunächst auch des sudetendeutschen, zählten zu den Antifaschisten, wobei die Aktivitäten in Art, Form und Intensität recht unterschiedlich waren.

Böhmen, Mähren und Schlesien (Sudeten), die vor allem von Tschechen und Deutschen bewohnten westlichen Länder der ČSR, bildeten eine historisch gewachsene geografische Einheit. Hier wirkte traditionell eine große und kampfstarke Arbeiterbewegung. In der 1918 zerbrochenen österreichischungarischen Monarchie zählte diese hochindustrialisierte und an Bodenschätzen reiche Region zu den kulturell höchstentwickelten in Europa. Schon 1863 entstand in Asch/Westböhmen der erste Arbeiterverein, die Gründung der ersten Genossenschaft auf tschechischen Gebiet geht auf das Jahr 1866 zurück. In Nordböhmen entfalteten sich mächtige gemeinsame deutsch-tschechische Klassenkämpfe in der Anfangszeit der Arbeiterbewegung. Diese forderte bereits 1868 erstmals das Selbstbestimmungsrecht der Völker. Der Parteitag der Sozialisten 1899 in Brünn, an dem neben den Deutschösterreichern auch Tschechen, Kroaten, Slowenen und Polen teilnahmen, verabschiedete ein Nationalitätenprogramm auf der Basis der Gleichberechtigung. Dementsprechend wirkte der Internationalismus. Die Orientierung an der »roten Hochburg Wien« blieb vielen auch nach 1918 erhalten. Anderen war der Sowjetstaat Vorbild. Versuche, Rest-Österreich und die deutsch besiedelten Gebiete Böhmens, Mährens und Schlesiens (Sudeten) mit Deutschland zusammenzuschließen, scheiterten 1918/19.

Der nationale Aufbruch der Tschechen zeigte sich am Ende des 19. Jahrhunderts konform zu ähnlichen Bestrebungen der Südslawen vor allem im Bürgertum. Durch die Bismarck'sche Politik in Deutschland erhielt der bürgerlichtschechische Nationalismus zusätzliche Impulse. Dieser wirkte nicht nur bei der Entstehung der ČSR, sondern auch nach 1918. Der Mehrvölkerstaat war im Prinzip nicht problematisch: die einfachen Menschen an der Sprachgrenze oder im gemischt besiedelten Gebiet arbeiteten gutnachbarschaftlich zusammen. Das Problem bestand vielmehr in der Verweigerung gegenüber dem Schweizer Modell bzw. eines föderativen Staatsaufbaus durch das tschechische Großbürgertum.

Dieser kurz skizzierte Hintergrund verdeutlicht, mit welchem historischen Gepäck die verschiedenen Gruppen bzw. Klassen den Vollzug des Prioritätenwechsels im Kampf der Linken, erweitert: der Antifaschisten, realisierten.

Antifa-Kampf mit internationaler Dimension

Bereits vor dem deutschen Turnerfest 1936 in Breslau, an dem Tausende »Henlein-Nazis« aus der ČSR teilnahmen und fanatisiert zurückkehrten, hatte es »Saalschlachten« zwischen deutschen und tschechischen Antifaschisten einerseits und Aktivisten der faschistischen SdP andererseits gegeben. Beide Gruppen versuchten, politische Veranstaltungen der jeweils anderen zu stören oder zu verhindern. Die Antifa kämpfte für reale Demokratie und Emanzipation – auch um dem Ausland ein Zeichen zu geben, was Hitler mit der Instrumentalisierung der SdP in Europa plante. Die »Henleins« drängten auf die Faschisierung der deutschen Gebiete in der ČSR mit dem Ziel der Loslösung von der ČSR, um die Kräfteverhältnisse in Mitteleuropa zu Gunsten des verbrecherischen NS-Regimes zu verändern. Die Antifa handelte sowohl aus Notwehr als sie auch danach trachtete, die Ziele der Faschisten kämpferisch zu durchkreuzen. Die »Henleins« zielten zunächst darauf ab, den Druck auf die Prager Regierung zu verstärken – und zugleich ersten taktischen Schritt zu ihren weiteren Zielen.

Mit dichten Menschenketten sperrte man oft die vom Gegner gewählten Versammlungshäuser ab oder besetzte die erste Hälfte des Saals, um durch Kampfesrufe den Redner für die hintere Saalhälfte unverständlich zu machen oder ihn am Reden zu hindern. Oft folgten dann »Saalschlachten« mit Verletzten auf beiden Seiten. Die von der Linken gegründete »Rote Wehr«, später Republikanische Wehr, sollte die Durchführung eigener Veranstaltungen garantieren, möglichst ohne Gewalt. Vor allem Gewerkschafter, allen voran »die Metaller«, strebten danach, Nazi-Veranstaltungen zu verhindern. Der »Freiwillige Schutzdienst« (FS) der Faschisten, oft bezahlte Schläger, beließ es nicht beim Absichern der »Henlein«-Versammlungen und beim Stören der Zusammenkünfte der Linken. Sie organisierten Überfälle auf einzelne Antifaschisten oder auf kleine Gruppen derselben, gleich ob es Deutsche oder Tschechen waren. Planmäßig steigerte man den faschistischen Terror. Manche deutsche Unternehmer »feuerten« die Antifaschisten ihrer Betriebe oder boten Vorteile, falls man zum Eintritt in die »Henlein-Front« bereit wäre.

Die Antifa-Jugend sang bis 1936 begeistert das Lied »Nie! Nie – woll'n wir Waffen tragen. Nie! Nie – woll'n wir wieder Krieg! Hei! Soll'n die großen Herren selber sich erschlagen. Wir machen einfach nicht mehr mit! Nein! Nein! Nein!«; eine Nachwirkung leidvoller Erfahrungen mit dem Ersten Weltkrieg. Die alten Genossen mahnten: Der Hitler steht mit seinen Divisionen kriegsbereit an der Grenze – und ihr wollt euch nicht wehren? Nach monatelangen Diskussionen wurde beschlossen, Kampfsportarten und Schießen zu lernen. Vor allem spezielle »Pionier«-Gruppen der SAJ übten Jiu Jitsu mit den gefährlichen Handkantenschlägen, mit denen ein Gegner für Stunden auszuschalten war. Kurse für Erste Hilfe waren keineswegs nur für junge Genossinnen bestimmt! In den kleinen Orten Westböhmens z.B., vor allem in Grenznähe, blieb die Durchführung von Jugendgruppen-Veranstaltungen zu garantieren. Bald zeigten die Nazis vor unseren sportlich gestählten »Pionier«-Abteilungen größeren Respekt als vor der defensiv taktierenden »Roten Wehr«.

Die neuen Kampfsportarten waren nicht das Einzige, was zu üben war. Bald wussten wir über Hitlers »Mein Kampf« und die dort fixierten verbrecherischen Ziele mehr als die Ideologen der »Henleins«. Das war insofern wichtig, weil es neben Kämpfen per Körperkraft und Geschicklichkeit oft harte Diskussionen vor einer teils unentschiedenen Zuhörerschaft gab. Vor dieser war im Streitgespräch überzeugend darzulegen, wohin der Weg der Nazis und wohin der der Antifa führte. – Allerdings studierten wir auch das »Prager Manifest« des exilierten Parteivorstandes der reichsdeutschen SPD von 1934, das angesichts der politischen Entwicklung die Gemeinsamkeit der Arbeiterparteien empfahl und ein exzellentes sozialistisches Programm bot.

Die Parteispitzen der Linken in der ČSR hielten zwar deutliche Distanz zueinander. An der Basis zwang der durch Berliner Hilfe zunehmende Nazi-Feind zur Kooperation. Außerdem wirkten in vielen Kultur- und Sportverbänden der Arbeiterbewegung Kommunisten und Sozialdemokraten zusammen. Warum also nicht gemeinsam gegen die wachsende Gefahr von rechts?

1935 erreichten die Henlein-Faschisten zwei Drittel der deutschen Wählerstimmen in der ČSR! Doch blieben insgesamt die Nicht-Nazi- oder Antifa-Parteien in der Übermacht. Die Berliner Propaganda fand angesichts der Not vieler Deutscher in Folge der Weltwirtschaftskrise ab 1929 einen fruchtbaren Boden: was ein Produkt des internationalen Kapitals war, lastete man der Prager Regierung an. Die Forderungen und Aktionen des tschechischen Volkes angesichts der Zuspitzung der internationalen Lage führten zu einem Beistandsvertrag der ČSR mit der UdSSR. Auch mit Frankreich bestand ein solcher Vertrag.

Verschärfte Lage – drohender Bürgerkrieg in der ČSR

Vor dem Hintergrund beschleunigter faschistischer Kriegsvorbereitungen in der reichsdeutschen Rüstungswirtschaft und der Koordinierung aller Wehrmachtsteile für bevorstehende Aggressionen nahm die offen propagandistische und die verdeckte Einflussnahme der NS-Führung auf die Sudetendeutschen deutlich zu, vor allem auf die Führungs-Clique Henleins. Dementsprechend steigerte diese auf dem Aussiger Parteitag der SdP 1937 die Forderungen an die Prager Regierung und die Hetze gegen die Antifa. Die Henlein-Faschisten provozierten die tschechische Polizei und Gendarmerie zunehmend, der Kampf gegen die Antifa erreichte neue Härtegrade.

In dieser sowieso schon prekären Lage sickerten Informationen aus Frankreich durch, dass der soeben gewählte Staatspräsident der ČSR und einer ihrer Gründerväter, E. Beneš, beim Abschluss des Friedensvertrages in St. Germain 1918 ein Schweizer Modell für die Staatsform des Mehrvölkerstaates ČSR zusagten, dies aber in der ČSR verschwiegen und verhindern halfen. Die Linke hatte Ähnliches gefordert! Nun lieferte dieser Vorgang zusätzliche Propaganda-Munition für die Faschisten in Berlin und in der ČSR.

Am 5.11.1937 verkündete Hitler vor der Spitzengeneralität »die Lösung der Raumfrage in Europa«: Krieg gegen Österreich und die ČSR sei bald möglich. Die Warnungen einiger Generäle vor einem potenziellen Zweifrontenkrieg ignorierte Hitler.

Der »Anschluss« des klerikofaschistischen Österreich am 12.3.1938 an nunmehr »Groß-Deutschland« hätte ein neues Alarmsignal für die Westmächte sein müssen. Dieser Vorstoß in den Donauraum brachte strategische Folgen: die entwickeltsten Landesteile der ČSR waren nun quasi eingekreist. Gewiss kannte man die Kriegsplanungen Hitlers. Solange man diese jedoch nach Osten zu kanalisieren zu können glaubte, hoffte man, lachender Dritter zu sein, wenn Hitler mit der UdSSR in Konflikt geriete. Dieses »Lieber mit Hitler paktieren als mit Stalin« sollte sich noch bitter rächen!

Teil I

Bei den Sudeten-Henleins löste dieser »Anschluss« eine Euphorie aus, die sich in Aussagen wie »Als Nächste werden wir befreit!« niederschlugen. Zugleich steigerte NS-Propaganda-Chef Goebbels die Hysterie vor Verfolgung unter den Sudetendeutschen. Unter diesen Bedingungen schlossen sich die beiden bürgerlichen Parteien der Sudetendeutschen der SdP an. Etwa 20% der Deutschen in der ČSR blieben unter erschwerten Verhältnissen der Antifa treu.

Wohl schützte die Polizei der ČSR deutsch-tschechische Demonstrationen gegen Faschismus und für realdemokratische Fortschritte in der ČSR. Schmährufe gegen die Antifa waren noch das Harmloseste; oft hagelte es Steine! Nach dem Ende solcher Kundgebungen überfielen Terrortrupps der SdP oft einzelne Antifaschisten oder kleine Gruppen.

Bei den Gemeindewahlen im März 1938 erreichte die SdP stellenweise 90% der Wählerstimmen: eine Folge der eigenartigen Mischung aus Euphorie und Hysterie.

Henlein weilte am 28.3.1938 zum Befehlsempfang bei Hitler: unerfüllbare Forderungen an die Prager Regierung seien zu stellen, die Provokationen gegen örtliche und regionale Staatsorgane müssten ebenso verstärkt werden wie die Attacken gegen die Antifa. Auf dem Karlbader Parteitag der SdP 1938 liefen alle Forderungen Henleins in der Konsequenz auf die Zerstückelung der ČSR hinaus. Zudem sollte die Prager Regierung das »Bekenntnis zur deutschen Weltanschauung« akzeptieren, gemeint war der Faschismus mit all seinen Begleiterscheinungen. »Anschluss an das Reich« bedeutete die totale Faschisierung der deutsch besiedelten Gebiete der ČSR!

Gleichwohl führten Arbeiterparteien und Gewerkschaften ihre traditionelle Maifeier durch, vor Angriffen teils durch die Rote Wehr, teilweise von »Pionieren« geschützt.

Am 9.5.1938 verkündete Hitler intern den »Fall Grün«, mit dem die Zerschlagung der ČSR konkretisiert wurde. Nun häuften sich die Fälle, dass »Freischärler« der SdP tschechische Grenzwachen überfielen, Polizeistationen attackierten und den Terror systematisch steigerten.

Der Höhepunkt der von Berlin gesteuerten »Sudetenkrise« war mit einem Aufstandsversuch der SdP vom 10. bis 13.9.1938 erreicht. Die Regierung der ČSR verhängte das Standrecht in den Grenzgebieten. Die illegal bewaffneten »Freischärler« beschossen und besetzten tschechische Grenzstationen und deutsche Rathäuser in der ČSR. Die braunen Horden zündeten manches Naturfreunde-Haus an, das im Grenzgebiet lag. Viele Henlein-Faschisten flohen über die Grenze und bildeten dort – von der deutschen Wehrmacht ausgebildet und ausgerüstet mit Kleinwaffen – die berüchtigten »Freikorps«. Im Schutze der Nacht kamen sie über die Grenze, verwüsteten Einrichtungen der Linken und die Wohnung bekannter Antifa. Mancher wurde erschossen oder verschleppt. Nur am Tag konnten sie von wenigen, die die Grenze schützten, in Schach gehalten werden. Staatlicher und gesellschaftlicher Widerstand waren es, die den Putschversuch scheitern ließen. Die SdP wurde aufgelöst. Henlein floh mit der gesamten Führung nach Deutschland und forderte seine Anhänger zur Massenflucht auf. Als »Mordlust der hussitisch-bolschewistischen Soldateska« ließ Goebbels die Abwehrmaßnahmen verurteilen. Kein Staat hätte jedoch nach einem derartigen Putschversuch anders handeln können, als die Regierung der ČSR es tat – unterstützt von antifaschistischen Kräften. Die Zahl der Toten unter diesen war größer als die der aufständischen sudetendeutschen Nazis. Letztere nutzen den Vorteil des überraschenden Angriffs, zumindest während der ersten beiden Putschtage.

Obwohl nach diesem misslungenen Aufstand die Lage günstig war, bot der britische Premier Chamberlain Hitler Friedensverhandlungen an, die mit dem Hauptthema ČSR und Sudetendeutsche auch stattfanden. Gleichzeitig spitzte sich die Lage im deutschen Generalstab zu, weil sein Stabschef, Generaloberst Beck, aus Protest gegen die vorschnelle Kriegsplanung und deren Folgen zurücktrat. Informationen darüber waren nach Prag und London durchgesickert: Hitlers früherer enger Verbündeter Strasser hatte sie geliefert. Bekannt und zu berücksichtigen war in dieser Lage auch, dass die ČSR nicht nur über einen hervorragend ausgerüsteten Verteidigungsgürtel in Grenznähe verfügte, sondern auch eine gut ausgebildete und höchst motivierte Armee besaß. Beides wäre ein harter Brocken für den Aggressor geworden, vor allem, wenn die ČSR der internationalen Unterstützung sicher hätte sein können.

Am 21.9.1938 demonstrierten in Prag und in anderen großen Städten der ČSR Hunderttausende gegen die Kapitulationspolitik durch Beneš. Dieser hatte ein Hilfsangebot der UdSSR abgelehnt! Die neue Regierung unter General Sirowy ordnete Generalmobilmachung an. Für viele Antifaschisten deutscher Zunge entstand nun eine heikle Lage: manche Regionen, z.B. das Egerland und einige nordböhmische Zonen lagen, geografisch-strategischen Gründen zufolge, außerhalb der stark befestigten Verteidigungslinie! Ins Landesinnere flüchten? Nur die Alten kamen dieser Aufforderung nach. Aus den verlassenen Kasernen des Gebietes vor der Bunkerlinie gab es zur Selbstverteidigung Gewehre, weil hier die »Freikorps« besonders aktiv auftraten. Nur eine kleine Zahl tschechischer Gendarmen und Polizisten, die zurückblieben, verwehrten zusammen mit bewaffneten Antifa den angreifenden »Freikorps« die Besetzung des Gebietes vor dem Bunkerwall. Nicht zu halten war der westlichste Teil Böhmens, das Gebiet von Asch (jetzt Aš) nördlich Eger (Cheb). Man hegte immer noch die Hoffnung, dass dem Drängen Hitlers auf den »Anschluss« des Sudetengebietes wegen der strategischen Folgen ein klares NEIN seitens der Westmächte entgegengesetzt würde. Die UdSSR hatte bekundet, dass sie in jedem Fall hilfsbereit gegen den Aggressor sei.

Am 29.9.1938 kapitulierten die westlichen Verhandlungsführer Chamberlain und Daladier in München vor Hitler und Mussolini. Ohne die Prager Regierung einzubeziehen, stimmten sie der Zerstückelung der ČSR zu. Dies kollidierte mit dem Völkerrecht, das Verträge zulasten Dritter, noch dazu, ohne diese anzuhören, als rechtsunwirksam einstuft. Doch es ging um machtpolitische Fragen. Der »Münchner Vertrag«, in der ČSR als »Diktat und Verrat« bezeichnet, opferte zugleich etwa 300.000 aktive deutsche Antifaschisten in der ČSR, die bis zur letzten Stunde gegen das faschistische Verbrechen kämpften.

Vom 1. bis zum 10.10.1938 folgte der Einmarsch der NS-Wehrmacht. Wer als Antifa nicht in letzter Minute den steinigen Weg der Emigration beschritt, landete nach bekannten Misshandlungen im Gefängnis oder im KZ. Die weiße Fahne hisste keiner! Die antifaschistische Bewegung im deutsch besiedelten Gebiet der ČSR ging kämpfend unter! Es gab keine Kapitulation! »Lieber stehend fallen, als auf den Knien leben!«, hatte Madam Ibarruri, die heldenhafte »La Passionara« im Spanischen Bürgerkrieg, ihren Mitkämpfern auf die Fahne geschrieben. Das sollte gelten!

Nach dem Siegesjubel der Nazis – welche Konsequenzen?

Die »Henlein« wussten sehr gut – und sie rühmten sich dessen auch lautstark –, dass die ČSR ein Viertel ihrer Bevölkerung und ein Fünftel ihres Gebiets mit existenziell wichtigen Rohstoff- und Industriekapazitäten verloren hatte. Den Besitz jener 600.000 vertriebenen Tschechen übernahmen das NS-Regime und sudetendeutsche Privatleute wie selbstverständlich: es war ja eine »minderwertige Rasse«, die man enteignete und verjagte! Im neuen Reichsland »Sudetengau« erreichte die NSDAP die prozentual höchste Mitgliederzahl! Man jubelte wieder, als Hitler-Deutschland am 15.3.1939 – im Widerspruch zum »Münchner Abkommen«! – die Rest-ČSR zerschlug und ein »Reichs-Protektorat Böhmen und Mähren« sowie einen selbständigen slowakischen Staat faschistischer Prägung bildete. Tschechische Hochschulen wurden geschlossen, renitente Studenten erschossen oder verschleppt: die Tschechen sollten ihrer Intelligenz beraubt und versklavt werden. Jubel im neuen »Sudetengau« über alles, was unter der Regie von Hitler und seiner Adlaten geschah! Sie wussten, wofür sie Beifall zollten!

Der »Münchner Vertrag« entsprach der damaligen großbürgerlichen Strategie der großen westlichen Demokratien: eine Diktatur mit verbotenen bzw. ausgeschalteten Arbeiterparteien und KZs schien ein geringeres Übel zu sein als die Vergesellschaftung der Schlüsselindustrien und die demokratische Kontrolle der Wirtschaft. Ergo: lieber mit den Faschisten einen Konsens suchen als mit den Bolschewiken oder Sozialdemokraten. Die Folgen dieser Strategie zeigten sich im Zweiten Weltkrieg mit 55 Millionen Toten, lang währendem Leid und unermesslichen Zerstörungen. Der zweite deutsche Griff nach der Weltmacht wäre zu vermeiden gewesen, wenn man der braunen Gefahr rechtzeitig Paroli geboten hätte. Das von der UdSSR vorgeschlagene kollektive Sicherheitssystem, das jeden Aggressor mit vereinten Kräften in Schranken hätte halten sollen, wäre bereits aktuell gewesen, als die Weimarer Demokratie liquidiert, die deutschen Antifaschisten verfolgt und z.T. ermordet, das jüdische Vermögen arisiert und die Kriegsvorbereitungen eingeleitet wurden. Lange bevor das NS-Regime die deutschen Potenzen nutzte, um einen Staat nach dem anderen zu überfallen und auszurauben, lag der sowjetische Vorschlag zur kollektiven Sicherheit auf dem Tisch! Zu dieser Zeit konnten sich die Großbourgeoisien der Westmächte nicht zu einem Boykott des verbrecherischen Systems durchringen; im Gegenteil! Manche realisierten profitable Geschäfte mit den Faschisten, vor allem Unternehmer aus den USA.

Es ist deshalb falsch, wenn gegenwärtig geschlussfolgert wird, man hätte Hitler-Deutschland militärisch bekämpfen müssen, als es noch nicht (fast) ganz Europa okkupiert hatte. Solche Argumentationen sollen gegenwärtige Kriege legitimieren! Der Faschismus an der Macht wäre mit politischen Mitteln im Sinne eines gesamteuropäischen Sicherheitssystems statt mörderischem Krieg zu stoppen gewesen. Eine umfassende Anti-Hitler-Koalition kam leider erst nach Beginn des Zweiten Weltkrieges zustande. Zu einem Zeitpunkt, als sogar die Existenz Großbritanniens auf dem Spiel gestanden hatte. Eine, wenn auch nur kurzzeitige, Verfestigung des Bündnisses trat erst ein, als sich in der Folge der Schlacht von Stalingrad der übergroße Anteil der Sowjetunion an der Niederschlagung des Faschismus abzeichnete.

Der Faschismus muss bekämpft werden, bevor es zu spät ist! Solange sein politischer Nährboden erhalten bleibt, sind alle Völker bedroht.

TEIL I

1938 – Nach einer weiteren historischen Niederlage

Als ich nach relativ kurzer Gefängnishaft in Eger an meinen Arbeitsplatz zurückkehrte, war ich auf spöttische bis gemeine Bemerkungen gefasst. Jedoch verhielten sich alle Kollegen so, als wäre nichts geschehen; sie waren eher freundlich. Ich war noch Lehrling. Offenbar hatte der Prokurist Silber, stellvertretender Kreisleiter der Sudetendeutschen Henlein-Partei, jetzt NSDAP, strikte Anweisungen gegeben. Er war es ja auch, der meine Entlassung aus dem Gefängnis erwirkte und dafür sorgte, dass diese »Maßregelung« nicht in meine Personalakte eingetragen wurde. Stets hatte Silber, trotz meiner leitenden Tätigkeit in der regionalen Sozialistischen Arbeiter- und Sportjugend vor dem Einmarsch der Hitler-Truppen, meine beruflichen Leistungen gewürdigt. Als ein Kollege in der Setzerei mich eher informativ als gehässig darauf hinwies, dass »unser Betrieb geschlossen in der Deutschen Arbeitsfront« sei, fuhr ihm ein anderer dazwischen, dass ich gewiss längst informiert sei. Auch im Kontor fiel kein anzügliches Wort. Die ehemaligen Gewerkschaftsfunktionäre und Sozis zogen die Köpfe ein, scheuten jedes private Gespräch mit mir, während die alten Nazis wie immer unbekümmert, aber kaum überheblich plauderten. Nur einige begrüßten mich mit »Heil Hitler«; andere taten es wie früher auch.

So leicht es mir die »Betriebs-Führung« nach harten Gefängnistagen auch machen wollte, den »Weg ins neue Leben« zu betreten, so problematisch waren für mich persönlich alle Ereignisse seit dem Einmarsch und dieser selbst – obwohl seit dem Münchner Diktat und Verrat genug Zeit war, damit ich mich darauf einstellen konnte. Wir hatten ja im Kreis der Jugendfunktionäre und in der Familie oft darüber gesprochen, als die Zwischenfrist nach München und der Nazifizierung noch Zeit dafür ließ. Aber die begonnene Wirklichkeit war eben anders als die innere Vorbereitung auf sie.

Das abrupte Ende einer hoffnungsvollen Lebensplanung, die mit meiner so gut wie gesicherten Umsiedlung nach Prag und der mir angebotenen Chefredakteur-Stelle beim »Jungbuchdrucker« als Beginn einer gewerkschaftlichen Aufstiegsmöglichkeit eingeleitet werden sollte, bedrückte mich am wenigsten. Beruflich würde ich einen Weg finden, der meinen Leistungen entsprach. Intensive berufliche Weiterbildung im gesamten grafischen Bereich war weiterhin mein Ziel. Silber ließ in Gegenwart des Chefs durchblicken, dass mir im Betrieb der Weg zum Meister oder zum Betriebsleiter offen stünde, falls ich mich nach einer Übergangszeit bereit erklärte, die Jugendleitung im Betrieb zu übernehmen. Politische Zugeständnisse wollte ich auf keinen Fall erbringen; das tat ich im Gefängnis auch nicht. Schließlich waren versierte Gebrauchsgrafiker und Typografen gesucht: das wusste ich aus reichsdeutschen Fachzeitschriften, die ich bereits vor dem Einmarsch las. Die getroffenen Absprachen über illegalantifaschistische Tätigkeit mussten auf jeden Fall eingehalten werden. Ich musste versuchen, meine berufliche Arbeit danach einzurichten. Diese Perspektive war jedoch zeitlich noch nicht zu konkretisieren.

Die dramatische europäische Gesamtentwicklung seit 1933, die schweren Niederlagen der sozialistischen Arbeiterbewegung in Mitteleuropa, ein drohender Krieg und was man im Nazi-Deutschland dagegen tun könnte: das beschäftigte meine Gedanken mehr. Zu sehr war ich in der sozialistischen Bewegung verwurzelt, beheimatet, als dass ich diese von mir abschütteln könnte, als wäre nichts gewesen. Schon im Gefängnis hatte mich dies alles bewegt: in ohnmächtigem Zorn, aber dem festen Willen, mein Bestes zu geben.

Es machte nicht viel Sinn, sich noch einmal zu vergegenwärtigen, dass die Zerstückelung des letzten demokratischen Bollwerks in Mitteleuropa durch das völkerrechtswidrige Verhalten der britischen und der französischen Regierung und das riskante Zugeständnis an Hitler und Mussolini keine historische Zwangsläufigkeit war. Es hätte Alternativen gegeben. Darüber diskutierten wir oft in der Zeit zwischen München und der Annexion der deutschen Randgebiete der ČSR durch Hitler-Deutschland. Dennoch drängte sich die Frage immer wieder ins Bewusstsein, warum die bürgerliche Regierung der ČSR, insbesondere Präsident Beneš, das Angebot der UdSSR auf jede Art von Beistand zurückwies. Nicht nur die Arbeiterbewegung in der ČSR, auch breite Kreise des tschechischen Bürgertums drängten auf Akzeptanz dieses Angebots alternativ zum Zurückweichen vor dem Diktat aus München. In unseren linken Kreisen bestand damals absolute Klarheit, dass die britische und die französische Regierung die kriegsbereite Aggressivität von Nazi-Herrschaftsclique, deutschem Großkapital und Reichswehrführung durchaus erkannten. Nach ihrer fragwürdigen, falls nicht feigen Nichteinmischungspolitik in Spanien, mit der sie den Faschisten in Deutschland und Spanien freie Hand bei der militärischen Zerschlagung einer demokratischen Republik gewährten, versuchten sie mit dem Münchner Diktat, die hegemonial orientierten Kriegsgelüste der besitzenden und herrschenden Kräfte im Deutschen Reich nach Osten zu kanalisieren. Die Westmächte mit ihren labilen innenpolitischen Kräfteverhältnissen versuchten sich zu entlasten, vielleicht wollten sie nur Zeit gewinnen. Offenbar war nicht Kriegsvermeidung ihr Ziel, sondern als lachende Dritte spekulierten sie auf einen Waffengang zwischen Hitler-Deutschland und der UdSSR. Welche Menschenopfer waren sie bereit in Kauf zu nehmen, um den Krieg von sich abzulenken?

Hätte die ČSR mit ihrer sehr gut ausgebildeten und exzellent ausgerüsteten Armee samt hervorragender Luftstreitkräfte mit Unterstützung der UdSSR den Nazis klare Paroli geboten; das wäre für Nazideutschland hart geworden: Ein dreifacher massiver Befestigungsgürtel um Prag, eine gemeinsame Grenze mit der UdSSR, der anhaltende Streit zwischen Hitler-Deutschland und Polen, eine starke Arbeiterbewegung in Frankreich mit der Möglichkeit einer Neuauflage einer Volksfront in Krisenzeiten, im Süden relativ leichte Einfallsmöglichkeiten über das besetzte Österreich nach Süd-Deutschland: Hohe Offiziere der tschechoslowakischen Armee, die unsere antifaschistisch-demokratische »Wehrhaftmachung der Jugend« geleitet hatten, referierten uns mehrfach, dass die Armeeführung unter General Sirowy nur die politische Entscheidung zum erfolgreichen Verteidigungskrieg mit entlastenden offensiven Vorstößen im Süden erwarteten. Sie gäben den deutschen Truppen keine Chance, auch nur den vorgelagerten Befestigungsring zu durchbrechen: auch weil der Geländevorteil ganz auf tschechischer Seite lag. Zudem war die Luftabwehr der ČSR international anerkannt.

Wir wussten: der erste Verteidigungswall war im nahen Kaiserwald und im Duppauer Gebirge, im Böhmischen Mittelgebirge bis hinauf zum Riesengebirge. Das Egerland wäre möglicher Kampfplatz.

Aber das alles war vorbei, war verloren. Wie sollte man die jetzt entstandene Lage historisch bewerten? Als dritten Schlag nach der Ausschaltung der reichsdeutschen und danach der österreichischen Arbeiterbewegung? Wie sah die Situation der Linken, der Demokratien allgemein in Europa aus? Wie lange war nach der Kapitulationspolitik bürgerlicher Regierungen noch Friede in Europa zu erhalten?

Mit vielen anderen Linken war mein Vater nach 1933 der festen Überzeugung, das Hitler-Regime könne sich nicht lange halten; schon aus ökonomischen Gründen nicht. Die lähmenden oder einschüchternden Wirkungen von Gestapo-Praktiken, KZs, die Bespitzelung in Wohnhäusern, Betrieben und Geschäften durch fanatische Nazis, selbst über Gespräche mit Kindern in den Schulen, dazu Arbeitsbeschaffung durch Aufrüstung und strategischen Straßenbau: das alles hatten sie unterschätzt.

Auch nach dem blutigen Sieg des Kleriko-Faschismus in Österreich vertraten viele Linke die Auffassung, dass dies ein Pyrrhus-Sieg sei. Aber die vorausgesagte »historisch kurze Reichweite« dieser opferreichen »Rückfälle in die Barbarei« schienen zunächst nicht stimmig zu sein. Nun hatte sich das »Dritte Reich« mit dem »Sudetenland« ein weiteres hochindustrialisiertes Gebiet mit qualifizierten Arbeitskräften und reichen Braunkohle-Reserven einverleibt: ein zusätzliches Aufmarschgebiet mit erweiterten menschlichen und ökonomischen Kapazitäten für weitere Raubzüge gegen andere Völker im brutalen Expansionsstreben hin zur Vorherrschaft in Europa. Wie konnten die Sozialisten, die Antifaschisten überhaupt, aus dieser Defensivlage heraus politisch offensiv werden, weiterführende Erfolge gegen den historischen Rückschritt erreichen?

Sozialistischer Kampf um qualitativ bessere Lebensbedingungen, für eine Welt ohne Krieg und ohne Erniedrigung der Menschen; das kam nicht allein aus der Existenz einer Arbeiterschaft, einer Demokratie und aus möglicher Unzufriedenheit mit den bestehenden Daseinsbedingungen. Da war das zielklare Anknüpfen an die Tradition der revolutionären Arbeiterbewegung nötig, das Vorhandensein einer prägenden proletarischen Kultur und einer kämpferischen Bewusstseinsbildung verknüpft mit politischen Wirkungsmöglichkeiten. Für andere Antifaschisten war die inspirierende Kenntnis von Humanismus und Aufklärung und deren Umsetzung in unserer Zeit wichtig. All das war in langen Entwicklungsprozessen gewachsen, hatte seine Zeit für ein erfolgreiches Vorhanden- und Tätig-Sein benötigt. Aber nun waren diese Quellen abgeschnitten, drohten verschüttet zu werden, könnten in Vergessenheit geraten. Die Nazi-Propaganda diffamierte alles, was an Humanem und Progressivem bei Deutschen gewachsen war.

Was nun in den deutschen Randgebieten der alten ČSR geschehen würde, das kannte ich nicht nur von einigen Beispielen im Altreich, sondern auch von hiesigen Henlein-Verbänden: die Menschen wurden auf kritiklosen absoluten Gehorsam gedrillt, auf totale Anpassung und Eingliederung in ein unmenschliches System bzw. in Organisationen und Arbeitsstätten, in denen das Führer-Gefolgschafts-Prinzip bis zur letzten Perfektion entwickelt war oder wurde. Die kapitalistische Fremdbestimmung der Menschen in der Lohnarbeit erstreckte sich nun durch die rigorose nazistische Fremdbestimmung in der Freizeit auf den gesamten Menschen. Da blieb kaum Spielraum, sich sozialkritisch-emanzipatorisches Denken und Verhalten anzueignen, einzuüben oder weiterhin zu pflegen. Die älteren Genossinnen und Genossen, geprägt von Erfahrungen der revolutionären oder reformistischen Arbeiterbewegung, dürften ein paar Jahre den Widerspruch zwischen erzwungener Unterordnung ertragen. Und das auch im immer stärker faschistisch orientierten Betrieb und in den Nazi-Organisationen, in die sie hineingetrieben wurden – alternativ zum Gefängnis oder KZ einerseits und dem stillschweigenden Festhalten am sozialistischen Klassenbewusstsein andererseits. Was aber würde mit den jungen Menschen geschehen, die ohne derartige Einflussnahme der permanenten nazistischen Propaganda ausgesetzt waren? Wie sollte man nach späterer Zerschlagung des faschistischen Systems eine »neue« Gesellschaft erbauen, wenn die Mehrheit der Menschen geistig und seelisch verkrüppelt war, an Unterwürfigkeit, Kritiklosigkeit oder gar an Schlimmeres gewohnt?

Ich erinnerte mich, nicht um mir Mut einzuflößen, sondern um Klarheit zu gewinnen: 1870 verbot man in der österreichisch-ungarischen Monarchie die Arbeitervereine. Aber diese festigten sich, obwohl sie zuvor erst drei Jahre wirksam gewesen waren: die kapitalistischen Widersprüche und die historische Überlebtheit der Monarchie beförderten, verknüpft mit der illegalen Tätigkeit wichtiger Funktionärskreise, wachsendes Klassenbewusstsein und zunehmende kämpferische Aktivität. Das Sozialistengesetz von 1878 im Deutschen Kaiserreich war rigoroser in seiner Wirkung als die antisozialistischen Maßnahmen in Österreich-Ungarn. Aber auch hier trieben die wachsenden kapitalistischen Widersprüche, verstärkt durch die polizeistaatlichen Aktionen, zu illegalen Praktiken, die letztendlich fördernd für die Bewegung wirkten. Das zeigte sich in der Doppelmonarchie ebenso wie 1890 nach dem Sturz von Bismarck, einer Folge wirksamer Massenstreiks. Damals war jedoch die geheimdienstliche Einschüchterung, der Staatsterror und die Todesgefahr für die aktiven Funktionäre nicht einmal in Teilen so ausgeprägt wie nach 1933; zudem boten sich früher genügend Ansätze, das Denken und Verhalten der Arbeiterschaft progressiv zu beeinflussen. Also nicht vergleichbar mit der jetzigen Situation: Einstmals waren das empfindliche Rückschläge, aber keine Niederlagen von historischem Gewicht. Die Alternative zum unmenschlichen Kapitalismus war damals plausibel zu machen. Marx mit seiner schonungslosen Analyse und seiner umfassenden Geschichtsphilosophie schien in fast allen Punkten wirklichkeitsgerecht zu sein.

Wie aber sind nun die »Rückfälle in die Barbarei«, der zumindest vorläufige Stillstand des Fortschritts der politischen Vernunft und der Nicht-Sieg der Humanität zu erklären? Reicht es aus zu erkennen, dass der Kapitalismus nach dem Ersten Weltkrieg folgerichtig in die Weltwirtschaftskrise geriet, dass gerade dann die von Rosa Luxemburg aufgegriffene Marx'sche Alternative sich konkret stellte: Fortschritt zum Sozialismus oder Rückfall in die Barbarei? Vom

Kapitalinteresse her gesehen verständlich. Warum dies aber nur in Deutschland? Warum nicht ebenso im industriell hochentwickelten England und Frankreich? Gewiss: die Deutschen folgten mehrheitlich nicht der Entwicklung, die nach der Großen Französischen Revolution von 1789 die meisten industrialisierten europäischen Völker einschlugen: bürgerlich-demokratische Nationalstaaten zu schaffen. Das deutsche Bürgertum unterwarf sich der monarchistisch-militaristischen Obrigkeit, wenn es nur auf Kosten der Arbeiterschaft maximale Profite scheffeln durfte. Als Folge des maßlosen Egoismus der Feudalherren und Duodez-Fürsten waren die Deutschen seit 1648 die »Ewig-zu-spät-Kommenden« im Kampf um Kolonien und um Weltgeltung: das versuchten sie mit gesteigerter Aggressivität auszugleichen. Das erklärt den Ersten Weltkrieg; das erklärt trotz halber Revolution von 1918 das Weiterwirken der obrigkeitsstaatlichen, militaristischen und chauvinistischen Tradition, auf die die Nazis bauen konnten. Das erklärt auch den Rückfall von 1933. Aber das erklärt noch nicht alles.

Entwickelten sich nicht zugleich, reaktiv auf diese Besonderheiten, die deutsche und die österreichische Arbeiterbewegung als die organisatorisch und theoretisch fundiertesten Gegenkräfte mit ihrer demokratischen, antimilitaristischen und internationalistischen Tradition? Sah sich das Groß- und Finanzkapital gerade in diesen Staaten veranlasst mit Nazi-Hilfe ein grausames Exempel zu statuieren oder in Österreich mit Hilfe der klerikofaschistischen Heimwehr-Putschisten unter Starhemberg? So ähnlich hatte unser großer austromarxistischer Lehrer, Luitpold Stern aus Wien, mit uns vor 1938 diskutiert. Wenn aber 1933 in Deutschland und 1934 in Österreich alles auf Messers Schneide stand, warum siegte dann das Bündnis von Nazi-Clique, Finanzkapital und Generalität – in Österreich zusätzlich mit Hilfe der katholischen Kirche – gegen den entwickeltsten Teil der Arbeiterschaft und gegen die fortschrittlich-pazifistischen Kräfte im Bürgertum?

Lässt sich das alles so deuten, wie es die stalinistisch-orientierten Kommunisten bereits vor 1938 versuchten? Nämlich dass die kapitalistische Entwicklung infolge ihrer inneren und wesensmäßigen Unmenschlichkeit erst ihr aggressivstes, grausamstes und letztes Stadium durchschreiten muss, damit der Weg zum Sozialismus geöffnet und beschritten werden kann? Zyniker erklärten damals dazu, dass es dann am besten wäre, Hitler zu helfen, damit dieses perfid-inhumane Stadium des Kapitalismus möglichst schnell hinter die Menschheit gebracht werde!

Gegen derartige Interpretationen hegte ich stets stärkste Zweifel. Sie erweckten den Eindruck, dass damit von eigenen Fehlern und denen der gesamten Arbeiterbewegung abgelenkt werden sollte. Irrtümer aber waren aufzuarbeiten. Viel einleuchtender schien mir, was Luitpold Stern in vielen Seminaren immer wieder betonte: die Sozialisten hätten sich zu sehr darauf verlassen, dass der Gang der Weltgeschichte zu ihren Gunsten verlaufe, dass auf Sklavenhalterzeit, Feudalismus und Kapitalismus notwendig der humane Sozialismus als Gipfel aller Ordnungen menschlichen und staatlichen Zusammenlebens folge. Den subjektiven Faktor, auf den Marx insofern verwies, als er den Geschichtsprozess als das eigene Werk der Menschen beschrieb, hätten viele Theoretiker und Spitzenfunktionäre ignoriert oder maßlos unterbewertet. Bequemer wäre es allemal, gleichsam ein Freispruch von begangenen Fehlern, von der historischen Entwicklung das Heil zu erwarten. Besser – nein unverzichtbar – sei es, den Individuen immer mehr Aufgaben und Verantwortungen zuzueignen, damit sie aktiv, kritisch und zielklar an der Neuordnung der wirtschaftlichen und zwischenmenschlichen Verhältnisse mitzuwirken in der Lage seien. Es war falsch, so Luitpold Stern, allein auf große und mächtige Organisationen zu vertrauen anstatt Eigeninitiative, das schöpferische Mitwirken und das Urteilsvermögen der Mitglieder, auch gegenüber der eigenen Führung, ausreichend zu entwickeln. Wenn der weltpolitische und der regionale Geschichtsablauf wesentlich von den Menschen bestimmt wird – natürlich jeweils im Rahmen der ökonomischtechnischen Gegebenheiten –, dann sollten die Menschen auch als bewusste Gestalter ihres eigenen Schicksals befähigt werden, auch innerhalb der sozialistischen Organisationen. Eine Gesellschaft der Freien und Gleichen anzustreben und die Menschen in den sozialistischen Organisationen von der Leitung so abhängig zu machen wie sie es auch in einer kapitalistischen Fabrik seien, wäre im totalen Widerspruch zur Marx'schen Wegweisung. Wachsende Selbstverwaltung wäre demgegenüber nach Marx die Voraussetzung, durch Selbstverwirklichung die Selbstentfremdung und Fremdbestimmung der Menschen zu überwinden. Eine große progressive Gemeinschaft lebe von der Aktivität, vom Einfallsreichtum und vom Kenntnisstand der einzelnen Mitglieder. Eine Gemeinschaft, deren Politik allein von der Führung bestimmt werde, sei keine originär sozialistische. Basis- und Leitungserfahrungen müssten sich sinnvoll ergänzen: dies sei das geschichtlich Neue, das uns von anderen Parteien und Gesellschaftsordnungen unterscheide. Dieses Spezifikum sei erst noch zu realisieren!

Wo sich die Bürokratien in Partei und Gewerkschaften verselbständigten, weil ausreichende Basis-Kontrolle entweder strukturell oder durch mangelnde subjektive Reife der Mitstreiter fehle, wirke man der notwendigen und möglichen

Emanzipation von Individuen und Völkern – dem Hauptziel des Sozialismus – bewusst oder ungewollt entgegen. Die sei kein Privileg der bolschewistischen Praxis, sondern auch im reformistischen Teil der Arbeiterbewegung weit verbreitet. Vergesellschaftung der Produktionsmittel und Planwirtschaft erhielten ihren Sinn erst dann, wenn damit die Selbstentfaltung und Selbstverwirklichung der Menschen als übergeordnetes Ziel erreicht werde. Avantgardistische Beispiele sozialistischen Zusammenlebens seien in den eigenen Organisationen zu schaffen. Dies sei auch unter kapitalistischen Gegebenheiten, d.h. im harten Klassenkampf durchaus möglich. Ein hohes Maß an Selbstdisziplin als Einsicht in die Notwendigkeit und Schaffung von Freiraum für die Selbstentfaltung der Menschen wären keine Gegensätze; sie ergänzten einander.

Einiges von diesen prinzipiellen Erkenntnissen, die Luitpold Stern vermittelte, war in den deutschen Randgebieten der alten ČSR ansatzweise praktiziert. Die relativ großen sozialistischen Jugendgemeinschaften in vielen Städten lösten wir damals in Zehnerschaften mit eigenen Verantwortungsbereichen und Aufgaben im Rahmen der Monats- und Jahresplanung auf; in jeder Zehnerschaft nahm jedes Mitglied eine spezielle, seinen Fähigkeiten entsprechende Tätigkeit wahr: zur eigenen Entfaltung und als Beitrag zum Gemeinschaftsleben. Dies war keineswegs nur Ausdruck des »militanten Sozialismus«, zu den uns Hitler-Deutschland und die erstarkende Henlein-Bewegung zwecks schneller Mobilisierbarkeit zwangen. Dies war auch und vor allem ein Versuch, Basisaktivität zu stärken und die Lasten bzw. die Mitwirkungsmöglichkeiten auf möglichst viele Schultern zu verteilen. In manchen Parteiorganisationen bildeten sich »Clubs«, die sich mit Kommunalpolitik, allgemeinen Kulturfragen, der wirtschaftlichen Entwicklung, speziellen Frauenproblemen, Schulangelegenheiten, Erwachsenenbildung, der Verwaltung und Gestaltung des Volkshauses, internationaler Politik u.a. befassten.

Eine derartige Aktivierung und Teilhabe der Mitglieder wäre in den 20er-Jahren im Altreich und in Österreich, aber auch in anderen europäischen Staaten mit einer entwickelten demokratischen Arbeiterbewegung erforderlich gewesen. Bei uns geschah dies damals, um die Effektivität unseres politischen Wirkens angesichts der Rückläufigkeit der Wählerstimmen zu steigern. Wir versuchten damals sowohl aus alten Fehlern zu lernen als auch zugleich im Rahmen funktionierender Gemeinschaften, jedem Mitglied optimale Eigenleistung zu ermöglichen.

Welche Konsequenzen aber waren jetzt, angesichts der nazistischen Gewaltherrschaft, zu ziehen? Welche Informationen waren in welcher Weise zu vermitteln, um gesellschaftskritisch-emanzipatorisches Bewusstsein wachzuhalten, wo es noch vorhanden war? Wie konnte man offenkundige Widersprüche dieser »Volksgemeinschaft« verdeutlichen, wenn schon eine Gegen-Praxis auf breiter Grundlage nicht verwirklicht werden konnte? Wir vereinbarten bereits in der Vorbereitung auf den illegalen Kampf, zu wichtigen, die Öffentlichkeit bewegenden Problemen bzw. Ereignissen selbstgefertigte Flugblätter und Plakate unter die Leute zu bringen, um Kritik- und Urteilsfähigkeit anzusprechen und Alternativen aufzuzeigen. Aber wir hatten nun niemand mehr, der uns illegale Zeitungen auf Dünndruckpapier ins Land schmuggelte, so wie wir es ins Altreich getan hatte. Alles war mit großen Risiken verbunden. Jedoch sollte es, es musste gewagt werden.

Was die für eine neue humane Gesellschaft kämpfenden Menschen nach der Niederwerfung des diabolischen Nazi-Systems nicht an falschen Praktiken fortsetzen sollten: das schwebte uns etwa vor. Man durfte nicht dort fortfahren, wo 1933, 1934 oder auch 1938 aufgehört wurde. Ein Neubeginn, unter Einschluss der verwerteten Erkenntnisse aus den Wegen in die historischen Niederlagen, war erforderlich. Was jetzt zu tun sei, um den faschistischen Einfluss zu schwächen und dieses unmenschliche System zu unterhöhlen: das waren die großen Fragen, die nun konkret zu beantworten waren. Es fehlten noch viele Antworten und Hinweise, wie man massenwirksam und ohne große Menschenopfer der Entwicklung hin zum Krieg entgegenwirken konnte. Wir würden aus folgenden Aktionen lernen müssen, wie wir unseren Teil dazu beitragen konnten, das Nazi-System zu überwinden und alte Menschheitsziele zu verwirklichen.

> Dieser Text wurde Anfang 1939 aufgezeichnet und mit anderen Unterlagen in Stanniolpapier verpackt im Garten unseres Häuschens vergraben. 1946 erblickten sie mit versteckten Büchern u.a. wieder das Tageslicht. Mit geringen stilistischen, aber keinen inhaltlichen Veränderungen später für das Archiv neu geschrieben.

Begrenzte Sabotage im Rüstungs-Betrieb

Fred war ein kräftiger Metallarbeiter. Vor der Preisgabe deutsch besiedelter Gebiete der ČSR an das faschistische Deutschland am 1.10.1938 wirkte er als gewerkschaftlicher Vertrauensmann in den Premierwerken Egers. Dort gehörte er zum engsten Kreis um Michael Walter, der schon als SJ-Vorsitzender im Kreis Eger die gewerkschaftlichen Aktionen in der Premier koordinierte. Zudem galt er als enger Freund des »roten Schorsch«, des Sekretärs der Metallarbeiter mit Sitz im Volkshaus. Die Linke in der DSAP in der ČSR hatte ihre aktivste Basis im Metallarbeiterverband (und in der Sozialistischen Jugend). Als bezahlte Schläger der faschistischen »Henlein-Front« samt weiteren »Saalschutz«-Leuten der SdP im Sommer 1938 – wieder einmal vergeblich! – unser Volkshaus zu stürmen versuchten, gehörte Fred zu denen, die am wirkungsvollsten den Ansturm zurückschlugen. Er nahm es meist mit deren zwei zugleich auf und war darauf spezialisiert, die Köpfe von zwei Angreifern aneinander zu schlagen. Argumente nützten in solchen Situationen nur wenig. Da kam es auf Schlagkraft an. Leider!

Es war im Juni 1939, als wir uns, der Fred und ich, wieder einmal trafen: auf dem Talweg entlang der Eger Richtung »Mühlerl«. Nach üblichem kurzen Frage- und Antwort-Zeremoniell über das veränderte Leben durch den Faschismus kam er zur Sache: »Die Plakataktion gegen die partielle Umstellung auf Rüstungsproduktion in der Premier und in der EsKa bewerteten wir im Betrieb als tolle Sache. Da warst Du doch dabei bzw. der Organisator?« – »Darüber wissen wir beide nichts!«, reagierte ich gelassen. Er verstand sofort. »Bei uns gibt es nun einen Werkschutz aus freigestellten Leuten der einstigen »Henlein-Front«. Die hatten damals alle Hände voll zu tun, um die Plakate zu entfernen. Zuvor jedoch lasen fast alle im Werk die Aufforderung, etwas gegen die Rüstungsproduktion bzw. Kriegsvorbereitung zu tun. Taten wir auch! Zuvor berieten wir in unserem Stammlokal, in dem wir unbeobachtet sind und nicht abgehört werden können. Wir vereinbarten, bei den wichtigsten Maschinen einige für den Betrieb wichtige Teile verschwinden zu lassen. Die Produktion blieb einige Tage gestoppt. Gewiss ist es für einen klassenbewussten Arbeiter schwer, eine Maschine lahm zu legen, mit der er sein Brot verdient. Um aber die Rüstungsproduktion in Hitler-Deutschland zu lähmen, machten wir das natürlich. Da gab es einen Krach und böse Drohungen. Die Gestapo führte einige Tage lang Verhöre am Arbeitsplatz durch. Für manche wirkte das einschüchternd. Aber sie erfuhren nichts, diese Gestapo-Hunde! Das Heranschaffen der Ersatzteile für diese Präzisionsmaschinen dauerte – und die Verhöre auch. Selbst als die Gestapo in den Wohnungen verhörte – Durchsuchungen eingeschlossen, erfuhren sie nichts! Allerdings kontrollieren nun speziell für diesen Zweck eingestellte Leute jeden Tag, ob die Produktion ungestört läuft. Eine böse Sache gab es allerdings: einen kommunistischen Genossen, den Bert, der nicht an der Sache beteiligt war, verhafteten sie auf Verdacht; sie hatten keinen Beweis gegen ihn. Es genügte, dass er Kommunist war und sicher auch noch ist.

LK: »Er konnte nichts verraten, weil er nichts wusste! Ob er einen Verdacht äußerte, um sich zu entlasten?«

Fred: »Gewiss dürfte er eine Ahnung gehabt haben, wer diese Sabotage durchführte. Offenbar verriet er keinen, der es hätte sein können. Sie richteten ihn übel zu. Er konnte kaum sprechen, als sie ihn wieder entließen. Die Henlein-Front-Leute im Betrieb gingen offenbar davon aus, dass es vor allem Kommunisten gewesen sein müssten, die diese Sabotage verübten.«

LK: »Und die anderen kommunistischen Genossen? Was geschah ihnen?«

Fred: »Alle wurden mehrfach verhört: am Arbeitsplatz und zu Hause Manche lud man ins Rathaus in die Gestapo-Zentrale. Dort wurden sie geschlagen. Aber keinem schlugen sie die Zähne aus, wie sie es beim Bert taten. Der konnte kaum noch sehen, so verschwollen und mit Blut unterlaufen waren seine Augen. Bert war schließlich Leiter der KPČ-Gruppe im Betrieb; das war allgemein bekannt. Deshalb richtete sich gegen ihn der Hauptverdacht…«

LK: »Gab es keine Möglichkeit, den Leuten der früheren Henlein-Front grobe Fahrlässigkeit im Umgang mit Maschinen vorzuwerfen?«

Fred: »Bei sechs ‚Unfällen' zur gleichen Zeit war das kaum möglich. Es fehlten ja auch sechs wichtige Teile.«

LK: »Und wie ging es bei Dir zu beim Verhör? Wurdest Du erpresst und geschlagen?«

Fred: »Zwei mal verhörten sie mich, im Betrieb und natürlich auch zu Hause im Beisein von meiner Frau und meiner Tochter. Im Betrieb erklärte ich ihnen, dass kein anständiger Arbeiter die den Lebensunterhalt garantierenden Maschinen zerstören oder beschädigen würde. Das sei Ehrensache! Diese Aussage gefiel den Gestapo-Leuten offensichtlich. Sofort fragten sie mich dann, wie ich mir erkläre, dass solche Schädigungen der Produktion möglich seien. Ich erwiderte, dass nicht auszuschließen sei, dass Werksfremde die Schäden verursachten; so gut sei der Werkschutz auch wieder nicht. In der Nacht bewache dieser die Maschinen sowieso nicht. Daraufhin sahen sich die Gestapo-Leute vielsagend an. Jedenfalls sprach ich so laut, dass alle Arbeiterinnen und Arbeiter, die in der Nähe waren, es hören konnten. Gewiss war mir bewusst, dass meine Aussage zweischneidig war. Sie konnte einerseits bedeuten, dass nun der Werkschutz verstärkt würde. Andererseits hatte ich all denen, die zuhörten, ein Stichwort gegeben: nun kursierte das Gerücht, dass nur Werksfremde solche Störungen verursacht hätten, denn die, die hier arbeiteten, wollten ihren vollen Lohn erhalten.«

LK: »Den Werkschutz hätten sie nach diesem Sabotageakt auf jeden Fall verstärkt. Du gabst eine gute Antwort.«

Fred: »Zu Hause beim Verhör drohten sie Schlimmes an, sollte ich nicht die Wahrheit sagen oder etwas verschweigen. Wahrscheinlich sollten solche Drohungen vor allem auf meine Frau und auf meine Tochter wirken. Sie fragten, ob ich den Verdacht hätte, ob z.B. der Bert Schöne mit seinen KP-Genossen ‚das Verbrechen gegen Führer und Reich' begangen haben könnte. Natürlich sagte ich, dass es tüchtige Arbeiter seien, denen eine Störung an Maschinen, an denen sie arbeiteten, nicht zuzutrauen sei. Sie reagierten skeptisch: ‚Kommunisten ist alles zuzutrauen; deren Oberbefehlshaber heißt Stalin. Und der ist schon an einer Störung unserer Produktion interessiert.' Wie ich später von meinen Kollegen erfuhr, fragte man alle, ob sie vermuteten, dass ‚die bösen Kommunisten' den Schaden verursacht haben könnten. Alle verneinten jedoch und schoben es auf Außenstehende ab. – Mich fragten sie am Ende des Verhörs, ob ich nicht Mitglied der NSDAP werden wolle und ob ich nicht eine Funktion bei der DAF [Deutsche Arbeitsfront] übernehmen könnte. Das würde mir Vorteile bringen! Ich verwies darauf, dass meine politische Vergangenheit bekannt sei und dass ich Zeit benötige, um mit den veränderten Verhältnissen fertig zu werden. Das akzeptierten sie.«

LK: »Drohungen und Angebote sind mit fast jedem Verhör verbunden. Weißt Du, wie es Deinen Kollegen/Genossen bei den Verhören erging? Hatte einer so zu leiden wie der Bert?«

Fred: »Natürlich trafen wir uns nach den Verhören in unserem Stammlokal: ungestört! Massive Drohungen gab es bei allen Verhören; geschlagen wurde keiner. Viel rabiater als mit uns ehemaligen Sozis gingen sie mit unseren kommunistischen Kollegen um. Das erfuhren unsere Leute am Arbeitsplatz, aber auch von deren Frauen, soweit es um die Verhöre zu Hause ging. Unsere Leute wurden oft gefragt, ob sie immer noch Volksfront-Praktiken für richtig halten, also die Zusammenarbeit mit Kommunisten vor allem, aber auch mit anderen, die die ‚nationale Revolution' nicht wollten. Alle lenkten gut ab: mit der Eingliederung ins Reich sei vieles anders geworden, also auch betreffend der Volksfrontpolitik. Obwohl die Kontakte zu den kommunistischen Kollegen und Kolleginnen vor den Verhören normal waren, sind nun alle etwas vorsichtiger geworden. Die Faschisten im Betrieb passen ja auch auf, wer mit wem spricht; manche notieren dies offenkundig für alle. Soll offenbar eine Warnung sein. – Beim Hans, der als Kontaktmann zu den KP-Kollegen bekannt war, durchsuchten sie vor dem Verhör die Wohnung. Sie fanden aber nur Material aus der Zeit in der ČSR. Das beschlagnahmten sie. Daraus ist jedoch nichts zu entnehmen, was nun gegen uns zu verwenden wäre. Eingeschüchtert wurden durch solche Gestapo-Aktionen vor allem die Frauen und die Kinder. In der Schule fragte man schon den oder die eine oder andere, ob der Vater noch so ein böser Sozi ist oder gar ein Kommunist. Die Kinder unserer Genossen wurden angewiesen, sich bei allen Äußerungen zurückzuhalten. Unsere Genossen kriegen die nicht klein! Allerdings: mit Sabotage-Aktionen ist zur Zeit nicht mehr zu rechnen. Die Überwachungen am Arbeitsplatz und bei Betriebsschluss sind verschärft. Wahrscheinlich ist über neue Formen der Sabotage nachzudenken. Wir haben noch keine plausible Idee. Aber wir bleiben dran...«

LK: »Haben wir vertrauenswürdige Leute in der Verwaltung? Könnte man Dokumente verschwinden lassen, die für die Rüstungsproduktion sehr wichtig sind? Ich sehe ein, dass im Maschinenbereich zunächst nicht mehr zu sabotieren ist. Vielleicht später, wenn die Aufmerksamkeit nachlässt und die Überwachungsmethoden nicht mehr so drakonisch sind, wie das jetzt der Fall ist. Wenn eine schwache Stelle in der Verwaltung auszumachen wäre, könnte man vielleicht dort ansetzen?!«

Fred: »Darüber dachten wir noch nicht nach; wir sind ja alles Leute aus den Maschinen-Hallen. Das wäre schon eine Sache, in der Verwaltung einen Sabotageakt zu organisieren. Mir fallen zwei Kolleginnen ein, die wahrscheinlich Zugang zu wichtigen Dokumenten haben. Ich komme darauf, weil das zumindest früher so war. Wie es jetzt ist, müsste ich erst einmal erkunden. Wir prüfen auf jeden Fall, ob da ein Ansatz gegeben ist, um an anderer Stelle Sand ins Getriebe zu streuen.«

LK: »Was sind das für Kolleginnen? Übten sie Funktionen in der Arbeiterbewegung aus? Meinst Du, dass ich eine von ihnen kenne? Das könnte die Sache erleichtern, wenn bei Euch so viel überwacht wird!«

Fred: »Überlass' das mir. Ich werde sorgfältig sondieren. Vielleicht gelingt uns wieder einmal ein Coup. Viel erreichen wir zwar nicht mit unseren Aktionen, wie wir bei den defekt gemachten Maschinen erfuhren. In einigen Tagen ist der Schaden meist wieder beseitigt. Aber wenn überall im Reich der Faschisten derartige Störmanöver versucht würden, käme schon etwas Wirkungsvolles zusammen.«

Ende August 1939 trafen wir uns wieder im Stadtpark an der Schmeykalstraße. Niemand war zu sehen. Es war Arbeitszeit; wir beide hatten Urlaub. »Leider ist bei der geplanten und angefangenen Aktion in der Verwaltung etwas schief gegangen«, sagte Fred, nachdem wir uns kurz über unser Leben im Faschismus unterhalten hatten.

Fred: »Eine Genossin war bereit zu versuchen, wichtige Dokumente über die Rüstungsplanung aus der Kanzlei des Chefs zu entfernen. Tags zuvor hatten andere Sekretärinnen mit diesen Dokumenten zu tun. Leider schaffte sie es nicht, den Tresor zu öffnen. Leider merkte man am Zahlenring die hinterlassenen Spuren bzw. Kratzer. Wieder eine Großfahndung! Stundenlange Verhöre mit scheußlichen Drohungen! Unsere Genossin war jedoch nur eine der Verdächtigten. Andere, die engeren Kontakt zum Chef hatten, gerieten viel mehr unter Druck.«
LK: »Und wie ging es aus? Wie geht es unserer Genossin?«
Fred: »Gefasst wurde niemand. Aber es war klar, dass es nur jemand aus den Büros sein konnte. Die Sicherheitsvorkehrungen sind nun drastisch verschärft. Büroschlüssel wurden ausgetauscht; der Werkschutz ist nun auch für die Büros zuständig; das war bisher nicht. Natürlich hatte unsere Genossin große Angst. Ob wir sie wieder einmal für eine derartige Aktion gewinnen können, weiß ich noch nicht. – Etwas anderes kann ich berichten: es fiel wieder einmal eine wichtige Maschine für Tage aus. Der Kollege, der das arrangierte, ließ an der gestörten Maschine in raffinierter Weise den Handschuh eines Werkschutzmannes liegen. Dieses Ablenkungs- und Täuschungsmanöver gelang. In der Werkshalle gab es viel weniger Verhöre als beim Werkschutz! Dabei sind die Werkschutz-Leute alle Parteimitglieder und ehemalige Mitläufer oder Aktivisten der Henlein-Front. Wie schon beim letzten mal gab es keine Zeitungsberichte! Denen ist es offenbar unangenehm, wenn bekannt wird, dass versuchte Sabotageakte nicht aufgedeckt werden können.«
LK: »Klar, dass die nur Erfolgsmeldungen in die Öffentlichkeit bringen. Würden wir vielleicht auch so handhaben, wenn wir an der Macht wären. Jedenfalls gratuliere ich Euch!«

Am 1. September 1939 überraschte uns die Nachricht: »Seit 4.45 Uhr wird zurückgeschossen!« Bei Gleiwitz begann die faschistische Führung den Krieg gegen Polen! Die Ursache des Zeitpunkts konnte uns damals noch nicht klar sein; wir erkannten nun zusätzliche Gefahren für alles Fortschrittliche. Allerdings verstanden wir nun auch besser, warum die Führung der UdSSR am 23.8.1939 einen Nichtangriffs-Vertrag mit dem deutsch-faschistischen Imperialismus abgeschlossen hatte.

Während der aktive Antifa-Kreis der Ex-SJ kurzfristig ein Flugblatt fertigte und verteilte, kam Freds Tochter eines Abends in die Wohnung meiner Eltern, um mit mir einen Termin für ein Gespräch mit Fred vorzuschlagen. Zwei Tage später trafen wir uns – wieder unbemerkt im Stadtpark. »Bei uns im Betrieb ist der Teufel los!«, hub Fred, nachdem wir uns begrüßt hatten, sogleich an.

Fred: Neben verstärktem Werkschutz kontrolliert nun auch die Gestapo in den Maschinenräumen und in der Verwaltung. Die befürchteten offenbar, dass es wieder eine Sabotage geben könnte, nachdem in der EsKa einige Maschinen durch organisierte Pannen still standen. Ich wunderte mich – wie andere auch –, dass es überhaupt möglich war, Flugblätter im Betrieb unter die Leute zu bringen. Du wirst gewiss davon wissen?! So weit wie nur möglich, sammelten Werkschutz und Gestapo alle Flugblätter ein, die sie erreichen konnten; natürlich erhielten sie nicht alle! Wieder Verhöre, wieder Drohungen: ‚Wer mit einem Flugblatt erwischt wird, bekommt es mit der Gestapo zu tun – und das nicht nur kurzzeitig!', wurde lauthals verkündet. In dieser Situation ist an Sabotage nicht zu denken, das wäre Selbstmord!«
LK: »Sabotage-Aktionen sollte man längerfristig betrachten, obwohl es natürlich gerade bei Kriegsbeginn eine Wirkung hätte, wenn man Widerstand zeigen und einige Maschinen für Tage lahm legen könnte. Aber ich teile Deine Bewertung. Zunächst ist Ruhe geboten.«
Fred: »Ein Genosse von der EsKa sagte mir, dass nach der Flugblatt-Aktion mit dem Aufruf, sich gegen Krieg zu wehren, einige Maschinen still gelegt wurden. Deshalb gab es erstmals in der EsKa Verhaftungen. Alle bekannten kommunistischen Kollegen sitzen nach Misshandlungen im Gefängnis. Auch einige unserer Genossen erwischte es! Ihre Frauen fragten bei der Gestapo, ob sie ihre Männer im Gefängnis besuchen dürften. Das wurde abgelehnt – und zwar ziemlich barsch. In der EsKa sind wir auch viel schwächer als in der Premier, weil manche älteren Genossen emigrierten oder im KZ in Dachau sind.«

LK: »Da gibt es wenig Hilfsmöglichkeiten außer Gesprächen mit den betroffenen Familien der Inhaftierten. Den Frauen und Kindern muss der Rücken gestärkt werden. Da gibt es zusätzliche Arbeit für uns. Als ich nach dem Einmarsch im Gefängnis war, durfte mich auch niemand besuchen. – Für das Weitere: bei aller Notwendigkeit, zu sabotieren, wenn sich eine Gelegenheit bietet, sollten wir immer beachten, was man uns schon vor dem Einmarsch immer wieder einprägte: Seid aktiv, aber geht nicht unnötige Risiken ein. Wir brauchen Euch für die Zeit nach Hitler!«
Fred: »Klar! Wir handeln überlegt, nicht hitzköpfig. Das brächte nur Gefahren. – England und Frankreich ermunterten Hitler und seine Auftraggeber zu diesem Krieg. Sie unternahmen nichts gegen die Faschisten, als sie 1933 unsere Genossen verfolgten und einsperrten! Sie taten nichts beim Einmarsch in Österreich! Sie halfen mit, die ČSR zu zerschlagen. Es ist offensichtlich, wohin die Westmächte gegen den Willen der progressiven Kräfte die Okkupationspläne des deutschen Imperialismus hinzulenken versuchen: nach Südosten und nach Osten. Wahrscheinlich versuchte die Führung der Sowjetunion deshalb in Kenntnis der deutschen Offensivpläne, sich mit dem Nichtangriffsvertrag gegen den deutschen Imperialismus abzusichern. Ob die Faschisten sich daran halten, bezweifle ich. Das ist eine klare Machtfrage, kein Vertragsproblem.«
LK: »Wir werden genau beobachten, wie das weitergeht und dann unsere Haltung abstimmen.«

Beide stellten wir fest, dass es bei den meisten, die für den Anschluss und für Hitler votierten, an Kriegsbegeisterung fehlt. Manche sind sogar erschrocken. Zwar jubeln sie ihrem »Führer« immer noch zu. Man hört aber auch Nachdenkliches. Nur eine Minderheit der Faschisten, vor allem die unerfahrenen Jungen, zeigen Kriegsbegeisterung.

Es kam die Zeit der Musterungen für den »Kriegsdienst« und die Zeit der Einberufungen dazu. Fred wurde vom Soldat-Sein als UK, als unabkömmlich freigestellt. Aber viele Genossen mussten Soldat werden. Unsere Reihen lichteten sich – mit Auswirkungen auf unsere Aktionsfähigkeit. Wir sprachen nun junge Genossinnen an, die zunächst nicht zum aktiven Kern des Widerstandes gehörten; wenn auch mit einem begrenzten Erfolg.

> Dieser Text wurde kurz nach den Gesprächen aufgezeichnet, codiert, in einer wasserdichten Blechkiste im Garten vergraben und 1942 in Kopenhagen von Herta versteckt. 1946 erhielt ich ihn wieder.

TEIL I

Der fanatische Hitler-Anbeter Albert

Ein Gespräch – Juli 1939

Albert: »Meinen erlernten Beruf als Schriftsetzer gebe ich zum Quartalsende auf. Darüber wollte ich dich, meinen Arbeitskameraden seit fünf Jahren, informieren. Der Gebietsführer der Hitler-Jugend im Sudetengau, Kamerad Zoglmann, berief mich auf Vorschlag meines zum Bannführer beförderten Freundes Stöcker in die hauptamtliche Leitung der HJ-Untergebietsführung nach Karlsbad. Zugleich wurde ich vom Gefolgschaftsführer zum Stammführer – mit der Möglichkeit, zum Bannführer aufzusteigen – befördert. (Ein Gefolgschaftsführer kommandiert 120 HJ-Mitglieder, ein Stammführer 600 bis 800, ein Bannführer etwa 5.000; LK). Das ist eine große Ehre für mich und eine Anerkennung meiner Leistungen für Führer, Volk und Vaterland. Du brauchst mir nicht zu gratulieren; ich kenne deine, von der deutschen Geschichte total überholte, marxistische Position. Aber im jahrelangen Streit mit dir festigte sich meine Treue zur nationalsozialistischen Weltanschauung. Insofern trugst auch du zu meiner Beförderung bei.«
LK: »Welche Ehre: Dein Vater vergöttert Hitler auch schon seit Jahren. Der Apfel fällt nicht weit vom Stamm. Nun wirst du als Büromensch deinem Führer dienen!?«
Albert: »Ich leite dann die Abteilung Berufswettkämpfe der Jugend und trage auf diesem Weg dazu bei, dass eine tüchtige weltanschaulich gefestigte Arbeiterschaft unser 1000-jähriges Werk ausbauen und vollenden hilft.«
LK: »Früher interessiertest du dich nicht so sehr für die Berufsausbildung der Jugend. Da war dir deine weltanschauliche Ausrichtung wichtiger…«
Albert: »Damals war das auch viel wichtiger! Da kämpften wir noch für den Anschluss an das Deutsche Reich. Heute wird die weltanschauliche Ausrichtung als vordringliche Aufgabe von unserem Führer-Staat geleistet – auch um die Reste falscher Überzeugungen auszurotten. Jetzt habe ich im Westen unseres Sudetengaus dafür zu sorgen, dass im Rahmen unseres 1000-jährigen Reiches die wirtschaftliche Stärke durch leistungsfähige Gefolgsleute unseres Führers mitgarantiert wird. Unsere tapfere Wehrmacht braucht für die bevorstehenden Aufgaben eine starke Wirtschaft…«
LK: »Ach: Deshalb interessiertest du dich vor dem Anschluss nicht so sehr für die Berufsausbildung!?«

Albert: »Gewiss sollte damals in dieser Scheiß-Tschechei jeder für sein persönliches Fortkommen sorgen. Warum aber sollten wir einen Vielvölkerstaat unter Führung eines minderwertigen Volkes wirtschaftlich unterstützen? Wo eine mindere Rasse dominiert, sollten zum Herrschen bestimmte Germanen nicht dienen.«
LK: »Den Tschechen als Slawen sprichst du eine historische Perspektive und Führungsqualitäten ab?«
Albert: »Die Tschechen sind von Natur aus völlig unfähig, einen so überragenden Führer wie Adolf Hitler hervorzubringen ...«
LK: »Dann wären die Deutschen der ehemaligen ČSR nicht ans Reich angegliedert worden, wenn die Tschechen einen großen Staatsmann hervorbrächten...«
Albert: »Wie kommst du denn darauf? Wir wollten und wir konnten mit den Tschechen nicht mehr zusammenleben! Wir gehören aus völkischen Gründen zum Deutschen Reich Adolf Hitlers!«
LK: »Das dachten und bekundeten die Südtiroler auch! Auch sie wollten wieder in ihr ehemaliges Stammland Tirol zurück, als 1938 das ‚Großdeutsche Reich' mit Österreich proklamiert wurde...«
Albert (nach einer kurzen Denkpause): »Die Tschechen sind ja zum großen Teil ein minderwertiges Volk; von einigen den Germanen ähnlichen Minderheiten abgesehen. Diese werden wir ‚eindeutschen'. Bei den Italienern ist das etwas ganz anderes. Mit denen sind wir im weltweiten Kampf um die Herrschaft der Tüchtigsten verbündet; und das sind wir!«
LK: »Die ‚rassisch hochwertigen' Italiener hinderte das nicht, im Ersten Weltkrieg auf der Seite der Westmächte gegen Deutschland und Österreich-Ungarn zu kämpfen. Es hinderte sie nicht, mit vielen Fälschungen, zum Beispiel bei Orts- und Bergnamen, die nie eine andere als eine deutsche Bezeichnung trugen, italienische Namen vorzutäuschen. Nur dadurch vermochten sie 1918 die Engländer und Franzosen zu überzeugen, dass Süd-Tirol zu Italien gehört...«
Albert: »Das waren ja verkommene Adelige, die diesen völkischen Unsinn erledigten...«
LK: »Graf Ciano, gegenwärtig italienischer Außenminister, ist auch ein Adeliger...«
Albert: »Greif nicht die Verbündeten des Führers an! Dazu hat kein Deutscher ein Recht! Außerdem gibt es völkische Adelige und verkommene – genau wie es raffende und schaffende Kapitalisten gibt.«
LK: »Euer Theorem von den raffenden und schaffenden Kapitalisten ist bekannt.

Aber die deutschen Kapitalisten, in deiner Version die schaffenden, plünderten die deutschen Arbeiter genau so aus wie die jüdisch-raffenden. Da gab es keinen Unterschied...«

Albert: »Aber nach 1933 setzte der Führer in Deutschland die »Volksgemeinschaft« durch! In der Deutschen Arbeitsfront (DAF; LK) sind nun alle vereint, ob sie als Betriebsführer oder als Gefolgsleute wirken. Am nationalen 1. Mai – unserem deutschen Tag der wirklichen Arbeit – marschieren ja auch unsere Betriebsführer gemeinsam mit ihren Gefolgschaften auf. Die von den Marxisten beschworenen Klassen gibt es nicht mehr, wenn es sie denn je gegeben haben sollte. Es gibt nur noch ein einiges Großdeutschland unter unserem Führer Adolf Hitler. Nur die Völker hatten und haben Bestand in der Geschichte. – Du musst noch einiges verlernen und das Neue lernen, bis du ein vollwertiges Mitglied der arisch-germanischen Volksgemeinschaft bist.«

LK: »So, so! Unser Betrieb wurde jedoch von der Gauleitung wegen seiner vorzüglichen Lehrlingsausbildung ausgezeichnet. Wie du weißt, bezog sich das vor allem auf meine Arbeit, denn ich bildete als älterer Lehrling die ganz jungen Stifte (damals übliche Bezeichnung für junge Lehrlinge; LK) im Betrieb aus. Als Geselle führe ich diese Arbeit weiter. Alle Lehrlinge wurden lange bevor sie in der Fachschule kurzzeitig Entwurfspraxis lernten, hier ausführlich eingeführt, ebenso wie in die Kalligrafie und die Geschichte der Schrift. Kein anderer im Betrieb leistete diese Arbeit.«

Albert: »Als Arbeiter, Buchdrucker und Schriftkundiger ist deine Leistung unbestritten. Du erhieltest ja früher auch erste Preise bei grafischen Wettbewerben. Aber deine Weltanschauung ist noch nicht in Ordnung. Das meinte ich.«

LK: »Du sagtest vorhin: die Deutsch-Böhmen gehören zum Deutschen Reich. Bekanntlich war Böhmen nie ein Teil des Hohenzollern-Reiches. Es gehörte wie Mähren zum Herrschaftsgebiet der Habsburger. Und nach 1918 blieb Böhmen eine Einheit...«

Albert: »Entscheidend ist doch, dass zur Herrschaft fähige Deutsche in einem Vielvölkerstaat wie der alten ČSR nichts zu suchen haben. Das ist gegen jeden gesunden Nationalismus und das dominierende Völkische. Als deutsches Herrenvolk können und dürfen wir nicht von Sklavenvölkern beherrscht werden. Diese haben uns zu dienen! Wir germanischen Deutschen geben an, wie es weitergehen soll; die anderen haben uns zu dienen.«

LK: »Die österreichisch-ungarische Doppelmonarchie war auch ein Vielvölkerstaat. Da lebten mehr Völker viel länger zusammen als in der von dir geschmähten ČSR.«

Albert: »Aber dieses Großreich schufen germanische Stämme! Sie unterwarfen blutsgemäß die slawischen Völker, weil diese minderwertig waren. Wir deutschen Germanen werden auch durch die Genialität des Führers ein Großreich schaffen – zunächst nur in Mitteleuropa –, in dem es herrschende und dienende Völker geben wird. Der deutsch-germanische Volkskörper wird unter Führung Adolf Hitlers dieses Neue als Ausgangsbasis für weitere Eroberungen nutzen. Wir brauchen zusätzlichen Lebensraum! Durch Verhandeln werden wir diesen nicht bekommen. München 1938 war die Ausnahme!«
LK: »Ihr werdet weiter marschieren, bis alles in Scherben fällt! So heißt es doch in einem eurer Lieder.«
Albert: »Der olle Tschechen-Staat fiel bereits in Scherben! Und weitere Staaten minderwertiger Völker werden bald in Scherben fallen. Du wirst es erleben! Der Führer und unsere siegreiche Weltanschauung garantieren es! Unser nationaler Sozialismus ist stärker als alle anderen Weltanschauungen.«
LK: »Ich sagte dir schon früher, dass es einen nationalen Sozialismus nicht gibt! Der Sozialismus ist international! Außerdem ist Sozialismus ursächlich mit Emanzipation aller Menschen und Völker verbunden und mit Gleichheit! Ihr täuscht euch selbst und andere mit eurem Nationalsozialismus! Eine auf falsche Worte gebaute Weltanschauung wird langfristig nicht siegen.«
Albert: »Das ist jüdisch-marxistische Irreführung, was du sagst! Eure Bonzen redeten doch nur für die Öffentlichkeit solchen Unsinn! Dabei lebten sie in Saus und Braus, während das Volk darbte. Das sagte ich dir auch schon früher! Alles vorbei!«
LK: »Wir können auch über die Zukunft sprechen statt über Vergangenes. Was wird denn in Scherben fallen, wenn ihr weiter gegen die ganze Welt marschiert? Am Ende könnte Deutschland in Scherben fallen…!«
Albert: »Ich rate dir, das nicht öffentlich zu sagen; sonst bekommst du es mit der Gestapo zu tun…«
LK: »Diese Ehre hatte ich bereits, wie du weißt! Ich erfuhr ja auch das zweifelhafte Vergnügen, von dir und zwei anderen im Egerer Gefängnis zusammengeschlagen worden zu sein, als ich wehrlos war.«
Albert: »Erstens schlug ich dich nicht zusammen; es waren die anderen. Zweitens hattest du die Wahl, deiner falschen Idee abzuschwören und deine einstige Gefolgschaft aufzufordern, dasselbe zu tun. Das wolltest du nicht, obwohl wir dir 24 Stunden Bedenkzeit einräumten. Also fordertest du die Folgen selbst heraus. – Vielleicht holte dich der Kamerad Silber, unser stellvertretender Kreisleiter der NSDAP und Prokurist der Firma Koehler, zu schnell aus dem

Gefängnis. Du hättest mehr Zeit zum Nachdenken gehabt und gebraucht. Vielleicht wärst du besser dran gewesen, hättest du in deiner Zelle in Ruhe längere Zeit nachdenken können und deine Isoliertheit überwunden.«
LK: »In Deutschland gehöre ich zur Zeit zweifellos zu einer isolierten Minderheit. Weltweit bin ich in die Mehrheit derer eingebunden, die für eine progressive Demokratie und gegen jede Diktatur kämpft. Die Geschichte ist noch lange nicht zu Ende, auch wenn es zur Zeit so aussehen mag, als würden eure Anfangserfolge euch recht geben. Aber ihr fordert den größten Teil der Welt heraus – und das wird nicht ohne Antwort bleiben. Eure rassische Anschauung vernebelt die Realitäten und die stehen gegen euch!«
Albert: »Das bestreite ich ganz entschieden; mit Ausnahme deiner richtigen Bemerkung, dass du zur isolierten Minderheit gehörst. Wir werden, wie es der Führer befiehlt, neuen Lebensraum für das deutsche Volk schaffen und keine Macht der Welt wird uns daran je hindern. Wir sind das von der Vorsehung auserwählte Volk!«
LK: »In ‚Mein Kampf' deines Führers wird eine Alternative im Kampf um den geforderten weiteren Lebensraum geboten: entweder mit den westlichen Seemächten gegen die östliche Landmacht oder umgekehrt. Wenn ich dich richtig verstehe, meinst du, mit der germanisch-arischen Seemacht England im freien Rücken gegen die östliche Landmacht...?«
Albert: »Natürlich weiß ich seit langem, dass du unseres Führers ‚Mein Kampf' genauer gelesen hast als die meisten Amtswalter unserer NSDAP. Darüber dürfte ich mit dir gar nicht mehr diskutieren. Denn: früher standen wir uns als gleich und gleich gegenüber. Jetzt habe ich das Sagen und du bist ein Nichts. Weil du mir aber beruflich öfter halfest, obwohl wir politisch unversöhnliche Gegner waren, bleibe ich dir die Antwort nicht schuldig: wir werden den tönernen Koloss im Osten zermalmen und dort einige Millionen unserer Wehrbauern ansiedeln. Dann verfügen wir über den nötigen Lebensraum, eine reichliche Kornkammer und wichtige Rohstoffe vor allem. Die germanisch-arischen Engländer können es nur begrüßen, wenn wir den Hauptfeind unserer gemeinsamen Rasse zerschlage und deshalb die Kohlen für das ganze Abendland germanischer Prägung aus dem Feuer holen...«
LK: »Da liegt aber Polen dazwischen, und deren staatliche Sicherheit dürften die germanischen Engländer und die romanischen Franzosen garantieren...«
Albert: »Dieses Scheiß-Vertragsrecht interessiert uns überhaupt nicht. Es gilt das alte Recht des Stärkeren. Und die Stärkeren sind wir. Der Führer wird den Herren wie beim Münchener Abkommen zeigen, wo es lang zu gehen hat.«

LK: »Also erst mal Polen zerschlagen? Aber dann stehen Millionen Sowjetbürger vor euch in einem weiten großen Land...«

Albert: »Notfalls lässt der Führer einige Millionen Polen und Russen, diese Untermenschen, ausrotten. Vielleicht durch Krieg. Wir brauchen jedenfalls neuen Lebensraum. Der jüdisch-bolschewistische Ungeist muss mit seinen Anhängern verschwinden. Damit ist das schmarotzende Weltjudentum noch nicht völlig beseitigt. Es beherrscht ja auch die amerikanische Plutokratie! Aber erst einmal erhält es einen schweren Schlag in Europa. Davon wird es sich nicht mehr erholen.«

LK: »Der Beitrag der Juden zur deutschen und zur europäischen Kultur, Wirtschaft und Wissenschaft wird aus den Annalen der Geschichte kaum zu tilgen sein. Auch hier in Eger gibt es Spuren, die man zwar verwischen kann, die aber in Erinnerung und Geschichte wieder auftauchen werden. – Als man die wenigen Juden, die noch hier waren, mit Köfferchen zur Deportation durch die Stadt zum Bahnhof trieb, war der alte jüdische Stadtschularzt Dr. Sieber dabei. Der half manchem dir bekannten HJ-Führer in der Kindheit, am Leben zu bleiben und wieder gesund zu werden. Diese HJ-Führer klatschten johlend Beifall, als dieser alte und hochverdiente Arzt sein Wägelchen zum Bahnhof zog, weil er seinen Koffer nicht mehr tragen konnte...«

Albert: »Ich bezweifle ja nicht, dass der eine oder andere Jude auch mal etwas Gutes tun konnte. Das aber sind Ausnahmen. Die jüdische Rasse insgesamt lebt jedoch vom Schmarotzertum. Deshalb sind sie auszurotten. Unser germanisches Blut muss rein bleiben! Deshalb sind auch die Mischlinge, die hier leben, zu verdammen und auszusiedeln. Nur eine reine Blutsgemeinschaft ist zu großen Leistungen fähig.«

Dieses Gespräch fand in einem Nebenraum der Setzerei der Firma K. E. Köhler/Eger statt. Die beiden Diskutanten wähnten sich unbelauscht; deshalb wurde relativ offen gesprochen. Im anschließenden Aus- und Ankleideraum stenografierte jedoch die zufällig anwesende Büroangestellte Anni Dötsch – ein ehemaliges SJ-Mitglied – die Auseinandersetzung ab dem vierten Satz unbemerkt mit: die Tür war nur angelehnt; insofern war der Disput gut zu verstehen. Nach späteren Absprachen zwischen Anni und Lorenz hielt man diese Kontroverse per SM-Text fest. In Stanniolpapier verpackt überlebte sie die Zeit von 1939 bis 1946 in einer wasserdichten Kiste, vergraben im Garten des elterlichen Genossenschaftshäuschens von Lorenz Knorr unter einem Komposthaufen. Die fehlenden ersten Sätze Alberts ergänzte man aus dem Gedächtnis.

Der spätere HJ-Führer Albert und der Vorsitzende der vereinigten SJ in Eger führten vor dem Münchener Abkommen und auch danach unter veränderten Bedingungen mehrfach Streitgespräche. Sie sind leider nicht aufgezeichnet.

Albert meldete sich nach Kriegsbeginn freiwillig zur faschistischen Truppe, nahm nach einer Unteroffiziers-Ausbildung an der Aggression gegen Frankreich teil und erhielt dabei das Eiserne Kreuz 1. Klasse. An der Ostfront bekam er das Deutsche Kreuz in Gold, weil er mit einer Panzerabwehrkanone einen sowjetischen Panzer aus nächster Nähe abschoss. Danach wurde er zum Leutnant befördert.

Die beiden Kontrahenten trafen sich 1947 zufällig in München auf dem Hauptbahnhof wieder; der eine als Landessekretär der SJ - Die Falken in Bayern, der andere kam in zerlumpter Uniform aus der amerikanischen Gefangenschaft und suchte seine Eltern. Sein einstiger Kontrahent half ihm, in relativ kurzer Zeit die Adresse seiner Eltern zu erhalten; in der Zwischenzeit bekam er ohne die übliche Wartezeit die erforderlichen Bezugscheine für eine neue Einkleidung. Die Unterhaltungen waren kurz und rein sachbezogen. Als er zum Zug gebracht wurde, sagte er: »Hättest du mir nun ein Brett über den Kopf gehauen, wie es dir im Egerer Gefängnis geschah, wären wir quitt gewesen. So war es für mich eine Schande und von dir eine Schweinerei!«

Zwei Jahre später wirkte er als Funktionär der in den Fünfziger Jahren verbotenen Sozialistischen Reichspartei (SRP) in Bayern. Er starb früh.

Unfreiwilliger Kuss – mit folgender Diskussion

Der Einmarsch deutschfaschistischer Truppen in Paris im Juni 1940 war uns Anlass für eine Plakataktion in Eger. Im Text warnten wir vor der Fortsetzung der Raub- und Eroberungskriege, die trotz ihrer Anfangserfolge eine angemessene Reaktion übermächtiger Gegner provozieren müsste. Zudem seien die rasant steigenden Rüstungskosten mit spürbaren Einschnitten in die Lebenshaltung der Deutschen verbunden. Die Rechnung für diesen Angriffskrieg würde hoch sein! Deshalb: Frieden jetzt! Ohne Reparationen und Kontributionen!

An der Straße vom früheren Sozihügel zum Bahnhof sollten Kati, Edi und ich vor einer Baustelle zehn Plakate an eine Bretterwand kleben. Dort strömten an jedem Morgen viele Menschen in Richtung Bahnhof und Fabrikviertel; aus den umliegenden Orten kamen viele nach Eger zur Arbeit und passierten dabei diese Stelle. Vom Marktplatz abgesehen, wo das Plakatkleben in der Nähe der SS-Wache höchst risikoreich blieb, leisteten unsere Dreier-Gruppen in dieser Nacht an verabredeten Stellen ihre Aufklärungs- und Widerstandsarbeit. Der Start für diese Aktion war 0.15 Uhr.

Wir drei vom früheren Sozihügel Egers waren Spitzen-Sportler. Kati galt als Amazone, die Jiu-Jitsu bestens beherrschte und in einigen Fällen vor dem Oktober 1938 die Wirkung ihrer Handkantenschläge demonstriert hatte, als sie von Faschisten attackiert wurde. Fortan war sie nicht mehr angegriffen worden!

Dieses Mal war Edi der Aufpasser und Warner, während Kati und ich die selbstgefertigten zehn DIN-A3-Plakate klebten. Als das erste Plakat an der Bretterwand haftete und Kati nach dem zweiten griff, sah sie auf einem Weg, der zuvor nie von einer SS-Streife kontrolliert wurde, zwei bewaffnete SS-Männer auf uns zu kommen. »Gefahr! SS!«, flüsterte sie. Mit meinem Rücken verdeckte ich sofort das geklebte Plakat, der kleine Leimeimer samt Klebepinsel verschwanden blitzschnell hinter meinen Füßen; die restlichen Plakate versteckte Kati unter ihrer Jacke: nie geübt, aber sicher realisiert! »Jetzt müssen wir küssen«, flüsterte Kati, »ist Vorschrift!« Während wir als eng umschlungenes Liebespaar zu erscheinen versuchten, behielt ich die herannahenden SS-Männer im Blick. »Handkantenschlag zum Genick – notfalls!«, flüsterte ich ihr ins Ohr. Mir war klar, dass die dicken schwarzen Mäntel der SS-Leute einen Schlag auf den Oberarm stark abschwächen und vielleicht wirkungslos machen könnten. In Notwehr war der tödliche Schlag an den Hals erlaubt; im speziellen Fall auch geboten! Auf keinen Fall durften wir von der SS gefasst werden. Zu viel stand auf dem Spiel, nicht nur für uns! Es durfte keinesfalls eine Panne geben! Mir schlug das Herz bis zum Hals!

Die SS-Streife bemerkte jedoch nichts von unserer tatsächlichen Handlung! Einer sagte spöttisch, als sie nahe bei uns waren und wir laut küssten: »Vergesst nicht: der Führer braucht Nachwuchs für unsere Armee!«. Der andere ergänzte: »Küssen genügt nicht; davon kommen keine Soldaten!«. Nach wenigen Minuten verschwanden sie im Dunkel der Nacht in Richtung Stadtmitte.

Edi kam erschrocken zu uns: »Ging ja nochmal gut! Drei Straßen vermochte ich einzusehen, aber nicht diesen Weg. Nie sahen wir da jemals eine SS-Streife! Ich konnte euch nicht warnen!« – Kati sagte zu mir: »Wir beide haben noch einiges zu bereden! Von wegen Handkantenschlag zum Hals! Mit Todesfolge! Trotz Notwehr! Ich hätte dich sonst nie geküsst! Du mich wahrscheinlich auch nicht!« Wir klebten die restlichen neun Plakate. Dann verschwanden wir.

Am folgenden Tag waren unsere 11 mal 10 Plakate Stadtgespräch. Die Gestapo ermittelte: ohne Ergebnis! Kati rief mich an meiner Arbeitsstelle an: »Heute Abend sehen wir uns in der Wohnung meiner Eltern, Karl kommt auch. Meine Eltern gehen ins Theater.« Ich verstand sofort, dass der von mir angeregte, aber nicht durchgeführte Handkantenschlag zum Hals mit Todesfolge das Gesprächsthema sein würde. Im Beisein von einem meiner Stellvertreter. Am Abend trafen wir uns. Kati stellte Tee und Kekse bereit. Sie eröffnete nach der Begrüßung:

Kati: »Mir sitzt der Schrecken noch in den Knochen. Vielleicht, ja wahrscheinlich hätte ich getan, was du spontan empfahlst. Im gleichen Moment kamen mir jedoch auch Bedenken, als du den Todesschlag empfahlst. Junge Menschen umbringen? Was laden wir da auf unser Gewissen? Hängt uns das ein Leben lang nach? Ich hatte Angst! Das gestehe ich! Noch nie in meinem Leben kam ich in die Lage, jemand töten zu sollen! Das ist bei mir noch nicht verarbeitet! Unabhängig davon sollten wir klären, wie man sich künftig in solchen Fällen verhält. Deine Anordnungen, lieber Lorenz, klingen ja auch stets wie eine Art Befehl, dem man sich nicht widersetzen kann. – Vielleicht sollten wir uns mit allen Dreier-Gruppen-Sprechern wieder einmal im Kaiserwald am alten Platz treffen, um kollektiv zu beraten und festzulegen, was in solchen Fällen zu geschehen hat.«

LK: »Zunächst einmal, liebe Kati: Respekt vor deiner Haltung und Deiner Standhaftigkeit! Du verhieltest dich vorzüglich! Ich weiß nicht, ob mir spontan eingefallen wäre, ein Liebespaar zu mimen. Es war eine Notlage, in der ohne lange Überlegungen rasch zu handeln war. Ich gab keine befehlsartige Anordnung. Eher folgte ich einer früheren Beispielgebung, die jedoch unter völlig anderen Bedingungen erfolgte. Ihr erinnert euch beide, dass im Frühjahr 1938 ein emigrierter Metallarbeiter aus Bayreuth vor der SJ-Vollversammlung in Eger referierte. Er berichtete u.a., dass ihn beim Plakat-Kleben mit einer kräftigen Kollegin einige SA-Leute in Uniform überraschten. Er flüsterte ihr ins Ohr: wir schlagen kräftig zu, bevor sie uns angreifen. Als die SA-Leute in dunkler Nacht die Plakate erkannten und die beiden zur Rede stellen wollten, griffen beide massiv an und setzten zwei ,außer Gefecht': sie bluteten beide stark im Gesicht. Die anderen wichen zurück und kümmerten sich um ihre verletzten Kumpane. Weil die beiden in einem anderen Stadtteil klebten und nicht da, wo sie wohnten, erkannte man sie nicht. ,Allerdings musste ich später das Land verlassen', sagte der Metaller. – Du Karl sagtest in der anschließenden Diskussion, du hättest ebenso reagiert. Zufälle kann man nicht ausschalten, aber meistern! Alle waren damals der Meinung, dass riskante Situationen jedes Mittel rechtfertigen. Im speziellen Fall war die Empfehlung ,Handkantenschlag zum Hals' eine Spontanreaktion in einer höchst bedrohlichen Lage.«

Karl: »Ohne mich gegen Kati zu wenden: ich bestätige, was ich damals sagte. Ich denke, dass ihr beide keine andere Möglichkeit hattet, als so zu reagieren, wie ihr es tatet. Übrigens verstehe ich eure Differenz nicht: in der Not hattet ihr doch auch das Vergnügen und küsstet euch…«

Kati unterbrach: »Protest! Karl! Wir küssten uns nicht aus purer Liebe und nicht zu unserem Vergnügen! Auch ich reagierte ohne die Möglichkeit zum Überlegen! Ich spüre jetzt noch den Schmerz in den Gliedern, den ich bekam, als ich die SS-Leute sah und die Reaktion von Lorenz hörte. Ich mag den Lorenz als Genossen und auch als Mensch sehr gern, aber nicht als Liebhaber. Dich übrigens auch nicht, Karl! Auf mein Problem ginget ihr gar nicht ein: darf man, selbst bei Notwehr, einen anderen Menschen durch Handkantenschlag zum Hals töten? Ich sah heute Nacht zwei junge tote SS-Männer vor mir! Das war mir schrecklich! Wie ihr wisst, schlug ich, bevor wir zum Reich kamen, manchen Faschisten für Stunden kampfunfähig durch Schlag auf den Oberarm. Das aber war etwas ganz anderes als ein Handkantenschlag zum Hals mit Todesfolge. Lorenz, hättest du in der vergangenen Nacht bedenkenlos an den Hals eines SS-Mannes geschlagen und seinen Tod in Kauf genommen?«

LK: »Ja, das hätte ich getan, weil es angesichts dieser fatalen Lage und im Rahmen des von uns nach dem Einmarsch reichsdeutscher Faschisten in die ČSR geplanten Verhaltens keine andere Möglichkeit gab. Die SS-Männer hätten nicht gezögert, uns mit der Schusswaffe zu bedrohen bzw. zu schießen, wenn wir uns zu spät gewehrt hätten. Es gab nur die Alternative ‚Die oder wir'! Es war reines Glück, dass wir nicht zuschlagen mussten. Es existiert ein sittliches Recht auf Gewaltanwendung selbst dann, wenn man nicht direkt vom Tod bedroht ist. Wenn das real Humane vom eindeutig Inhumanen überwältigt zu werden bedroht ist und ein Angriff unmittelbar bevorsteht, ist rechtzeitige Gegenwehr sogar das Gebot der Stunde. Darüber diskutierten wir schon vor dem Münchener Diktat mehrfach ganz grundsätzlich. Ich dachte, dieses Problem sei geklärt.«

Kati: »Ich befände mich in einer anderen Lage, wenn ich direkt bedroht gewesen wäre und mein Leben unmittelbar vor seinem Ende gestanden hätte. Das war aber nicht der Fall! Wenn die SS-Männer ihr Misstrauen bekundet oder falls sie unsere Plakate entdeckt hätten, wäre die Lebensgefahr offenkundig gewesen, falls wir uns nicht ergeben hätten. In der direkten Gefahr hätte ich ohne zu zögern zugeschlagen. In der konkreten Lage von gestern hätte ich auf Verdacht zuschlagen müssen. Das bedrückt mich sehr!«

LK: »Beim Anblick der beiden SS-Männer ging mir blitzschnell durch den Kopf, dass sie uns mit der Schusswaffe bedrohen würden, falls sie Verdacht schöpften. Da musste zugeschlagen werden, bevor es zu spät ist. Wer in einer solchen Lage schneller reagiert, hat den Vorteil auf seiner Seite. Wir lernten beide, liebe Kati, dass mit der Linken eine auf uns gerichtete Schusswaffe aus der Hand oder aus der Richtung geschlagen wird, während mit der Rechten der rettende Schlag erfolgt. Ob es funktioniert hätte, wissen wir nicht. Das ist hart, aber der Lage angemessen. Es tut mir leid, aber eine andere Möglichkeit bestand nicht.«

Karl, scherzhaft: »Auch wenn du mich als Liebhaber verschmähst, liebe Kati, wie Lorenz bekunde ich meine volle Anerkennung vor deiner Leistung im Allgemeinen und vor allem vorige Nacht. Darf ich daran erinnern, dass wir längst vor dem Münchner Diktat mit Emigranten erörterten, wie weit unsere Gegenwehr reichen darf. Übereinstimmend meinten wir, dass wir nicht angreifen, uns aber entschlossen und wirksam wehren, dass wir aber, wenn Freunde in Not geraten, auch angreifen, um sie zu retten. Gewiss hast du Recht, dass früher die zeitweise Ausschaltung faschistischer Gegner aktuell war. In der konkreten Lage in der vergangenen Nacht musstet ihr den Handkantenschlag zum Hals als Befreiung in Erwägung ziehen. Schließlich stehen die SS-Männer für ein Menschheitsverbrechen. Und zwar freiwillig, auch wenn ihr Bewusstsein mani-

puliert ist. Wir aber stehen für die Befreiung der Menschen und der Völker. Das sind qualitativ verschiedene Dinge! Ich verstehe aber, dass dich dieses Problem nach diesen Ereignissen plagt. Vielleicht hilft dir unsere Diskussion.«
Kati: »Alle theoretischen Diskussionen sind mir gut bekannt. Das ist aber nicht dasselbe wie der praktische Fall, vor dem wir in der vergangenen Nacht standen. Distanziert, so als ob man Zuschauer gesellschaftlichen Ereignissen ist, also nur potenzieller Kämpfer, denkt man anders als im konkreten Fall vergangene Nacht: da war ich unmittelbar betroffen. Ich konnte mir immer gut vorstellen, wie unsere reichsdeutschen Genossen oder unsere Genossen während des Bürgerkriegs in Österreich auf Angreifer schossen, um nicht erschossen zu werden. Aber das ist etwas anderes als die Lage von vergangener Nacht, als ich spontan und unüberlegt einen Menschen hätte töten sollen.«
LK: »Gewiss ist das nicht dasselbe, wenn man vom schweizer Freiheitshelden Wilhelm Tell ausgeht, der den inhumanen Landvogt per Pfeilschuss tötete: im Interesse der Schweizer und diese aus einer Notlage befreiend. Die historische Literatur über den als legitim gepriesenen Tyrannenmord, von manchen sogar als heldisch gefeiert, ist bekannt. Die sittliche Rechtfertigung eines solchen Totschlags ist jedoch in der Literatur, in unserer Theorie und in unserer Praxis dasselbe. Wir handeln nicht aus niedrigen Beweggründen, wenn wir uns zum Letzten genötigt sehen, sondern orientieren uns an einem höchst humanen Ziel. Der Zweck heiligt zwar nicht alle Mittel, im speziellen Fall jedoch war vorbeugende Notwehr geboten. Redeten wir uns nicht die Köpfe heiß, als wir nach einem Vortrag von Josef Luitpold Stern über unseren Friedrich Adler, den Generalsekretär der 2½ten Internationale sprachen, der 1916 den österreichischen Kriegsminister Stürck erschoss? Die Arbeiterschaft – und nicht nur diese! – protestierte massiv, als ein gewählter Spitzenfunktionär einen Mord beging. Manche forderten Parteiausschluss: Als Genosse Adler sich später vor Gericht verteidigte, wendete sich die Beurteilung seiner Tat; in großen Teilen der Öffentlichkeit kippte die Stimmung um. Bekanntlich erklärte er vor Gericht, dass er den Mord zu verantworten bereit sei. Es wäre jedoch zu bedenken, dass hier ein Schuldiger ermordet wurde, der zu Gunsten von Luxus und unkontrollierter Macht einer Minderheit Millionen unschuldiger Soldaten in den Tod hetzte und dass die Ausschaltung dieses Massenmörders Millionen Soldaten das Leben retten konnte. Es handelte sich zwar um eine individuelle Tat, jedoch stand die Frage Krieg oder Frieden zur Debatte! In unserem Fall geht es um Menschlichkeit oder Barbarei!«
Kati: »Mir ist völlig klar, was die SS als Ganzes für einen Charakter hat im

Rahmen des faschistischen Staates. Ich weiß auch, dass die Nazi-Führungs-Clique und ihre machtpolitischen Hauptinstrumente nicht nur gegen den Frieden verschworen sind, sondern auch gegen jede Menschlichkeit und gegen jeden gesellschaftlichen Fortschritt. Die Frage ist, ob jeder Einzelne – obwohl er eher Bestie als Mensch sein kann – von uns nicht doch auch als etwas zu betrachten ist, das Anspruch auf menschliche Behandlung hat. Das ist es, was mich vergangene Nacht so erschrocken machte, als ich eventuell töten sollte. Mir stellt sich das Ganze als eine grundsätzliche Frage dar, in die das Problem, das wir mit den beiden SS-Leuten hatten, hineingehört. Auch wenn ich alles unterschreibe, was ihr zu Tell und zum Tyrannenmord sagtet und zum Fall unseres Genossen Adler: ich war persönlich betroffen, und ich war keine, die das alles mit Abstand zu analysieren und zu bewerten vermag.«

Karl: »Die Schweizer Tell-Sage als nationale Gemeinsamkeit förderndes Geschichtsverständnis und alles, was über Tyrannenmord geschrieben ist, passt nicht ganz zu unserem Fall, selbst wenn ich das Prinzipielle an diesen Aussagen akzeptiere. Eher schon ist der Fall unseres Genossen Adler eine Hilfe für uns. Ich erinnere aber daran, dass wir damals feststellten, dass dieser verständliche Mord mit seinen edlen Motivation den Krieg nicht beendete. Der Nachfolger des millionenfachen Soldatenmörders Stürck machte keine andere Politik als sein Vorgänger. – Mir blieb im Gedächtnis haften, wie in einer Parteiversammlung nach einem Referat unseres Abgeordneten Martin Benda zum Adler-Mord dein Vater, Lorenz, offen gegen dich auftrat. Du hattest Friedrich Adler unter übergeordneten Gesichtspunkten verteidigt. Dein Vater führte aus, dass ausgewogene Beschlüsse eines demokratisch legitimierten Gremiums zu Gunsten von Gegengewalt gerechtfertigt und deshalb zu akzeptieren seien, dass aber individuelle Gewaltaktionen wie die von Adler an abzulehnende anarchistische Aktionen erinnerten. Martin Benda schlichtete in der Partei-Öffentlichkeit. Zu Hause ging euer Streit weiter, wie du intern berichtetest. Deine Schwester verteidigte dich gegen deinen Vater, weil er nur die individuelle Tat, nicht aber das übergeordnete Motiv wertete; im Krieg als Sonderfall müsse man besondere Maßstäbe anlegen. Anwendung für euren Fall von vergangener Nacht: Euer übergeordnetes Motiv war die Weiterführung des antifaschistischen Widerstandes im Namen der Menschlichkeit. Eure Gegner agierten im Sinne des größten Verbrechens in unserer Zeit. Ich erinnere noch an ein Lied der Internationalen Brigaden im Spanischen Bürgerkrieg, das wir alle mit Begeisterung sangen: »Dem Faschistengesindel keine Gnade…« – das sollte auch für euren jüngsten Fall gelten.«

Kati: »Lasst mich noch einmal klarstellen, dass ich vergangene Nacht bedenkenlos zugeschlagen hätte, wäre ich angegriffen worden. Mein Problem ist nach wie vor, dass ich auf Verdacht jemand töten sollte. Da sträubt sich etwas in mir. Natürlich hätte ich so gehandelt, wie es Lorenz vorschlug. Er hat mehr Erfahrung über das Reagieren in brenzligen Angelegenheiten. Ihr konntet mir noch nicht helfen.«

LK: »Im illegalen Kampf gibt es manche Situationen, wo man ohne gründliche Erörterung der gegebenen Situation zum sofortigen Handeln genötigt ist. Wir haben kein gewähltes Gremium, das zur Orientierung für das Tätigsein jedes Einzelnen gründlich diskutieren und dann ausgewogene Beschlüsse fassen kann. Unsere Partei gab keine Empfehlung für diejenigen, die freiwillig Widerstand leisten gegen die faschistische Infernalität. Wir sind quasi Einzelkämpfer, auch wenn wir oft zu zweien oder zu dritt auftreten. Wir sind zu selbstverantwortlichem Handeln genötigt und verpflichtet. ‚Uns hilft kein Gott, kein Kaiser noch Tribun' würde ich in Abwandlung einer Passage aus unserer Internationale sagen. Liebe Kati: Du wirst öfter vor dem Problem stehen, auf Verdacht zuschlagen zu müssen, um am Leben zu bleiben. Vergangene Nacht war die Wahrscheinlichkeit sehr groß, dass uns die beiden SS-Männer gestellt hätten. Dann wäre es wahrscheinlich zu spät gewesen, denn sie wären mit gezogener Pistole auf uns zugekommen. Es war nicht nur unser persönliches Risiko, das uns gestern zwang, den Todesschlag in Kauf nehmen zu müssen. Wenn einer von uns in die Fänge der SS oder der Gestapo käme, könnte das auch Folgen für unsere Mitstreiter haben. Das kann unsere gute Sache insgesamt negativ beeinflussen. Ich respektiere deine persönlichen Befindlichkeiten. Aber diese müssen auch mal zurückstehen, wenn es um Größeres geht. Auch ich hätte mir Rechenschaft ablegen müssen, falls der Todesschlag erforderlich gewesen wäre. Selbstverständlich kann man mit guter Begründung sagen: Mord ist Mord. Ein Menschenleben auszulöschen ist kein Kavaliersdelikt! Dennoch ist es nicht dasselbe, ob jemand aus egoistischen Gründen mordet oder ob man sich zur Rettung Tausender Menschen zu einem Mord genötigt sieht. Ist man gezwungen, einen potenziellen Mörder auszuschalten, dürfte man auch das bürgerliche Recht auf seiner Seite haben.«

Kati: »Vielleicht muss ich einmal ein paar Nächte darüber schlafen. Im Augenblick bin ich trotz aller Rationalität eurer Argumente sowohl in meinen Gefühlen als auch nach kritischer Prüfung eurer Position noch nicht schlüssig. – Aber mir fällt ein: Du, Lorenz, wehrtest dich im Egerer Gefängnis doch auch nicht, obwohl du wahrscheinlich mit den drei Hitler-Jugend-Führern fertig geworden wärest. Da hättest du ja auch zuschlagen und dann flüchten können? Oder hemmte dich etwas?«

Karl: »Das mit dem Gefängnis erklärte uns Lorenz ausreichend, als wir im Kaiserwald unsere erste illegale Absprache hinter uns hatten, du warst bei diesem Gespräch dabei, liebe Kati! Selbst wenn man unterstellt, dass Lorenz die drei durch Handkantenschläge oder anders hätte austricksen und dann flüchten können – was dann? Man hätte ihm neben seiner politischen Überzeugung auch eine kriminelle Handlung angelastet. Nur als Emigrant hätte er dann überleben können! Vor dem Münchener Diktat zu emigrieren war jedoch einfacher als nachher! Man kann Lorenz weder Feigheit noch mangelnde Entschlusskraft vorwerfen. Jeder von uns hätte so handeln oder es erdulden müssen.«

Kati: »Es tut mir leid, dass ich mit diesem schlechten Beispiel von der Sache ablenkte. Ich wollte dir, Lorenz, keinesfalls mangelnde Entschlusskraft vorwerfen. Wenn man aber von einem Problem belastet ist, reagiert man mitunter nicht richtig. Bleiben wir dabei: wir sprechen später noch einmal über unser Problem. Es sollte kein Fall geschehen, für den uns eine geneinsame Antwort fehlt.«

Wir unterhielten uns noch eine Weile. Dann Kati: »Zum Abschied bekommt jeder von euch noch einen Kuss von mir auf die Wange; ausnahmsweise.«

Einige Tage später rief Kati bei Lorenz und Karl an: »Alles geklärt. Ich diskutierte noch einmal mit meinem Vater« (der ihr stets ein Alibi verschaffte, wenn sie für Widerstandsaktionen unterwegs war).

Diesen Text (ab dem Eintreffen in der Wohnung von Kati) notierte Karl kurze Zeit später in Metz. Dort deponierte er sein Papier bei guten Bekannten. Ich erhielt es Anfang 1947, als sie meine neue Adresse erfragt hatten. In seinen Notizen änderte Karl die Namen der Akteure und den des Ortes, sodass eine Gefährdung in allen möglichen Fällen ausgeschlossen war. – Karl starb 1943 in der UdSSR durch eine Schussverletzung in einem Krieg, den er bekämpfte, und in einem Land, das er – trotz aller Mängel hinsichtlich sozialistischer Gesetzlichkeit – als einen historischen Vorreiter zur Überwindung des den Faschismus produzierenden Kapitalismus verstand.

Soldat werden – und aktiver Antifaschist bleiben

Einberufungsbefehle zum Kriegsdienst erhielten einige der Egerer »Illegalen«. Da wurden Absprachen notwendig. Es war Herbst 1940. Von jeder unserer elf Dreier-Gruppen sollte einer daran teilnehmen, um das »Was tun?« zu diskutieren und an die anderen weiterzugeben. Wie üblich radelten wir getrennt und auf verschiedenen Wegen zu unserem Geheimplatz im Kaiserwald in der Nähe des Kneipelbachtales. Nach dem üblichen Absichern begann die Diskussion.

Karl berichtete einleitend, dass die beiden Stellvertreter mit dem Vorsitzenden die neue Lage bereits erörtert hatten: Nichtbefolgung der Einberufung zur Teilnahme an einem verbrecherischen Krieg bedeutete voraussichtlich KZ und dies wahrscheinlich nach Verhören und Misshandlungen durch die Gestapo. Unsere Prüfung ergab, dass unser antifaschistischer Aktionsspielraum als Soldat voraussichtlich etwas größer sein würde als im KZ unter ständiger Bewachung der SS und völlig abgeschnitten von der Öffentlichkeit. Als Soldat sei die Chance etwas größer, wenn auch insgesamt sehr gering, Sabotage zu betreiben und andere insgeheim zu gewinnen, Gleiches zu tun. Sehr vorsichtig sollte man versuchen, die Positionierung anderer Soldaten herauszufinden, ohne den eigenen Standpunkt sofort preiszugeben. Zunächst bliebe aber die Grundfrage zu klären: wird man unter diesen Bedingungen Soldat oder nicht.

Schorsch leitete ein, da die Familien der hier Anwesenden unter ungleich besseren Bedingungen auf Emigration verzichteten, wäre Flucht in der veränderten Lage reiner Unsinn. Mit der Entscheidung, im faschistischen Deutschland zu bleiben, sei das nun Folgende zu tragen. Ob man als Soldat an der Front etwas in unserem Sinne tun könne, wäre eine spätere Frage. Sinnvoller sei es, Soldat zu werden, als ins KZ zu gehen. Die Möglichkeit, in diesem Krieg das Leben zu verlieren sei nicht größer als das Risiko, im KZ umzukommen.

Erich meinte, dass man Gestapo-Quälereien mit bösen Folgen zu erdulden hätte, wenn man die Einberufung verweigere. Also beraten wir besser, wie wir als Soldaten Verbindung zueinander halten und die geringen Aktionsmöglichkeiten ausnutzen können.

Zes erklärte, dass wir kaum eine andere Wahl hätten, als Soldat zu werden. Ob und wie man zu den Angegriffenen überlaufen könne, hänge von der jeweiligen Situation ab. Ob in der Gefangenschaft Antifa-Tätigkeit möglich sei, wisse er nicht.

Nach weiteren Diskussionen, die keine neuen Aspekte brachten, bestand Übereinstimmung, Soldat zu werden.

Lorenz: »Wenn einige von uns Soldat werden müssen, sind Umgruppierungen der Dreiergruppen erforderlich, damit die Aktionen weitergeführt werden können. Ein vorläufiger Plan besteht. Wir benötigen eine feste Adresse in Eger, wo alle erforderlichen Informationen zusammenlaufen. Das sollte eine Genossin übernehmen, die voraussichtlich in Eger bleibt. Außerdem ist unsere Geheimschrift zu aktivieren, damit illegale Verbindungen funktionieren. Das Losungswort im 4. Quartal 1940 heißt Karl Marx. Für 1941 je Quartal Max Adler, August Bebel, Wilhelm Liebknecht und Rosa Luxemburg. Das Weitere legt die in Eger verantwortliche Genossin im Sinne früherer Absprachen fest.

Als Soldat wird es zunächst eine Ausbildungszeit geben, bevor man an die Front geschickt wird. Vielleicht treffen wir dann auf unsere politischen Gegner von einst. Wir lassen uns nicht provozieren! Wir erfuhren, dass in der faschistischen Truppe weder politischer Streit noch Diffamierung anderer Soldaten geduldet wird. Es ist kein Verrat an unseren Idealen, wenn wir unseren einstigen Widersachern zeigen, dass wir sportlich auf der Höhe sind und dass wir uns von möglichen Schikanen der Ausbilder nicht unterkriegen lassen. In der Rekrutezeit ist eventuell Verbindung zu örtlichen Antifaschisten aufzunehmen, soweit das möglich ist.

Die drei Vorsitzenden schlagen vor, dass keiner von uns auf jemanden schießt, den die Faschisten zum ‚Feind' erklären. An der Front schießen wir stets über die Köpfe hinweg. Nur in Notwehr handeln wir anders. Die Zeit, in der man auf hetzende und schikanierende Offiziere schießt, wie dies am Ende des Ersten Weltkriegs mitunter geschah, ist noch nicht herangereift. Wenn es unblutige Möglichkeiten gibt, dem Kriegsende näher zu kommen, ziehen wir diese vor. – Wer eine Möglichkeit erkennt, einen sicheren Posten an der sog. ‚Heimatfront' zu erhalten, sollte es sofort tun.

Bildet als Soldat eine Antifa-Zelle, wo es möglich ist. Achtet jedoch strikt darauf, dass nur Personen teilnehmen, deren Verlässlichkeit gesichert ist. Was wir vor dem Münchener Verrat 1938 für illegales Wirken festlegten, gilt weiter. Es bleibt jedem überlassen, wie er versucht herauszufinden, mit wem er es zu tun hat und ob er für eine Antifa-Kooperative in Frage kommt.

Die Verbindung untereinander sollte so weit wie möglich erhalten bleiben. In jedem Fall sollte die feste Adresse in Eger stets über wichtige Erfahrungen oder Veränderungen informiert werden.«

Karl: »Wir diskutieren erst das Problem Rekrutenzeit, dann das Verhalten im Krieg bzw. an der Front und dann die weiteren Verbindungen untereinander. Einverstanden?« (Kein Widerspruch.)
Anna: »Als Genossinnen können wir nur begrenzt mitdiskutieren, wenn es um die Rekrutenzeit geht. Wir verfügen jedoch über Erfahrungen in einigen Betrieben bzw. über Diskussionen nach dem Einmarsch der Faschisten in die ČSR. Damals vereinbarten wir auch, uns nicht provozieren zu lassen. Es war jedoch hart, was man sich da anzuhören hatte. Wir wussten, dass es unklug wäre, darauf angemessen zu reagieren. Ich weiß natürlich nicht, ob die von Soldaten geforderte Disziplin euch vor Anpöbeleien schützt. Ich halte Zurückhaltung für besser als Konfrontation unter diesen Bedingungen.«
Bert: »Zweifellos mussten wir uns damals einiges anhören! Mehr als einmal war ich schon dabei zu reagieren, aber ich besann mich rechtzeitig. Ich hörte und ich informierte Karl, dass in der faschistischen Armee derartige Anpöbeleien nicht geduldet werden. – Klarheit fehlt mir noch in der Frage, ob wir denen zeigen sollen, dass wir uns nicht unterkriegen lassen, und zeigen, was wir können. Oder machen wir nur das, was unbedingt nötig ist und keinen Deut mehr?«
Georg: »Wir sollten uns von denen nicht vorwerfen lassen, dass wir als Rekruten ‚Schlappschwänze' wären. Für den Faschismus insgesamt spielt es keine Rolle, ob wir denen zeigen, was wir können, oder ob wir das sein lassen. Es ist noch keine Sabotage, wenn man den Rekruten-Anforderungen nur sehr lasch nachkommt. Ich denke, dass es zur nötigen Tarnung eventueller Antifa-Arbeit beiträgt, wenn man den scheinbar korrekt handelnden Soldaten spielt und insgeheim Sabotage betreibt.« (Die letzte Passage erhielt Beifall.)
Fred: »Grundsätzlich klingt es einfach und ist auch richtig, an der Front nicht auf fremde Soldaten zu schießen und nur in Notwehr von der Waffe Gebrauch zu machen. Im praktischen Fall könnte das aber kompliziert sein. Ob man tatsächlich in Notwehr handelt? Der fremde Soldat könnte ja auch nur ‚über den Kopf hinweg' schießen wollen! Mir scheint es wichtig zu klären, wie man überläuft und was dabei zu beachten ist.«
Kati: »Mein Vater kämpfte als Sozialist 1916 an der Isonco-Front. Da diskutierten manche insgeheim das Überlaufen zu den Itakern. Aber was, wenn das österreichische Heer nach einem Angriff mit Geländegewinn die Überläufer miterobert, wie am Isonco der Fall? Die wurden sofort erschossen! Wenn die Deutschen gegenwärtig angreifen, hat Überlaufen wenig Sinn. Bei relativ stabilen Fronten ist das zu prüfen. Wenn die Deutschen mal auf dem Rückmarsch sind, ist es höchste Zeit überzulaufen: so die Weisheit meines euch gut bekannten Vaters.« (Beifall.)

Hannes: »Wir können wahrscheinlich nur generelle Empfehlungen geben. Vieles hängt von der konkreten Lage ab, ob es nun Schießen oder Nicht-Schießen bzw. die Frage des Frontwechsels betrifft. Jeder wird selbst entscheiden müssen, wie ein Antifaschist in der aktuellen Lage zu handeln hat.«

Erika: »Kompliziert ist die Sache insofern, weil an den möglichen Fronten nicht nur Deutsche oder Polen bzw. Franzosen und Deutsche eingesetzt sind. Jeder von euch kann sowohl einen harten politischen Gegner als auch einen entschiedenen Linken als Gegenüber haben. Allerdings dürften es stets die sog. kleinen Leute sein, die gegeneinander gehetzt werden. Kapitalisten dürftet ihr auf keiner Seite der Fronten finden. Die machen ihre Geschäfte mit dem Blut anderer, ohne selbst an diesem sinnlosen Morden direkt beteiligt zu sein. Deshalb: so wenig wie möglich schießen, auch wenn es vor allem in die Luft ist. Irgendwo kommt das Geschoss wieder herunter.«

Robert: »Wichtig ist die Bildung von Antifa-Zellen, bei aller Vorsicht, die geboten bleibt. Es ist besser, man kann mit anderen beraten, was man riskiert und was besser unterbleibt.«

Kati: »Vorstellen kann ich mir schon, welche Sabotagemöglichkeiten der Soldat in der Heimat und der an der Front hat. Wie ist das eigentlich mit der sogenannten Etappe? Davon hörte ich bislang noch nichts! Das Risiko dürfte kaum größer sein als bei unseren bisherigen Sabotageaktionen. Jedoch gab es hier Akteure, die man seit langem als verlässlich kannte.«

Bert: »Weil jeder auf sich selbst gestellt ist und auch wenn bereits eine Antifa-Zelle besteht, ist das fremde Gelände erst einmal genau zu erkunden. Hier in Eger wusste jeder über Aktions- und auch Fluchtmöglichkeiten bestens Bescheid. In der Etappe wird zwar weniger geschossen als an den Fronten. Aber als Soldat gibt es Grenzen für unser Handeln, die erst noch genau zu bestimmen sind.«

Heinz: »Manche Informationen, die wir uns mitteilen, brauchen nicht verschlüsselt zu sein. Wo aber erhält man an der Front einen Zeitungsartikel, den wir beim Verschlüsseln als zusätzlichen Code benötigen? Wahrscheinlich ist auch irgendein anderer Text zu gebrauchen als der vereinbarte von Goebbels?«

Susi: »Dieses Problem ist zu lösen, wenn jeder in Eger einen Antifa-Soldaten betreut und ihm per Feldpost in angemessenen Abständen einen Zeitungsausschnitt sendet.«

Betti: »Wichtige Informationen sollten wir hier bei unserer ‚Zentrale' sammeln. Es ist zu klären, wer schnell entscheidet, was sofort an Lorenz geht.«

Lorenz: »Zusammenfassend: wir legen nur allgemeine Weisungen fest. Jeder muss nach Lage der Dinge entscheiden, wo und wie ein Vorgang zu behandeln ist. Beratungen in eventuellen Antifa-Zellen wären hilfreich; die Verlässlichkeit der Partner ist jedoch gründlich zu prüfen. Jeder sollte auf gute Tarnung bedacht sein, dazu kann auch gehören, dass man den (scheinbar) guten Soldaten spielt. Manche von uns gingen bekanntlich nach dem Münchener Verrat in NS-Organisationen, nicht weil sie das persönlich für gut hielten, sondern weil sie hören und sehen sollten und dann auch berichten, was und wie da geplant sowie durchgeführt wurde. Dabei gab sich mancher als guter Parteigenosse, um das Vertrauen zu gewinnen, das erforderlich war, um an wichtige Nachrichten heranzukommen. So kann man es auch als Soldat handhaben. Generell: nicht provozieren lassen; lieber einmal zurückstecken und Zeit gewinnen. Denkt an die ‚Zeit nach Hitler', wie uns die Älteren immer wieder einhämmerten. Klar ist auch, dass wir nicht auf Gegen-Soldaten schießen. Die Sonderfälle sind bekannt. Ob ein in die Luft geschossenes Projektil noch viel anrichten kann, wenn es zu Boden fällt, müssen wir noch klären. – Zellenbildung so, wie bereits bekannt. Was das Überlaufen betrifft: was Kati berichtete, ist ein guter Wegweiser. Wo, wie und mit wem ist vor Ort zu entscheiden. Wer die Front wechseln kann, sollte es tun; allerdings dürfte dann die Verbindung zu uns abreißen. Im Einzelnen ist noch zu klären, wer wem Zeitungsartikel von Goebbels sendet, damit doppelt codierte Nachrichten möglich sind. Umgang mit Informationen, wie von Betti vorgeschlagen.«

Nach 2½ Stunden intensiver Beratung traten wir die getrennte und zeitlich gestaffelte Rückfahrt an. Es war der Beginn einer noch ernsteren Zeit, als wir sie nach dem Münchener Verrat erlebten.

> Anna und Kati zeichneten diesen Text auf, begrenzt auf das Wesentliche. Anna versteckte ihn sicher bei ihren Verwandten in Gehaag. 1946, bei einem Treff mit Anna in Eger, erhielt ich diesen Text auf einem etwas vergammelten Papier; er war jedoch noch gut lesbar.

Teil I

Letzter gemeinsamer Treff der Antifa Eger

Herbst 1940

Bei einigen unserer aktiven Genossen lagen die Einberufungsbefehle für den Arbeitsdienst oder zur Ausbildung für den Kriegseinsatz vor. Unser »Elf-Dreier-System« für den illegalen Antifa-Widerstand würde bald nicht mehr funktionieren. Dabei wäre es angesichts der militärischen Anfangserfolge der Faschisten dringender denn je, mit unseren begrenzten Mitteln erforderliche Gegen-Informationen an die Menschen heranzubringen und dort – wo möglich – Krieg und dessen Ausweitung zu sabotieren.

Der Überfall auf Polen endete nach sechs Wochen, nachdem seit dem 1. September 1939 »zurückgeschossen« wurde. Lahme Proteste der Westmächte! Frankreich kapitulierte nach dem massiven Angriff deutsch-faschistischer Truppen am 22.6.1940; zwei Drittel der Grande Nation bzw. ihres europäischen Territoriums waren besetzt! Die in Berlin Herrschenden nutzen die Kapazitäten der okkupierten Staaten für ihre weiteren Eroberungen. Durfte man in Polen zumindest auf nationalen Widerstand hoffen, nachdem Pilsudskis Militär-Diktatur die progressiven Kräfte erheblich geschwächt hatte? In Frankreich jedoch und auch in Belgien sowie in den Niederlanden existierten starke Arbeiterbewegungen, die für antifaschistischen Widerstand einiges aufzubieten haben könnten. Die Volksfront in Frankreich war nach dem Verrat Daladiers zerbrochen; sozialistische und kommunistische Organisationen wirkten jedoch illegal weiter. Die Frage war, welche Potenziale die Linke gegen die Besatzungsmacht zu mobilisieren in der Lage sein würden, um die Faschisten zu behindern und letztendlich zu überwinden.

Nach Rücksprachen mit einigen Aktiven der Dreier-Gruppen waren Karl, mein Stellvertreter und Anna – eine unserer erfolgreichsten Flugblatt-Verteilerinnen – der Meinung, wir sollten noch einmal eine Zusammenkunft der 33 Aktiven und der dazu bereiten partiellen Unterstützer in einem abgelegenen Wald- und Berggebiet durchführen. Es meldeten sich 75 Genossinnen und Genossen an. Im Kaiserwald über dem uns gut bekannten Kneipelbach-Tal wollten wir uns an einem leicht abzusichernden Platz treffen. Unser Vorkommando stellte fest, dass wir unbeachtet und ungestört beraten konnten.

Karl leitete unsere illegale Versammlung ein, begrüßte und stellte unser Nicht-beobachtet-Sein fest.

Karl: »So gut es eben möglich war ab Ende der ČSR, führten wir drei Plakataktionen und vier Flugblatt-Verteilungen durch. Bei jeder Aktion klebten je 33 Plakate, insgesamt setzten wir 2.000 Flugblätter ab. Die Ursachen des gescheiterten Versuchs, am Marktplatz gegenüber der SS-Wache Plakate zu kleben, sind bekannt. Die persönliche Verbindung und Information funktionierte. Wir sprengten vier Bahnstrecken, was tagelange Verzögerungen von Rüstungs- und Kriegstransporten mit sich brachte. Die Jugend-Genossen, die unsere Verstecke für Sprengstoff und Zündschnüre kennen, sollten nun ihr Wissen an eine oder einen weitergeben, die nicht zum aktiven 33er-Kreis gehören, die aber in dieser Notlage mitzuhelfen bereit sind. Das gilt auch für unsere illegale Handdruckerei samt Vorräten. Freiwillige sollten sich nachher melden. Über den Kreis der 33 Aktiven hinausreichend versuchten viele in persönlichen Gesprächen, wichtige Informationen weiterzugeben und das mögliche Pensum an Aufklärungsarbeit zu leisten. Meistens waren es Berufskolleginnen und -kollegen, die angesprochen wurden. Solche Kontakte sind wichtig; man sollte sie ausbauen, wo möglich. Massen vermochten wir nicht zu mobilisieren, da stimmten Wunsch und Wirklichkeit nicht überein. Was sich in den Köpfen derjenigen abspielte, die wir persönlich oder mit Plakaten und Flugblättern ansprachen, wissen wir nur zu einem kleinen Teil. Es gab negative Erfahrungen, aber auch sehr ermutigende. Mit Stolz ist festzustellen, dass die Gestapo in keinem einzigen Fall die ‚Täter' der illegalen Aktionen aufspürte. Wir leisteten also gut getarnte Arbeit; allein das ist als Erfolg zu verbuchen.

Es brachte uns nicht viel, dass wir gemäß der Anregung unseres damaligen Parteivorstandes einige Jugendgenossinnen und Jugendgenossen insgeheim in NS-Organisationen ‚delegierten', um Informationen zu erhalten. Wichtige Entscheidungen, die für uns verwertbar waren und sind, fallen nicht in NS-Basisgruppen. Um zu wissen, wer wann was veranstaltet: das war auch in der Presse zu lesen. Die in diese Organisationen eingeschleusten Kämpferinnen und Kämpfer erstatteten jedoch regelmäßig Bericht. Informationen erhielten wir nur über die Stimmung an der Basis. Aber die Sache hat zwei Seiten: bei Verhören durch die Gestapo brachte es stets Pluspunkte, wenn man auf aktive Mitwirkung beim BdM (Bund deutscher Mädel; LK), in der NS-Frauengruppe oder beim NSKK (Nationalsozialistisches Kraftfahrer-Korps) verweisen konnte. So sagte Anita beim einem Alibi-Verhör: ‚Sie werden doch einer aktiven Mitarbeiterin des NS-Hilfswerkes nicht unterstellen wollen, dass sie ihre Treuepflicht zu Führer und Reich verletzt?!' Diese Bemerkung verfehlte ihre Wirkung offenbar nicht! Wir alle müssen eben lernen, mit Widersprüchen zu leben! Wir bekämpfen etwas, das zu unterstützen wir vorgeben müssen; wir sind dazu gezwungen. Der heilige Marx helfe uns!

Nun ist zu prüfen, wie wir den illegalen Kampf unter veränderten Bedingungen und voraussichtlich deutlich eingeschränkt weiter durchführen. Unser Dank gilt allen, die aktiv mithalfen oder die im Hintergrund passiv mitwirkten. Dabei erfuhren manche, dass das Gewähren von Alibis keine passive Sache ist; die Grenzen zwischen den 33 Aktiven und den Unterstützern verwischten sich häufig. Darüber ist nachher zu sprechen. Aber nun erhält unser ELKA das Wort.«

LK: »Wir alle wissen, dass der Faschismus ein historisches Durchgangsstadium ist, ein schreckliches zwar, der allgemeinen Krise des Kapitalismus entsprechend, aber eben eine geschichtliche Entwicklungsphase mit einem voraussehbaren Ende. Wie lange diese Barbarei noch dauern wird, kann niemand voraussagen. Je stärker sich die Gegenkräfte in Staaten und Gesellschaften entfalten, desto früher ist mit dem Sturz der verbrecherischen politischen, wirtschaftlichen und militärischen Führung Groß-Deutschlands zu rechnen. Aber auch die inneren Widersprüche entfalten sich. Die Generalskrise, die sich zu Kriegsbeginn zeigte, ist nur ein Beispiel.

Noch sind die Faschisten militärisch in der Offensive, weil man zwar die Aggressionspläne der in Berlin Herrschenden kannte, nicht aber die geballte Kraft und das enorme Tempo, mit der die deutsche Kriegsmaschinerie arbeitet. Aus Hitlers ‚Mein Kampf' konnte man vieles entnehmen, aber nicht das, was deutsche Kapitalherren und Generalstab zum superschnellen Raub fremder Kapazitäten beisteuerten. Es kann seine Zeit dauern, bis sich die Potenzen des Widerstandes in den überfallenen Ländern und anderswo entfalten.

Wir wissen, dass Teile der Arbeiterschaft in den westlichen Ländern das morsche und große Teile des Volkes benachteiligende System des Kapitalismus nicht zu verteidigen bereit waren. Manche gehen auch davon aus, dass man so schnell wie möglich den zunächst kaum aufzuhaltenden Faschismus hinter sich bringen sollte. Anders ist die zu rasche Niederlage Frankreichs nicht zu erklären. Es dauert offenbar seine Zeit, bis alle erkennen, dass der Faschismus als die infernalischste Form kapitalistischer Herrschaft das Bündnis aller von ihm attackierten Kräfte bedarf, um ihn aufzuhalten und letztendlich niederzuwerfen. Manche Regierungen begriffen noch nicht, dass der Faschismus mit Abstand gefährlicher ist als eine demokratisierte Wirtschaft. Aber wenn es diesen Privilegierten an den Kragen geht, beginnt wahrscheinlich ein rasches Umdenken!

Uns bleibt aufgetragen, unseren bescheidenen Teil dazu beizutragen, dass die Wende im Krieg bald erfolgt. Unsere Partei, deren gewählte Gremien einst wegweisende Beschlüsse fassten, ist nur noch durch uns selbst anwesend. Wir sind auf uns selbst gestellt, wenn wir das, was wir vor dem Münchener Verrat an Widerstandsaktionen planten, gemeinsam und mit verteilten Rollen umsetzen wollen. Nun aber änderte sich auch in diesem Bereich einiges. Wenn manche von uns – und die Zahl wird steigen – für den Krieg eingezogen oder für Aufrüstung und Kriegsvorbereitung dienstverpflichtet werden, fehlen die bisherigen illegalen Beratungen und Planungen oder sie bleiben auf den allerkleinsten Kreis begrenzt. Vorbei geht die Zeit, wo wir gemeinsam Widerstand leisteten – die einen aktiv, die anderen oft als stille Helfer oder als Alibigeber.

Vielleicht bietet sich für uns, wenn wir fern der Heimat allein zu wirken versuchen, die Möglichkeit, eine Antifa-Zelle aufzubauen mit Menschen, die wir erst in fremder Umgebung kennen lernen. Größte Vorsicht ist geboten, wenn wir individuell mit anderen Gespräche führen, um herauszufinden, wes Geistes sie sind. Nicht immer werden die Möglichkeiten gegeben sein, mit quasi Fremden, aber mit uns im Geist verbundenen neue Kooperationen contra Faschismus aufzubauen. Wir denken dabei immer daran, dass wir gebraucht werden für ‚die Zeit nach Hitler'. Testet insgeheim Eure eventuellen neuen Partner, bevor ihr eine Aktion startet. Unser Kampf darf nicht durch Leichtfertigkeit oder Vertrauensseligkeit leiden.

Durch unsere Geheimschrift können wir miteinander verbunden bleiben, wo immer der eine oder die andere hinverschlagen wird. Die Materialien, die dafür benötigt werden, sind überall zu beschaffen. Nur das Allerwichtigste teilen wir uns per Geheimschrift mit.

Was die wichtige Rolle einzelner Kämpfer für sozialen Fortschritt und Sozialismus bedeutet: da erinnere ich an die Diskussionen, die wir nach den historischen Niederlagen in Deutschland und Österreich führten. Einige von uns nahmen an den Seminaren teil, fast alle der hier Anwesenden debattierten in den Gruppenabenden mit, wenn die bitteren Erfahrungen oder die Frühschriften von Marx diskutiert wurden. Die mehrschichtigen Ursachen der Niederlagen von 1933 und 1934 sind bekannt. Zu Marx: wir wissen, dass nicht nur der unvermeidliche und anhaltende Kampf zwischen Bourgeoisie und Proletariat unsere Epoche charakterisiert. Die Notwendigkeit mächtiger Arbeiterorganisationen bleibt unumstritten als politisches Gegengewicht zum Einfluss des Kapitals. Gegen die Selbstentfremdung bzw. Fremdbestimmung der Menschen, kulminierend in der Lohnarbeit des Kapitalismus, zu wirken bleibt entscheidende

Aufgabe der Sozialisten. Die Selbstbestimmung und Selbstverwirklichung der Menschen durchzusetzen, ist die positive Seite dieser Problematik der Individuen. Das ist nicht nur eine Zukunftsverpflichtung. Weil man die Eigenverantwortung und die Selbsttätigkeit der Genossinnen und Genossen vernachlässigte, kamen die großen Gemeinschaften nicht zu jener Wirkung, die bei realisierter kreativer Mit- und Selbstbestimmung möglich gewesen wäre. Die größte Organisation erreicht nicht das Optimum ihres tatsächlichen Leistungsvermögens, wenn die Einzelnen nur auf Beschlüsse und Direktiven von gewählten Spitzengremien warten. Die großen und ideologisch gefestigten Arbeiterorganisationen in Deutschland und Österreich scheiterten auch deshalb, weil man den Einzelmenschen mit seinen produktiven Bedürfnissen und Selbstgestaltungsbestrebungen vergaß. Die Ökonomie allein macht es eben nicht! Menschen, deren Eigeninitiative nicht gefragt ist oder gar verhindert wird, können keine produktive Gemeinschaft hervorbringen. Wirkungsmächtige Kollektive sind ohne selbstbewusst tätige Individuen nicht zu erreichen. Das ‚tätige Ich' im Rahmen der solidarischen Gemeinschaft blieb unverzichtbares Element in unseren Organisationen bis Herbst 1938. Weil unsere legalen Verbände nicht mehr existieren, ist die Rolle jedes einzelnen und jeder einzelnen enorm gewachsen.

Damit ist auch vor dem Hintergrund geschichtlicher Erfahrungen und theoretischer Erkenntnisse klar, dass das ‚tätige Ich' auch ohne Organisation und ohne gemeinsame Beschlüsse kleiner Kollektive im Kampf gegen Faschismus und Krieg unverzichtbar wurde. Das ‚tätige Ich' bedeutet, dass jeder und jede von uns selbst zu entscheiden hat, wie und wann er in die gesellschaftlichen Abläufe eingreift und wo er Sand ins Getriebe der faschistischen Kriegs- und Weltherrschaftspläne unserer Feinde streut. Das ‚tätige Ich' bedeutet, dass auf den Schultern einer jeden und eines jeden eine Verantwortung liegt, die er bisher mit anderen teilen konnte. Die Zeit der gemeinsamen Beratungen und Aktionen geht zu Ende. Wir alle werden quasi ideologische und antifaschistische Einzelkämpfer, die nur unserer Programmatik und unseren längerfristigen Zielsetzungen verantwortlich sind und bleiben.

Vielleicht können wir gelegentlich unsere Erfahrungen austauschen und wichtige Erkenntnisse anderen mitteilen. Wo immer die Möglichkeit besteht, sollte man das Neue an unserem alten Kampf erörtern und vermitteln. Das würde uns allen nützen. Wir denken dabei stets daran: die Wände können Ohren haben! Und auch im Freien ist bei konspirativen Gesprächen größte Vorsicht geboten. – Ich wünsche uns allen Erfolg und ein glückliches Wiedersehen in der Heimat nach unserem Sieg über den diabolischen Faschismus.«

Beide Referate waren im kleinen Kreis vorberaten. Erstmals nahm der schwer kranke Schorsch Hirsch daran teil, weil er als Leiter der verbleibenden Genossinnen und Genossen vorgeschlagen werden sollte.

Die Diskussion zu den beiden Kurzreferaten konzentrierte sich auf die Frage, ob nicht mit neuen Freiwilligen ein Teil der bisherigen Aktivität weiterzuführen sei und auf die Möglichkeiten des Suchens von neuen Antifa-Partnern in fremden Umgebungen; der Austausch von Erfahrungen wurde ebenfalls erörtert.

Vier Genossinnen und zwei Genossen, die bisher zu den Helfern der 33 Aktiven gehörten, meldeten sich freiwillig. Vier weitere Genossinnen erbaten sich Bedenkzeit; sie wollten sich in spätestens zu Wochen bei Schorsch melden. Schorsch wurde mit zwei Gegenstimmen als Nachfolger von ELKA (ab Einberufung des bisherigen Vorsitzenden) gewählt. Die zwei Gegenstimmen begründeten die Genossinnen mit der drohenden Überlastung von Schorsch angesichts seines schweren Asthmas und seiner Herzkrankheit. Die Wahl erfolgte in Abwesenheit von Schorsch, aber mit seiner erklärten Bereitschaft vor einigen Antifa-Kämpfern. Die künftige Verwaltung von Sprengstoff etc. und der illegalen Kleindruckerei war schnell geregelt. Gretel nahm die Wahl an, als künftige Koordinierungsperson wichtige Aufgaben zu übernehmen. Sie arbeitete in der Rüstungsproduktion der ESKA und galt als unabkömmlich. Um die Aufmerksamkeit nicht auf Schorsch zu lenken und der Gestapo weniger Anhaltspunkte zu geben, sollte die eingehende Post zu ihr gelangen.

Drei »kriegsfähige« Genossen, die im nächsten Jahr mit ihrer Einberufung zu rechnen hatten, meldeten sich bis zu diesem Zeitpunkt als Aktive. Leider war damit zu rechnen, dass auch Genossinnen für Betriebe in entfernteren Städten dienstverpflichtet würden. Vorläufig war das jedoch nicht zu klären.

Für Sentimentales war kein Platz; die Lage war viel zu ernst. Nach dreistündiger Beratung verließen die Teilnehmer in zeitlichen Abständen die Waldlichtung am Hang zur Heimfahrt – und zum weiteren Antifa-Widerstand mit verteilten Rollen.

> Diesen Text verfassten Anna und Karl. Er wurde verschlüsselt. Anna versteckte ihn im Mauerwerk ihres Wohn- und Schlafzimmers – bis 1945!

TEIL I

»Ihr werdet gebraucht – für die Zeit nach Hitler«

Vor dem Kriegsgericht sollte ich mich verantworten: wegen einer Lappalie! So schnell kann das gehen! Es war Mitte Mai 1942 etwa 50 km südlich des Halfaya-Passes an der libysch-ägyptischen Grenze. Wüste ringsum; feindliche Wüste ohne Fluchtmöglichkeit. Vorher:

Rommel kam unangemeldet zum Bataillonsgefechtsstand. Alle Offiziere der verstreut in der libyschen Wüste lagernden bzw. in Schutzlöcher eingegrabenen Trupps der MG-Kompanien mot. holte man zusammen. Mich kommandierte man zur Küche beim Stab, von der die Versammelten Kaffee erhalten sollten. Zusammen mit einem weiteren Soldaten, den ich als christlichen Gegner des faschistischen Systems und des Kriegs kannte. Zwangsläufig hörten wir mit, was Rommel den Offizieren vortrug:

Manstein greife mit seiner Heeresgruppe »die Russen« von der Ukraine aus Richtung Kaukasus an. Das Öl von Baku und Maikop würde dringend benötigt. Das Afrika-Korps hätte die britischen Truppen aus Ägypten zu jagen, um dann über Damaskus und Mesopotamien von Süden her auf Baku vorzustoßen, eventuell unterstützt von türkischen Truppen. Unser Führer will die Ölregion in die strategische Zange nehmen.

An der Küche, als ich auf meine Mit-Ordonanz traf, sagte ich nicht sehr laut zu ihm, sinngemäß: Das Afrika-Korps erhält kaum Nachschub. In Palästina und Mesopotamien sowie Persien stehen starke britische Verbände mit Nachschub. Die Gegner Deutschlands sind uns wirtschaftlich total überlegen. Wie soll das kleine Afrika-Korps die Ölregion von Baku erreichen? – Ein junger Offizier, der von uns ungesehen mitgehört hatte, stürzte mit hochrotem Kopf auf mich zu, packte mich am Kragen und schrie: »Das ist Wehrkraftzersetzung! Sie müssten erschossen werden!« Er schleppte mich zum Bataillons-Kommandeur: »Das ist ein Wehrkraftzersetzer, Herr Major!«. Rommel war inzwischen wieder abgefahren, aber die Offiziere standen noch in kleinen Gruppen zusammen. »Wie hat er denn die Wehrkraft zersetzt? Es sind doch keine Soldaten hier, nur Offiziere!«. Der Leutnant berichtete, was er gehört hatte.

Der Major fragte mich: »Woher haben sie denn diesen Unsinn?« Meine betont soldatische Antwort: »Bitte Herrn Major darauf aufmerksam machen zu dürfen, dass vor der Einschiffung in Bagnoli bei Neapel alle über solche Dinge sprachen.« Der Major: »Das ist nicht zu kontrollieren! Ist aber keine Standgerichtssache. Erst mal Einzelhaft! Das ist ein Fall für das Kriegsgericht!«. 24

Stunden später tagte das Kriegsgericht beim Regimentsstab: kaum etwas anderes zu erwarten als eine Verurteilung: Wegen »Wehrkraftzersetzung!«. Ab in eine Strafkompanie! Zunächst »Wüstengefängnis« bis zum Abtransport.

Es war eine Tortur besonderer Art! Einzelhaft! Bei 60 Grad Außentemperatur mittags und nachmittags, Innentemperatur im Zelt um die 70 Grad und einen halben Liter Wasser pro Tag. Die Öffnung am kleinen Pyramidenzelt mit vier Quadratmetern Bodenfläche durfte nur fünf Zentimeter für die Luftzufuhr geöffnet sein. Zwei Meter vor dem Zelt befand sich ein Wachposten mit entsicherter Maschinenpistole. Ablösung alle zwei Stunden. Er durfte nicht mit mir sprechen. Nur abends konnte ich das Zelt zur Notdurft für kurze Zeit verlassen: bewacht vom Posten. Gemessen am Wüstengefängnis erschien mir das Egerer Gefängnis als eine Erholungsstätte.

Bei aller Pein: es blieb viel Zeit zum Nachdenken, obwohl der quälende Durst jede längere Besinnung erschwerte. Eine Vorstellung von dem, was mich in der Strafkompanie erwartete, hatte ich nicht. Ein Himmelfahrtskommando? Flucht in die Wüste? Würde man erwischt, drohte Erschießen wegen Fahnenflucht! Zwar überstand ich bereits ein Himmelfahrtskommando: mit zwölf anderen sollte ich wegen besonders guter Afrikatauglichkeit vor wenigen Wochen hinter der libysch-ägyptischen Grenze tief im Süden Panzerminen verlegen, weil dort britischen Panzerkräfte das Afrikakorps von der Flanke her anzugreifen versuchten. Mit einer JU 52 brachte man uns dorthin. Im Flugzeug konnten wir nicht merken, dass ein britisches Jagdflugzeug angriff. Erst der Geschossaufprall und der brennende Motor versetzte uns in Schrecken. Unser erfahrener Pilot setzte jedoch die JU 52 auf eine steile abfallende Sanddüne auf, die erstens den Aufprall minderte und zweitens den brennenden Motor mit Sand löschte. Die 200 Panzerminen blieben an Bord des Wracks. Der Auftrag war nicht zu erfüllen; bis zum Ort, wo verlegt werden sollte, wäre noch eine Viertelstunde zu fliegen gewesen. Der dreitägige Marsch durch die Wüste mit einer Feldflasche Wasser begann. Obwohl wir nur nachts Richtung Nord bzw. Richtung Küste zogen, kamen nur drei bei einer deutschen Truppe an. Wir konnten den anderen, die entkräftet liegen blieben, nicht helfen. In solchen Situationen kämpft jeder ums eigene Leben. Der uns kommandierende Unteroffizier machte allen klar, dass nun jeder auf sich gestellt sei und versuchen sollte, die Küste zu erreichen. Total erschöpft nahm uns eine deutsche Panzerabteilung auf.

Aber jetzt? Den Wachposten zu überwältigen und mit dessen Maschinenpistole zu flüchten in der Hoffnung auf britische Truppen zu stoßen, das war zu abenteuerlich! Ich erinnerte mich: »Ihr werdet gebraucht – für die Zeit nach Hitler!« Josef Luitpold Stern legte uns diese Mahnung erstmals nahe, als er in Eger ein Seminar leitete. Damals diskutierten wir die Perspektiven des Sozialismus angesichts des historischen Rückschlags von 1933 in Deutschland und 1934 in Österreich. Einige anwesende Emigranten aus Deutschland erinnerten an die Opfer, die der Antifa-Widerstand kostete. In diesem Zusammenhang verwies Josef Luitpold Stern auf sorgfältige Planungen, die alle notwendigen Antifa-Aktionen erforderten und auf vorbedachte Hindernisse sowie auf das unerlässliche »Spuren verwischen« bei allen Aufklärungsmaßnahmen für die Massen oder bei Sabotage. »Die faschistischen Aggressoren stoßen angesichts der materiellen und moralischen Überlegenheit ihrer Gegner in Europa und in der Welt an die Grenzen ihrer Möglichkeiten. Der Faschismus hat keine Zukunft, selbst wenn er seinen Nährboden im Kapitalismus erhält. Dann brauchen wir viele erfahrene Streiter für eine sozialistische Weltgesellschaft.«

Was bedeutete das für meine gegenwärtige miserable Lage? Keine Handlungen, die nicht genau überlegt sind! Gewiss: den Posten vor meinem Zelt könnte ich überrumpeln, ihn die Maschinenpistole abnehmen und flüchten. Aber wo in der Nähe wäre eine Gelegenheit zum Überlaufen, falls überhaupt britische Truppen in der Nähe wären? Eine Flucht ins Ungewisse hatte keinen Sinn.

Mir fiel ein, dass ich im Egerer Gefängnis nach dem Einmarsch der faschistischen Truppen und der Ausrufung des »Sudetengaus« als aktiven Teil des »Großdeutschen Reiches« vor einer ähnlichen Lage stand. Drei mir gut bekannte bewaffnete Hitler-Jugendführer drohten mir Schreckliches an, sollte ich nicht einen vorbereiteten Aufruf an die ehemaligen Mitglieder aller linken Jugendorganisationen im Egerland unterzeichnen, nach dem sie ihre »alte Idee« abschwören und als Mitglieder der HJ treue Gefolgsleute Adolf Hitlers werden sollten. Natürlich weigerte ich mich. Auch die angebotene Bedenkzeit schlug ich aus. Dann griff einer nach seinem Revolver, der andere zückte seinen Dolch, der Dritte holte eine handliche große Latte, die offenbar an der geöffneten Tür meiner Zelle bereitlag. Sollte ich da einen angreifen und gegen die beiden anderen werfen und nach dem Entwenden der Pistole durch die offene Tür meiner Zelle das Weite suchen? Aber wohin dann? Oder bei einem Handgemenge ums Leben kommen? »Ihr werdet gebraucht – für die Zeit nach Hitler!«, erinnerte ich mich. Sie schlugen mich bewusstlos! Aber nach dem Gefängnis begann die vorbereitete gezielte Antifa-Arbeit! Also auch jetzt: abwarten! Nach neuen Möglichkeiten suchen!

Ich dachte nach: wie war das damals, als nach Kriegsbeginn die Einberufungsbefehle viele meiner westböhmischen Freunde und schließlich mich selbst erreichten? Erörterten wir nicht, wie man den faschistischen Eroberungs- und Raubzügen entrinnen könnte? Und welche Möglichkeiten ergäben sich dann, gegen diesen historischen Rückfall zu kämpfen?

Soldat werden in der Armee der Faschisten ist weniger schlecht als KZ, das im Falle einer Verweigerung drohte. Als Soldaten versuchten wir dann mit eingeschränkten Möglichkeiten dennoch im Sinne des Antifa-Widerstandes zu wirken.»Ihr werdet gebraucht…!«

Bei dieser Hitze und ständigem Durst fehlte mitunter das notwendige Konzentrationsvermögen. Es kostete bereits viel Mühe, die Tagesration Wasser nicht zu schnell zu trinken, sondern das kostbare Nass nur schluckweise zu genießen.

Ein weiterer existenzieller Tiefpunkt fiel mir ein, während ich qualvolle Tage im Wüstengefängnis verbrachte – und durstete! Bei der Überfahrt von Catania/Sizilien nach Afrika versenkten britische U-Boote das Schiff, auf dem ich mich mit etwa 800 deutschen Soldaten samt der italienischen Marinebesatzung von ca. 50 Matrosen befand. Mit einem Hamburger Kommunisten, mit dem ich in Bagnoli bei Neapel einige Gespräche über Desertier- und allgemeine Widerstandsmöglichkeiten führte – zu Aktionen fanden wir keine Gelegenheit –, wollte ich während der »Schiffsreise zur Front« weitere praktikable Überlegungen anstellen. Wir trugen Schwimmwesten. Wegen starker »feindlicher Luftstreitkräfte« bzw. Nachtjäger fuhren wir nachts bei starker Dunkelheit. Ich konnte nicht ahnen, dass es meine Rettung sein sollte, als man mich zur Wache auf das Schiffsdeck befahl, während mein kommunistischer Gefährte im Schiffsinneren bleiben musste. Mit einem anderen Soldaten hatte ich ein Maschinengewehr auf Lafette zu bedienen; für den Fall, dass britische Nachtjäger angreifen. Außerdem sollten wir, wie manche Italiener auf der Kommandobrücke auch, auf eventuell angreifende Schnellboote achten und die Kanoniere an Deck rechtzeitig warnen, sofern nicht die italienischen Beobachter mit ihren Nachtfernrohren schneller als wir »Alarm!« geben würden. Etwa 30 deutsche Soldaten schoben »Wachdienst an Bord«, gut verteilt mit ihren MGs auf der großen Fläche.

Kein Mond, keine Sterne zu sehen. Nur die sehr hohen, pechschwarz erscheinenden Wellen mit ihren weißen Gischtkronen rings um das Schiff. Es mochte kurz nach Mitternacht gewesen sein. Plötzlich »Alarm!« und große Aufregung bei den Matrosen. Wir verstanden nur »Torpedos« und sahen, wie italienische Matrosen eilends Schwimmwesten anlegten und alle auf eine Seite des Decks liefen, um über Bord zu springen. »Los, haut ab!«, schrie der wachhabende deutsche Offizier und sprang ins Meer. »Schwimmt schnell weg vom Schiff!« war das letzte, was von ihm zu hören war. Im Moment dachte ich nicht an die vielen Menschen im Schiffsraum und nicht an meinen Antifa-Gesprächspartner. Wie alle anderen an Deck sprang ich ins Meer und schwamm, so gut es eben der starke Wellengang erlaubte, weg vom Schiff. Weg vom Schiff, auf das offenbar ein Torpedo zusteuerte. Weg vom Schiff! Es würde bald getroffen werden! Ich weiß nicht, wie viele Minuten vergingen, bis ich ein dumpfes Bersten hörte. In meiner Nähe schwammen deutsche Landser und italienische Matrosen. Alle weg vom getroffenen Schiff! Nur nicht in den Sog des untergehenden Transporters gelangen! Ich schwamm und schwamm! Einmal blickte ich zurück: der rückwärtige Teil des Schiffes, der nach oben ragte, war das Letzte, was ich vom sinkenden Truppentransporter sah. Mit ca. 800 Mann an Bord! Mit meinem kurzzeitigen neuen Antifa-Gefährten, den es nun nicht mehr gab!

Auf den bewegten Wogenbergen sah ich gelegentlich andere schwimmen: deutsche Soldaten und italienische Matrosen, leicht zu unterscheiden. Wie sollte das weitergehen? Erst einmal schwimmen, schwimmen! Gelegentlich ging eine Woge über den Kopf. Von Rettungsschiffen erzählte man uns in Italien, die in solchen Fällen sofort ausliefen. Etwas anderes erschrak mich jedoch: befanden wir uns etwa auf den Höhe von Malta und sagte man uns nicht, dass das Meer in dieser Region ein Beutegebiet von Haien sei?! Oh Schreck! Auch das noch! Jedoch: weiter schwimmen, schwimmen!

Viel später bemerkten offenbar mehrere, dass das z.T. geborstene Schiff viele Planken an die Oberfläche abstieß, die nun im Meer trieben. Mit einem italienischen Matrosen klammerte ich mich an einer großen Planke fest, das sparte Kraft. Der mit mir Leidende sprach kein Wort Deutsch; ich nur so viel Italienisch, wie in einem Schnellkursus in Bagnoli zu lernen war: 60 bis 80 Worte, die hier wenig nützten. Wie man in einem italienischen Ristorante ausgewähltes Essen und Wein bestellt oder wie man nach der Rechnung fragt: das nützte hier nichts. Man dachte nur ans Überleben.

Stunden vergingen. Kein Hai, aber auch kein Rettungsschiff! In geringerer oder größerer Entfernung, bei nun etwas niedrigerem Wellengang, sah man Überlebende, die sich ebenfalls an Planken festhielten.

Es war bereits heller Morgen und die Sonne erhob sich glänzend aus dem Meer. Viele Schreie machten mich auf ein von der Ferne nahendes Schiff aufmerksam. Rettung! Rettung! Tatsächlich kamen kleine Boote vom offenbar ankernden Schiff auf uns zu. Rettung! Rettung! Ich zählte nicht, wie viele man vor uns in die Boote zog. Bald würden auch wir, der Matrose und ich, an der Reihe sein.

Alle Boote fuhren zurück zum Schiff, und das Rettungsschiff fuhr weg! Der italienische Matrose, mein Planken-Partner, begann wild zu schreien! Ich blieb still. Schreien nützte nichts. Das kostet nur Kräfte. Nun wurde mir jedoch klar, dass mein Ende nahen könnte. »Ihr werdet gebraucht – für die Zeit nach Hitler!«; was war diese auffordernde und eine gewisse Sicherheit sowie Zukunftshoffnung vermittelnde Losung in der konkreten Situation noch wert? Wie lange würde die Vitalität noch ausreichen, um den Halt an der Planke zu bewahren? Der italienische Matrose war nach langem Schreien phlegmatisch geworden, er klammerte sich aber fest an die Planke, beinahe krampfhaft.

Die Zeit schien endlos: Meine Gedanken schweiften zurück. Aber ich vermochte nun nichts Ermutigendes mehr an den vielen Erlebnissen und hoffnungsvollen politischen Kämpfen zu finden. Und auch die historischen Niederlagen, die die Arbeiterbewegung in den letzten Jahren erlitt, schreckten mich nicht mehr. Überfiel mich auch bald ein lähmendes Phlegma?

Nach Stunden kam wieder ein Schiff auf uns zu. Zum Jubeln reichte die Kraft nicht mehr. Wieder setzte man kleine Boote aus. Etwa zehn Schiffbrüchige zog man in die kleinen Rettungsboote, bevor sie zu uns kamen. Mit letzter Kraft versuchte ich einige Schwimmbewegungen: es ging nicht mehr; ich war wie steif. Man zog mich ins Boot. Meine schwache Erinnerung: nach einem Schluck heißen Kaffee schwanden mir die Sinne.

Weiße Betten um mich, fremdländische Stimmen, ein Arzt und freundliche Krankenschwestern: so die ersten Eindrücke, nachdem ich das Bewusstsein wieder erlangte. Dem Tod entronnen! Nun machte es wieder Sinn: »Ihr werdet gebraucht – für die Zeit nach Hitler!«. In einem Lazarett in Messina pflegte man die 24 Überlebenden – 24 von mehr als 850 Personen! Einige deutsche Soldaten, etwas mehr italienische Matrosen. Ein Dolmetscher vermittelte zwischen dem Lazarett-Personal und den deutschen Patienten. Alle lachten, als ich als Anti-Alkoholiker sagte: »Date mi uno litro di vino rosso!« (Geben sie mir einen Liter vom roten Wein!).

Die andere Nachricht: nach drei Wochen Genesungszeit wieder zur Truppe! Sammelstelle in Catania. Zwar hatten alle Schiffbrüchigen auf Heimaturlaub gehofft, aber so schnell ließ die deutsche Heeresleitung in Italien die als »afrikatauglich« gemusterten Soldaten nicht aus ihren Fängen. Zwar brachte man uns nach Taormina in die Sichtweite zum Ätna, dem sizilianischen Vulkan.

TEIL I

Selbst »Ausgang bis zum Wecken« gab es einmal. Einige Feldpostbriefe an die Eltern und gut verschlüsselt an meine Kampfgenossinnen und -genossen. Eine Verbindung zu einem hier anwesenden Antifa-Kämpfer kam nicht zu Stande. Mit einem Spezialtransporter brachte man mich und etwa 300 deutsche Soldaten nach Benghasi/Nordafrika.

Ich nahm mir fest vor, übereinstimmend mit den Diskussionen, die wir in Eger nach Einberufungsbefehlen führten, niemals auf Menschen schießen, die von den Faschisten als »Feinde« klassifiziert werden! Außer: in Notwehr! Befanden sich unter den »feindlichen« Soldaten nicht ebenfalls Menschen, die wie ich gezwungen waren, an dem Krieg teilzunehmen? Bekämpften sie wie ich den Krieg? Über die Köpfe hinweg würde ich schießen und – wenn möglich – versuchen, nicht an »Schlachten« teilzunehmen.

Nun aber litt und durstete ich im »Wüstengefängnis« und ließ an mir Erinnerungen vorüberziehen ohne genau zu wissen, wie es in einer Strafkompanie zugehen würde. Hatten Auftrag und Mahnung »Ihr werdet gebraucht – für die Zeit nach Hitler!« noch einen Sinn?

Nach zehn Tagen Qual und Elend holte mich ein Unteroffizier, in barschem Ton Weisungen gebend, ab. Mit anderen brachte er mich zur Strafkompanie. Die lag etwa südöstlich, nahe der eingeschlossenen britischen Wüsten-Festung Tobruk. Als »Galgenvögel« begrüßte uns der Spieß. In einem felsigen Gelände, das wenig Deckung bot, sollte ich mit einigen Handgranaten bewaffnet Stellung beziehen, ca. 300 m vor deutschen Panzern, die angriffsbereit waren. Man wies mich ein, bei eventuell aus der Festung Tobruk angreifenden britischen Panzern mit Handgranaten deren Fahrketten zu sprengen, um sie bewegungsunfähig zu machen! Im Raub- und Eroberungskrieg der deutschen Faschisten war ich nun also echtes »Kanonenfutter«!

Verbindung zu anderen zu bekommen, war schwierig. In etwa fünf Metern Entfernung lagen Strafgefangene, mit denen ich außer technischen Dingen nichts bereden konnte. Nur abends beim Essenholen in der weiter rückwärts liegenden geschützten Küche traf man für längere Zeit mit anderen zusammen. Nie wusste man, ob der jeweilige Gesprächspartner ein »Krimineller«, ein wegen »Feigheit vor dem Feind« degradierter Mann war oder ein »Politischer«. Nur durch Zufall ergab sich bei einem Gespräch, dass ich es mit einem »Wehrkraftzersetzer«, einem KPD-Mann aus dem Ruhrpott zu tun hatte. Einige Tage später stieß ich auf einen SPD'ler, ebenfalls ein »Politischer«. Antifa-Arbeit ist unter diesen miserablen Bedingungen kaum möglich, stellten wir fest. Und Überlaufen in eine eingeschlossene Festung? Macht keinen Sinn!

Von anderen erfahre ich, dass vor uns – jenseits der Front! – Inder liegen. Aber was machte das!? Die »Kanonengrüße« aus der Festung gingen über uns hinweg. Deutsche Panzer waren das Ziel. Wie verhält man sich in dieser Lage angesichts der Losung und Mahnung: »Ihr werdet gebraucht – für die Zeit nach Hitler!«. Wieder stellte sich die Frage, wie man diese Verhältnisse überleben könnte?!

Eine explodierende Mine verletzte mich kurz vor der Eroberung Tobruks durch deutsche Soldaten am 21.6.1942 schwer. Erst am Hauptverbandsplatz erfuhr ich, dass ich zwei Tage bewusstlos war: schwere Kopfverletzung, wahrscheinlich ein Auge verloren, viele Splitter in den Beinen. Uniform total zerfetzt. Mein Soldbuch fehlte: Samt der Eintragung »Wehrkraftzersetzung – Kriegsgericht – Strafkompanie«! Ging es verloren? Hatte es ein Sani vernichtet? Unter den Sanis gab es oft Linke, die mir vielleicht helfen wollten?! Mich interessierte vor allem, was ich zum Sturz dieses verbrecherischen Systems und zur baldigen Beendigung des Krieges noch beitragen konnte. Würde ich »die Zeit nach Hitler« noch erleben?

In einem Lazarett in Athen folgte die Operation. Ein Auge fehlt! Training, um das nur wenig bewegliche Knie wieder ins Normale zu bringen. Ein Oberstabsarzt überreichte mir das Silberne Verwundeten-Abzeichen: »in Anerkennung ihrer Tapferkeit für Volk und Vaterland! Sie haben Vorteile, wenn sie diese Medaille tragen!«. Mich wunderte, dass er nicht den Dank des Führers und des Großdeutschen Reiches aussprach, wie ich es in Afrika bei einer Verleihung des Eisernen Kreuzes hörte. Entpuppte sich der Oberstabsarzt etwa als Abweichler? Leider fand ich keine Gelegenheit, mit ihm unter vier Augen darüber zu sprechen. Bald sollte ich mit dem Lazarettzug nach Deutschland verlegt werden. Vorher aber besuchte ich – unerlaubt – mit zwei Stützen gehend und mit verbundenem Kopf die Akropolis. Ehrensache!

In Jugoslawien etwa auf der Höhe von Nis erschreckte die Insassen des Lazarettzuges ein schrecklich lauter Knall, eine starke Erschütterung, dann blieb der Zug stehen. Gewehrfeuer! Es sprach sich herum: Titos Partisanen hatten den Zug angegriffen bzw. die Lok in die Luft gesprengt. Die meisten schimpften, der Sani im Wagen sagte uns, dass dies auf dieser Strecke öfters passierte; meist seien jedoch Nachschubzüge betroffen, kaum Lazarettzüge. (Jahre später erfuhr ich in Belgrad nach einer Diskussion mit Vorstandsmitgliedern der Narodni Omladina, des Jugoslawischen Jugendverbandes, dass einer von ihnen als junger Partisan an dieser Strecke häufig sprengte und dass er am fraglichen Tag, dem 19.7.1942, dabei war, als die Lok des Lazarettzuges in die Luft flog.

Jedoch wollte man einen Munitionstransport aufhalten und ausplündern; allerdings kam der Lazarettzug außerplanmäßig. Die Zündschnüre brannten bereits, als man »den falschen Zug« erkannte.)

In Prag hielt der Zug, einige Waggons blieben hier. In Aussig/Ústí nad Labem war der Waggon an der Reihe, in dem ich lag. Es war ein sehr gutes Lazarett mit höchst qualifiziertem Personal, in dem ich Pflege fand.

Meine Eltern und meine politischen Mitstreiter verständigte ich sofort. Bald funktionierte auch die Verbindung hinsichtlich antifaschistischer und antikriegerischer Aktionen in Deutschland und in den besetzten Staaten wieder. Selbstverständlich verwendeten wir dabei unseren Geheim-Code, der bereits im August 1938 in Eger vorbereitet war. »Du wirst gebraucht – für die Zeit nach Hitler!«, so begann eine der ersten Informationen. In einer anderen fügte die norwegische Funkerin ein »Generalsekretär Paul erkundigte sich nach dir. Teilte ihm mit, dass du in Aussig genesen wirst«. Einige meiner Freunde fanden inzwischen an der Ostfront der Soldatentod: in einem Krieg, den sie bekämpften! In Aussig diskutierte ich mit Freunden aus Eger, die hier eine neue Bleibe fanden, über die Lage und die Möglichkeiten wirksamer Gegenwehr. Sie hatten keine guten Erfahrungen mit den Wirkungen antifaschistischer Einflussnahme: Hitlers »Erfolge« wirkten allen Aufklärungsversuchen entgegen.

Nach einem Heimaturlaub, bei dem ich einige Mitstreiterinnen und Mitstreiter zum Erfahrungsaustausch traf, erhielt ich den Marschbefehl nach Züllichau, 5.9.1942. Dort freute ich mich: nichts bekannt bei meiner Stammkompanie über meine Afrikazeit mit Kriegsgericht und Strafkompanie! Ein Soldat, der einzig überlebende meiner Afrika-Kompanie informierte mich: britische Luftangriffe vernichteten nicht nur unsere Kompanie vollständig; auch der Regimentsstab, der die Offiziere zum Kriegsgericht stellte, wurde total ausgeschaltete! Keine Mitwisser außer ihm! Er wollte schweigen.

Genesungskompanie und längeren Urlaub nutzte ich bestens, um die Antifa-Verbindungen auszunutzen und um andere Soldaten vorsichtig auf ihre Einstellung zu testen: nicht viel Erfreuliches zu berichten! Höchst angenehm für mich, als man mir nach dem Urlaub mitteilte, dass ich wegen Frontunfähigkeit zum Funker umgeschult würde und dass ich zu einem Funk-Lehrgang nach Tomaschov/Polen abkommandiert würde.

Man konnte es so oder anders verstehen, als uns der Lehrgangsleiter, ein Funkoffizier im Hauptmannsrang, schon beim Kursbeginn sagte, dass es streng verboten sei, beim Suchen der Welle des Funkpartners auch »Feindsender« zu hören. Wollte er uns auf diese aufmerksam machen? Bevor der Lehrgang nach vier Wochen vorbei war, gab und nahm ich als einziger 120 Morsezeichen pro Minute. »Sie sind ‚Edelfunker' und damit geeignet für Funkstationen bei höchsten Kommandostäben! Zunächst aber benötigen wir sie in Ostrow nordöstlich von Warschau zur Partisanenbekämpfung: Da fehlt es an geeigneten Funkern!«, sagte der Hauptmann zu mir.

In Malkinia bei Ostrow, östlich Warschau an der strategisch wichtigen Eisenbahnlinie Berlin zur Front bei Pleskau/Pskow südlich Leningrad, baute ich mit anderen in einer alten, uns zugewiesenen Kaserne die Funkstation auf. Bald fand ich heraus, dass drei weitere von den insgesamt neun Personen unserer Gruppe Antifaschisten sind! Mit ihnen hielt ich ständige Verbindung zu vier Sanis, die sich als Antifa zu verstehen gaben. Sie trafen sich öfter mit Soldaten des Wachbataillons, das Partisanen bekämpfen sollte. Einige von ihnen hatten sie als Antifa ausgemacht! In einem alten Kasernenkomplex, der früher ein polnisches Bataillon beherbergte, wohnten wir zusammen.

Des Öfteren traf ich mit dem polnischen Handwerker/Hausmeister zusammen, der für die Stromversorgung unserer Funkstation verantwortlich war. Bei einigen Kellergesprächen stellten wir fest – er sprach gut deutsch –, dass unsere Wertungen über Faschismus und Krieg übereinstimmten! Als ich von einer Großaktion zur Partisanenbekämpfung erfuhr, informierte ich ihn. Die polnischen Partisanen im Raum Ostrow zogen sich vorübergehend aus der gefährdeten Region zurück: Weil weder Partisanen noch Waffenverstecke gefunden wurden, ließ der deutsche Kommandeur Frauen, Kinder und Greise erschießen!

Die »Feindsender«, ob der Londoner in deutscher Sprache oder »Freies Deutschland« aus der Sowjetunion, boten nun wertvolle Informationen, die selbstverständlich voll ausgeschöpft wurden. Wer vertrauensvoll erschien, erhielt solche Infos. Weil es beim Wachbataillon nicht genügend Telefonisten gab, boten sich die Streiter der »Roten Zelle« in der Funkstation an, gelegentlich nachts den Telefondienst zu übernehmen. Dabei kam schnell eine Verbindung nach Dänemark, Norwegen oder Frankreich zu Stande, wo »unsere« Funkmädchen Dienst ausübten. Oft bekam man sie direkt an die Leitung! – Auch Funker, die nicht zur »Roten Zelle« gehörten, stießen beim Suchen der Welle auf »Feindsender« und hörten diese auch ab. Das bot oft Gelegenheiten, mit aller Vorsicht und Zurückhaltung über Probleme des Krieges und der faschistischen Herrschaft zu sprechen. Weil viele in den Schulen des »Dritten Reiches« nur wenig über politische, wirtschaftliche und historische Themen gelernt hatten, konnten auf diese Weise neue Bewusstseinsprägungen entstehen, die für weiterführende Informationen eine erste und wichtige Grundlage schafften. Auch Diskussionen über »die Zeit nach Hitler« beeindruckten die bislang wenig Informierten. Auf diese Weise umgab die »Rote Zelle« der Funkstation ein Ring wohlmeinender und gelegentlich auch unterstützender Soldaten; in einem Fall erweiterte sich die »Rote Zelle« um einen Mann, der sich zunächst eher emotional, später immer bewusster zum Bemühen um ein anderes realdemokratisches Gesellschaftssystem bekannte.

Nach einigen Zwischenstationen mit begrenzten Möglichkeiten antifaschistischer Einflussnahme und einer neuen Abkommandierung nach Niederschlesien baute ich wie befohlen zwischen Breslau und dem Berg Zobten eine Funkstelle auf. Wieder neue Funker, deren Einstellung erst mit der Zeit zu erkennen war. Und wieder Versuche um herauszufinden, mit wem eine neue »Rote Zelle« wirksam werden konnte. Ein Funker aus gutbürgerlichem Hause zeigte Renitenz »gegen Kriegsgemetzel und Rassenwahn«, so dass ich bald ein vertrautes Verhältnis zu ihm entwickelte. Natürlich hörte er »Feindsender« und regte andere ohne mein Zutun an, sich ebenfalls solche Informationen zu verschaffen. Bald sprach man offen über solche Nachrichten im Vergleich zu den offiziellen Angaben. Die Voraussetzungen für die Gründung einer Antifa-Zelle waren jedoch noch nicht gegeben.

Seit langem erhielten die Stäbe vom OKW keine genauen Auskünfte über den jeweiligen Frontverlauf. Wenn es Informationen gab, stimmten sie oft nicht mehr mit der aktuellen Lage überein. Mehr als bisher fragten Stabsoffiziere, sogar Generale, insgeheim bei der Funkstation nach, ob man wisse, wie der genaue Frontverlauf sei! Den hohen Herren war offenbar bekannt, dass die »Feindsender« verlässlicher als das OKW berichteten, was gerade aufgegebene Städte oder Auffanglinien beim Rückzug betraf. Oft herrschten chaotische Zustände beim überstürzten Rückzug deutscher Truppen, weil das OKW auf »Halten der Stellung« setzte, aber die massiven Attacken der Roten Armee nicht aufzuhalten waren. Dazu kamen Angriffe britischer Tieffflieger, die Umgruppierungen erschwerten, wenn sie massiv und oft wiederholt feuerten.

Ein hoher Stabsoffizier, der schon mehrfach bei der Funkstelle Auskünfte wollte, fragte konkret, was »die andere Seite« über die Lage östlich der Karpaten meldete. Weil Funker nichts aussagten über das, was sie von »Feindsendern« wussten, reichte man dem Offizier die Hörmuscheln und stellte »Freies Deutschland« ein. Dieser Sender meldete soeben, dass im Westen die lange angekündigte »Zweite Front« eröffnet sei und dass amerikanische und britische Truppen trotz heftiger Abwehr deutscher Truppen mit Vorstößen ins Landesinnere von Frankreich begonnen hätten. Am Gesicht des Stabsoffiziers war nicht zu erkennen, ob er besorgt oder froh reagierte. Schleunigst ging er zurück, um seinen Kommandeur zu informieren. Ein noch nicht informierter Funker fragte laut, was denn geschehen sei, worauf ihm ein anderer mitteilte, das Amerikaner und Engländer in der Normandie gelandet seien.

»Die Zeit nach Hitler« kündigte sich offenbar an. Das »Wir brauchen euch!« dürfte bald reale Gestalt erreichen!

Ein Leutnant der Stabskompanie, der – von uns unbemerkt – mitgehört hatte, was die beiden Funker sagten, kam auf mich zu und sagte laut und barsch: »Als Funkstellenleiter akzeptieren oder unterstützen Sie das streng verbotene Abhören von Feindsendern. Das muss ich melden!« Er drehte ab und ging. Sofort begab ich mich zum Stab, um den Offizier zu informieren, der kurz vorher bei der Funkstelle war. Die Stabsoffiziere berieten gerade; ich wartete. »Wir bringen das in Ordnung. Machen sie sich deshalb keine Gedanken! Aber seien sie künftig vorsichtiger!«. Der Betrieb ging weiter wie bisher. Der Leutnant von der Stabskompanie ließ sich nicht mehr sehen.

Je länger das OKW den schon verlorenen Krieg fortsetzte und je stärker die Niederlagen und Rückzüge nach Stalingrad demoralisierend auf die Truppen wirkten, desto mehr Funker zeigten sich zugänglich für Argumentationen, die auf »die Zeit nach Hitler« und auf ein friedvolles realdemokratisch-antifaschistisch geordnetes System in Deutschland gerichtet waren. Nicht nur einen Parlamentarismus ohne ausreichende Volksrechte sollte man durchsetzen, sondern ausreichende Mitbestimmungsrechte in den Lebensfragen des Volkes. Wo es wechselnde Verbindungen zu Sanitätern gab, stellte man ähnliches fest. Es gab kurze Gespräche, die mit Generalstäblern zu führen waren, wenn Funksprüche zu verschlüsseln und durchzugeben waren oder wenn Funksprüche für den Kommandeur ankamen und übergeben wurden. Stets konnte man nicht nur am Mienenspiel, sondern auch an manchen kurzen Äußerungen entnehmen, dass manche ihre gegenwärtige Militärmission und diese Art vom »Dienst am Volk« anzweifelten. Gelegentlich gab es ein längeres Gespräch mit Stabsoffizieren, die verbrecherische Befehle nicht an die Divisionen weitergaben.

Die gängige Praxis des OKW, im Gegensatz zu Meldungen und Kommandos beim Vormarsch nun meist verspätet zu melden, welche Auffangstellen oder welche Städte aufgegeben wurden, löste bei manchen Generalstäblern eine Verunsicherung aus, die das Nachfragen nach Berichten der »Feindsender« begünstigte. Sie benötigten für eventuelle Rückverlegungen genügend Zeit, die zwangsläufig fehlte, wenn man keine exakten Lageberichte vom OKW erhielt.

Wochen nach dem kleinen Zwischenfall mit dem Leutnant von der Stabskompanie und der Funkstelle hatte ich mit denselben Soldaten wie einige Wochen zuvor zwischen Breslau/Wrocław und Liegnitz/Legnica eine Funkstation aufzubauen. Wir waren auf Empfang. Einer der Antifa-Funker versuchte in meiner Anwesenheit einen weniger politisch interessierten Funker zu überzeugen, dass jeder einen Beitrag leisten müsste, damit dieser Krieg möglichst bald beendet werde. Plötzlich war der Leutnant hier, der mich schon einmal wegen »Duldung von Wehrkraftzersetzung« gemeldet hatte. Dieses Mal zwang er mich mit vorgehaltener Pistole, sofort mitzukommen. Ich rief den anderen zu, den Stab zu informieren. In seinem Dienstwagen, den ein Soldat steuerte, brachte er mich mit der auf mich gerichteten entsicherten Pistole zu einem etwa 2 km entfernten Kommando der Feldjäger, von den Landsern »Kettenhunde« genannt, weil sie ihr Feldjäger-Kennzeichen mit einer Kette umgehängt auf der Brust trugen. Sie standen außerhalb der Befehlsgewalt von Heeres-Kommandeuren; sie hatten einen eigenen Befehlsstrang! Ein Feldjäger-Offizier nahm mich fest, nachdem der Leutnant gegen mich eine Aussage vortrug. »Sie kommen vor's Kriegsgericht!« Er ließ mich einsperren. Dieses Risiko war nun höchst dramatisch. In der gegenwärtigen Kriegsphase machte man Straftätern meist »kurzen Prozess«! Der »Bluthund« Schörner, NS-Mitglied und bis vor kurzem Kommandierender General der Südfronttruppen, hatte einen Befehl erlassen, nach dem Verurteile von Kriegsgerichten zur Abschreckung anderer mit Fleischerhaken aufzuhängen seien! Nach zwei Tagen als Gefangener der Feldjäger kam ich nach Lauban/Lubań vor ein Kriegsgericht. War mein Leben noch zu retten? »Ihr werdet gebraucht – für die Zeit nach Hitler!«. Wie stand es nun damit? Höchst deprimierend war es anzusehen, wie die in einem kleinen Saal wartenden und von Feldjägern bewachten Todeskandidaten dem Zusammenbrechen nahe waren und von Feldjägern in den Saal geschleppt wurden, in dem das Kriegsgericht tagte. Etwa als Fünfter oder Sechster wäre ich an der Reihe gewesen. Erschreckend, wie die Feldjäger die Verurteilten leichenblass und dahinstolpernd oder schreiend zum Aufhängen ins Freie brachten. Ich nahm mir vor, wie ein »Hundertprozentiger« stramm einzumarschieren und laut Meldung zu erstatten, dass der mich denunzierende Leutnant Unzucht mit polnischen Frauen begangen hätte. Er – aber nicht ich – gehöre vor ein Kriegsgericht. Man solle bitte meinen Kommandeur hören! Mein strammes Einmarschieren sollte einen Überraschungseffekt auslösen und durch Kontrastbildung zu den Verzweifelten vor mir eine für mich günstige Lage schaffen. Während ich noch überlegte, wie ich meinen Hals aus der Schlinge ziehen könnte, stürmte ein Feldjäger durch den Warteraum in den Gerichtssaal und schrie bei geöffneter Tür: »Russische Panzer auf den Straßen! Rette sich wer kann!«.

Es war beinahe lustig anzusehen, wie die Kriegsgerichtsoffiziere aufsprangen, ihre Rangabzeichen abrissen und zur Hintertür liefen! Die Feldjäger warfen ihre Brustplatten weg und stürmten ebenfalls davon! Ich flüchtete auch, weil ich wusste, dass die Rote Armee während des Vormarsches keine Gefangenen machte! Mit anderen schlug ich mich Richtung Riesengebirge durch; in der Hoffnung, dort vielleicht auf tschechischer Seite untertauchen zu können.

Doch bald erkannten wir neue Sperren durch Feldjäger. Man wies uns zu einer Truppensammelstelle bei Rothenburg. Es dürfte nur die Spitze eines sowjetischen Angriffskeils gewesen sein, die vor Görlitz zum Stehen kam. Bei der Sammelstelle sonderte man die Funker aus. Ich traf auf Bekannte. »Wir brauchen euch – für die Zeit nach Hitler!«. Abkommandiert nach Berlin!

Noch einmal erhielt ich Anlass, um mir zu vergegenwärtigen: »Wir brauchen euch – für die Zeit nach Hitler!«. Anfang April 1945 erfolgte ein massiver Luftangriff auf den Stab östlich von Berlin, dem meine Funkstation zugeordnet war. Ein Empfang war angesichts des schnell wiederholten Krachens in der Nähe einschlagender Bomben nicht möglich. Mit einem anderen Funker stand ich vor dem Funkwagen, als uns das verräterische Zischen und der plötzlich stark zunehmende Luftdruck auf eine nahende Bombe aufmerksam machte. Das war das Letzte, an das ich mich später erinnerte. Ich lag in einem Luftschutzkeller unter vielen Schwerverwundeten; manche wimmerten! Der Sani unseres Stabs, der uns betreute, sagte mir, dass der Funkwagen neben einem riesigen Bombentrichter fast verschüttet lag; meine Füße sah man aus einem Erdhaufen hervorragen. Ich hätte auch ersticken können! Als man mich ausgrub, war ich bewusstlos: schwere Kopfverletzung. Wenige Tage später – einige Funker besuchten mich – kam das Kommando: »Reste der Funkstation beim Stab im Osten von Berlin aufbauen!«. Information meiner Funkkameraden: »Die Rote Armee beginnt Berlin einzukreisen!«. Bei mir schlugen wie bei anderen die Alarmglocken! Bei bevorstehenden Straßenkämpfen in Berlin untergehen? »Ihr werdet gebraucht – für die Zeit nach Hitler!«. Während eines erneuten schweren Luftangriffs und angesichts des nahen Kanonendonners steuerte ich – entgegen des Befehls! – die restlichen fünf Funkwagen nach Köpenick und über Mariendorf in Richtung Grunewald, dann die Havel entlang zur Spandauer Brücke. Diese war von der SS bewacht! Durchfahrt für uns gesperrt? Wir riskierten den Durchbruch! Einige Funker schossen die Magazine ihrer Maschinenpistolen leer: die SS-Wache war überrumpelt! Sofort weg von der Hauptstraße! Auf schmalen Straßen in Richtung Falkensee. Vorgetäuscht empfingen wir »Funksprüche mit sofortigem Marschbefehl« in Richtung Westen zum Stab einer Ersatzarmee unter General Wenck! Einmal reihten wir uns in eine Kolonne von Krankenwagen ein und passierten so die Sperre! Neuer »Funkbefehl«! In einem Wald südlich der Gemeinde Waren machten wir Pause und übernachteten in den Funkwagen. Beratung: die noch vorhandenen Funker, die Mehrheit aus Westsachsen und Westböhmen, wollte mit den Funkwagen nach Hause, um dort beim Aufbau mitzuhelfen, wenn der Krieg vorbei sei. Bald zeigte sich: war eine Illusion! Auf Schleichwegen um Schwerin erreichten wir Gadebusch. Bei Boitzenburg versuchten wir, über die Elbe zu kommen, um dann südwärts zu fahren. Britische Soldaten nahmen uns gefangen. Es folgte die Gefangenschaft in der Zone G in Schleswig-Holstein. Man brachte mich in ein Behelfs-Lazarett. Dort erlebte ich den 8. Mai 1945. »Ihr werdet gebraucht – für die Zeit nach Hitler!«. Diese war nun angebrochen. Unklarheit wie es weitergehen würde, trotz aller Freude über die Niederlage der Fascho-Barbaren.

Aufgezeichnet in britischer Gefangenschaft

Kooperation deutscher und polnischer Antifaschisten

Im Herbst und Winter 1943/44 leitete ich eine kleine Funkstation im polnischen Ostrow, etwa 100 km nordöstlich von Warschau. Diese Funkstelle, Teil des Funknetzes im gesamten damaligen General-Gouvernement, war einem Wach-Bataillon zugeteilt. Dieses sicherte im Raum Ostrow/Malkinia die strategisch wichtige Bahnverbindung von Deutschland über Warschau, Białystok und Pskow bis zum Leningrader Frontabschnitt. Zu seinen Aufgaben gehörte, Partisanen zu bekämpfen und ein größeres Munitions-Depot zu bewachen.

In meiner Funkstelle baute ich eine kleine Antifa-Zelle auf. Dabei war ein Obergefreiter aus einer sozialdemokratischen Familie und ein Soldat, der Kommunist war. Damals hörten alle Funker die verbotenen Feindsender ab. Man sprach auch darüber, ohne Partei zu ergreifen. Für gezielte Widerstandsarbeit kamen jedoch nur absolut zuverlässige Personen in Frage.

Zu einer kleinen Antifa-Gruppe in einer Kompanie des Wachbataillons unterhielt ich ebenfalls Verbindung. Diese wiederum stand mit einer kleinen Antifa-Gruppe in der Kompanie in Kontakt, die die Bewachung des Muni-Lagers stellte.

In der Kaserne, in der meine Funkstelle untergebracht war, arbeite ein polnischer Heizungsmonteur. Nach mehreren vertraulichen Gesprächen mit ihm erfuhr ich, dass er einer polnischen Partisanengruppe nahe stand. Nach einiger Zeit informierte ich ihn, wann und wo Razzien oder Aktionen gegen Partisanen geplant waren. Eines Tages fragte er, ob ich Sprengstoff besorgen könnte.

Darüber beriet ich mit meinem Kontaktmann in einer anderen Antifa-Gruppe. Der musste wiederum erst mit seinem Antifa-Kumpel in der Kompanie sprechen, die das Muni-Depot bewachte. In drei Tagen entstand ein genauer Plan, eine Kiste Sprengstoff zu organisieren.

Unbemerkt entwendeten drei Wachsoldaten eine Kiste Sprengstoff. Ebenso unbemerkt brachte die andere Antifa-Gruppe die Kiste in der Nacht zum vereinbarten Treffpunkt. Dazwischen lagen immerhin etwa 10 Kilometer! Ich versteckte die Kiste an dem mit dem polnischen Heizungsmonteur abgesprochenen Platz.

Es braucht nicht besonders erwähnt zu werden, dass jeder der Beteiligten sein Leben riskierte. Antifa-Widerstand bedeutete, dass man jeden Tag mit einem Bein im Grabe stand. Je genauer die Risiken von solchen Aktionen kalkuliert und beachtet wurden, desto geringe war die Gefahr, dass man erwischt und bestraft wurde.

Zwei Tage später sprengten die Partisanen eine bewachte Brücke der Bahnstrecke Richtung Leningrad. Ohne Zeitzündung, also per Hand, sprengten die Partisanen, als die Lok gerade über die Brücke fuhr. Nicht nur dieser Zug mit etwa 20 Waggons mit Nachschubgütern für die Front nahm großen Schaden. Zudem stauten sich bald die Züge, trotz der Funknachricht zu einem Kommando in Warschau. Die Umlenkungsmöglichkeiten im polnischen Gebiet waren nicht groß. Und pro Tag befuhren diese Strecke 10 Züge in beiden Richtungen.

Nach der Brückensprengung gelang es den fürwahr todesmutigen Partisanen in der darauffolgenden Nacht, einen Muni-Wagen in einem der wartenden Züge zu sprengen, was die Explosion in einem weiteren Muni-Wagen zur Folge hatte. Das Wachbataillon war nämlich vor allem zum Durchkämmen der Wälder und Orte eingesetzt. Die Bewachung der wartender Züge blieb den Soldaten der Fronturlauberzüge überlassen. Es rechnete niemand damit, dass die Partisanen fast am gleichen Ort so kurze nach einem Anschlag erneut zuschlagen würden. Das war sonst auch nicht üblich; umso mehr gelang der Überraschungseffekt.

Deutsche Pioniereinheiten benötigten zwei Tage, bis die Brücke und der Schienenweg notdürftig repariert waren. Erst dann konnte der Verkehr von der Leningrader Front und zu ihr wieder rollen.

In diesem Fall gelang durch die Zusammenarbeit von drei kleinen Antifa-Gruppen in der deutschen Wehrmacht und durch vertrauliche Verbindung mit polnischen Partisanen eine koordinierte Aktion. Wichtiges Nachschubgut für die Front wurde vernichtet und der strategisch bedeutende Schienenverkehr zwischen Heimat und Front für zwei Tage unterbrochen.

Aus vielen derartigen Aktionen mit relativ geringer Wirkung für die Lage insgesamt, aber wichtig durch Wiederholungen, setzte sich die illegale Antifa-Arbeit zusammen.

> Aus: Interview mit HR-Fernsehen am 22.1.1998, Herr Schlicht. Vorgesehen für Sendung am 23.1.1998, 21.30 Uhr über Widerstand in Hitler-Deutschland.

Ein Funk-Offizier als Hitler- und Nazigegner

In der Nähe von Krakau/Kraków in Südpolen stellte das Armeekorps eine neue Panzer-Brigade zusammen: »neue Panzer aus der Heimat« und einst verwundete bzw. wieder frontreife Soldaten, die »den Russen Halt gebieten« sollten. Der Bereitstellungsraum grenzte unmittelbar an unser Funkstation. Bei zwei britischen Bombenangriffen auf diese Panzeransammlung traf man neben vielen Panzern auch fünf Funkwagen; von 30 Funkern blieben zehn zu begraben, acht waren verwundet und fielen aus. Man kommandierte mich nun zu einer Ausbildungskompanie für Funker ab; nordöstlich von Kattowitz/Katowice fand ich diese in einer alten Kaserne. Dort sollte ich »als Soldat mit Fronterfahrung« die Wache organisieren. Hauptmann Schevior, den ich aus meiner Funker-Ausbildungszeit kannte, wies mich ein: polnische Partisanen hätten bereits versucht, Sprengladungen an den Mauern um die Kaserne anzubringen. Genügend Scheinwerfer seien leider nicht vorhanden. »Sie müssen die zur Wache eingeteilten Soldaten genau einweisen, damit künftig derartige Sabotageakte unterbleiben.« Die Wache wurde umorganisiert; in der folgenden Woche blieb alles ruhig.

Hauptmann Schevior wirkte früher eher als Funkfachmann denn als Nazioffizier; oft gab er sich jovial. Eines Tages bestellte er mich in sein Arbeitszimmer: »Diese alte Kaserne ist für Infanteristen angelegt. Zur Ausbildung von Funkern genügt sie.« Nun aber wies der Regimentskommandeur uns zusätzlich eine operative Aufgabe zu. Sie bestand darin, die Partisanenbekämpfung der Truppen im südlichen Generalgouvernement durch Funkverbindung zu unterstützen. Das ist bei der ungünstigen Lage unserer Kaserne nicht möglich. Der Kommandeur wies mich an, südöstlich von Chmielnik passende Baulichkeiten zu beschlagnahmen und je einen Funktrupp abzustellen. – »Knorr, Sie sind der einzige fronterfahrene Funker, den ich zur Verfügung habe. Sie begleiten mich morgen zusammen mit Feldwebel B., der für die technische Seite der Häuserrequirierung zuständig ist. Wir müssen in einem von Partisanen verunsicherten Gebiet einige geeignete Räumlichkeiten finden. Sie haben eine Maschinenpistole; Magazine erhalten sie morgen – so viel sie brauchen.«

Dieser Auftrag war mir höchst unangenehm. Niemals in diesem Krieg schoss ich auf verordnete Feinde! Und nun sollte ich den Hauptmann und natürlich auch mich selbst gegen eventuelle Partisanenangriffe mit der Schusswaffe verteidigen? Mir blieb jedoch keine Wahl. Den Kranken simulieren? Das hätte der Truppenarzt vielleicht durchschaut!? Und was dann?

Am nächsten Tag saß ich neben dem Fahrer, hinter mir der Hauptmann und der Feldwebel. Wir fuhren Orte an, in denen bereits Truppen zur Partisanenbekämpfung stationiert waren. Zwischen diesen Orten viele Wälder und große Buschgruppen, die gute Deckung für eventuelle Angreifer boten. In der Kaserne einer Kleinstadt erhielten wir geeignete Räume für einen Funktrupp, in einem Stützpunkt der Truppe 20 km weiter requirierte man eine ehemalige Schule. Am Abend standen fünf für eine Funkstelle geeignete Räumlichkeiten zur Verfügung. »Keine Feindberührung!«, stellte der Hauptmann fest. Aber in der Dämmerung und nahender Dunkelheit wollte er die Heimreise nicht antreten, obwohl nur etwa 100 km zu fahren blieben.

Der Feldwebel besorgte nicht nur eine Bleibe und ein gutes Abendessen, sondern auch etliche Flaschen Wein. Der Fahrer brachte den Wagen in eine bewachte Truppenunterkunft, wo er auch schlief. Als Antialkoholiker wünschte ich Tee. Das Gespräch drehte sich um die Raumbeschaffung und den künftigen Auftrag des Funktrupps. Der Feldwebel lallte bald, nachdem er den Wein etwas schnell getrunken hatte. Er verschwand in seiner Schlafstätte. Völlig unvermutet sagte Hauptmann Schevior zu mir, während er seinen Wein langsam genoss: »Was halten Sie eigentlich von diesem Krieg?« Ich war völlig überrascht und suchte nach nicht verräterischen Worten. Sollte ich in ein Gespräch verwickelt werden, das mich vor ein Kriegsgericht bringen könnte? Sollte ich dem Hauptmann etwas ganz anderes sagen, als ich wirklich dachte? Der Hauptmann unterbrach meine kurze Denkpause: »Mit mir können sie offen reden. Nicht jeder Offizier ist ein sturer Kommisskopf oder ein Fanatiker im Sinne Hitlers. Ich denke seit langem darüber nach, was noch werden soll, vor allem nach der Wende von Stalingrad. Denken Sie, dass die Russen noch zu stoppen sind? Was wurde in deren Land nicht alles vernichtet, was militärisch keinen Sinn machte! Die Rache wird furchtbar sein! ...«. Ich wich zunächst auf eine Problematik aus, von der ich wusste, dass die Generäle und Offiziere sie kontrovers erörterten: »Die alte Streitfrage, ob man mit begrenzten Möglichkeiten einen Zweifrontenkrieg riskieren soll, dürfte seit Stalingrad beantwortet sein. Dazu kommt die rein materielle Überlegenheit der Gegenseiten...«. – »Sie meiden den üblichen Begriff ,Feinde' oder ,Todfeinde'. Darf ich daraus schließen, dass Sie mit der Art der Kriegsführung und mit dem Krieg selbst nicht einverstanden sind? Mir kamen seit langem Bedenken gegen die ständige Ignoranz gegenüber dem Kriegsrecht! Das ist ein Raub- und Eroberungskrieg alten Stils, aber keine Sicherung deutscher Interessen! Ich wuchs in Ratibor/Racibórz auf und hatte mit den dort arbeitenden und wohnenden Polen keine Schwierigkeiten. Ich betrachtete sie nicht als Untermenschen. Oder sehen Sie das anders?« – Nach dieser Offenbarung schien es mir angebracht, etwas offener zu reden, ohne jedoch meine Position völlig zu erklären: »Ich denke, dass alle Menschen und Völker ein selbstbestimmtes Leben führen sollten; dazu haben sie Anspruch und Recht. Ähnlich wie Sie erkenne ich viele Verstöße gegen Völkerrecht und Moral, nicht nur durch die Art der Kriegsführung. Die Rechnung erhalten die Deutschen nach der sich abzeichnenden Niederlage. Je früher und mächtiger der Widerstand gegen die Hitler-Diktatur sich entwickelt, desto besser stehen die Chancen für einen Frieden, der nicht wieder die Keime kommender Konflikte enthält…«.

Der Hauptmann wirft ein: »Wie wollen Sie als einzelner Widerstand leisten? Da existieren doch kaum Möglichkeiten!« – Meine Antwort: »Manche lassen sich gefangen nehmen, statt für die Nazi-Clique und ihre Hintermänner zu kämpfen. Andere üben Sabotage, wo sie können. Manche versuchen es mit Aufklärung über die wahren Ursachen von Diktatur und Krieg bei den Menschen, denen längst Zweifel kamen über dieses sinnlose Massenmorden. Es gibt verschiedene Möglichkeiten, den Krieg möglichst bald beenden zu helfen und auf diese Weise Million Menschen das Leben zu retten, von der Beendigung weiterer Zerstörung von Sachwerten abgesehen.«

Der Hauptmann: »Was denken sie, was uns passiert, wenn jemand unser Gespräch belauscht?« – LK: »Ist es nicht ehrenvoller, für eine gute Sache zu sterben, als für diese Verbrecherbande weiterhin als Handlanger zu wirken? Es hört uns niemand, Herr Hauptmann, also kann uns auch niemand verraten! Ich achtete auf unsere Nebenzimmer sowie auf das, was über und was unter uns ist. Seien Sie in dieser Hinsicht sorgenlos!« – Er: »Donnerwetter, Sie sind ja ein Profi! Das hätte ich nicht gedacht! Versuchten Sie schon einmal überzulaufen oder was unternahmen Sie, um diesen verdammten Krieg möglichst bald zu beenden?« – LK: »In Afrika bot sich keine Gelegenheit, die Front zu wechseln. In Polen bzw. in West-Russland war ich als ein zum Funker umgeschulter Soldat stets viel zu weit weg von der Front. Aber ich unternahm einiges gegen die Ursachen von Faschismus und Krieg.«

Der Hauptmann: »Lassen Sie meinen Dienstgrad Hauptmann weg! Ich heiße Schevior!«. Er reichte mir die Hand. »Ich respektiere Sie. Was kann man in unserer besch… Lage anfangen, um mit einem anständigen Ethos und der am Wohlergehen unseres Volkes orientierten Gegnerschaft zu diesem verbrecherischen Krieg tätig zu werden?« – LK: »Herr Schevior, Sie sind ein deutscher Patriot mit einer achtenswerten Moral; ich bin Sozialist, der von Anfang an gegen Faschismus und Krieg tätig wurde, auch aus innenpolitischen Gründen!

Im Kreisauer Kreis, der nicht allzu weit von hier im Gut des Grafen von Moltke berät, steht die Sorge um dieses Land und die Menschen im Mittelpunkt. Da beraten Offiziere und Pfarrer wie Delp mit Sozialisten wie Haubach und Mierendorff nicht nur über die baldige Beendigung des Krieges sondern auch um die Zukunft eines demokratischen und sozial gerechten Deutschlands. Ein Deutschland soll es sein, das seine Kultur und nicht seinen Militarismus pflegt und in dem es für alle lohnt, zu leben und zu wirken ...«.

Herr Schevior: »Das ist ja interessant. Aber woher wissen Sie das?« – LK: »Jeder Funker kurbelt beim Suchen nach der Frequenz seines Funkpartners und hört damit zwangsläufig auch ‚Feindsender'. Die kann er, wenn er dem Führer treu ist, sofort wegdrehen oder hören, wenn er dafür Interesse hat. Die meisten haben Interesse! Sie gewinnen damit einen enormen Informationsvorsprung vor allen anderen, selbst Stabsoffizieren oder Generälen. Deshalb kann ich Ihnen auch sagen, dass es außer dem Kreisauer Kreis noch den Bund Deutscher Offiziere gibt, die in sowjetischer Gefangenschaft auch zur Vereinigung ‚Freies Deutschland' gehören, bzw. zum ‚Nationalkomitee'. Diesem gehören neben Offizieren und Soldaten auch emigrierte Kommunisten an. Da stellt man weltanschauliche Fragen zurück und konzentriert sich auf die Überwindung des Nazi-Regimes, das Kriegsende und um ein Deutschland, in dem alle tolerant zusammenwirken. Sowohl Feldmarschall Paulus als auch General von Seydlitz wendeten sich aus der Gefangenschaft an die deutschen Soldaten mit der Aufforderung, den sinnlos gewordenen Krieg schnell beenden zu helfen ...«.

Herr Schevior: »Das gibt es doch nicht! Ist ja kaum zu glauben! Wenn das aber so ist, hat man als Offizier eine Pflicht, etwas für das in Not geratene Vaterland zu tun. Ich werde auch mal ‚Feindsender' hören, um zu wissen, was da wirklich los ist ...«. – LK: »Herr Schevior, selbst Generäle lassen sich gelegentlich ‚Feindsender' einstellen, weil sie vom OKW nicht mehr zeitgerecht über den Frontverlauf informiert werden. Es passierte mir oft, dass ein General zur Funkstation kam, um sich informieren zu lassen. Natürlich erklärte ich, dass es verboten ist, ‚Feindsender' zu hören. Wenn darauf bestanden wurde, stellte ich den oder die Sender ein und gab dem General die Hörer, damit er sich selbst überzeuge ...«.

Herr Schevior: »Das ist doch nicht möglich. Die trinken Wein und predigen öffentlich Wasser!« – LK: »So ist es Herr Schevior.« – Herr Schevior: »Wenn wir wohlbehalten in unserer Funk-Kaserne zurück sind, hören wir gemeinsam mal ab, wie die augenblickliche Lage ist.«

An diesem Abend erklärte Herr Schevior unser Gespräch für beendet; er sei müde. »Wir wollen jedoch die nächsten Tage wieder darüber sprechen. Ich will mehr davon wissen.«

Wenige Tage später wünschte Herr Schevior von mir, in seinem Arbeitszimmer ‚Feindsender' eingeschaltet zu bekommen. Nachdem wir fast zwei Stunden abgehört hatten: »Das ist ja bestürzend, was man da über die Lage zu hören bekommt! Bei all dem Schrecklichen fragt man sich, was aus Deutschland und den Deutschen werden soll. Hier geht es keineswegs nur um Kriegsführung; unsere Zukunft steht auf dem Spiel! Um Politik kümmerte ich mich bisher wenig. Vielleicht war das ein Fehler?! Geschichte und Kunstgeschichte interessierten mich ungleich mehr. Wenn ich an die glorreichen Tage unserer deutschen Geschichte denke oder an die beachtlichen künstlerischen und kulturhistorischen Leistungen von Menschen unseres Volkes, da frage ich mich, wie das nach all den schrecklichen Bombardierungen unserer Städte mit ihren Kunst- und Kulturschätzen weitergehen soll …«. – LK: »Diese bedauerlichen Zerstörungen sind eine Folge faschistisch-deutscher Aggressivität! Darum ist es höchste Zeit, etwas für einen Frieden ohne die NS-Führungsclique und ihre Machtkumpane in der Wirtschaft zu unternehmen. Als deutscher Patriot dürfte ihnen sicher aufgefallen sein, dass die Reichsgründung 1870/71 auf fremdem Boden und ohne das deutsche Volk stattfand …«. – Herr Schevior: »Ja, in Folge eines Krieges! Das hätte ich mir anders gewünscht. Aber die Reichsgründung war dringend geboten! Andere Mächte wie Frankreich und England waren uns bei der Gründung des Nationalstaates weit voraus. Der Friede von Münster und Osnabrück 1648 brachte uns ein zerstückeltes Land. Wir mussten also aufholen. Da nehme ich den Kunstfehler bei der Reichsgründung entschuldigend hin …«. – LK: »Herr Schevior, es war keineswegs allein der Friede von 1648, sondern primär der schrankenlose Egoismus deutscher Fürsten, der die wirtschaftlich und politisch gebotene nationale Einheit verhinderte bzw. lange verzögerte. Sie wissen auch, dass die Reichgründung von 1870/71 mit einer Annexion verknüpft war; eine von mehreren Ursachen des Ersten Weltkrieges mit seinen bekannten Wirkungen! Eine demokratische Initiative für den Nationalstaat wie z.B. 1789 in Frankreich gab es in Deutschland leider nicht! Nach meiner Meinung ist nicht nur die von ihnen gelobte nationale Einigung wichtig, sondern vor allem seine demokratische Prägung …«.

Herr Schevior: »Die von ihnen gerühmte Demokratie hat auch ihre Licht- und Schattenseiten. Es kann ja nicht als ein patriotischer Höhepunkt bezeichnet werden, was uns die Parteien der Weimarer Republik boten. Zwar bin ich gegen

Teil I

die Diktatur; ich könnte mir aber eine andere Demokratie vorstellen. Die Weimarer Demokratie verlor bei den meisten Menschen immer mehr an Ansehen! Deshalb hatten es Hitler und seine Kumpane sehr leicht!«

LK: »Wir brauchen eine Demokratie, in der die Wirtschaftsbosse mit ihrem Geld nicht politische Macht kaufen können ...«. – Herr Schevior: »Wie wollen sie das denn überhaupt realisieren?! So einfach geht das keinesfalls, wie man das sagt!« – LK: »Die Sozialisten der europäischen Staaten versuchen Mehrheiten dafür zu gewinnen, dass »demos« tatsächlich »kratein« erreicht! ...«. – Herr Schevior: »Also, für sozialistische Gleichmacherei bin ich nicht zu haben!« – LK: »Die Sozialisten erstreben keine Gleichmacherei! Jeder soll nach seinen speziellen Fähigkeiten den Platz in der Gesellschaft erhalten, wo er sich weiter entfalten und für das Wohl der Allgemeinheit sowie für den zivilisatorischen Fortschritt wirken kann. Gleichheit der Menschen und Vielfältigkeit im Individuellen: das ist kein Widerspruch! Vor allem müssen auf demokratischem Weg die Voraussetzungen für einen gerechten und damit dauerhaften Frieden geschaffen werden ...«. – Herr Schevior: »Der Krieg gehört zur Menschheit! Es gab ihn, es gibt ihn und es wird auch weiterhin geben! Es darf jedoch kein derart barbarischer sein wie der jetzige! Der Krieg muss geregelt bleiben, so wie es die Haager Landkriegsordnung vorschreibt. Dann wird auch nur ein Minimum an Menschenopfern und Sachwerten zu beklagen sein; vor allem müssen Kunstschätze und Kulturgüter der Nationen geschützt bleiben. In manchen internationalen Streitfragen muss das Schwert die letzte Möglichkeit sein ...«. – LK: »Jeder Krieg, selbst Verteidigungs- und Befreiungskriege gegen Aggressoren und Unterdrücker, können barbarischen Charakter erreichen. Siehe die gegenwärtigen Luftangriffe auf offene Städte. Den Krieg aus dem Leben der Völker zu verbannen, das heißt, die Kriegsursachen zu beseitigen. Das ist der Zivilisationsfortschritt, den wir brauchen, wenn eine solide Demokratie möglich sein soll ...«. – Herr Schevior: »Der Mensch ist nicht für den ‚Ewigen Frieden' geschaffen, wie ihn unser Philosoph Kant u.a. erstrebten. Das sind Illusionen angesichts der menschlichen Vorprägung. Der Mensch ist auf Kräftemessen und auf Sieg angelegt. Auf den Staat übertragen heißt das Krieg. Das ist ein ehernes Gesetz!« – LK: »Kriege bereitet man im Unterschied zum Kräftemessen der Menschen materiell und ideell langfristig vor! Alle Individuen sind Produkte ihrer jeweiligen Gesellschaft. Ist diese auf Krieg als einen Art Naturzustand angelegt, was durch hemmungslose Konkurrenz mit dem Recht des Stärkeren und der brutalen Ausschaltung des Schwächeren verstärkt wird, militarisiert man die Gesellschaft und die Menschen instrumentalisiert man für barbarisches Denken und Verhalten. In einer sozialistischen Gesellschaft der Freien und Gleichen werden die Menschen im freundschaftlichen Wettstreit ihre Kräfte messen ohne vernichtende Kriege.« – Herr Schevior: »Schön wär's; aber ich bleibe skeptisch. Wir sollten später noch einmal darüber sprechen.«

Nachdem wir wieder einmal den »Feindsendern« mit unseren Hörmuscheln lauschten und mit den Goebbels'schen Irreführungen sowie mit den Wirklichkeiten in unserem überschaubaren Umkreis verglichen, sagte Herr Schevior: »Eine konkrete Vorstellung davon, wie es nach dem Ende von Nazi-Diktatur und Krieg in Deutschland aussehen soll, fehlt mir. Ich weiß zwar genau, was ich in dieser hoffentlich bald eintretenden Nachkriegszeit nicht will, aber wie Politik, Wirtschaft und Kultur zu gestalten wären, dafür fehlt mir ein annähernd genaues Bild. Als Soldat, zumal als Offizier, kennt man das strategische Ziel und die taktischen Erfordernisse, soweit letztere nicht die jeweilige Lage bestimmt. Für die politische Gestaltung habe ich keine Pläne: im Ganzen nicht und auch nicht die Einzelheiten betreffend. Eine Diktatur, durch wen auch immer, schließe ich kategorisch aus, aber auch eine den Realitäten des Lebens widersprechende Gleichmacherei. Das einzige, was ich mir als deutscher Patriot vorstellen kann, wäre die Dominanz von Ehrlichkeit, Moralität und Respekt vor unterschiedlichen Auffassungen. Das verlange ich vor allem von denen, die in höchste Ämter gewählt werden. An meiner Vision von einer volksnahen starken Führung rückte ich nach den Erfahrungen in den letzten Jahren ab. Eine plausible Alternative dazu fand ich bisher noch nicht. Wenn Sie mir ihre Positionen vortragen könnten, würde sich bei mir vielleicht ein weniger nebulöses Bild entwickeln.«

LK: »Als Sozialist erstrebe ich als langfristiges Ziel die bereits erwähnte ausbeutungsfreie Gesellschaft der Freien und Gleichen ohne Kriege. Zugleich akzeptiere ich als Nahziel und in Übereinstimmung mit Andersdenkenden etwa das, was im Kreisauer Kreis in Erörterungen von Menschen verschiedener sozialer Herkunft und geistiger Prägung sich in groben Umrissen abzeichnet. Es soll ein demokratisches Deutschland sein, in dem die Macht derer kontrollierbar und eingeschränkt wird, die als Minderheit ihre ökonomische Potenz für die Aushebelung von Mehrheitsinteressen einsetzen. Es darf auch nicht sein, wie z.B. bei Hugenberg, dem Medienzar, dass einige auf das Denken und Verhalten der Menschen maßgeblichen Einfluss erhalten. Privilegien, die durch Herkunft oder Geld bestimmt sind, darf es nicht geben. Ideologien, die in abgeschwächter Form ein Herrenmenschentum mit Untermenschen oder Untertanen popularisieren, und zwar außen- wie innenpolitisch, sind mit gesellschaftlichen und staatlichen Instrumenten zu bekämpfen. Alle Staatsbürger sollen an den wesentlichen Entscheidungen der gewählten Gremien teilhaben und mitbestimmen. Deshalb brauchen wir ein Bildungswesen, das alle Individuen fördert im individuellen und im allgemeinen Interesse. Dem Ausland gegenüber sollten wir auf faire Partnerschaft und gerechten Handel setzen ...«. – Herr Schevior: »Das ist ja eine ganze Menge konkreter Maßnahmen, von denen ich die meisten mitverantworten könnte, stände so etwas zur Entscheidung. Respekt! Aber wie wollen Sie denn das Volk an den notwendigen Entscheidungen der Spitzengremien oder der Regierungen beteiligen. Das ist doch nicht möglich!?« – LK: »Schicksalbestimmende Verträge oder Gesetze müssen vor der Beschlussfassung zur öffentlichen Diskussion freigegeben werden. Parteien und Kandidaten sollen vor ihrer Wahl ihre kurzfristigen und ihre Langzeitprogramme veröffentlichen. Schon die Heranwachsenden bedürfen bildungspolitischer und pädagogischer Vorbereitungen auf ihre spätere Rolle also aktive Staatsbürger ...«.

Herr Schevior: »Das klingt ja alles sehr gut. Ich bin jedoch noch skeptisch! Zwar bleibe ich offen für Neues, was sich zwangsläufig aus der jetzigen Lage ergibt und aus meinen – sicher begrenzten – Erfahrungen in der Weimarer Republik. Sollte aber dieser Kreisauer Kreis solche Fragen erörtern, könnte ich mir vorstellen, sie zu unterstützen. Wie bekommt man Verbindung zu diesem Grafen Moltke? Ich kenn nur die Generäle und Marschälle von Moltke. Von diesem Grafen in Kreisau hörte ich noch nichts! Wieso berichten der Londoner Sender und der des »Nationalkomitees« nichts von diesem Kreisauer Kreis, sondern nur über die Lage an den Fronten bzw. in der Heimat sowie über die Ziele unserer Gegner? Das ist doch auffallend!?« – LK: »Man würde den Kreisauer Kreis der Gestapo ausliefern, wenn man darüber berichtete.« – Herr Schevior: »Und wie kommen Sie zu solchen Informationen?« – LK: »Bei einer meiner Reisen nach Wiesbaden zur Beschaffung eines neuen Glasauges traf ich dort zufällig einen alten Gewerkschafter, der ebenfalls ein neues Glasauge erhielt. Wir kannten uns aus früherer Zeit. Er hatte Verbindung mit T. Haubach, dessen konspirative Tätigkeit – zusammen mit C. Mierendorff – darauf gerichtet ist, mit älteren Sozialdemokraten und Gewerkschaftern für ‚die Zeit nach Hitler' Vorbereitungen zu treffen. Natürlich diskutiert man auch, wie man Hitler und seine Kumpane stürzen kann und wie der Krieg beendet wird, bevor noch mehr Schaden und Leiden angerichtet werden.« – Herr Schevior: »Mein Interesse an dieser Sache wächst, das gebe ich gerne zu. Meine Frage ist nach wie vor, wie man zu diesem Grafen von Moltke in Kreisau Verbindung bekommt. Dort verkehren wahrscheinlich nur Personen, die einst in hohen Ämtern tätig waren. Ich will jedoch wissen, was ich dazu beitragen könnte, um Hitler und Krieg zu überwinden. Irgendwie behagt es mir nicht, in dieser Sache untätig zu sein. Feindsender abzuhören reicht mir nicht!«

Die nächste verabredete Abhöraktion mit anschließender Erörterung möglicher Widerstandmaßnahmen fiel aus. Eine Order kam dem Hauptmann der Funker-Ausbildungs-Kompanie auf den Tisch: »Sofortige Vorbereitungen für die Verlegung der Kompanie nach Westen, Ort wird noch bekannt gegeben! Die zur Partisanenbekämpfung abkommandierten Funktrupps werden in den Raum Warschau verlegt und einer anderen Funkerabteilung unterstellt.« Marschbefehl für mich nach Warschau. Zusammen mit einigen weiteren Funkern, die vorübergehend der Ausbildungskompanie Hauptmann Scheviors unterstellt waren: »Meldung bei der neu zusammengestellten Hauptfunkstelle der Armee.«

Herr Schevior: »Die Russen stoßen offenbar unaufhaltsam vor; bald erreichen sie das Reichsgebiet. Vom notwendigen Widerstand gegen diese Verbrecherbande ist leider nichts zu spüren. In den Hochburgen Ihrer Arbeiterbewegung merkt man auch nichts. Dabei ist die Versorgung mit Essen und anderen wichtigen Gütern des täglichen Lebens immer miserabler. Was muss denn noch alles geschehen, bis wir in die Lage versetzt werden, aus eigener deutscher Kraft diesen Krieg zu beenden und die Nazi-Clique zu verjagen … Es tut mir leid, dass Sie meine Kompanie verlassen. Mit Ihnen hätte ich nicht nur gerne öfter über unsere Probleme gesprochen, sondern auch Widerstand eingeleitet.« – LK: »Verlegung ihrer Kompanie nach Westen, etwa in den Raum Breslau; da wären sie nicht weit weg vom Gut des Grafen Moltke. Vielleicht haben sie Glück und erreichen Verbindung zu ihm … Offenbar konzentriert sich die deutsche Abwehr auf die Verteidigung von Warschau und auf die Weichsel als Frontlinie. Nach dem leider gescheiterten Aufstand der polnischen Juden im Ghetto ist die Hauptstadt Polens nicht mehr sicher für die deutschen Truppen. Meine Abkommandierung nach Warschau könnte ein Himmelfahrtskommando werden …«.

Herr Schevior: »Sie kommen durch! Ich wünsche ihnen alles Gute!« Er reichte mir die Hand.

Später erfuhr ich von einem Funker, dass Hauptmann Schevior beim Rückzug westlich von Breslau schwer verwundet wurde. Einzelheiten konnte ich nicht erfahren. Ich dachte noch oft an diesen entschiedenen Patrioten und NS-Gegner.

Verbrecherische Befehle und kluge Generalstäbler

Im Lazarett in Athen erfuhr ich bereits 1942, dass ich infolge meiner Kopfverletzungen und Gehbehinderung nicht mehr fronteinsatzfähig sei. Das bestätigte auch ein Truppenarzt nach einer spezifischen Untersuchung in Aussig. In meinem Soldbuch stand nun »GvH«, d.h. »Garnisonsverwendungsfähig Heimat«. Das war auch einer der Gründe dafür, dass ich zur Umschulung als Funker abkommandiert wurde. Als ich diese nach einem Vier-Wochen-Kurzlehrgang in Polen beendete, sagte mir der Funk-Hauptmann, der den Kursus leitete, dass ich mit Tempo 140 pro Minute bei Geben und Nehmen zum »Edelfunker« avanciert sei; damit wäre ich für den Dienst in den höchsten Armeestäben geeignet.

Herbst 1943
Nach einem Urlaub versetzte man mich zunächst nach Polen, nordöstlich von Warschau. Dort sollte ich bei der Partisanen-Bekämpfung in einer Funkstation tätig werden. Das war ein besonderes Kapitel. Nach einiger Zeit kam plötzlich der Befehl, acht bestgeeignete Funker seien zu einem Armee-Kommando-Stab bei Pleskau/Pskow abzustellen. Das war jedoch das Frontgebiet südwestlich von Leningrad – entgegen meinem Status GvH! Darauf wollte ich bei nächster Gelegenheit aufmerksam machen und um meine Rückverlegung ersuchen. Zunächst war jedoch in der Nähe eines russischen Dorfes eine Funkstation aufzubauen; mit miserablem Gerät! Nach wenigen Tagen und vielen Pannen sollte ich mich mit einem anderen Funker und dem defekten Gerät bei der ca. 20 km entfernten Funkmeisterei melden. Wir fanden sie in einem Dorf, dessen auffallend stabiles und großes Schulgebäude als Kommandantur einer Nachschub-Einheit diente. Der Funkmeister, untergebracht in einer notdürftig wieder aufgebauten Großscheune, sagte uns, dass er einige Stunden benötige, um unser Gerät betriebsfertig zurechtzubasteln! Außerdem: tags zuvor sei ein Krad-Melder auf eine Mine gefahren und getötet worden; zur Vergeltung würden heute 100 Russen erschossen! Beim Verlassen der Funkmeisterei sahen wir, wie etwa 50 Soldaten einen Halbkreis zu bilden begannen, von einem Leutnant befehligt unter Aufsicht eines Majors, des Standort-Kommandanten, wie wir erfuhren. Eine Gruppe von Russen, vielleicht 40 bis 50, darunter junge Frauen und auch Greise, warteten auf ihre Hinrichtung. Kein Wehklagen! Eine große Grube hatten sie vorher ausschaufeln müssen, hörten wir. Etwas entfernt standen etwa 150 deutsche Soldaten als Zuschauer. Zehn der auf den Tod Wartenden dirigierte der Leutnant an

die Grube; er meldete dem Major, dass das Exekutions-Kommando zum Schießen bereit sei. Nach einem Handzeichen des Majors erteilte der Leutnant den Soldaten den Feuer-Befehl. Die zehn Russen fielen um, tödlich getroffen; zwei erhielten vom Leutnant per Pistole den »Gnadenschuss«, denn sie bewegten sich röchelnd.

Entsetzt wendeten wir uns ab, als man die nächsten zehn, darunter wieder junge Frauen, zum Erschießen kommandierte. Etwas abseits stand ein leichenblasser Landser, als wir den Terrorplatz verließen. Wir fragten ihn, ob wir ihm helfen könnten, er sähe krank aus. Er sagte uns, dass er seinem Kompaniechef meldete, dass er auf Feinde, aber nicht auf wehrlose Frauen und Greise schießen könne. Er sei Christ; solche Exekutionen ertrügen sein Gewissen nicht! Befehlsverweigerung hätte er mit dem Tod bezahlt, aber so, wie er es dem Kompaniechef vortrug, wurde er vom Erschießungs-Kommando freigestellt! Er sagte uns auch, dass hinter der Kommandantur weitere 50 Frauen und Greise auf ihre Hinrichtung warteten.

Während wir angeekelt zur Funkmeisterei gingen, krachte wieder eine Gewehrsalve! Die nächsten zehn waren exekutiert! Der mich begleitende Funker meinte, es sei schrecklich, wie angebliche Partisanen auf diese Weise ermordet wurden: »Die Russen verteidigen ihre Heimat, ob an der Front oder als Partisanen. Von den hier Erschossenen wisse man gar nicht, ob sie tatsächlich zu den Partisanen gehörten!« Ich nickte zustimmend: »Die Deutschen sind die Aggressoren. Aber was hier geschieht, ist ein spezielles Verbrechen: das ist ein Verstoß gegen das Kriegsrecht!« – Wir einigten uns, künftig öfter insgeheim unsere Meinungen auszutauschen.

Der Funkmeister hatte keine Meinung zu diesem schrecklichen Vorfall. Ein neues Funkgerät würden wir bald erhalten. Nur notdürftig und für einige Tage habe er unser Gerät repariert. Der Stab wird dafür sorgen, dass wir bald ein neues Gerät erhielten.

Mein Mitfunker berichtete, als wir von unserem Trip zurückkamen, was wir erlebt hatten. Alle äußerten sich bestürzt! Das Wort »Verbrechen« fiel mehrmals. Nun sah ich meine Stunde gekommen: »Ob man das einfach so hinnehmen dürfe!? Machtmittel ständen uns zwar nicht zur Verfügung, aber dagegen sollte man schon etwas tun!« Einer fragte: »Ja, was denn? Mehr als ‚Feindsender' zu hören und darüber zu sprechen können wir doch nicht!« Es wurde deutlich, dass alle Anwesenden regelmäßig »Feindsender« hörten und diesen Berichten mehr Glauben schenkten als deutschen Sendern! Ein anderer: »Es ist schon etwas, wenn wir uns innerlich gegen solche Verbrechen stellen und immun werden oder bleiben gegen die ständige Verarschung durch die Goebbels-Sender.« Das Gespräch dauerte eine Weile und es wurde kein Widerspruch gegen die deutlich gewordene Renitenz aller Anwesenden laut. Ein Sonderfall! Ich berichtete dann, dass eine kleine Gruppe deutscher Funker in Polen mit einheimischen Partisanen kooperierte und diesen nach Möglichkeit auch Sprengstoff für die Unterbrechung der strategischen Bahnstrecke nach Pleskau besorgte. Teils freudige Zustimmung, teils Erstaunen! »Geht denn so was?«, fragte einer. »Da riskiert man doch Kopf und Kragen«, ein anderer bei Zustimmung im Ganzen. Als ich merkte, dass unter diesen Funkern niemand eine Hitler-Position bezog, und auch der Eindruck vorhanden war, dass hier keiner »plauderte«, gab ich zu erkennen, ohne konkret zu werden, dass ich auch zu den Widerständlern gehörte. Sofort Zustimmung! Das war fast zu erwarten nach all dem, was die Funker an Meinungen geäußert hatten. Dennoch blieb Vorsicht geboten, weil man nie genau wusste, ob nicht ein Verräter in der Gruppe sein könnte. Ich riet allen zu größter Verschwiegenheit, was sofort bejaht wurde. Es gab auch Zustimmung, als ich sagte: »Hier geht es nicht darum, ob man Deutscher oder Russe ist; hier steht Menschlichkeit gegen Unmenschlichkeit. Die Hauptfrage heißt Raubkrieg oder gerechter Friede!« Wir entwickelten uns zu einer geschlossenen Widerstandsgruppe. Es tauchte die Frage auf, ob und wie man Verbindung zu russischen Partisanen bekommen könnte. Einfach würde das nicht sein; die Bereitschaft war jedoch vorhanden.

Täglich zwei Mal kam ein motorisierter Melder zu uns, der uns vom Stab zu verschlüsselnde und zu funkende Texte brachte oder die empfangenen und entschlüsselten Texte für den Stab abholte. Weil der nächste Funkoffizier weiter von uns entfernt war als der Stab und keiner von uns ihn kannte, sagte ich dem Melder, mit der Bitte, es beim Stab vorzutragen, dass ich GvH sei und damit nicht geeignet für das Frontgebiet! Der Melder wollte das beim Stab vortragen.

Nach einigen Tagen wurde ich durch den Melder zum Stab bestellt. Bei einem Oberstleutnant sollte ich mich melden. Es sei ein Graf, sagte mir der Melder.

In einem benachbarten größeren Dorf, ebenfalls in einer gut erhaltenen großen Schule neben dem total zerstörten Haus der ehemaligen Parteileitung – die beiden einzigen gemauerten Gebäude in diesem Ort –, war der Armee-Stab untergebracht. Eine im Dorf stationierte Stabskompanie sollte seine Sicherheit garantieren. Russen sah ich nicht. – Der adelige Oberstleutnant i.G. (im Generalstab), bei dem ich mich meldete, war keineswegs so arrogant wie manch andere seiner Art; er erwartete mich. Zunächst begehrte er, mein Soldbuch zu sehen. »In Ordnung! Sie sind GvH. Bei Rommels Afrika-Korps kämpften Sie auch. Außerdem: mit Spitzenleistung den Funkkurs beendet: der Stempel im Soldbuch. Da sind Sie bei uns gerade richtig. Warum wollen Sie zurück ins General-Gouvernement? Hier ist zwar Frontgebiet, aber geschossen wird 20 Kilometer östlich! Nur russische Partisanen greifen manchmal unseren Nachschub an. Das gibt es im General-Gouvernement auch! Hier im Haus des Stabes ist unsere Funkstelle für GKDoS (Geheime Kommando-Sachen). Sie könnten hier Funkstellenleiter mit einer speziellen Vereidigung für GKdoS werden; dann sind Sie mehr als bisher Geheimnisträger. Unser Stab kann dafür sorgen, dass Sie befördert werden, wenn Sie bei uns bleiben. In Polen und in der Heimat werden Ihre Qualifikationen nicht so dringend benötigt wie hier. Ich gebe ihnen als ‚Edelfunker' eine Woche Zeit zum Überlegen; einen Befehl will ich noch nicht geben. Ich werde Ihren Fall dem Stabschef vortragen. Der Melder bringt Sie nachher wieder zu Ihrer Funkstation.

Zuvor will ich ganz kurz noch einiges wissen: Durch welche besonderen Eigenschaften erreichten Sie in so ungewöhnlich kurzer Zeit ein so hohes und selten erreichtes Tempo beim Morsen? Welchen Studiengang absolvierten Sie bzw. was ist Ihr Beruf? Was sind Sie für ein Landsmann?« – Zur ersten Frage antwortete ich, dass dies wahrscheinlich höchste Konzentrationsfähigkeit und eiserner Wille auf der Grundlage ererbter und weiterentwickelter Fähigkeiten ermöglichten. Erstaunt war der adelige Oberstleutnant i.G., dass ich nicht wenigstens das Gymnasium absolvierte: »Sie sprechen wie ein studierter Mensch. Aber ich weiß, dass auch aus kunsthandwerklichen Berufen Menschen mit hohen intellektuellen Leistungen kommen.« Zu meiner Heimat im Egerland merkte er an, dass er beim Einmarsch ins Sudetenland als junger Stabsoffizier über die dabei erfahrene Begeisterung der Sudetendeutschen höchst verwundert war: »Waren Sie auch so begeistert?« – »Nein!« Da ich nicht wusste, welche Papiere über mich bei ihm vorlagen, sagte ich ihm die Wahrheit: »Meine Familie war sozialdemokratisch.« Darauf er, was mich erstaunte: »Es gab sehr viele anständige Sozialdemokraten. Auf dem Gut meiner Eltern in Schlesien schafften einige, die einst zu den Roten gehörten. Es waren verlässliche gute Arbeiter.« Nach einer kurzen Pause: »Fällt es Ihnen schwer, Soldat zu sein?« – »Ich versuche meine Pflicht zu erfüllen«, was sollte ich sonst sagen? – Er: »Sagen Sie mir offen, was Sie von diesem Krieg halten; kein Mensch erfährt von diesem Gespräch!« – Ich: »Es ist bekannt, dass Sozialisten gegen Militarismus und Krieg Position beziehen.« – Er: »In meiner Heimat wohnt ein mir sehr gut bekannter Helmut Graf von Moltke. Auf seinem Gut in Kreisau pflegt er enge

Verbindungen mit ehemals führenden Sozialdemokraten; diese denken ähnlich wie Sie über die Hitler-Diktatur und den Krieg! – Ich würde mich auch aus diesem Grund freuen, wenn Sie bei uns blieben trotz GvH; hier im Stab sind die meisten kritisch gegenüber dem, was seit 1933 in Deutschland passiert. Mit einem Funkstellenleiter wie Ihnen bestände auch die Möglichkeit, dass wir per Funk und mit Sonderschlüssel zu anderen kritischen Stabsoffizieren Verbindung aufnehmen könnten. Das müsste ja auch in Ihrem Interesse sein.«

Zurück in der Funkstelle erzählte ich, was sich ereignet hatte, ohne das interne Gespräch und das Angebot zu erwähnen, in die Funkstelle direkt beim Stab zu wechseln. Alle bestürmten mich zu bleiben. Wir hätten uns inzwischen zu einer verschworenen Gemeinschaft entwickelt; außerdem bräuchte man meine Erfahrungen hinsichtlich des Widerstandes gegen das Hitler-Regime und gegen den Krieg.

Wenige Tage später baute ein anderer Funktrupp etwa einen Kilometer von uns entfernt eine Funkstation auf. Es war der vom Oberstleutnant i.G. erwähnte Trupp zur Unterstützung des Kampfes gegen die Partisanen. Schnell kamen wir mit diesen Funkern ins Gespräch. Der dortige Funkstellenleiter machte nicht den Eindruck, ein treuer Gefolgsmann des »Führers« zu sein. Vorsichtig fragte ich nach seinen Positionen, nachdem ich einige kritische Passagen von mir gegeben hatte. Das könnte ein Gesprächspartner werden, wenn man mehr voneinander wusste. In seinem Funktrupp wirkten jedoch einige, wie er mir verriet, die das Abhören von »Feindsendern« als »Verrat an Groß-Deutschland« bezeichneten. Da war Vorsicht geboten! Einige seiner Funker hörten jedoch regelmäßig sowohl den Londoner Sender als auch »Freies Deutschland« ab. Von Widerstandsaktionen wusste er jedoch nichts zu berichten. – In einem späteren Gespräch berichtete er mir, dass wieder einmal bei der »Jagd auf Partisanen« von Sondertruppen hinter der Front völlig Unbeteiligte erschossen wurden. Er habe die von der OP-Abt. (Operations-Abteilung) des OKW (Oberkommando der Wehrmacht) verfassten und von GFM (Generalfeldmarschall) Keitel unterzeichneten Befehle zur »Bandenbekämpfung im Osten« sowie »Richtlinien für die Jagdkommandos« an die Stabs-Abteilung entschlüsselt und weitergegeben. Die »sofortige Erschießung von Verdächtigen« und die »Beseitigung unliebsamer Zeugen« sei befohlen. Zufällig erfuhr er von der Stabs-Abteilung, dass der Chef der OP-Abt., General Heusinger, telefonisch nachfragte, ob die ergangenen Befehle tatsächlich konsequent durchgeführt wurden. Er sagte mir das im Vertrauen, weil er den Eindruck habe, dass ich nicht zu den NS-Fanatikern gehöre und dass ich nicht darüber berichten werde. – Dieser Unteroffizier war ein Katholik aus dem Ruhrgebiet, dessen Freunde – so erzählte er mir wiederum vertraulich – selbst mit Kommunisten gegen die NS-Diktatur kooperierten: trotz mancher Differenzen sei man sich in der gegenwärtigen Hauptfrage einig. – Für mich war es ein Glücksfall, dass ich nun einige NS- und Kriegsgegner in meiner Nähe hatte. Gespräche mit jenen Funkern der Partisanenbekämpfer, die das Abhören von »Feindsendern« als Verrat bezeichneten, brachten nichts. Es waren Menschen, die schon früh vom Gift der faschistischen Ideologie beeinflusst waren.

Eine Woche nach dem Gespräch mit dem adeligen Oberstleutnant i.G. sagte mir der Melder, dass er mich am folgenden Tag wieder zum Stab bringen sollte. Dieses Mal saß neben dem mir bereits bekannten Stabs-Offizier ein Major i.G. Der Graf in Uniform fragte mich zunächst, ob ich 20 km hinter der Front irgendwelche gesundheitlichen Problemen hätte. Das verneinte ich. Dann sagte er immer noch relativ leger, also ohne den üblichen Kommandoton: »Der Stabschef entschied, dass Sie hierbleiben. Es gibt nicht genug ‚Edelfunker'; wir brauchen Sie! Wenn Sie irgendwelche gesundheitlichen Probleme haben sollten, stellen sie sich sofort beim Stabsarzt vor; er ist informiert.« Völlig unüblich fragte er mich: »Haben Sie noch irgendetwas vorzutragen?« Ohne lange Denkpause sagte ich, ob ich über ein schreckliches Erlebnis in der Nähe vortragen dürfe? Der Oberstleutnant nickte. Ich berichtete über den Vorfall in dem Dorf, in dem unsere Funkmeisterei untergebracht war. Ich ergänzte mit dem Hinweis, dass nach dem deutschen Militärstrafgesetzbuch derartige Handlungen verboten seien! Der Graf fragte zurück: »Woher wissen Sie das?« Nun erklärte ich den beiden Stabs-Offizieren, dass der Kompaniechef in meiner Bayreuther Rekrutenzeit des Öfteren Vorträge vor der versammelten Kompanie hielt und dass er dabei auch über die Haager Landskriegsordnung vortrug, d.h. darüber, was im Krieg erlaubt und was verboten sei. Dabei betonte er auch, dass der Soldat ebenfalls bestraft werden kann, wenn er einen Befehl befolgt, der nach seinem Wissen ein militärisches Verbrechen ist. Die beiden Stabsoffiziere sahen sich vielsagend an. Der Major: »Und warum machten Sie dann keine Meldung?« – Meine Reaktion: »Das tat ich soeben, Herr Major!« – Der Graf grinste; und dann: »Sie wissen, dass Sie als Geheimnisträger zur völligen Verschwiegenheit verpflichtet sind?!« Ich bejahte. »Dann sollen Sie wissen, dass unser Stabschef mit Genehmigung unseres kommandierenden Generals keine rechtswidrigen Befehle vom OKH (Oberkommando des Heeres) oder OKW zu den unterstellten Truppenteilen weitergab. Hier wurde kein gefangener Kommissar der Roten Armee erschossen! Wegen Ihrer Meldung werden wir uns berichten lassen. Als gut informierter Funkstellenleiter wissen Sie wahrscheinlich, dass GFM von Reichenau nach Beginn des Ostfeldzuges einen Geheimbefehl erließ, der allerdings nicht geheim blieb. Warum? Das wissen wir nicht. Nach diesem Befehl sei der Ostfeldzug kein normaler Krieg, in dem normale Kriegsgesetze gelten! Es sei ein besonderer Krieg, der über das normale Soldatentum hinausginge. Auch der noch weitergehende Befehl des GFM von Manstein blieb nicht geheim: vom Ausrotten des jüdisch-bolschewistischen Systems handelte er. Viele Offiziere wissen das – und manche handeln leider in diesem Sinne. Der Chef der OP des OKH, General Heusinger, gibt seine Order auch nicht nur auf dem Dienstweg weiter, sondern oft auch direkt an die Divisionen, speziell bei der Partisanenbekämpfung. Sondertruppen, die in unserem Bereich zur Jagd auf Partisanen eingesetzt sind, unterstehen einem SS-General. Auf diese haben wir keinen Einfluss. Sie wissen wahrscheinlich, dass das Ostheer große Verluste verzeichnet, und zwar nicht nur an der Front, sondern durch die starken Partisanengruppen auch im Hinterland. Da bietet das OKH in enger Kooperation mit der Führung der Waffen-SS alles Erdenkliche auf, um die Verluste in Grenzen zu halten.

Der Major i.G.: »Sie hörten nun viele Sachen, die in der Regel nur Themen für Offiziere sind. Sie merken, wir haben zu Ihnen Vertrauen. Nun wollen wir etwas von Ihnen wissen. Sie können offen reden. Niemand hört uns. Was denken einfache Soldaten, speziell Funker, über die gegenwärtige Kriegslage, über die sogenannte Anti-Hitler-Koalition und über die Siegchancen der Deutschen und ihrer Verbündeten? In den hier zugänglichen Zeitungen ist darüber einiges zu lesen. Nehmen Sie, als ein so gut informierter Soldat, diese Presseberichte unkritisch hin oder haben Sie dazu andere Positionen?«

LK: »Gestatten Sie, Herr Oberstleutnant, Herr Major, dass ich mich zunächst für Ihr Vertrauen bedanke. Ich werde Sie nicht enttäuschen.« Beide nicken mit dem Kopf. »Reden Sie offen«, ermunterte mich der adelige Stabsoffizier. LK: »Mit Soldaten der im rückwärtigen Frontgebiet eingesetzten Kompanien habe ich wenig Verbindung. Mit Funkern und Sanis führe ich oft Gespräche. Soweit ich das zu beurteilen vermag, erkennen viele, dass die zunächst vorhandene Angriffskraft des Heeres offenbar erschöpft ist. Wahrscheinlich war die Rote Armee vom deutschen Angriff überrascht; nur das erklärt die deutschen Angriffserfolge. Nun aber erfolgen auf breiter Basis die Gegenangriffe. Das könnte eine Wende an der Ostfront einleiten. Persönlich erkannte ich von Anfang an keine langfristigen Siegchancen für Groß-Deutschland. Die materiellen Möglichkeiten der Attackierten, vor allem Großbritanniens und nun auch der USA, unterschätzte man in Berlin ebenso, wie man die eigenen Potenzen maßlos überbewertete.

Die anfänglichen Erfolge in Polen und Frankreich täuschten über die weiteren Chancen hinweg. Der Zwei-Fronten-Krieg, der seit 1941 währt, auch wenn es im Westen zur Zeit noch relativ ruhig ist, ist nicht zu verkraften. Das Volk vermochte man zu täuschen; aber die Herren der deutschen Industrie und der Großbanken bzw. die Reichswehrführung wussten doch über die realen Kräfteverhältnisse in Europa und in der Welt Bescheid! – Unter Funkern und vielen Sanis ist das Zustandekommen der Anti-Hitler-Koalition gut bekannt; manche wundern sich, warum es noch nicht zu der immer wieder erwähnten zweiten Front im Westen kam. Letztere würde die Bedrängnis des deutschen Heeres beschleunigen und den Vormarsch der Angegriffenen auf das Reichsgebiet mit sich bringen. Viele erkennen die schrecklichen Folgen für die Deutschen sowie für die überfallenen Völker, wenn dieser Krieg nicht bald zu Ende ist. Was den angegriffenen Staaten angetan wurde, nicht nur durch Kampfhandlungen, sondern auch durch ungesetzliche Aktionen, dürfte einiges kosten, deshalb wäre ein baldiges Ende dieses Schlachtens nötig.«

Beide Stabsoffiziere sahen sich vielsagend an und nickten. Der Graf: »Was meinen Sie denn persönlich, wie ein schnelles Kriegsende herbeizuführen wäre? Und was denken die Ihnen bekannten Funker und Sanis in dieser Hinsicht, falls es darüber Gespräche gab?« Der Major i.G. ergänzte: »Meinen Sie, dass an der Front bzw. im Heer oder alternativ dazu in der Heimat wirksame Maßnahmen für ein baldiges Kriegsende realistische Chancen hätten?«

LK: »Massensabotage oder Massenstreiks in den wichtigsten Rüstungsbetrieben wären eine konkrete Möglichkeit. Aber die Überwachung durch die Gestapo und das Spitzelwesen allüberall sind so stark ausgeprägt, dass alle Ansätze zerschlagen werden könnten, wenn nicht gleichzeitig und überall die Waffenproduktion lahmgelegt und ein Aufstand organisiert würde. Es fehlt aber gegenwärtig die zentrale Instanz, die den Menschen in ganz Deutschland den Anstoß dazu geben könnte, und es fehlt auch die Möglichkeit, alle Arbeiter gleichzeitig zu erreichen. Eine Rundfunkbesetzung würde das ändern. Ich vermag auch nicht zu beurteilen, ob eine ganze Heeresgruppe unter einem entschlossenem Marschall etwas ausrichten könnte. Die Ausschaltung der gegenwärtigen Führung durch eine Initiative einiger Kommandierender Generäle ist auch schwierig, weil die Staats- und Wehrmachtsführung niemals geschlossen berät. Einige, die das Kommando übernehmen könnten, sind immer abwesend, ob Himmler, Bormann oder Goebbels. Die Stimmung für einen Friedensschluss zu stimulieren und aus einer solchen Stimmung eine Aktion zu gestalten, das könnte eine Möglichkeit sein!«

Der Graf: »Sie sind ja ein Stratege! Nicht nur ein ‚Edelfunker'. Ich gratuliere! Woher haben Sie denn dieses Wissen?«
LK: »Mein Vater war der bekannteste und erfolgreichste Streikführer in meiner Heimatstadt vor 1914. Er berichtete oft über Strategie und Taktik bei Arbeitskämpfen und landesweit anzulegenden Massenaktionen gegen den drohenden Krieg vor 1914.«
Der Major: »Kalkulieren Sie denn auch die Risiken ein, die solche Aktionen zwangsläufig mit sich bringen und auch ihr Scheitern?«
LK: »Das größte Risiko für die Deutschen ist die Weiterführung dieses Krieges. Bei jeder Widerstandsaktion wird man die Risiken mitdenken und zu minimieren versuchen. Mir sind die Motivationen und die Bereitschaft von Spitzenmilitärs nicht bekannt, die solche Risiken eingehen würden. Ich weiß allerdings, dass der Generalstabschef bis 1938, Generaloberst L. Beck, mit seinem schriftlich fixierten Gegenkurs zu Hitlers Kriegsplanung ein Signal gab, dass aber nichts geschah, weil die Generalität es nicht wollte!«
Der gräfliche Oberstleutnant: »Hier muss ich mal zwischenfragen: woher wissen Sie denn die Sache mit Generaloberst Beck?«
LK: »Kurz vor dem Einmarsch deutscher Truppen in die ČSR referierte ein deutscher Emigrant in Eger über die Kriegspläne Hitlers. Dabei erwähnte er die Gegnerschaft des Generalstabschefs.«
Der Major: »Wieso setzen Sie als Zivilist und als Kriegsgegner auf die Spitzenoffiziere und das Heer als mögliche Beender der Hitler-Diktatur und des Krieges?«
LK: »Von meinem Vater weiß ich, dass Kanonen und Gewehre kurzfristig wirksamer sind als die historisch längerfristig angelegten Aktion der für Emanzipation kämpfenden Bewegungen ...«
Der Graf: »Spielt Ihr Vater in Ihrer persönlichen Entwicklung eine wesentliche Rolle? Sie sagten, dass Sie trotz bester Schulleistungen keine höhere Schulbildung absolvierten. Sie wissen aber viel mehr, als in dieser Altersstufe allgemein bekannt ist!?«
LK: »Von meinem Vater weiß ich vieles, vor allem was die praktische Politik betrifft. Er nahm als Arbeiterfunktionär an vielen Seminaren unserer Partei teil. Wir stritten jedoch auch viel, wenn es um taktische oder längerfristige Fragen ging. Er war eben treuer Sozialdemokrat und ich war rebellischer Sozialist ...«
Der Major: »Wo liegt denn da der Unterschied?«
LK: »Sozialdemokraten gehen von einer gewissen langfristigen Logik der geschichtlichen Entwicklung aus, die – wenn auch mit angemessener Aktivität der

ausgeplünderten und entrechteten Menschen – zur Gesellschaft der Freien und Gleichen führt. Sozialisten vertrauen nicht so sehr auf diese historische Logik, sondern setzen viel stärker auf die umwälzende Kraft derer, die einen konkreten Humanismus erstreiten wollen ...«

Der Major: »Also, Sie wollen die Revolution?«

LK: »Die Umwälzung von 1789 in Frankreich wird oft von denselben Personen gefeiert, die sich gegen eine Umwälzung der Verhältnisse aussprechen, in denen der Mensch ein geknechtetes und verachtetes Wesen ist. Wären die Verheißungen von 1789 Realität geworden, bräuchte es keiner erneuten grundsätzlichen Neugestaltung der gesellschaftlichen Bedingungen. Ich wirke für eine human strukturierte Gesellschaft, in der alle Menschen und Völker die selben Rechte auf ein erfülltes Leben erreichen.«

Der Graf (zum Major): »Mein Freund Graf von Molke argumentiert auf Grund seiner Kontakte mit einst führenden Sozialdemokraten ähnlich wie unser ‚Edelfunker'.« (Und zu mir gesprochen:) »Aber von Ihrem Vater allein können Sie doch Ihr Wissen nicht haben?«

LK: »Ich besuchte einige Seminare über wissenschaftlichen Sozialismus. Theorie vermittelte man uns an konkreten praktischen Beispielen. Der ehemalige Leiter der österreichischen Arbeiterbildung, Josef Luitpold Stern, hielt in Eger viele Vorträge, die ich besuchte und wobei ich Gelegenheiten zu Nachfragen und zur Diskussion wahrnahm. Außerdem las ich einige grundlegende Werke sozialistischer Klassiker.«

Der Major: »Die Übereinstimmung von Theorie und Praxis ist eine eigenartige Angelegenheit; oft kollidieren sie miteinander.«

LK: »Wenn das der Fall ist, bleibt zu prüfen, worin die Ursachen dieser Nicht-Übereinstimmung liegen. Man lehrte mich, dass man manches Mal mit Widersprüchen leben und sie verarbeiten muss. Grundsätzlich würde ich danach trachten, sie in Einklang miteinander zu bringen. Wir sind ja auch genötigt, für den Krieg zu wirken, obwohl wir für einen gerechten Frieden eintreten.«

Der Graf: »Gehen Sie davon aus, dass unsere Gegner im Krieg einen gerechten Frieden wollen und dass ein eventueller Aufstand auch honoriert würde? Oder denken Sie, dass es so läuft wie 1918?«

LK: »Je früher ein wirksamer Aufstand und eine Bereitschaft zu einem sicheren Friedensschluss zu organisieren wäre, desto günstiger dürften die Bedingungen für die Unterhändler der Deutschen sein. Soweit ich informiert bin, würden Widerständler völlig andere Verhandlungschancen haben als etwa kapitulierende NS-Größen.«

Der Graf: »Woher wissen Sie das?«

LK: »Die Spitzenfunktionäre meiner Partei in London und Stockholm informieren mich gelegentlich durch verdeckte Kanäle über das, was man in der Führung Großbritanniens erörtert und befreundeten Kräften intern mitteilt.«

Der Major: »Das ist ja unerhört, was Sie da sagen und tun! Sind Sie sich der Gefahren bewusst, die mit Ihrer illegalen Tätigkeit verbunden sind?«

LK: »Als wir den antifaschistischen Widerstand in der ČSR vorbereiteten, war uns bekannt, dass wir stets mit einem Fuß im Leben, mit dem anderen im Grab stehen würden.«

Der Graf: »Welcher Art war Ihr Widerstand und mit welchem konkreten Ziel leisteten Sie und Ihre Freunde ihn?«

LK: »Wir erfuhren sehr bald, dass mit Flugblatt- und Plakataktionen im ‚Sudetengau', in dem es die höchste Dichte an PG-Mitgliedern gab, nicht viel zu erreichen war. Sabotageakte, z.B. die Sprengung von Eisenbahnstrecken, blieben zwar auch nur kleine Nadelstiche, aber das war schon etwas mehr als unsere ersten Versuche, dem faschistischen Deutschland einige Schwierigkeiten zu bereiten. Da und dort gab und gibt es Kooperationen mit polnischen Partisanen …«

Der Major: »Das ist ja unerhört! Darauf steht Todesstrafe! Kalkulieren Sie das ein?«

LK: »Jeder Soldat hat im Krieg mit dem Tod zu rechnen; antifaschistische Widerständler in größeren Maße. Allerdings verfolgen wir ein humanes Ziel. Da liegt der Unterschied! – Unser Ziel bleibt ein neues Deutschland, in dem die mit Hitler kooperierenden Industrie- und Bankenherren nicht mehr auf Kosten des deutschen Volkes schalten und walten können, wie sie wollen. Ein antifaschistisches demokratisches Deutschland, in dem alle NS-Gegner zusammenwirken, ist des Versuchs eines Umsturzes wert! Die Frage ist, ob die deutsche Generalität und die sie stützenden Offiziere mit einer demokratischen Regierung kooperieren, oder ob wie in der Weimarer Republik wieder republikfeindliche Kräfte zum Zug kommen.«

Der Graf: »Das klingt ja ähnlich wie das, was ich von meinem Freund Graf von Moltke in Kreisau hörte. Haben Sie mit ihm direkt oder auf Umwegen Verbindung?«

LK: »Leider nicht! Ich gab nur das wieder, was in Kreisen des Widerstandes erörtert wird. Mein besonderes Interesse konzentriert sich auf die Lage in der ČSR nach dem Krieg. Dort ist meine Heimat.«

Der Graf: »Der Major Dr. N. denkt so wie ich und ähnlich wie Sie. Wir überlegen zusammen mit anderen Stabsoffizieren, wie dieser Krieg im Interesse Deutschlands und natürlich auch der anderen betroffenen Völker so schnell wie möglich zu beenden ist. Das wird nur gegen die jetzige Führungsclique zu realisieren sein! Selbstverständlich streben wir ein Nachkriegs-Deutschland an, in dem alle NS-Gegner gleichberechtigt und zum gegenseitigen Nutzen kooperieren. Die Arbeiterschaft muss selbstverständlich völlig gleichberechtigt und mit angemessenen Vergütungen eingegliedert bleiben. Unsere Hauptfrage ist, wie wir diesen Wahnsinnskrieg beenden – also mit welchen Mitteln – und zu einem erträglichen Frieden mit unseren Kriegsgegnern in West und Ost kommen können. Erneut werden wir mit unserem Stabschef diese Fragen beraten. – Sie erhalten demnächst einige höchst geheime Texte an Stabsoffiziere in anderen Armeen, die ähnlich denken wie wir. Mit doppelter Verschlüsselung und durchzugeben mit Tempo 140, so dass SS-Überwachungsstellen nicht abhören können. Wir werden sie noch einmal als Geheimnisträger vereidigen!«

(...)

> Codierte Notizen über die Gespräche mit dem adeligen Stabsoffizier bzw. dem Major i.G. zeichnete ich unmittelbar danach auf: ohne Namensnennung, ohne Ortsbezeichnung und ohne Zeit. Bei einer Dienstreise zur Beschaffung eines neuen Glasauges nahm ich diese Notizen mit nach Eger. Dort schrieb ich den Gesamttext, der zu verschlüsseln war. Herta nahm ihn nach einem illegalen Treff mit nach Kopenhagen. Selbstverständlich wertete sie ihn aus und informierte die Parteiführung in London und Stockholm. Nach Kriegsende erhielt ich diesen Text wieder zurück. – Die letzte Seite ging verloren.

Aufklärungs-Lichtblitze durch politische Witze

Der politische Witz als Instrument antifaschistischer Aufklärungsbestrebungen ist schon seit den Anfängen der infernalischen Diktatur deutscher Kapitalherren, Generäle und der NS-Führungsclique bekannt. Selbst die für das »Tausendjährige Reich« positiven Witze ließen sich bestens konterkarieren, wenn der Kommentator ausreichend erfahren war. Die Reaktion derer, die einen solchen Witz hörten, verriet fast in allen Fällen deutlich, wes Geistes Kind der Angesprochene war und ob man notfalls etwas beschwichtigend reagieren musste oder ob man noch etwas Verstärkendes anfügen konnte. In vielen Fällen war es nach der Preisgabe eines die konkrete Situation im faschistischen Deutschland erhellenden Witzes möglich, an der Art des Lachens zu erkennen, ob man den Inhalt des Witzes im folgenden Gespräch noch steigern konnte. Manche Witze holten Noch-nicht-Bewusstes in einen anderen Grad des politischen Wissens, weil die Erhellung eines erfahrenen Erlebnisses verborgene Zusammenhänge sichtbar werden ließ. Ob eindeutige oder mehrdeutige politische Witze: in jedem Fall nutzte man sie als politische Waffe, den jeweiligen Reaktionen und Verhaltensweisen des Zuhörers entsprechend.

Der bereits in der Vorkriegszeit bekannte Kalauer: »Warum fliegen unsere Flugzeuge so hoch?« – »Damit sie nicht an unseren hohen Lebensstandard anstoßen!« erwies sich als bestens geeignet, den laufend steigenden Aufwand für Rüstung und andere Kriegsvorbereitungskosten den sinkenden Summen für Verbrauchsgüter gegenüberzustellen. Damit rückte man auch die innen und außenpolitischen Folgen der Aggressionsplanungen ins Blickfeld. Ähnliches galt für den Kalauer: »Wisst ihr, dass der Hitler schwer krank ist?« – »Er leidet unter unheilbarem Landhunger!« Weil viele die auf Raub- und Eroberungskrieg orientierenden Formulierungen in Hitlers »Mein Kampf« entweder nur ungenau oder gar nicht kannten und den Friedensschalmeien der faschistischen Propaganda wenig entgegenzusetzen hatten, waren die sich anschließenden Gespräche über Raub- und Okkupationskriege in Bezug auf das bessere Durchschauen der Planungen der Reichsführung oft hilfreich.

Es kursierten mehrfunktionale Witze, die nicht nur das faschistische Regime ins Visier nahmen. Einer davon: »Hitler erkundigte sich beim evangelischen Reichsbischof Müller, ob er denn, wenn er das deutsch-arische Volk nach seinem Tod nicht mehr in eine noch glorreichere Zukunft führen könne, in den Himmel komme. Der Bischof wollte sich erst einmal im Himmel erkundigen, bevor er eine verbindliche Antwort geben könne. Nach einigen Tagen erschien der Reichsbischof mit betrübtem Gesicht bei seinem Führer: Der Petrus erkundigte sich bei seinem Chef und sagte mir, dass man im Himmel so viel aggressives Geschrei nicht dulden könne. Außerdem befürchtete der Chef, dass Hitler ihm sein Himmelsamt streitig machen könnte, wenn da noch ein paar deutsche Bank- und Industrieherren hereingekommen sein sollten. Hitler tobte! – Zufällig erfuhr ein Rabbiner von diesem Gespräch. Er bot sich an, Hitler in den Himmel zu bringen; trotz vieler Pogrome gegen die Juden, vielleicht würde Hitler im Himmel etwas weiser. Jedoch müsse er eine Bedingung stellen: Hitler solle bereit sein, sich in einen Sack stecken zu lassen, damit er in den Himmel gebracht werden könne. ‚Es ist eines Führers der Deutschen und der Arier in der Welt unwürdig, sich in einen Sack zu verstecken', geiferte Hitler, als er von diesem Angebot erfuhr. Sein untertäniger Reichsbischof beruhigte ihn und erklärte: Hitler und die gesamte NS-Führung musste sich vor 1933 auch verstellen, damit das Volk akzeptierte, was Industrielle und Generale am 30.1.1933 durchsetzten. – Hitler war nach langem Zögern einverstanden. Nach seinem Tod ging der Rabbi mit dem Sack zur Himmelspforte und sagte zum Petrus, er habe das Endprodukt einer jahrhundertelangen Judenverfolgung durch die Kirche abzugeben. Petrus erkundigte sich beim Chef und kam zurück mit der Auskunft: Für die Verbrechen der Kirche sei der Himmel nicht zuständig. Man möge den Sack der Kirche übergeben.«

Ein ähnlicher Witz, der einige Gesprächsthemen eröffnete: »Ein evangelischer Christ lehnte die unterwürfige Praxis des Reichsbischofs Müller gegenüber Hitler und der gesamten faschistischen Führung ab. Er bekannte sich zu den bekannten Theologen Barth und Niemöller, die eine selbständige Kirche zu realisieren versuchten. Der evangelische Christ wollte lieber zusammen mit Sozialisten und Kommunisten Widerstand leisten. Als er starb, wollte ihn der Reichsbischof, führertreu wie immer, zur Hölle verbannen. Der vorsichtige Christ begehrte jedoch erst einmal zu wissen, wie es mit der Hölle beschaffen sei, ob eine Steigerung der faschistischen Praxis überhaupt noch möglich sein könnte. Vorbei an Halb- und Unterweit gelangte er schließlich in die Tiefe und stellte dort fest, dass es zwei Höllen gab. An einem Höllen-Tor stand: »Deutsch-arische Hölle«, am anderen »Hölle des Westens«! Beim Pfortenteufel der westlichen Hölle erkundigte sich der Aspirant erst einmal, wie es denn dieser Hölle zuginge. Der Teufel an der Pforte: Der Clemenceau wird wegen seines kriegstreibenden Friedens gerade in einem Kessel weichgekocht! Den britischen Heinrich VIII. zwicken sie soeben mit glühenden Zangen! Den

Teil I

Casanova schmoren sie wegen seiner Vielweiberei im Fegefeuer! – Entsetzt wendete sich der Christ ab. Ich werde mal bei der deutsch-arischen Hölle nachsehen. Dort zeigte ihn der Pförtner-Teufel ein Spiegelglas, durch das er (angeblich) die Vorgänge in dieser Art Hölle zu sehen bekam. Da tafelte der preußisch-deutsche General und Nazi Ludendorff mit dem General Hindenburg an einem goldenen Tisch; der SA-Sturmführer und Hamburger Zuhälter Horst Wessel vergnügte sich mit einigen Damen der Szene bei Sekt u.a. Köstlichkeiten; Reichsgründer Bismarck nahm gerade ein Defilee adeliger Generale und Offiziere ab. – Der Christ wunderte sich: darf ich mal zur Tür reingucken? Kaum übertrat er die Schwelle, begann man ihn zu foltern und kündigte ihm wegen der Gegnerschaft zu Hitlers großartigem Reich Fegefeuer an. – Aber ihr zeigtet mir doch etwas ganz anderes, sagte er entsetzt! Ein Teufel: Das war doch unsere Propaganda-Abteilung! Der Goebbels entwarf dieses herrliche Bild!« – Das Verhaltens des Großteils der Evangelischen Kirche rückt damit als Gesprächsthema ebenso in den Mittelpunkt wie der klaffende Widerspruch zwischen der Propaganda des faschistischen Deutschlands und der Wirklichkeit, die eine völlig andere war.

Ein kurzer Witz eignete sich bestens, den sprichwörtlichen Größenwahn der NS-Führung zu verdeutlichen und die Zuhörer auf die realen Dimensionen der Weltherrschaftspläne und deren rein materielle Grenzen hinzuweisen: »Eine alte Dame besuchte erstmals ein völkerkundliches Museum. Ihr fiel sofort ein im Durchmesser etwa ein Meter großer Globus auf. ‚Was ist das?', fragte sie. ‚Das ist die verkleinerte Abbildung unserer Welt. Das blaue sind die Ozeane, das andere die Kontinente. Europa liegt hier.' Die alte Dame staunt und fragt: ‚Und wo, bitte, liegt Groß-Deutschland?' Man zeigte es ihr. Darauf die alte Dame: ‚Was, so klein ist Groß-Deutschland? Weiß das der Führer auch?'« – Deutsche Emigranten brachten diesen netten kurzen Witz bereits in der ersten Hälfte der 30er Jahre in die ČSR. Fortan erzählte man ihn bis Kriegsende an vielen Orten und vor unterschiedlichen Zuhörern. Stets war damit die Möglichkeit geboten, über die Raubkriege, über das begrenzte »großdeutsche« Potenzial, trotz eroberter Staaten und trotz ausländischer Hilfstruppen, zu sprechen sowie über die Unmöglichkeiten des von Hitler und Goebbels lauthals proklamierten Sieges. Meist zeigten die folgenden Diskussionen, dass der oder die Zuhörer zwar mit den Größen der Länder und Kontinente vertraut waren, dass sie aber die Zusammenhänge mit den deutschen Eroberungsplanungen und den rein materiellen bzw. geografischen Größen von Aggressor und attackierten Widersachern erst nach diesem Witz richtig erfassten.

Eine Scherzfrage der Faschisten wurde noch erzählt, als diese sie schon nicht mehr hören konnten. Man erzählte diesen Scherz kurz nach dem deutschen Angriff auf die UdSSR. Frage: »Was ist in sechs Wochen?« – Die Antwort: »Die Blaskapelle der Leibstandarte gibt ein Platzkonzert auf dem Adolf-Hitler-Platz in Moskau!«. Die Erzähler dieses Größenwahnsinns fragte man später, als der Angriff stockte und ein langer Stellungskrieg ohne Aussicht auf Erfolg tobte, wann denn nun endlich dieses angesagte Platzkonzert in Moskau stattfinden werde.

Boshafter war der Scherz, den man erzählte, wenn man sicher sein konnte, dass kein nazistischer Fanatiker zuhörte: »Wann endet das Tausendjährige Reich?« – »Noch bevor seine Erfinder zur Rechenschaft gezogen werden!«.

Ein einfacher bayerischer Witz machte bald die Runde durch alle deutschen Länder. Auch in den okkupierten Staaten wurde er erzählt, natürlich meist auf Hochdeutsch: Ein kleiner Junge kam zum Ortsgruppenleiter der NSDAP in einer bayerischen Kleinstadt; er sagte, er habe etwas zum erzählen. Darauf der Braun-Behemdete: »Ja, sag's nur, Bub. Ich bin neugierig.« Der Junge: »Unsere Katz hat Junge kriegt; sieben an der Zahl. Keins davon is a Sozi, alle sans national.« – »Gut, gut!«, erwiderte der Ortsgruppenleiter, »In einer Woche ist Parteiversammlung. Dann erzählst Du Deine Geschichte vor vielen Leuten.« – Nach einer Woche stand der Bub gut gekleidet neben dem Ortsgruppenleiter in der Parteiversammlung der Nazi-Partei und wird angekündigt: »Der Bub wird euch was etwas wichtiges berichten.« Der Junge verneigte sich und begann: »Unsere Katz hat Junge kriegt; sieben an der Zahl. Alle san se Sozi, keins is national.« Wütend und mit rotem Kopf springt der Vorsitzende auf und brüllt den Buben an: »Vor einer Woche hast du doch die Geschichte ganz anders erzählt.« Darauf der Junge treuherzig: »Ja, inzwischen san unseren Katzen die Augen aufgegangen.« (P.S.: Bekanntlich kommen Katzen blind zur Welt und sehen erst nach einigen Tagen.)

Ein anderer Kalauer eröffnete die Möglichkeit, über die Rassenlehre des faschistischen Deutschlands zu sprechen: »Warum ist der Hitler nie in der Badehose zu sehen?« – »Weil sonst Zweifel an der Rassenlehre der NSDAP aufkommen könnten!«

Die weit verbreiteten Juden-Witze zur Zeit der Machtausübung der brutalen Dreieinigkeit von Kapitalherren, Generalität und Nazi-Führungsclique hatten meist höchst diffamierenden Charakter; es gab jedoch auch welche, die auf Klugheit und Tüchtigkeit dieser Mitmenschen verwiesen. In jedem Fall nutzte man als Antifaschist bei der Präsentation solcher Witze die Möglichkeit, auf das dramatisch gesteigerte Unrecht zu verweisen, das ihnen nun geschah; die historischen Leistungen, die jüdische Mitbürger für Deutschland und die Welt erbrachten, galt es darzulegen, um mit Fakten auf die Judenhetze zu reagieren. Den üblen Rassenwahn, der bereits in der deutschen Geschichte seine Spuren hinterließ, akzeptierten manche politisch und geschichtlich gebildete Deutsche nicht; die international und antirassistisch orientierte Arbeiterschaft sowieso nicht. Da boten sich gute Anknüpfungspunkte, um aufklärend zu wirken bzw. gegen die Faschisten zu mobilisieren. Mit vielen praktischen Beispielen ließ sich die zugespitzte Inhumanität von Rassenwahn und Judenverfolgung darstellen.

Noch vor der »Arisierung jüdischer Vermögenswerte« zu Gunsten kapitalistisch-faschistischer Kapitalherren und anderer, also etwa Anfang 1934, kursierte ein Witz, der den damaligen Bedingungen, mit denen jüdische Mitbürger in Deutschland konfrontiert waren, entsprach. Zwar erzählte man diesen Witz auch noch später, aber nach der faschistischen Rassengesetzgebung – an der der spätere BRD-Staatssekretär im Kanzleramt Globke maßgeblich mitwirkte – steigerte man die Hetze gegen die Juden derart, dass die Substanz des Witzes bzw. das Verhalten von unteren SA-Führungsleuten ein anderes war als 1934. Gleichwohl blieb dieser Witz praktikabler Anknüpfungspunkt für interne Gespräche zur Judenfrage und zum unmenschlichen Rassismus der Faschisten.

Die Begebenheit des Witzes: Die Führung eines SA-Sturms lud provozierend und mit diffamierender Absicht einen jüdischen Geschäftsmann zu einem »unvermeidlichen Klärungsgespräch« in ihre Räume ein. Nach anfänglichen Bedenken erschien der Geladene im Büro des SA-Sturms. Die in Uniform anwesenden niedrigen SA-Führer, einschließlich ihres Sturmführers (im Leutnantsrang), erklärten dem Erschienenen angesichts einer auf dem Tisch in einer Bratpfanne liegenden essfertigen Gans: »Jude, Du kannst mit dieser Gans anfangen, was du willst. So viel Freiheit hast du. Wenn Du ihr einen Flügel ausreißt, reißen wir Dir auch einen Flügel aus. Wenn Du ihr ein Stück aus der Brust herausbeißt, beißen wir Dir auch ein Stück aus deiner Brust heraus. Wenn Du der Gans die Haut abziehst, ziehen wir Dir die Haut auch ab! Du hast die Wahl!« – Der Geladene setzte seine Brille zurecht und hob die Gans vorsichtig auf. Dann suchte er ihr Hinterteil und leckte genüsslich ab. Nun fragte er die SA-Führer: »Haben sie sonst noch einen Wunsch, meine Herren?«, verneigte sich und ging.

Nach der die Wende im Kriegsverlauf einleitenden Niederlage der faschistischen Armee in Stalingrad erzählte man folgenden Kalauer: »Warum gehen die Herren im Führerhauptquartier alle barfuß?« – »Damit sie sich die

Kriegsschuld nicht gegenseitig in die Schuhe schieben können!«. Solche Scherze zeigten nicht nur die veränderten Bedingungen und die zunehmende Skepsis hinsichtlich der von der NS-Führung verkündeten Endsieg-Ziele bei einstigen Anhängern des »Führers«; sie eröffnen auch neue Möglichkeiten, über die Perspektiven Deutschlands nach dem verlorenen Krieg zu diskutieren.

Angesichts der zunehmenden Luftangriffe auf deutsche Städte – eine, Reaktion auf deutsche Luftangriffe auf offene Städte im Westen bzw. in Großbritannien (»Coventrisierung!«; auf die Zerstörung der englischen Stadt Coventry zurückgehender Begriff, der in den NS-Propaganda-Medien breite Verwendung gefunden hat) – wurde die Gegnerschaft zum Krieg offensichtlicher. Ein häufig gehörter Spott aus dieser Zeit lautet: »,Heute Nacht flogen bei uns die Fensterscheiben auf die Straße!', sagt ein kleiner Junge – ein anderer entgegnet ,Bei uns nicht die Fensterscheiben, aber die Führerbilder!'« – Die Stimmung hatte nun ein hohes Maß an Ablehnung gegenüber dem Krieg erreicht. Immer öfter wurde nun auch, teils sogar öffentlich, der Wunsch nach Frieden geäußert.

Das erzählten sich nicht nur Antifaschisten

Hitler und Goebbels äußerten unterschiedliche Meinungen über die Behandlung der Juden. Der »Führer« wünschte die »totale Ausrottung dieses Untermenschentums«, möglichst bald. Goebbels dagegen wollte die kaufmännische Tüchtigkeit der Juden genutzt wissen. Er trachtete danach, weil er sich Vorteile zu Gunsten des – in seiner Ausgangslage isolierten – »Tausendjährigen Reiches« erhoffte.

Hitler bestritt die geschäftlichen Fähigkeiten der Juden. Goebbels schlug eine Probe aufs Exempel vor.

Beide gingen zunächst in ein einschlägiges »arisches« Geschäft. Sie wurden sofort erkannt. Die vierköpfige »Gefolgschaft« trat mit ihrem »Betriebsführer« in Reih und Glied an. Der Betriebsführer meldete Vollzähligkeit und sagte devot: »Mein Führer, Herr Reichspropaganda-Minister, ich weiß die Ehre ihres Besuchs zu schätzen. Womit kann ich dienen?« Goebbels ganz leger: »Wir wollten eine Tasse für Linkshänder kaufen.« Rot im Gesicht und ganz verlegen stotterte der Besitzer bzw. Betriebsführer: »Es tut mir außerordentlich leid, mein Führer, Herr Reichspropaganda-Minister, aber so etwas führen wir leider nicht.« Goebbels dankte. Hitler hob die Hand zum »deutschen Gruß«. Sie gingen.

Das nächste Geschäft, das sie besuchten, war ein jüdisches. Die beiden SA-Männer, die vor der Tür darüber wachten, dass kein Deutscher bei Juden kaufe, wunderten sich, obwohl sie stramm grüßten, als beide in das jüdische Geschäft gingen. Schließlich hingen überall Plakate mit großer Schrift: »Deutsche, kauft nicht bei Juden«. Natürlich wurden Hitler und Goebbels sofort erkannt. Der Inhaber und sein Lehrling grüßten. Dann der Lehrling: »Womit kann ich dienen, meine Herren?« Goebbels: »Haben sie Tassen für Linkshänder?« Der Lehrling holte eine Tasse, zeigte sie und sagte: »Für Rechtshänder 1,- RM«. Flink drehte er die Tasse, so dass der Griff nach der anderen Seite wies und erklärte: »Für Linkshänder 1,50 RM«. Goebbels dankte. Sie verließen das Geschäft.

Draußen sagte Goebbels zu seinem Führer: »Na, was sagte ich? Sind die Juden nicht tüchtige Geschäftsleute – im Vergleich zu den Leuten im arischen Geschäft?« Hitler erwiderte: »Das war reiner Zufall, dass im arischen Geschäft keine Tassen für Linkshänder auf Lager waren.«.

Die größte Freude für die Deutschen

Nach der kriegsentscheidenden Niederlage der deutschen Truppen in Stalingrad und den folgenden Vorstößen der Roten Armee an allen Frontabschnitten im Osten begann die Stimmung der Bevölkerung langsam umzuschlagen. Über die Durchhalteparolen der Goebbels'schen Rundfunksender mokierten sich viele, oft sogar öffentlich und mitunter sogar mit Zustimmung anderer. Jene Soldaten aus dem Reichsgau »Sudetenland«, die vor dem Münchener Abkommen 1938 lauthals »Wir wollen heim ins Reich!« schrien, sagten nun »Wir wollen heim, uns reicht's!«.

Die Argumentation der Antifa gegen Faschismus und Krieg war nun den Menschen leichter als vorher zu vermitteln, vor allem die Losung »Einsetzen für eine baldige Beendigung dieses sinnlosen Abschlachtens«. Der politische Witz wurde nun zu einer Waffe in der Beweisführung gegen die Hitler-Diktatur und den Aggressionskrieg.

In dieser Lage wollten Hitler und Göring dem Berliner Volk eine Freude bereiten, um von den Alltagsproblemen abzulenken. Mit dem populären Boxer Max Schmeling flogen sie nach massiver Ankündigung mit einem kleinen Flugzeug, einem Füseler-Storch, über die Metropole. Sie führten große Säcke mit Geschenken bei sich. Ihre Helfer hatten Mühe, sie ins Kleinflugzeug zu bringen. Göring fragte Schmeling: »Was sollten wir am besten abwerfen, um den Leuten etwas Gutes zu tun, wo wir so schwere Opfer einfordern müssen? Womit können wir den Deutschen die größte Freude bereiten?« Hitler nickte zustimmend und öffnete einen der mitgebrachten Säcke.

Darauf Max Schmeling: »Die größte Freude könnte man den Berlinern und den anderen Deutschen bereiten, wenn ich Euch beide abwerfen würde.«

Anfrage aus London nach der Stimmung der Deutschen

Nach der deutschen Niederlage bei und in Stalingrad Anfang 1943 erreichte mich eine verschlüsselte Anfrage aus London, Absender war meine exilierte Parteiführung. Der codierte Text lautete: »Wie ist Stimmung der Deutschen? Welche Reaktionen auf alliierte Luftangriffe?« – Nicht einfach zu beantworten. »Die« Deutschen gab es bekanntlich nicht! Die zweite Frage beantwortete ich vor einem Jahr schon einmal.

Mein Freund aus Breslau, ein Sozialdemokrat, dazu ein Kommunist aus Hamburg sowie ein eher trotzkistisch eingestellter Antifa aus Saarbrücken halfen mir beim Abfassen der Antwort. Diese Anfrage gab ich sofort auch an unseren Heimatposten in Eger weiter. Verbunden mit der Bitte um Antwort nach Diskussion unter den treuen Verbliebenen. Kati, als Funkerin in Brüssel tätig und mit einem Sani aus Berlin befreundet, einem aktiven Antifa, erhielt die Anfrage ebenfalls. Auch an Edi, der zu der Zeit – nach einem Genesungsaufenthalt in Wiesbaden – als Besatzer in Frankreich stationiert war, erhielt diese Anfrage. Ich wollte möglichst viele leicht erreichbare Freunde befragen, bevor die Antwort nach London geschickt wurde.

Hans, der Breslauer, erinnerte sich sehr gut an viele Gespräche während seines letzten Heimaturlaubs im Sommer 1942, als die Frontlage noch nicht so ungünstig für Hitlers Aggressionsarmee stand. Die Entbehrungen nach fast drei Kriegsjahren wirkten sich bereits auf die Stimmung aus und die Zahl der an den Fronten registrieren Toten, allein auch aus Breslau, stieg ständig an. »Ihren Unmut drücken viele aus, manche nur hinter vorgehaltener Hand, andere ganz offen. Die vor Moskau und Leningrad festgefahrene Front dämpfte die anfängliche Siegesgewissheit sehr deutlich. Die Scharfmacher unter den in Breslau verbliebenen Faschisten halten sich nun deutlich erkennbar zurück. Nur einige fanatische Amtshalter verbreiten die Goebbels'schen Sieg- und Durchhalteparolen. Bei manchen wächst die Wut auf die Nazi-Führung, jedoch sagt man das nur, wenn man sich nicht belauscht fühlt. Die Angst vor der Gestapo ist allgegenwärtig. An offenen Widerstand ist nicht zu denken. Die Reaktionen auf Luftangriffe sind unterschiedlich; man ist ja selbst (noch) nicht betroffen. Ein Aufbegehren gegen die Nazi-Oberen als Schuldige ist nicht zu erkennen. Eher schweißt es jene Deutschen noch enger zusammen, die kein Klassenbewusstsein haben. In den Rüstungsbetrieben gibt es Antifa-Zellen, jedoch sitzen die Gestapo-

Überwacher im Betrieb. Die kennen ihre schwache Stelle und konzentrieren ihre Tätigkeit dementsprechend.«

Herrmann, der Kommunist aus Hamburg, unterhält regelmäßigen Briefverkehr mit seinen Eltern und als »unabkömmlich« eingestuften Arbeiterinnen und Arbeitern. Auch er bestätigt, dass bei den einst begeisterten Anhängern des Regimes spürbare Zurückhaltung eintrat. Den anhaltenden und sich nun verstärkenden Widerstand der Roten Armee hatte man nicht erwartet nach all den Radio- und Zeitungsmeldungen über den baldigen »Sieg im Osten«. Unter den in Hamburg verbliebenen Linken gibt es ständige Kontakte und gelegentlich kleine Sabotageakte, aber keinen größeren koordinierten Widerstand. Nur wo sich eine Chance bietet, schlägt man zu. Jedoch ist der Terror der Gestapo erdrückend. Einige »Verdächtige« wurden gefasst und eingesperrt. Keine Nachricht von ihnen! Das Agitieren nach der deutschen Niederlage in Stalingrad ist schwierig, auch wenn das Ausdehnen der Einflussnahme ständig versucht wird. Mitunter werden Antifa insgeheim nach ihrer Meinung und nach ihren Perspektiven für einen Frieden gefragt. Die alliierten Luftangriffe bringen eine verteilte Wut auf Briten und Amis sowie auf die in Berlin Herrschenden mit sich. Man fragt, warum Arbeiterviertel ausgebombt werden, aber nicht die Villen der Reichen in Blankenese und nicht die Hauptquartiere von politischer und militärischer Führung. Hamburger Antifa denken nicht, dass alliierte Luftangriffe auf offene Städte eine Hilfe für die die Hauptlast des Befreiungskrieges kontra Hitler-Deutschland tragende Sowjetunion sind. Man geht eher davon aus, dass die Briten für deutsche Luftangriffe auf ihre Städte Vergeltung üben.

Josef, der Antifaschist aus dem Saarland, stellte während seines Sommerurlaubs 1942 fest, dass trotz der regen Verbindungen vieler Saarländer nach Elsass und Lothringen wenig von einer wachsenden Gegnerschaft zur Nazi-Führung zu spüren ist. In persönlichen Gesprächen zeigten sich viele besorgt bis ängstlich angesichts der internationalen Stärkerelationen, an denen auch die deutschen Blitzkriege nicht viel änderten. Nach außen herrsche Ruhe, auch wenn bei den NS-Amtswaltern die Begeisterung für Führer und Reich spürbar nachließ. Einige Antifa-Zellen wären wirksam, aber eben nur zur Selbstvergewisserung, weniger als Aktionen mit Sabotagewirkung. Die Gestapo verbreite ständig Angst, die alle potenziellen Gegner lähme. Alliierte Luftangriffe lösten zwar Hoffnungen auf einen baldigen Frieden aus, aber kaum Vorwürfe gegen die Führung in Berlin. Zwar wünschten viele Frieden, aber man weiß nicht, was zu tun sei, um diesem näher zu kommen.

Der Bericht aus Eger, verfasst nach einer Beratung verbliebener Antifaschistinnen mit »Schorsch«, traf nach einigen Tagen ein: »Fanatismus und Durchhalteparolen noch sehr stark. Stalingrad wird benutzt, um engeren Zusammenhalt zu fördern. Gestapo-Tätigkeit in Betrieben ausgeweitet. Antifa treffen sich in kleinsten Kreisen. Kein Ansatz für größeren Widerstand vorhanden. Luftangriffe beeinträchtigen die Haltung der meisten Faschisten kaum. Wir erkennen darin eher einen Ersatz für die ausbleibende Front im Westen, die dringend geboten wäre.«

Dieser Bericht bestätigte in seiner Kürze, was ich nach legalen und nicht genehmigten Aufenthalten in Eger feststellte: der mit Abstand größte Prozentsatz an Mitgliedern der NSDAP im »Sudetengau« wirkt sich auch ideologisch und in der Unterstützung der NS-Führung aus. In anderen Reichsgauen, aus denen ich Informationen besaß und die einen viel geringeren Prozentsatz an NSDAP-Mitgliedern verzeichneten, war die »Führer-Begeisterung« wesentlich geringer. In keinem anderen Reichsgau war die Verblendung so groß wie südlich des Sudeten-Gebirgszugs bzw. in den deutsch besiedelten Gebieten der zerschlagenen ČSR.

Ein Besuch in meiner früheren und vielleicht auch künftigen Arbeitsstätte, der Buchdruckerei und Buchbinderei K. E. Köhler bestätigte beim letzten Aufenthalt und anderen Gelegenheiten die gesammelten Erfahrungen. Der Prokurist, Herr Silber – der sich als stellvertretender Kreisleiter der NSDAP von allen im Betrieb »Kamerad Silber« nennen ließ – trug es in gesetzten Worten vor: »Im Kampf um den erforderlichen neuen Lebensraum unseres deutschen Volkes gegen gefährliche Feinde brachten sie, verehrter Kamerad Knorr, durch ihre Tapferkeit und Verwundungen bereits ein großes Opfer. Aber ihr Arbeitsplatz in unserer Firma bleibt ihnen nach dem bald zu erwartenden Endsieg sicher. Unser Führer Adolf Hitler gewährleistet mit seinen treuen Mitarbeitern, dass unser deutsches Volk den ihm gebührenden Platz in der Welt einnehmen wird; als das von der Vorsehung auserwählte Herrenvolk. Es wird nicht mehr lange dauern, bis Europa erobert ist. Das Leben ist nun mal ein ständiger Kampf, den wir alle zu bestehen haben.« – Mein ehemaliger Meister Hammer sagte es derber und aggressiver: »Die verdammten Sklavenvölker im Osten werden wir unter unserem Führer Adolf Hitler bald niedergeworfen haben. Einige Opfer haben wir alle noch zu bringen; aber die Entbehrungen sind erträglich für jeden, bis uns der Preis des Sieges zufällt …«. Einige Arbeitskollegen, meist alte Gewerkschafter und ehemalige Sozialdemokraten, äußerten sich höchst zurückhaltend: nichts von deutschem Siegesglaube, aber auch nichts von Gegenwehr oder gar aktivem Widerstand. Die Jüngeren im Betrieb, samt und sonders Angehörige der HJ und des BdM zeigten Begeisterung über »die Siege unserer glorreichen Wehrmacht unter unserem heiß geliebtem Führer Adolf Hitler«. Die Indoktrination konnte kaum größer sein.

Edis verschlüsselte Antwort: »In Wiesbaden kein Widerstand zu erkennen. Geduldiges oder unwilliges Ertragen der Lage an den Fronten und hier. Im Genesungsheim unterschiedliche Stimmung: kein Fanatismus, teils Zustimmung zur Führer-Politik, teils Murren über Stillstand an den Fronten und Lage in der Heimat. Ärgerliche Reaktionen auf feindliche Luftangriffe. Manche unpathetisch: ‚Göring wird zurückschlagen'. Andere: ‚Eine Reaktion auf deutsche Angriffe'. In Frankreich spürbares Wirken des Widerstandes: Sabotageakte unterschiedlicher Art, verstärkt nach Stalingrad.«

Aus Brüssel meldete Karin nach Diskussion mit dem Berliner Sani: »In Berlin vereinzelte kleinere Antifa-Aktionen trotz Gestapo-Terror. Im Volk teils unwillige Anpassung an NS-Politik, teils offene Zustimmung. Nur geringe Chancen für breit angelegte Aufklärung. Angst bei manchen nach Niederlage in Stalingrad mit Fragen: wann endlich Friede? Wachsende Wut gegen Luftangriffe richtet sich nicht nur gegen Angreifer! Unsere Position: Als Vergeltung verständlich, aber keine Entlastung für Sowjets. In Brüssel Distanz zu Besatzern, aber kein erkennbarer offener Widerstand. Einflussnahme unsererseits schwierig trotz Anstrengungen«.

Meine drei Antifa in der Funkstelle halfen mir beim Ent- und Verschlüsseln, was unbemerkt von den anderen geschah. Es war jedoch schwierig, nach diesen Informationen, einen aussagekräftigen kurzen Text nach London zu formulieren. Er lautete: »Stimmung im Egerland anders als in Berlin, Breslau, Hamburg und Saarland. In Eger noch Fanatismus, im Reich wachsender Unmut noch nicht nutzbar für Widerstand. Stalingrad brachte noch keine Wende im Volk. Gestapoaktionen verstärkt. Keine Demoralisierung durch alliierte Luftangriffe. Besser strategische Verkehrslinien und Führungszentren angreifen statt Wohngebiete. Eröffnung einer Westfront wichtiger als Luftangriffe. Zerstörte Städte sind im Frieden von Antifa wieder aufzubauen. Demokraten im Krieg sollen andere Praktiken anwenden als Faschisten!«.

Dieses Mal passierte der Text nicht Bergen und Stockholm via London, sondern den verkürzten Weg über »Herta« in Kopenhagen nach London. In vier Wochen traf die Antwort ein: »Danke. Welche Vorstellungen von Frieden bei Euch und im Volk? NS-Führung für Alliierte kein Verhandlungspartner«.

Wieder wurde versucht, möglichst viele Informationen auf demselben Weg wie zuvor zu erhalten. Innerhalb von zehn Tagen kamen recht unterschiedliche Antworten zustande. Gründlich ausgewertet und zusammengefasst lautete der verschlüsselte Text nach London: »Nur nebulose Vorstellungen von einem Frieden im Volk vorhanden. Wenige Fanatiker sprechen noch vom Siegfrieden. Manche gehen immer noch davon aus, dass beide Kriegsführende einen Frieden schließen werden; kaum Gedanken über Kapitulation der deutschen Führung. Wir hoffen auf totale Ausschaltung der politisch, wirtschaftlich und militärisch verantwortlichen deutschen Führung. Künftige Führung nur durch Antifaschisten. Siegermächte sollten mit diesen bald verhandeln.« Er diente sowohl zur weiteren propagandistischen Verwertung für die Sendungen in deutscher Sprache als auch – natürlich vorher – dem »Sich-ein-Bild-von-der-Lage-in-Deutschland-machen« durch den exilierten Parteivorstand. Dieses Bild war die unverzichtbare und zentrale Grundlage der jeweiligen Überlegungen.

Wieder halfen mir meine verlässlichen Freunde in der Funkstelle, das Ver- und Entschlüsseln zu besorgen. Ich hatte sie auch deshalb mit dem 1938 in Eger ausgearbeiteten Code, den zusätzlichen Namen pro Vierteljahr und den Zusatztechniken vertraut gemacht, damit wir politisch in Verbindung bleiben konnten, wenn wir getrennt werden sollten.

Wenn zufällig ein Treffen mit »Herta« oder Gusti bzw. Gertrud in Eger möglich wurde, diskutierte man selbstverständlich über Anfragen und Antworten aus und für London. »Herta« hatte des Öfteren direkte Begegnungen mit Vorstandsmitgliedern; Gertrud traf gelegentlich Genossen aus Schweden, die unseren Generalsekretär Ernst Paul in Stockholm informierten. Die umfangreiche und notwendig höchst genaue Arbeit mit der Codierung machte es erforderlich, die Texte so kurz wie nur möglich zu halten. Insofern waren persönliche Diskussionen mit Mittelspersonen höchst wichtig.

Entscheidend blieb, dass unser Schlüssel und seine Vernebelung von SS und Gestapo nicht aufgedeckt wurden. Das hätte böse Folgen bringen können, nicht nur für die unmittelbar beteiligten Personen!

Der schwer verwundete polnische Partisan

Hans und ich hatten ab 16 Uhr dienstfrei. Nach Plan sollten wir erst ab 22 Uhr wieder in der Funkstelle arbeiten. Wir verabredeten uns, die Kaserne in Komarowo (nordöstlich von Warschau) zu verlassen und bei einem Spaziergang in der herbstlichen Natur die frische Luft zu genießen. Am Kasernenhof trafen wir Ernst, den Sani. Er hatte ebenfalls einige Stunden dienstfrei. Ob er mit uns kommen wolle? »Ja gern! Ein paar Kilometer weiter überfielen polnische Partisanen nachmittags einen kleinen Trupp der Wachkompanie, der von Ostrow kam. Zwei Landser wurden schwer verwundet; man brachte sie ins Reserve-Lazarett nach Malkinia. Wir gehen trotzdem!« – Vorschriftsmäßig hatte ich meine Maschinenpistole umgehängt; Hans trug seine Pistole. Die Wache am Kasernentor warnte: »Geht nicht zu weit! Partisanen sind in der Nähe!« – Hans reagierte: »Wenn die heute Nachmittag bereits einen Trupp der Wachkompanie angriffen, sind sie längst in einem ganz anderen Gebiet. Ihre Taktik ist bekannt: zweimal an einem Tag greifen die nicht an derselben Stelle an.« Der Wachposten: »Oft ist das so. Seid trotzdem vorsichtig!«

Wir schlenderten am Dorfrand entlang, abseits der Straße einen schmalen Pfad ins bewachsene Gelände folgend. Da wir uns seit längerem kannten und alle drei antifaschistisch dachten – und handelten, soweit möglich! – , erörterten wir offen die Frontlage und die gegebenen Möglichkeiten, mittels Sabotage Sand ins Getriebe zu streuen und der faschistischen Parole »Räder müssen rollen für den Sieg!« entgegenzuwirken.

Während wir dahinspazierten, sagte Hans: »Die Niederlage von Stalingrad brachte endgültig die Wende im Krieg. Nun wird die Rote Armee bald vormarschieren. Es wird der Reichsführung wenig nützen, wenn sie drei Viertel ihrer militärischen Macht im Osten konzentriert. Die Westmächte zögern offensichtlich, obwohl sie nun – etwas spät – in der Anti-Hitler-Koalition vereint sind, im Westen anzugreifen. Das könnte den Krieg bald beenden …«.

Ernst: »Vielleicht sind die Westmächte immer noch an der weiteren Schwächung der Sowjetunion und Hitler-Deutschlands interessiert, um später die besseren Karten zu haben. Zwar unterstützen sie nun, eigenen Interessen folgend, die SU materiell und moralisch und ihre Bombenangriffe auf deutsche Städte nehmen deutlich zu, ich sehe jedoch nicht, dass uns das dem Frieden näher bringen könnte. Die Entscheidung fällt an den Fronten. Und die könnten bald auf deutschem Boden liegen. Die Lazarette sind schon jetzt mit verwundeten Soldaten überfüllt. Und täglich kommt mindestens ein Lazarettzug von unserem Teil der Ostfront.«

LK: »Die Opferzahlen steigen mit zunehmender Dauer des Krieges. Ein Grund mehr, alles zu tun, um diese Barbarei beenden zu helfen. Wenn die deutschen Faschisten in die Defensive gedrängt werden – und das ist nun, nach ihren vielen Vormärschen und Okkupationen, der Fall –, dürfte die Infernalität ihrer Kriegsführung noch gesteigert werden. Man fragt sich, ob diese maßlosen Unmenschlichkeiten überhaupt noch zu steigern sind!? Was die deutschen Faschisten in den okkupierten Ländern anrichteten, dürfte schreckliche Folgen für die Deutschen bringen. Die alliierten Luftangriffe sind zweifellos nicht nur Revanche für das deutsche »Coventrisieren«, wie es so unfriedlich heißt. Aber Ersatz für die erwartete Front im Westen können sie nicht sein. Die faschistische Niederlage in Afrika erfolgte auf einem wichtigen Nebenkriegsschauplatz; kriegsentscheidend ist das nicht. Mir scheint die Anti-Hitler-Koalition eine widersprüchliche Angelegenheit zu sein, so sehr wir sie begrüßten. Gewiss ist es wichtig, zuerst einmal den gemeinsamen Feind zu zerschlagen. Wie jedoch von siegreichen Staaten mit gegensätzlichen Sozialsystemen der zu schaffende Frieden aussehen soll, ist eine offene Frage …«.

Hans: »Gewiss, wir sollten vorausschauend denken. Das bleibt notwendig. Zunächst aber sind Überlegungen geboten, was wir zum beschleunigten Kriegsende beitragen können. Leider hängt es nicht nur von uns ab, wie den örtlichen Partisanen zu helfen ist. Viele von ihnen sind höchst misstrauisch gegenüber deutschen Soldaten, mit denen sie ja auch fast nur schlechte Erfahrungen sammelten. Zu prüfen wäre auch, wie unsere Funkerei besser zu nutzen ist, um desorientierend auf die von uns erreichbaren Stäbe zu wirken – natürlich ohne uns selbst zu gefährden: die Peilsender der SS sind allgegenwärtig.«

Inzwischen waren wir etwa zwei bis drei Kilometer von der Kaserne entfernt, da unterbrach Ernst: »Da wimmert doch jemand! Seid bitte mal still!« – tatsächlich war ein leises Stöhnen zu hören. Wir orteten die Richtung und gingen vorsichtig auf eine kleine Baumgruppe zu. Hans hielt die Pistole vorsichtshalber schussbereit: für alle Fälle! In einer Mulde neben einer Buschgruppe erspähten wir einen zivil gekleideten älteren Mann: offenbar ein angeschossener Partisan. Er griff mühsam nach seinem Gewehr, als er uns sah. Ernst rief ihm sofort zu: »Wir helfen Dir! Lass Dein Gewehr liegen!«.

»Deutsche Soldaten schießen gern! Tötet mich! Lange lebe ich bestimmt nicht mehr!«. In gutem Deutsch mit leichtem polnischen Akzent sprach er mühsam und offensichtlich gequält. Unter seiner blutbefleckten Jacke sahen wir einen Notverband, ebenfalls blutgetränkt. »Von uns hast Du nichts zu befürchten, auch wenn Du wahrscheinlich zu den Partisanen gehörst, die am Nachmittag deutsche Soldaten angriffen. Wir helfen Dir, so gut wir können«, sagte ich zu ihm. Er schüttelte leicht den Kopf: »Deutsche Soldaten helfen uns nicht; die zerstören nur!«. Ernst legte sein Gewehr zur Seite und fragte ihn, wo genau er getroffen sei. Offenbar merkte der vor uns Liegende inzwischen, dass wir ihn weder erschießen noch quälen wollten. »Zwei Bauchschüsse«, sagte er leise; »meine Kameraden dachten wohl, ich sei tot; sie flüchteten. Wahrscheinlich war ich für kurze Zeit bewusstlos. Dann war ich allein. Nur notdürftig verband ich mich. Lasst mich hier sterben. Mir kann keiner helfen.«

Ernst: »Er braucht sofortige Hilfe! Hans, geh doch bitte schnell ins Dorf. Der einzige polnische Arzt dort wurde von der Wehrmacht dienstverpflichtet. Aber in dem alten Holzhaus neben der Dorfkirche wohnt eine heilkundige betagte Frau. Die soll sofort kommen. Und bringe bitte Wasser mit und zwei, die ihn tragen können!«. – Hans eilte davon. Wir setzten uns zu dem Schwerverwundeten. Obwohl ihm das Sprechen schwer fiel, fragte er mit leiser Stimme: »Wieso wollt Ihr mir helfen? Ihr seid doch deutsche Soldaten!?« – »Wir sind Hitler-Gegner«, erklärte Ernst. »Wir stehen insgeheim in einer Front mit Dir und anderen Partisanen, auch wenn wir nach außen zur Anpassung an dieses Barbarentum genötigt sind. Wir sind auch in Gefahr, erschossen zu werden, wenn man unsere wahren Einstellungen erfahren würde.« Ich ergänzte: »Mit anderen besorgten wir Sprengstoff für polnische Partisanen, die die strategisch wichtige Strecke nach Bialystok und weiter zur Front mehrfach sprengten«. Ein Glänzen der Augen des polnischen Partisanen war zu erkennen. Leise sagte er: »Ich bin der letzte meiner Familie. Meine zwei Söhne fielen im Krieg beim Angriff der Deutschen. Meine Frau wurde von der SS erschossen, weil sie sich weigerte, für sie zu arbeiten. Ich war Lehrer. Nun habe ich meine Pflicht erfüllt. In der Nähe von Warszawa, wo ich wohnte, zerschnitten wir die Telefonleitungen zur Kaserne, in der auch ein hoher Stab untergebracht war. Danach sprengten wir die zur Kaserne führenden Wasserrohre und die Lichtleitungen. Aber sie rächten sich! Wahllos erschossen sie zur Abschreckung zehn polnische Männer. Dann verließ ich die Stadt und wurde Partisan im freien Gelände. An Sprengungen der Hauptbahnstrecke war ich mehrfach beteiligt. Ich wohnte bei Freunden in manchen Dörfern. Oft übernachteten wir im Wald. Heute überfielen wir eine Streife, die im Nachbardorf gewütet hatte …«. Er konnte nicht mehr sprechen. Ernst zog die eigene Jacke aus und legte sie unter seinen Kopf. »Du brauchst Ruhe«, sagte er, »Du sagtest uns schon sehr viel«. LK: »Es tut uns leid, was mit Deiner Familie geschah! Du littest viel durch die Faschisten. Respekt vor deinem Kampf als Partisan.« Ernst streichelte ihm die Hand; eine zierliche, den Geistesarbeiter verratend, kaum eine eines tapferen Freiheitskämpfers.

Nach einer kurzen Pause hob er wieder an, sehr leise: »Wir Polen, wie wir auch denken mögen, sind eingekeilt wischen zwei starken Mächten. So wurden wir mehrfach geteilt. Mal verloren wir Land im Westen, mal im Osten. Man müsste auf friedlichem Weg eine beständige Lösung des territorialen Problems finden; nicht nur für Polen. Ich bin kein Nationalist. Erzogen wurde ich als kosmopolitisch denkender Bürgersohn. Erst im Widerstand gegen die Hitler-Barbarei lernte ich Sozialdemokraten und Kommunisten schätzen …«. Er war nur noch mit Mühe zu verstehen. »Du musst Deine Kräfte schonen«, sagte Ernst, »bald kommt Hilfe«.

Nach kurzer Zeit sprach er wieder; offenbar wollte er uns noch einiges mitteilen: »Einige meiner Partisanenfreunde sagten mir, dass es unter den Deutschen auch Hitler-Gegner gäbe. Das vermochte ich mir angesichts der Erfahrungen, die ich mit den Deutschen machte, kaum vorzustellen. Durch fehlende oder jedenfalls nicht erkennbare Gegnerschaft Deutscher zur verbrecherischen Politik der Nazis setzte ich Deutsche mit Deutschen gleich. Nun erfahre ich in einer höchst miserablen Situation, dass es unter deutschen Soldaten auch mir helfende Menschen gibt, Gegner des Hitlerismus. Die praktische Erfahrung lehrt eben besser als gut gemeinte Hinweise und Ratschläge, wie die Wirklichkeit beschaffen ist. – Sie leben mit einem fundamentalen Widerspruch: einerseits sind Sie genötigt, an dieser völkerrechtswidrigen Aggression und Okkupation mitzuwirken, andererseits streuen sie Sand ins Getriebe dieser schrecklichen Militär- und Vernichtungsmaschinerie. Meine Anerkennung! Ihr Beispiel richtet mich etwas auf, auch wenn ich physisch eher am Sterben bin.«

Es begann zu dämmern. Bei Einbruch der Dunkelheit durfte kein Pole sein Haus verlassen. Ernst und ich hofften und sagten es auch, dass Hans bald Hilfe herbeibringen würde.

»Du hattest Glück«, sagte ich zum polnischen Partisan, »dass der Chef der Wachkompanie keine Durchkämmung des Kampfgeländes befahl. Manchmal bietet er nach einem solchen Vorfall alle verfügbaren Kräfte auf, um eventuell noch in der Nähe versteckte Partisanen aufspüren zu lassen. Vielleicht war er wieder einmal besoffen, als der von Euch überfallene Trupp zurückkam. Wir wissen es nicht.«

Als ob er sich noch einmal gegen die faschistischen Okkupanten auflehnen wolle, erhob der Angesprochene leicht sein Haupt und sagte: »Damit hatten wir immer zu rechnen, dass sie uns nach einem solchen Überfall verfolgen würden. Wir hätten uns rasch in den nahen Wald zurückgezogen. Von dort gibt es verschiedene Möglichkeiten, in Gebiete zu flüchten, die man nur mit großem Aufwand umstellen kann. – Was aber passiert mit Euch, wenn es bekannt wird, dass ihr mir halfet?« – Ernst erwiderte: »Wir riskieren bei jeder Antifa-Aktion, also auch bei der Hilfe für Dich, Kopf und Kragen. Damit lebt der antifaschistische Widerstandskämpfer jeden Tag! Wie Ihr Partisanen auch!«

»Wahrscheinlich muss ich sterben. Deshalb noch eins: Der Stalin-Hitler-Pakt war ein schändliches Verbrechen. Er bedeutete eine weitere Teilung Polens, jedoch eine, bei der von Polen nichts mehr übrig blieb. Hoffentlich wird durch den Sieg der Anti-Hitler-Allianz auch diese Quasi-Vernichtung Polens wieder aufgehoben!« – Ernst: »Stalin hatte offenbar keine Wahl! Briten und Franzosen hatten, als es noch politischen Spielraum gab, alle Vorschläge der Sowjetunion für ein Kollektives Sicherheitssystem in Europa abgelehnt. Ohne diesen Pakt zwischen Deutschen und Sowjets wären die Faschisten bis an die sowjetische Grenze und vorgestoßen. Die britische und die französische Regierung versäumten es, eine nicht nur moralische Unterstützung für Polen zu geben!« – Der Partisan: »Der Stalin-Hitler-Pakt war ein Vertrag zu Lasten Dritter; also völkerrechtswidrig und damit ein Verbrechen!« – LK: »Deutschlands Verstoß gegen das Kriegsverbot des Briand-Kellog-Paktes von 1928 war der Auslöser der folgenden Fehlentwicklungen. Die Westmächte versuchten 1938 in München mit der Auslieferung der ČSR an Hitler-Deutschland die erkannte Aggressivität der Faschisten nach Osten und Südosten zu kanalisieren; geleitet von der falschen Hoffnung, sie würden damit entlastet. Wir wissen, wie es weiterging. Dagegen musste die Sowjetmacht etwas unternehmen, ob mit oder ohne Stalin. Zunächst war Polen das Opfer. Aber nach der Zerschlagung der faschistischen Mächte wird Polen neu erstehen, so wie auch die ČSR wieder ein Staat sein wird wie früher. Aber erst ist der Faschismus niederzuringen.«

Nun sahen wir Hans mit drei Personen kommen. Endlich! Die heilkundige ältere Frau bemühte sich sofort um den Schwerverletzten, die zwei Männer bereiteten aus Stangen und einem großen weißen Tuch eine Trage vor. Zuerst aber bekam der Partisan Trinkwasser. Die Frau hatte neues Verbandszeug und Desinfektionsmittel. »Die Schüsse stecken tief; es sind deren zwei«, sagte die Frau auf Polnisch, was einer der mitgekommenen Männer übersetzte. »Aber erst brauchen wir einen Arzt. Bis dahin ins Haus des Dorfpfarrers; er weiß Bescheid.«

»Kann er ihn aufnehmen und sicher verstecken?«, fragte Ernst. Das wurde bejaht. – Wir wünschten dem polnischen Partisanen baldige Genesung. Auf getrennten Wegen verließen wir die kleine Mulde, nachdem wir uns verabschiedet hatten. »Ich werde Euch und unser Gespräch nicht vergessen, wenn ich überleben sollte«, sagte uns der Partisan zum Abschied und fuhr flüsternd fort: »ich wünsche Euch und Eurem Kampf gute Erfolge!«.

Später als geplant erreichten wir wieder die Kaserne. Es gab jedoch keinerlei Probleme.

Einige Tage später berichtete Ernst, dass der Dorfpfarrer einen polnischen Arzt gerufen hatte, insgeheim natürlich, und dass die erforderliche Operation gut verlaufen sei. Nun benötige der Patient eine längere Ruhezeit zur weiteren Genesung. Bald wurde der Funktrupp verlegt. Wir hörten nichts mehr von diesem polnischen Freiheitskämpfer.

> Den ersten Teil dieses Textes notierte Hans. Nach dessen Gang ins Dorf schrieb Ernst das Weitere auf. Er schleuste den teilweise verschlüsselten Text nach Schwaben, wo seine Freundin lebte. Ich erhielt diesen Bericht erst 1947, als ich die neue Adresse von Ernst bekam. Kleine, rein stilistische, Änderungen und die drei letzten Sätze stammen von mir..

Zufälliger Antifa-Treff in Wiesbaden

Anfang September 1943 weilte ich drei Tage in Wiesbaden. Als Funker in Ost-Polen eingesetzt erhielt ich – vom Truppenarzt beantragt – einen Marschbefehl in die hessische Kurstadt. Ein neues Glasauge war anzufertigen und anzupassen. Nach der Niederlage von Hitlers 6. Armee in Stalingrad und der verlorenen Schlacht im Kursker Bogen, bei der 900.000 deutsche Soldaten vergeblich kämpften, marschierte die Rote Armee auf breiter Front gegen den Aggressor. Die Aktivität der sowjetischen und der polnischen Partisanen nahm überall deutlich zu. Die Nervosität der NS-Führung setzte sich unter den nun geringer werdenden Hitler-Anhängern in den Armee-Stäben fort. Die Aggressivität gegen die Zivilbevölkerung in den okkupierten Gebieten zeigte schärfere Praktiken. Da war es nicht einfach für einen Spitzen-Funker, einige Tage »vom Dienst befreit« zu werden für diese Reise. Aber mein Sonderstatus als Schwerkriegsbeschädigter ermöglichte es. Im Fronturlauberzug über Warszawa, Berlin und Hannover erreichte ich Wiesbaden und erhielt im Soldatenheim eine vorläufige Bleibe. Vom Widerstand gegen die militärisch in die Defensive geratene faschistische Diktatur war hier nichts zu spüren.

Am nächsten Tag meldete ich mich beim bekannten Glasaugenfertiger Müller in der Taunusstraße. »Wartezeit circa 20 Minuten«, kündigte mir der empfangende Herr an. Im Warteraum saß ein Mann in Zivil, vielleicht etwa 40 Jahre alt. Wir kamen ins Gespräch. Er hatte im Krieg gegen Polen ein Auge verloren und einen Durchschuss im linken Arm. Nach dem Genesungsurlaub erhielt er den Status AV (arbeitsverwendungsfähig). Auf Antrag einer Firma stellte man ihn vom Kriegs- und Wehrdienst frei und er erhielt das begehrte »UK« = unabkömmlich in der Kriegsproduktion – als Angestellter! Ich stellte mich auch als AV vor, allerdings wegen meiner besonderen Fähigkeiten als Funker im besetzten Polen, genannt »General-Gouvernement«, verwendet mit dem Anspruch auf spezielle ärztliche Versorgung.

Scheinheilig und mit einem überlegten Ziel fragte ich den ebenfalls Wartenden: »Sind sie sehr stolz auf ihre Verwundungen? Sie tragen ja wie ich die Silberne Verwundeten-Medaille!?« – Er zögerte mit der Antwort, weil er (noch) nicht wissen konnte, in welche Richtung meine Frage zielte. Schließlich sagte er: »Es ist sehr schwer, nicht mehr voll arbeitsfähig zu sein. Stolz auf meine Verletzungen bin ich nicht!«. Dieser letzte Satz verriet mir, dass er kein überzeugter Hitlerist sein konnte, denn diese äußerten sich stets stolz, wenn man sie auf ihre Verwundungen ansprach. Manche erklärten dann sogar: »dieses Opfer brachte ich für Führer und Vaterland!«. (Es gab Erfahrungen, wie man ungefährdet herauszubekommen versucht, welch Geistes der Gesprächspartner ist.) Meine Antwort: »Ich habe auch keinen Grund, auf meine Verletzungen stolz zu sein. Ich musste ja in diesen Krieg!« – Er stutzte: »Sie mussten? Sie wollten nicht?« – Meine Reaktion: »Wie kann man für Kriege sein, die so viele Opfer kosten und so viel zerstören, was in harter Arbeit geschaffen wurde!« – Er: »Sind sie etwa Pazifist?« – Ich: »Nein. Ich bin Antimilitarist!«. – Er: »Dieser Begriff stammt aus der Arbeiterbewegung!« – »Ja«, sagte ich, »da komme ich auch her!« – Sein Gesicht hellte sich auf! Ein Stück Anonymität war gelüftet!

Mein Gesprächspartner wurde aufgerufen. Ich war etwa 5 Minuten allein. Genügend Zeit, um mir zu vergegenwärtigen, dass ich es einmal nicht mit einem NS-Jubler zu tun hatte, sondern mit einem Menschen, der offenbar – wenn auch sehr vorsichtig – auf Distanz zur Kapitalgestützten NS-Diktatur ging. Auch ich hatte vorsichtig meine Distanz zum Krieg und seinen Verursachern erklärt. Schade, dass dieses Gespräch nicht fortzusetzen war. Vielleicht hätte es noch mehr an gegenseitiger Annäherung gebracht. Jedenfalls war mein (oft praktizierter) Versuch, herauszubekommen, mit wem ich es zu tun hatte, ganz gut geglückt.

Nun bat man mich in einem hellen Raum an ein Pult, auf dem mein neues Glasauge gefertigt wurde. Auch hier fragte man mich, wie mein Auge zerstört wurde und wo es verloren ging. Und wo ich nun stationiert sei. Meine Gegenfragen brachten nichts, was politisch zu verwerten gewesen wäre.

Als ich nach ca. 40 Minuten mit neuem Glasauge den Raum verließ, saß mein Gesprächspartner von vorhin im Warteraum: »Haben sie Zeit und Lust, mit mir im Kurpark spazieren zu gehen? Der Park ist nicht weit von hier. Dort kann man ungestört sprechen«. Gerne nahm ich dieses Angebot an. Etwa 10 Minuten später saßen wir im Kurpark im Schatten auf einer Bank. Kein Mensch in unserer Nähe. »Sie kommen aus der Arbeiterbewegung?«, fragte er. Meine Antwort: »Ja! Wir können offen reden. Sie kommen wahrscheinlich auch aus der Arbeiterbewegung. Ich wirkte bis 1938 als Vorsitzender der Sozialistischen Jugend in Eger, damals ČSR, und als Bezirksleiter einer speziellen Kampfsportgruppe zum Schutz unserer Gruppenabende und öffentlichen Versammlungen«. (Ähnliches erklärte ich auch wahrheitsgemäß, wenn mich Gestapo-Leute verhörten. Die stellten sowieso sehr schnell fest, mit wem sie es zu tun hatten.) – »Ich war Gewerkschaftsfunktionär in Wiesbaden und wirkte bis 1933 in der Eisernen Front. Ich war Mitglied der SPD, linker Flügel.« – Wir berichteten uns gegenseitig, wie es uns nachher unter faschistischen Bedingungen bei absoluter Machtdominanz von Kapital, Generalität und NS-Führungsclique ergangen war. Ich erzählte von der illegalen Aktivität, bei der die Gestapo keine Chance hatte, jemand von uns zu erwischen: Jeder Illegale musste als Voraussetzung für die Aktionsteilnahme ein sicheres Alibi haben. Stets bereiteten wir zwei Fluchtwege vor, weil einer durch Zufall versperrt sein konnte. Alles war auf die Minute berechnet, um genau zwischen den Zeiten der SS-Streifen Plakate zu kleben. Mit großer Verwunderung und mit Respekt nahm er meine Schilderungen zur Kenntnis.

Er: »In Wiesbaden treffen sich die Kolleginnen und Kollegen, die noch nicht außerhalb dienstverpflichtet oder Soldat sind, gelegentlich im kleinen Kreis. Man erörtert die Lage und macht sich gegenseitig Mut zum Durchhalten. Aktionen gibt es kaum, vom gelegentlichen Kleben von kleinen Informations-Zetteln abgesehen. Diese Zettel lässt die Gestapo zwar entfernen, vorher aber lesen es viele. Die KPD organisierte 1933 einige Aktionen; diese kosteten jedoch viele Opfer und wurden deshalb eingestellt. Unter diesen riskanten Voraussetzungen hat die Arbeiterbewegung zunächst keine Chance. Etwa 80 Prozent unserer Kollegen sind Soldat oder außerhalb Wiesbadens dienstverpflichtet. Wiesbaden ist Lazarettstadt!«
LK: »Wir wirken mit der Losung ,Bereit sein für die Zeit nach Hitler'. Aber bis es soweit ist, leisten wir je nach Möglichkeit antifaschistischen Widerstand. Jetzt in Polen z.B. dadurch, dass wir den Partisanen bei ihren Sprengungen von strategisch wichtigen Eisenbahnverbindungen helfen. Oder wir warnen vor Razzien.«

Natürlich wollte er genauer wissen, wie das funktioniert, wie man Verbindungen herstellt zu Partisanen einer anderen Nation. Sein besonderes Interesse konzentrierte sich jedoch auf etwas anderes: »Wie stellt Ihr Euch das vor ,für die Zeit nach Hitler'? Wie kommen wir dorthin? Was plant ihr, wenn es soweit ist?«

LK: »Es war von Anfang an klar, dass trotz der Anfangserfolge der NS-Armeen mit ihren Blitzkriegen letztendlich die totale Übermacht der attackierten Völker mit ihren Streitkräften siegen würde. Der Rückfall in die Barbarei erfolgte gegen den historischen Trend zu mehr Demokratie; die zunächst gescheiterte Alternative hieß Fortschritt zum Sozialismus. Die Anti-Hitler-Koalition wird diesen verkehrten Trend wieder umkehren, auch wenn sie klassenpolitisch betrachtet aus Gegnern zusammengesetzt ist. Aber um den Faschismus zu besiegen sind breiteste Allianzen nötig. Jeder Monat Krieg kostet Tausende und Abertausende Opfer. Damit sollte bald ein Ende sein. Allerdings setzen wir auf die Volksfront als

unverzichtbaren Kern. Die Zeit nach Hitler kann nur Sozialismus bedeuten. Die Unzufriedenheit wächst, selbst in der Truppe, nach dieser Serie von Niederlagen. Zur Zeit kann niemand sagen, wann unsere Stunde kommt. Aber sie naht«.
Er: »Das sehe ich etwas anders. Wenn es für unser Land einen günstigen Frieden, als Vorbedingung für gesellschaftlichen Fortschritt, geben soll, ist der Sturz der Clique um Hitler unabdingbar. Die einzige Macht, die Hitler zur Zeit auszuschalten vermag, ist das Militär! Nur die bewaffnete Macht kann derzeit für eine grundsätzliche Veränderung sorgen! Die Streik-Bataillone der Arbeiterbewegung sind gegenwärtig noch nicht einsetzbar. Unsere Leute sind zerstreut und in den Betrieben herrscht die Gestapo mit ihrem Spitzelsystem. Es gibt keinen anderen Weg als den, mit Nicht-Sozialisten, selbst mit Militärs zu kooperieren, wenn ein solider Friede geschaffen werden soll. Die Volksfront reicht bei weitem nicht aus, die aufgetürmten Probleme zu lösen! Auch als harter Kern eines Anti-Hitler-Bündnisses ist sie noch nicht da!«
LK: »Bündnisse als Übergangslösungen sind gewiss nötig. Der harte Kern muss jedoch ein Linksblock sein, wenn es ein Friede werden soll, der nicht die Keime kommender Konflikte enthält. Der kommende Friede muss die wichtige Rolle garantieren, die die Arbeiterbewegung in Staat, Wirtschaft und Gesellschaft auszuüben hat. Mit den auf Befehl und Gehorsam eingestellten Militärs ist Distanz zu wahren; Kontrolle ist auszuüben. Garantien sind notwendig, dass – falls das Militär Hitler stürzt – die Macht an das Volk gegeben wird. Was das Bürgertum betrifft: seine große Mehrheit und vor allem seine führenden Repräsentanten sind durch ihr Bündnis mit der Hitler-Clique kompromittiert! Nur einzelne, die ihre Distanz bewahrten oder Widerstand leisteten, werden zu den Gestaltern der neuen Epoche gehören.«
Er: »Wir müssen zur Kenntnis nehmen, dass unter den gegenwärtigen Bedingungen ohne die Macht der Militärs kein Umsturz möglich ist! Unser linker Widerstand hat noch nicht die Breite, die wir benötigen, um eine führende Rolle zu spielen. Deine Distanz zu hohen Militärs in Ehren. Nun aber müssen wir differenzieren. Die Anfangserfolge der faschistischen Kriegsführung machten es denen schwer, die aus patriotischen Erwägungen die NS-Praxis ablehnten und Gegenpositionen aufzubauen versuchten. Nach Stalingrad und den kaum noch zu stoppenden Offensiven der Roten Armee bilden sich kleine Oppositionsgrüppchen in der Armeeführung heraus. Ich weiß nicht, ob dir die Namen Hammerstein, Tresckow und Oster bekannt sind: es sind Generäle gegen Hitler! Mit ihnen ist zu rechnen, wenn wir den NS-Staat überwinden und einen demokratischen Rechtsstaat aufbauen wollen!«

LK: »Mir ist durchaus bekannt, dass beim Militär zu differenzieren ist. In der ČSR förderte der einflussreichste General Sirovy zielbewusst den antifaschistischen Widerstand. Nicht nur von meinen französischen Freunden und von solchen aus anderen Staaten mit relativ gefestigter traditioneller Demokratie weiß ich, dass Spitzenmilitärs loyal zu demokratisch gewählten Gremien oder Institutionen stehen. Beim deutschen Generalstab und seiner Totengräberrolle in der Weimarer Republik – gewiss in Verbindung mit Industriekreisen und dem Klerus – lässt sich solches wie in Frankreich, Holland oder der Schweiz nicht konstatieren. Der preußisch-deutsche Militarismus entwickelte einen anderen Charakter als Armeen, die aus Revolutionen hervorgingen. Ich bin nicht grundsätzlich gegen Soldaten. Eine Revolutionsarmee würde ich – gäbe es sie – sofort unterstützen. In unserer konkreten Lage haben wir es jedoch mit dem preussisch-deutschen Militarismus zu tun. Da erinnere ich mich an Wilhelm und Karl Liebknecht; Funktion nach innen ist die Niederhaltung des Volkes mit seinen berechtigten Ansprüchen und nach außen die Eroberung fremden Landes und Knechtung der geschlagenen Nationen.«

Er: »In vielem stimme ich Dir zu, aber ich spreche nicht nur für mich. Ich bin eingebunden in eine Gemeinschaft illegaler sozialistischer Gewerkschafter, die höchst realistisch und ohne jede Schönfärberei etwas zu bewegen und zu verändern versucht. Im Vertrauen und unter verlässlichen Genossen: es gibt nicht nur enge Verbindungen zwischen vielen, die als einstige Spitzenfunktionäre auf den Sturz Hitlers hinarbeiten; Verbindungen bestehen auch zu großbürgerlichen und adeligen Personen, die insgeheim für dasselbe Ziel wirken. Einige von diesen wirken in wichtigen Ämtern dieses Staates. Aber einig sind sich alle: ohne eine Aktion der hohen Militärs kann es angesichts der jetzigen Machtrelationen keinen Sturz Hitlers geben! Wir Zivilisten haben derzeit keine Möglichkeiten, einen Umsturz zu realisieren. Es existiert sogar ein Zeitplan, der leider ins nächste Jahr verschoben werden musste. Wichtige Akteure gehen davon aus, dass demnächst auch noch Marschälle für den großen Plan zu gewinnen sind.«

LK: »Besten Dank für diese höchst wichtigen Informationen. Mir ist bekannt, dass Fragen nach Einzelheiten im illegalen Kampf nicht gestellt werden, es sei denn, man übernimmt eine spezielle Aufgabe. Das ist im konkreten Fall nicht möglich. – Wenn es so ist, wie du sagst, existieren höchst unterschiedliche Projekte des Antifa-Kampfes nebeneinander und auch unabhängig voneinander. Mir ist nur die riskante Basisarbeit mit begrenzten Aufklärungsaktionen und Sabotage-Maßnahmen bekannt. Von Dir erfahre ich über Planungen auf höchster Ebene. Die Unterschiede ergeben sich offenbar aus den Funktionen, die man früher unter legalen Bedingungen ausführte. Bei Euch sind offenbar Spitzenleute am Zug, bei uns sind es örtliche und regionale Jugendfunktionäre. Per gut getarntem Code werde ich meine Mitstreiterinnen und Mitstreiter informieren; unser Code erwies sich als sicher. – Natürlich gibt es auch bei uns Überlegungen zum Tag X. Da werden die in der Illegalität bewährten Aktivisten neben den einst für Leitungsaufgaben gewählten Antifa-Leuten die Weisungen geben. Jene, die zu Hitlers Gefolgschaft gehörten, dürften nach der Niederlage sehr still und zurückhaltend sein. Kriegsverbrecher und alle, die sich an den Menschenrechten oder an der Arbeiterbewegung vergangen haben, erhalten ihre gerechte Strafe.«

Er: »Ich darf dich weiter informieren, dass wir keineswegs nur auf höchster Ebene für den Tag X arbeiten. Um Wiesbaden herum bis nach Kassel und Heidelberg sind in vielen Orten Genossen tätig, die für bestimmte Aufgaben geeignete Personen aktivieren, die im Falle eines Falles Verantwortung übernehmen. Es gibt ein ganzes Netz von späteren Funktionsträgern. Die Bedeutung ziviler Gruppen bei und nach einem militärischen Aufstand oder einer Aktion zur Ausschaltung Hitlers wird nicht unterschätzt. Unsere Hauptpersonen müssen aber gut getarnt bleiben. Wir beachten, dass die organisierte bzw. wieder zu organisierende Arbeiterbewegung in ihrer vollen Kraft erst dann aktiv werden kann, wenn Hitler und seine Führungsmannschaft ausgeschaltet sind. Und wenn unsere Leute, die noch Soldaten sind, demobilisiert und wieder zu Hause wirken können. Unsere eigenen Gestaltungsaufgaben müssen entsprechend vorbereitet werden, damit wir angemessen einzugreifen in der Lage sind. Zugleich ist in Kooperation mit anderen die erste Phase des Umsturzes einzuleiten.«

LK: »Klingt sehr gut! Bei uns ist der Einheitsgedanke der Arbeiterbewegung seit 1933, seit dem Fall Österreichs und seit dem Bürgerkrieg in Spanien höchst aktuell. Die Fehler von damals dürfen sich nicht wiederholen. Die französische Volksfrontregierung von 1936 unter Léon Blum und die Pariser Volksfront-Konferenz deutscher Intellektueller, Künstler und Schriftsteller wie Heinrich Mann und Johannes Becher, Politiker wie Rudolf Breitscheid und Wilhelm Pieck von Linkssozialisten und linksbürgerlichen Personen erweitert, werden inzwischen als zielführend angesehen. Dass das Bündnis gegen Hitler breiter sein muss, ist verständlich. In der praktischen Arbeit jedoch erkenne ich in unserer westböhmischen Region keine Ansätze für ein breites Bündnis. Bei uns zeigte sich ein harter Widerspruch zwischen Antifaschisten und Hitler-Anhängern. Mir scheint die Ziel-Orientierung ebenso wichtig wie die Breite eines Bündnisses gegen Hitler und das faschistische Regime.«

Mein Gesprächspartner war sehr interessiert an unserem auf wechselnde Parolen gestütztem Code-System, das als solches nicht zu erkennen sein durfte. Jeder erkennbare Code würde bei der Gestapo sofort intensive Nachforschungen auslösen, um Empfänger und Absender zu enttarnen und sie anschließend durch Folter zu mehr Informationen zu zwingen.

Er: »Die Weitergabe von Informationen erfolgt bei uns vor allem persönlich und stets vertraulich. Ich werde jedoch unsere leitenden Genossen informieren, weil mir ein solcher Code eine zwar zeitraubende, aber effektive Art des geheimen Verkehrs unter Antifaschisten zu sein scheint.«

LK: »Weil wir seit den Einberufungen in viele Länder zerstreut sind und voneinander getrennt wirken, benötigen wir diese Art Code. Außerdem habe ich seit 1941 Verbindung mit meinem ehemaligen Parteivorsitzenden Jaksch, der mit anderen nach England emigrierte und nun von dort aus Einfluss zu nehmen versucht ...«

Er: »Das gibt es nicht! In diesem Krieg bei derartigen Kontrollen von SS und Gestapo hast Du Verbindung nach London? Wie funktioniert denn das?«

LK: »In Dänemark, Norwegen und anderen besetzten Staaten arbeiten einige unserer Genossinnen als »Blitzmädel«, d.h. als Funkerinnen. Einige haben gute Verbindung zu örtlichen Hitler-Gegnern oder Partisanen. Unsere Nachrichten nach London gehen per Feldpost verschlüsselt nach Bergen/Norwegen. Unsere dortige Genossin gibt den Text an Partisanen, die ihn nach Stockholm zum dort ansässigen Generalsekretär meiner Partei, Ernst Paul, bringen. Dort wird der Text von einer sachkundigen Genossin entschlüsselt. Ernst Paul hat direkte Verbindung nach London. Dort wertet man unsere Berichte aus und gibt neue Fragen an uns, die für die Bewertung der Lage wichtig sind ...«

Er: »Unglaublich! Höchst interessant! Und um welche Themen geht es da?«

LK: »Vor allem um die Stimmung in den von uns erreichbaren Kreisen der deutschen Bevölkerung geht es da. Das hat auf die Sendungen von BBC in deutscher Sprache Einfluss. Die von London kommende Aufklärung bzw. die Informationen sollen realitätsnah sein, damit sie auch ernst genommen werden. In London interessiert man sich auch für sichere Absprungplätze für Fallschirmspringer, die nach erfolgter Landung von unseren Leuten untergebracht und versorgt werden, damit sie aktionsfähig bleiben zur Förderung des Antifa-Widerstandes ...«

Er: »Das ist ja unwahrscheinlich! Meine Genossen haben keine Ahnung von solchen für den Sturz Hitlers wichtigen Praktiken. Und was ist Euer Gewinn an verwertbaren Informationen – neben all dem, was Ihr für Eure Parteiführung und die britische Aufklärung für Deutsche leistet? Ihr erhaltet sicher nicht nur Anfragen?«

LK: »Weil es hier Illusionen über einen eventuellen Frieden gibt. Die Spitzen der Anti-Hitler-Koalition werden auf keinen Fall mit der jetzigen Führung des Reiches verhandeln. Das ist völlig klar! Noch nicht abgeklärt ist offenbar, ob und wie mit einer eventuellen gewählten demokratischen deutschen Führung verhandelt würde, wenn Hitler gestürzt werden sollte. Ich weiß nicht, ob in London die Möglichkeit einer Ausschaltung der Nazi-Führung durch Deutsche erkannt und bewertet wird. Viel Vertrauen in deutsche Spitzenmilitärs hinsichtlich eines gewaltsamen Sturzes Hitlers scheint man nicht zu haben, weil die Generalität nach dem Fall Stalingrads und der verlorenen entscheidenden Groß-Schlacht im Kursker Bogen die Chance für einen Aufstand nicht wahrnahm ...«

Er: »Solche Informationen brauchen meine Leitungs-Genossen. Dafür danke ich Dir. Wir beide sollten Verbindung halten – aber da müsste ich erst einmal Euren Geheim-Code kennen lernen! Nachdem ich von Dir so viel Internes erfuhr, will ich dich auch informieren über die wichtigsten Personen unseres Widerstandes: ebenso vertraulich, wie Du mir Nicht-Öffentliches anvertrautest. Ist Dir der Name Wilhelm Leuschner bekannt? Nicht? Als führender sozialdemokratischer Gewerkschafter amtierte er zur Zeit der Weimarer Republik vier Jahre lang als hessischer Innenminister; er leitet unser Widerstandsnetz. Er hat Verbindung mit Theodor Haubach, einst führend in der Eisernen Front, und mit Carlo Mierendorff, einst SPD-MdR (MdR = Mitglied des Reichstages). Auch zu Julius Leber, ebenfalls einst SPD-MdR, bestehen Kontakte. Das sind unsere Spitzenleute. Alle arbeiten konspirativ mit einem Kreis von Adeligen, Bürgerlichen und Militärs zusammen, die als Hitler-Gegner gelegentlich in einem niederschlesischen Ort zu gemeinsamen Absprachen zusammenkommen. Gegenstand der dortigen Beratungen sind Hitlers Sturz und erforderliche Sofort-Aktionen danach. Auch nach Berlin bestehen Verbindungen zu militärischen Hitler-Gegnern.«

LK: »Finde ich toll! Wenn man im Ausland darüber Bescheid wüsste, könnte sich die Haltung zu ‚den Deutschen' vielleicht ändern. In London weiß man wahrscheinlich nichts über solche Verschwörungen. Vielleicht konzentriert sich meine ehemalige Parteiführung auch primär auf die Probleme und Zukunftsperspektiven der ČSR. Ich werde jedoch nach London per Code berichten, wenn Du einverstanden bist. – Käme bald die zweite Front, würde eine solche Verschwörung bald bessere Chancen für ihre Zielrealisierung erhalten ...«

Er: »Wahrscheinlich ist es besser, wenn Du ohne Namensnennung über die breit angelegte Konspiration berichtest. Wir wollen uns ersparen, dass die Gestapo auf uns aufmerksam wird. – Wie kommst Du auf die zweite Front? Was weißt du darüber? Ich kenne nicht einmal den Begriff! Auch von unseren führenden Leuten hörte ich nichts darüber.«

LK: »Als Funker hört man quasi dienstlich, wenn auch verbotener Weise ‚Feindsender'. Sowohl aus London die BBC als auch aus der UdSSR den Sender ‚Freies Deutschland'. Da gibt es viele Informationen, die für Antifaschisten wichtig sind. Vor allem von der UdSSR wird die Eröffnung der zweiten Front im Westen zum schnelleren Niederwerfen der faschistischen Armeen und damit NS-Deutschlands eingefordert. Bekanntlich konzentriert das OKW etwa 75 Prozent aller verfügbaren Streitkräfte im Osten. Das würde sich sofort ändern, wenn die westlichen Armeen der Anti-Hitler-Koalition angreifen würden. Zwar weiß ich es nicht genau, aber ich kann mir vorstellen, dass es in England und in den USA einflussreiche Kräfte gibt, die an einer gegenseitigen Schwächung von UdSSR und Hitler-Deutschland interessiert sind. Vielleicht hoffen manche immer noch auf eine Schiedsrichterrolle am Ende des Krieges. Das sinnlose Morden und die unermesslichen Zerstörungen könnte man drastisch verkürzen, wenn die zweite Front bald eröffnet würde.«

Er: »Im Vertrauen: ‚Feindsender' höre ich und hören meine Kampfgenossen auch, meist London. Über die zweite Front ist da nichts zu erfahren. Ich stimme mit Dir völlig überein, dass es den Kreis um Hitler in erhebliche Schwierigkeiten bringen und den Krieg verkürzen würde, wenn durch eine zweite Front die Angriffe auf die okkupierten Gebiete in Westeuropa und danach auf das faschistische Kernland erfolgten. Es ist bekannt, dass bisher die UdSSR die Hauptlast beim Niederwerfen der faschistischen Kräfte trägt. Die Westmächte müssen doch in ihre Planungen einbeziehen, dass die Einflussmöglichkeiten der UdSSR auf den besiegten Feind zunehmen, je mehr sie an Gelände erobert und je mehr sie an Opfern bringt und damit Anspruch auf Reparationen hat. Da verstehe ich die westliche Politik nicht!«

LK: »Soweit es um die Gemeinsamkeit gegen das faschistische System und die Hitler-Diktatur als Hauptfeind der Menschheit geht, dürfte die Anti-Hitler-Koalition keine großen Probleme haben. Nur der Beginn der zweiten Front ist nicht geklärt. Hinsichtlich der kurz- und längerfristigen Ziele für die Nachkriegszeit kann ich mir Unvereinbarkeiten vorstellen. Schließlich sind es zwei grundverschiedene Systeme, von denen die Staaten der Anti-Hitler-Koalition geprägt sind. Das dürfte Auswirkungen auf die Art des Friedens haben …«

Teil I

Er: »Daran dachte ich noch gar nicht, weil unsere Gedanken auf den baldigen Sturz Hitlers und auf das ‚Danach in Deutschland' konzentriert sind. Es besteht weitreichende Übereinstimmung zwischen den von mir benannten Verschwörern bzw. Anti-Hitler-Grüppchen, dass unser staatliches und gesellschaftspolitisches Ziel ein demokratischer Rechtsstaat ist, an dem alle – ich betone alle! – Anti-Nazi-Kräfte mit gleichen Ansprüchen beteiligt sein sollen. Alle, die irgendeine offene oder verdeckte Verbindung zu den die Anti-Hitler-Koalition tragenden Institutionen oder Parteien haben, sollen diese nutzen, damit unsere Ziele auch von den Kriegsgegnern Deutschlands unterstützt werden. Allerdings muss ich mit meinen Genossen sprechen, wie angesichts der von Dir richtig benannten Unterschiede in der Anti-Hitler-Koalition unsere Lage zu bewerten ist. Das ist bei uns noch eine offene Frage, weil die Nachkriegsziele etwa der USA oder der UdSSR noch nicht differenziert erörtert wurden.«

LK: »Es wundert mich und freut mich zugleich, dass von bürgerlichen und militärischen Hitler-Gegnern als Ziel aller Konspirationen ein demokratischer Rechtsstaat benannt ist – unter Einschluss aller am illegalen Kampf beteiligten Gruppierungen, also auch der Kommunisten. Für alle aus der Arbeiterbewegung kommenden Nazi-Gegner eine Selbstverständlichkeit. Wenn das bei allen Beteiligten so ist, finde ich das sehr gut. Die Schlüsselfrage für die Zeit nach Hitler ist jedoch die Art bzw. der Charakter der Wirtschaft. Jede Großwirtschaft in Privatbesitz trägt Keime für Faschismus und Raubkriege in sich. Das lehrt uns vor allem die deutsche Geschichte, siehe Kapp-Putsch, Hitler-Putsch, Harzburger Front und der Bruch von 1933. Ich verstehe, dass man die heikle ökonomische Besitzfrage zunächst ausklammert, um die Gemeinsamkeit im Kampf gegen das verbrecherische NS-System nicht zu gefährden. Als Sozialisten und als Gewerkschafter sollten wir schon eine konkrete Vorstellung von der spezifischen Art des Wirtschaftens in der Nachkriegszeit entwickeln. Unsere Position ist klar!«

Er: »Wir sollten Nah- und Fernziele zunächst trennen. Wirtschaftlicher Privatbesitz und wirksame demokratische Kontrollen gegen Machtmissbrauch sind im Ziel ‚demokratischer Rechtsstaat' enthalten. Als Sozialist und als Gewerkschafter bin ich selbstverständlich für die Vergesellschaftung – nicht für die Verstaatlichung! – von Großwirtschaft sowie von Grund und Boden. Zunächst einmal ist jedoch mit dem Sturz Hitlers erst die Voraussetzung für das sozialistische Ziel zu schaffen. Nahziel ist ein demokratischer Rechtsstaat mit ausreichenden Sicherheiten gegen Machtmissbrauch – durch wen auch immer. Wenn dann unsere Massenorganisationen wieder kampffähig sind, visieren wir die nächsten

Schritte an. – Mir fällt soeben etwas ganz anderes ein: wieso unternimmst Du die lange, wahrscheinlich beschwerliche Reise von Ost-Polen nach Wiesbaden, um ein neues Glasauge zu erhalten? Gibt es solche Hersteller nicht viel näher an Deinem Einsatzort?«

LK: »Gute Frage! Gewiss könnte ich in Berlin, Breslau oder Dresden ein neues Glasauge bekommen. Aber: mit einer unserer Funkerinnen aus Nord-Frankreich und einem in Nord-Norwegen stationierten Soldaten, beide aus der Egerer Antifa-Gruppe, vereinbarte ich einen illegalen Treff in unserer Heimatstadt. Das geht nur, wenn mein Weg zum Glasaugenhersteller über Eger führt. Von Berlin, Breslau oder Dresden führt kein Weg über Eger ...«

Er: »Das ist ja raffiniert ...«

LK: »Per Code sind nur kurze Nachrichten möglich. Wir tauschen jedoch des Öfteren unsere Erfahrungen im direkten Gespräch aus und wir diskutieren einige Probleme, ähnlich wie wir es hier taten. Unsere Leute in den besetzten Staaten stellten Verbindungen zu örtlichen Partisanen her. Und sie verfügen auch über Erfahrungen und Informationen, die man kennen und verarbeiten sollte. Um gut informiert zu sein, genügt es nicht, Feindsender zu hören und gelegentlich eine Nachricht aus London zu bekommen. Die von meinen Mitstreitern in Frankreich, Belgien, Holland, Dänemark, Norwegen oder in den besetzten Ostgebieten gesammelten Informationen und Erfahrungen werten wir stets aus. Einerseits um die Qualität unserer Berichte nach London zu verbessern, andererseits um selbst ein möglichst genaues Bild von der Lage zu erhalten, damit wir möglichst realitätsgerecht argumentieren können, falls erforderlich. Oft ist es erforderlich.«

Er: »Ich staune immer wieder! Zunächst schätzte ich Dich mit deinen befreundeten Widerständlern als sehr gute Praktiker ein, die eine eindrucksvolle illegale Basisarbeit leisten. Nun erfahre ich, mehr als in unserem bisherigen Gespräch, dass ihr viele politische und strategische Grundsatzfragen erörtert und in erstaunlicher Weise als Soldaten bzw. als Funkerinnen illegale Treffs organisiert. Solches traut man sonst nur Zivilisten im Hinterland zu, die berufsbedingt auch reisen können. Ich kann z.B. nicht reisen; ich bin ortsgebunden und richte meine illegale Tätigkeit danach ein. Mir ist einiges bekannt, wie Zivilisten in gelegentlichen Gesprächen systematisch auf den Sturz Hitlers hinarbeiten und für einen gerechten Frieden wirken. Völlig neu ist für mich, dass Soldaten und Funkerinnen an der Basis von Hitlers Armeen eine derartig produktive Konspiration betreiben. Hoffen wir auf einen gemeinsamen Erfolg, wenn wir auch an verschiedenen Orten und in unterschiedlichen Zusammenhängen Widerstand leisten mit einem klaren Ziel.«

Teil I

Folgend informierte ich ihn über unser Code-System und dessen Vernebelung. Wir wollten in Verbindung bleiben. Es war ein herzlicher Abschied. Am nächsten Tag fuhr ich nach Eger zum illegalen Treff.

PS: Wir hatten Namen und Adressen ausgetauscht, um gelegentlich Verbindung herzustellen. Weil ich aber einige Wochen später erneut mit einem Kriegsgerichtsverfahren zu rechnen hatte, vernichtete ich – wie unter Illegalen üblich – alle Namen und Adressen, die ich bei mir hatte. Meine Notizen über das Gespräch in Wiesbaden zeichnete ich einen Tag später in Eger auf.*

In einem sicheren Versteck im Garten des Genossenschaftshäuschens meiner Eltern lagerten meine Notizen bis 1946. Bislang verwertete ich diese Aufzeichnungen nicht, weil mir Namen und Adresse des Gesprächspartners fehlten. Von ihm erhielt ich auch keine Nachricht. Warum? Das weiß ich nicht.

* Alle Personen- und Ortsnamen waren doppelt verschlüsselt.

Zur Zukunft Europas nach dem Krieg

Diskussionen aus dem Jahr 1944

Informationen über das Treffen der »Großen Drei«, nämlich Churchill, Stalin und Roosevelt zu erhalten, die am 1.12.1943 in Teheran ihre »Gemeinsame Erklärung« veröffentlichten, fiel Funkern nicht schwer. Während des Nachtdienstes am 2.12. hörte ich auf bekannten Wellen ab, dass neue Groß-Offensiven im Osten, Westen und Süden geplant seien. Über die lange erwartete »Zweite Front« der Alliierten im Westen erfuhr man jedoch nichts Konkretes. Die Völker von der Tyrannei und der Geißel des Krieges dauerhaft zu befreien war das erklärte gemeinsame Ziel der Anti-Hitler-Koalition. Wichtige Grundzüge der europäischen und weltweiten Nachkriegsordnung sowie das künftige Schicksal der Deutschen nach der nun herannahenden Niederlage Deutschlands zeichneten sich jedoch noch nicht ab. Man blieb auf eigenes Analysieren und Nachdenken angewiesen.

In der Funkstelle Komarowo gab es nur einen verlässlichen Antifaschisten, einen Breslauer Sozialdemokraten, mit dem ich alles offen besprechen konnte. Er hörte mit Vorliebe die Nachrichten und Kommentare des Senders »Freies Deutschland« aus der UdSSR. Die anderen acht Funker unserer Station informierten wir aus Sicherheitsgründen nur einzeln über das jeweils Wichtigste. Die Nachrichten des Senders »Freies Deutschland« tendierten zu einem antifaschistisch-demokratischen Deutschland in einem Europa, in dem die Völker ihre Friedens- sowie ihre nationalen und sozialen Interessen verwirklichten. Stets wurde dazu aufgerufen, das Nazi-Regime zu stürzen, weil es den Interessen aller Schichten des deutschen Volkes widersprach. – Das war leichter gesagt als getan. Widerstand in großem Umfang zu organisieren war auch nach der Kriegswende 1942/43 in Stalingrad nicht möglich, trotz aller Anstrengungen. Oft stellten wir uns die Frage, was geschehen könnte, wenn die Anti-Hitler-Koalition ohne vorherigen Sieg der deutschen Systemgegner das Aggressor-Land eroberten – nach all den barbarischen Verbrechen, die die Faschisten verübten. Welcher Art würde die folgende Besetzung Deutschlands sein? – Unsere Möglichkeiten dieser Zeit reichten nur, um den Nicht-Fanatikern unter den erreichbaren Soldaten, verständlich zu machen, dass angesichts der materiellen Potenziale und angesichts der Kriegslage ein deutscher Rückzug nach dem anderen bevorstand. Da zudem Rüstungsindustrie und deutsche Städte zerbombt wurden, bedeutete

TEIL I

jeder Tag Krieg unnötige Opfer und Zerstörungen. Es ging um die Einsicht, dass ein rasches Ende für die Völker das Beste sei, auch für uns. Mehr als passiver Widerstand war angesichts bekannter Hinrichtungen vieler Widerständler gegenwärtig kaum zu erreichen.

Die wenigen Wochen vorher, die ich in einer Armeekorps-Funkstelle in einem Holzbunker westlich von Pleskau und Peipus-See verbrachte, boten andere Möglichkeiten, mitgehörte Informationen weiterzugeben. Hier wusste jeder von jedem, dass man »Feindsender« abhörte, trotz Kriegsgericht und Todesstrafe. Man sprach über die Serie deutscher Niederlagen und Rückzüge sowie über eigene Fluchtmöglichkeiten bei gefährlichen Situationen. Einflussmöglichkeiten auf kämpfende Truppenteile fehlten jedoch; man hatte es nur mit Generalstäben und deren Tross zu tun. Da kam nachts mancher General, der über den von London oder Moskau gesendeten genauen Frontverlauf Auskunft verlangte, weil die eigenen Nachrichten – selbst verschlüsselte Funksprüche für Kommandeure und Generalstäbe – viel zu spät und oft nur allgemein bekanntgaben, welche Städte und Stellungen bereits geräumt und welche Kräfte »auf der anderen Seite der Front« tatsächlich konzentriert waren. Wendige Funker, die verstärkten Funkverkehr der anderen Seite zu deuten wussten, waren damals gefragt! Wegen des Verbots, Feindsender abzuhören, bot man den Generalen die Hörmuscheln und stellte den gewünschtem Sender ein. Es war kein Fall bekannt, wo Generale nach derartigen »Hilfen« irgendeinen Funker vor ein Kriegsgericht brachten. Im Gegenteil! Die spendeten eher ein Flasche Kognak oder eine Packung Zigaretten! Gefahr drohte von unteren Offiziersrängen. Auf deren Fragen nach dem genauen Frontverlauf oder nach »Feindnachrichten« ließ man sich nicht ein. So eine Praxis sprach sich herum!

Zu dieser strategisch wichtigen Armeekorps-Funkstation »beförderte« man mich, weil ich nicht nur die für Spitzenfunker vorgeschriebenen 120 Funkzeichen pro Minute einwandfrei gab und aufnahm, sondern weil ich auch die nur beim Polizeifunk üblichen 140 ohne Schwierigkeiten meisterte. Zur Funkstelle nach Komarowo in einem Partisanengebiet zurückverlegt wurde ich aus gesundheitlichen Gründen: ich war nach der schweren Verwundung vor Tobruk »nur« als GVH (garnisonsverwendungsfähig Heimat), aber nicht KV (kriegsverwendungsfähig), nicht einmal GVF (garnisonsverwendungsfähig Front) tauglich. Die Kältegrade bis 40 Grad minus ertrug ich mit Glasauge und Hirnverletzung nur sehr schwer. Zudem hinkte ich damals noch infolge einer Knieverletzung.

Die Funkstelle mit leistungsschwächeren Funkgeräten in Komarowo bot einerseits weniger Möglichkeiten, abgehörte Informationen gezielt an maßgebliche Kommandeure oder Stabschefs weiterzuleiten, andererseits eröffnete sich eine neue Dimension der schnellen Kontaktaufnahme mit Freunden in weit entfernten Gebieten.

Das Einerseits: der Chef aller Funkstellen in diesen Rayon (Verteidigungsabschnitt) war ein borniertet Nazi, ein Oberstleutnant, der mit dem Stab für Partisanenbekämpfung kooperierte. Diesen Kommandeur bekamen wir nie zu sehen. Der Standort-Kommandant und Chef des Wach-Bataillons, dem unsere Funkstelle zugeteilt war, schien auch ein blöder Nazi zu sein, dazu grausam im Umgang mit bediensteten Russen. Mit dem Breslauer Sozi war ich schnell einig, dass wir den seltenen und schwer aufzunehmenden Partisanenfunk einfach »nicht hörten« oder »falsch verstanden«. Auch der russisch-sprechende Dechiffrierer leistete, für Nicht-Funker undurchschaubar, sehr wenig. Verkehr mit gleichgestellten Funkstellen gab es nur dann, wenn bei größeren Einsätzen wider Partisanen gegenseitige Informationen zu geben oder Befehle der Divisionszentrale an den Kommandanten des Wach-Bataillons weiterzuleiten waren. Durch häufiges »qzl« (Quatsch zum Lesen), d.h. irrtümliche oder fehlerhafte Verschlüsselungen verzögerten wir manches, um die Chancen der einzukreisenden Partisanen zu erhöhen.

Das Andererseits: uns Funker teilte man zeitweilig zum nächtlichen Telefondienst in der Standort-Kommandantur ein, weil es zu wenig Telefonisten gab. Ein Fernsprecher gab mir den »rein militärischen Tipp«, dass ich über die Fernleitstelle Schlesien die Fernleitstellen Straßburg und Frankreich (Paris) sowie über diese einige andere erreichen könne; die Hauptleitstelle (Berlin) oder die Fernleitstelle Nord (Hamburg) seien wegen häufiger Luftangriffe in der Nacht schwer erreichbar. Hier in der Kommandantur würde man dabei nicht gestört, wenn man solche Fernleitungen benütze. Die Wache im Erdgeschoss hätte in der Nacht andere Probleme, als den Telefondienst der Kommandantur im Obergeschoss zu besuchen. Zu den Kompanien des Wach-Bataillons hätten sie direkte Telefonverbindung, außerdem Sichtweite. – Schon beim ersten nächtlichen Telefondienst versuchte ich über die Fernleitstelle Schlesien und Frankreich die Fernleitstelle Dänemark zu erreichen. Dort war Herta, meine Jugendgenossin aus Eger, als Telefonistin dienstverpflichtet. Sie hatte über dänische Freunde illegale Verbindung nach Schweden, auch ins Sekretariat der emigrierten Leitung der DSAP, meiner Partei in der früheren ČSR. Nach circa 10 Minuten meldete sich am anderen Ende der Fernleitung die Leitstelle Dänemark. Herta war jedoch nicht zu erreichen; sie hatte keinen Dienst. Die Telefonistin wollte ihr bestellen, dass ich in drei Tagen zur gleichen Zeit wieder anrufen würde und sie dann sprechen wollte.

TEIL I

Mit Herta unterhielt ich Feldpostverbindung. Wir sahen uns nach meiner Lazarettzeit in Aussig im Herbst 1942 in Eger. Sie war eine verlässliche Genossin und verriet mir nach einem längeren politischen Gespräch, dass sie alle 8 Wochen, notfalls alle 14 Tage, über dänische Kuriere zu Ernst Paul, dem Generalsekretär, direkten Kontakt aufnehmen konnte. Paul stand mit Wenzel Jaksch, dem in London »residierenden« Vorsitzenden, und dessen Büro in ständiger Verbindung.

Da Herta 1938 in Eger gute Arbeit leistete und diese später unter erschwerten Bedingungen in Dänemark erfolgreich weiterführte, einigten wir uns schnell, per Code – in normale Briefe oder Zeitungsausschnitte eingearbeitet – wichtige Informationen auszutauschen. Wir sprachen über gesammelte Erfahrungen und arbeiteten ein raffiniertes Schlüssel-System aus, das ich in ähnlicher Weise auch mit weiteren Genossinnen und Genossen benutzte. Seit dieser Zeit verband uns sporadischer, aber nützlicher Briefwechsel mit chiffriertem Informationsaustausch.

Drei Tage später freuten wir uns beide, die Stimme des anderen zu hören. Vorsichtig deutete sie an, dass es wichtige Dinge »zum Schutz unseres teuren Vaterlandes« zu besprechen gäbe. Nach einigen Bemerkungen über notwendigen harten Dienst und Kampf fragte sie, ob und wann ich mal wieder Urlaub erhielte. Ich flocht ein, dass zwei unserer Freunde gefallen seien, was sie nicht wusste. Nach weiteren Bemerkungen über »die schwere Kriegslage und unsere Pflicht« ein Hinweis von ihr: vor März könne sie kaum eine »Dienstreise« antreten. Wir verstanden uns. Es war dringend. Aber wir kannten die Genehmigungstermine in dieser Zeit. Sie erhielt 1942/43 Weihnachtsurlaub, also war das ein Jahr danach nicht wiederholbar. Seit meinem letzten Heimaturlaub waren nur 8 Monate vergangen, also unmöglich, schon wieder nach Eger fahren zu können, noch dazu in einer Zeit, in der die faschistische Führung mit neuen Offensiven an allen Fronten rechnen musste.

Etwa zehn Tage später erhielt ich einen längeren Feldpostbrief von Herta. In der beigelegten Titelseite des »Völkischen Beobachters« war die verschlüsselte Botschaft untergebracht: mit der Nadel angestochene Buchstaben, die nur im Blick gegen starkes Licht zu erkennen waren, je Absatz von rückwärts aufzuschreiben und dann mit dem Kasten-Schlüssel (25 Buchstaben je Quadrat, dieses Mal geordnet nach ihrem Namen) dechiffriert ergab: Paul benötigt Erfahrungen über wirkungsvolle illegale Aktionen in der Truppe und in der Heimat; will wissen, über welche Art der Nachkriegsordnung Konsens bestehe und wie die ČSR dann zu gestalten sei.

Ich stutzte. Ähnliche Fragen, wenn auch weniger konkret gestellt, diskutierte ich vor acht Monaten in Eger mit Gertrud. Diese war 1938 mit ihrer sozialdemokratischen Familie von Asch über Prag und Polen nach Schweden emigriert. In Vossingen bei Bergen/Norwegen fanden sie eine erträgliche Bleibe. Bei der Okkupation Norwegens drohte ihrem Vater Haft. Um diese abzuwenden ließ sich Gertrud als Luftwaffenhelferin dienstverpflichten. Dadurch konnte sie per Feldpostnummer ihrer Einheit zu Bekannten in der Heimat Kontakte aufbauen, später zu Soldaten. Auf diese Weise trafen wir uns im Juni 1943 in Eger. Dabei erfuhr ich von ihrer Zusammenarbeit mit norwegischen Widerständlern, die ihr auch gute Verbindungen nach Schweden und selbst zu Ernst Paul herstellten. Gertrud half auch, den illegalen Informationsaustausch zu verbessern, weil sie nach und nach ein ganzes Netz von Kontakten zu vielen herstellte, die in Afrika, Frankreich, Jugoslawien, der UdSSR und anderswo stationiert waren. Mit Gertrud erörterte ich stundenlang, was im antifaschistischen Kampf möglich und unmöglich war, wie die ČSR und Europa nach dem Krieg gestaltet sein sollten, welche Aufgaben für Sozialisten die Entwicklung mit sich bringen werde oder bereits gebracht habe. Dies alles überlegte ich nun neu, als ich Hertas Botschaft entschlüsselt und das Ergebnis vernichtet hatte.

In der Funkstation des Armeekorps westlich Pleskau hätte ich mehr Gesprächsmöglichkeiten nutzen können. Hier in Komarowo war der Breslauer Sozi mein Hauptpartner für derartige Gespräche. Natürlich versuchte ich auch mit anderen in vorsichtigen Unterhaltungen zu erfahren, wie sie sich Deutschland und Europa nach dem Krieg vorstellten. Der Fernsprechmann, der mir die telefonischen Fernverbindungen samt Anwählnummern verraten hatte, stellte sich bald als ein Kommunist aus Berlin heraus. Er hatte »gute Verbindungen im Wach-Bataillon«. Gegen Informationen vom Sender »Freies Deutschland« verriet er mir manches was unsere Region betraf. Er meinte, dass nach dem Krieg seine Partei die stärkste sein werde; sie kämpfe am konsequentesten gegen Nazis. Schließlich werde das Vorbild der UdSSR eine ausstrahlende Wirkung zeitigen und nach einer Übergangszeit für das ganze Deutschland verbindlich werden. Die Kapitalherren hätten durch ihre Unterstützung für Hitler keine Chance mehr: »Der Kapitalismus hat abgewirtschaftet. Die Nazi-Verbrecher werden zur Rechenschaft gezogen, sollten sie lebend die Heimat erreichen«. Der Breslauer dachte an die Aktionseinheit der beiden Arbeiterparteien und an die Einheit, überall in Europa. Die Frage Revolution und Reform stelle sich nicht mehr in früherer Form, weil mit dem deutschen Faschismus und Militarismus die wichtigsten Hauptstützen des kapitalistischen Systems zerschlagen sein würden; von innen und von außen. – Das zunächst wichtigste Problem, wie antifaschistischer Widerstand so zu entfalten und zu stärken wäre, dass die siegreiche Anti-Hitler-Koalition einen verlässlichen Partner für Nachkriegsregelungen habe, vermochte keiner von uns schlüssig zu beantworten. War das, was man im Rahmen unseres Wach-Bataillons organisieren konnte, also lediglich Widerstand vor Ort und Hilfe für Partisanen, nicht zu wenig?

Anfang Januar, als die drei Weihnachtsurlauber unserer Funkstelle zurück waren, reichte ich Genesungsurlaub ein. Die Gründe waren meine schwere Verwundung und die starke Beanspruchung als Funker. Nach einer längeren Untersuchung und Beratung befürwortete der zuständige Truppenarzt 14 Tage später meinen Antrag. Mit Herta stimmte ich überein, dass die erwartete »Zweite Front im Westen« unseren Plan durchkreuzen konnte. In solchen Situationen gab es keinen Urlaub, welchen auch immer, und keine Entfernung von der jeweiligen Dienststelle.

Mitte Februar erfuhr ich, dass ich ab Ende März zu einem dreiwöchigen Genesungsurlaub nach Belgien, Sammelstelle Hildesheim, abkommandiert würde. Der Truppenarzt erklärte mir so nebenbei, dass ich als »qualifizierter Funker und für schwierigste Aufgaben dieser Art geeignet« angemeldet sei; ein Soldat der Ortskommandantur wäre auch zu diesem »Genesungs-Kommando« abgestellt, avisiert als »hervorragender Schütze«. – Man konnte sich einen Reim darauf machen, warum für eine Genesungszeit in Belgien, nähe Ärmelkanal, angesichts dieser Kriegslage derartige Eignungen gemeldet wurden.

Über den bekannten Weg telefonierte ich mit Herta. Wegen unvermeidlicher Umschreibungen von Termin, Ort und genauer Absicht konnten Missverständnisse auftreten. Deshalb verschlüsselte ich meine Information zusätzlich in einem Feldpostbrief. Schon nach 14 Tagen erhielt ich von ihr auf gleichem Weg eine Antwort: nach Belgien könnte sie selbstverständlich nicht; sie würde nach Eger kommen. Ich solle doch nach meiner Genesungszeit etwa in der vierten Aprilwoche unsere Heimatstadt aufsuchen. Sie könnte dort bis Ende April bleiben, sofern nicht…

Längst bildete ich mit dem »Kommi« aus Berlin und dem Breslauer Sozi eine kleine Antifa-Zelle. Wir trachteten danach, mit verteilten Rollen im Wach-Bataillon zu wirken. Gemeinsamer Widerstand gegen das Regime schien uns unmöglich, jedenfalls derzeit. Aber passiver Widerstand bei der Partisanenbekämpfung, Behinderung oder Irreführung des Sonder-Kommandos aus SS-Leuten und Kriminellen, Warnung russischer Dorfleute, wenn gegen sie Aktionen vorbereitet wurden – was stets Liquidierung bedeutete. Das war mit geringen Abstrichen oder Zutaten möglich. Unser Berliner Freund arbeitete mit zwei Antifaschisten im Wach-Bataillon eng zusammen. Diese wiederum riskierten mit anderen manches, was effektive Wirkungen zeigte. Aus dem Muni-Lager, für das unser Wach-Bataillon neben der Partisanenbekämpfung ebenfalls zuständig war, hatten seine Freunde zwei Kisten Sprengstoff entwendet. Zwei Tage später war die Hauptbahnstrecke östlich und westlich von Bialystok, also außerhalb unseres Rayons, mittels Sprengungen unterbrochen gewesen. Ein Stau an Nachschub- und Fronturlauberzügen sowie große Verspätungen bzw. langwierige Umleitungen waren die Folge; drei Muni-Wagen eines blockierten Zuges brachten die Partisanen in dieser Aktion zur Explosion. Nach einer kleinen Pause soll das in verstärktem Umfang wiederholt werden: »Dann müsst ihr per Funk mithelfen; einen Plan schlage ich euch noch vor«.

Bei unserem nächsten Treff fragte er uns, ob und wie man den Kommandeur »umlegen« könnte, »dieses Schwein, das sich fast täglich abhängige Russinnen auf sein Zimmer holt; wehren sie sich, legt er sie um. Ein schlimmeres Schwein als dieses kann kaum an seine Stelle treten. Der ist auch nie dabei, wenn die Kompanien die Wälder durchstreifen oder Razzien in den Dörfern durchführen müssen. Der sitzt am Schreibtisch oder an der Geländekarte und befiehlt über Telefon. Er reitet aber öfter, bewacht von einem 20 Mann starken Trupp zu dem 10 km entfernten Stab des benachbarten Bataillons, wo sich die Kommandanten treffen. Schlecht ist, dass der Weg über flaches Feld ohne Senken, Wälder oder Buschgruppen führt. Den Überfall auf diesen Gauner müssen wir anders anlegen.« Ich fragte ihn, mit welchen Folgen die russischen Zivilisten in unserer Region rechnen müssen, wenn dieser Kerl »umgelegt« wird. Du kennst die Befehle: etwa »100 Juden und Kommunisten« erschießen für jeden getöteten deutschen Soldaten!«. – Ich werde nachdenken, erwiderte er. »Aber dieses Schwein muss weg! Weißt du nicht, dass er eigenhändig drei russische Frauen mit zwei Kindern erschoss, die mit Feldfrüchten beladen seinen Weg zum Nachbar-Stab querten? Selbst die begleitenden Wach-Soldaten waren entsetzt.«

Nach einem überlegt geführten Wortwechsel mit dem Spieß der Orts-Kommandantur erreichte ich, dass meine Abreise einen Tag früher als vorgesehen erfolgen konnte. Es war der 27.3.1944.

Zu dieser Zeit stieß die Rote Armee in einer Groß-Offensive über den Dnjestr auf die Karpaten zu. In der Frontmitte erreichte sie die alte russisch-polnische Grenze. Südlich der Peipus-See-Front drang die Rote Armee weiter nach Westen vor und begann die Einkreisung der Kurland-Armee. In Italien marschierten die Amis und die Briten bereits nördlich der Linie Neapel-Foggia

TEIL I 219

Richtung Rom. Der Luftkrieg über dem Reich zeigte verstärkte Überlegenheit der westalliierten Angriffsflotten. Beträchtliche deutsche Industriepotenziale – leider auch Städte und reine Wohngebiete – waren oder wurden zerstört. Für Antifaschisten wurde die Lage mit jedem Tag hoffnungsvoller.

Trotz Krieg und illegaler Arbeit nutzte ich die Fahrt nach Hildesheim zu einer kleinen kunstgeschichtlichen Studienreise. Ich benötigte auch wieder einmal innere Regeneration, einen Ausflug in das ganz Andere, einen geistigen Kulissenwechsel. Mit dem Nachtzug über Warszawa erreichte ich am frühen Morgen Leipzig und riskierte dann einen kleinen Umweg über Naumburg. Der kunst- und stilgeschichtliche Formenreichtum dieser mittelalterlichen Stadt, in Bild und Beschreibung längst mein geistiges Eigentum, weckte mein Interesse. Besonders der Dom, ein typischer Übergangsstil von der Romanik zur Gotik, vor allem die berühmten »Stifterfiguren«, begehrte ich mit dem Auge abzutasten. Leider waren die »steinernen Wunder« kriegsbedingt vermauert. Auf der holzgeschnitzten Kanzel aus dem 14. Jahrhundert predigte Martin Luther drei mal. Den Pfarrer des Doms erreichte ich nicht. Die Frau des Dompförtners klagte über den Krieg und seine Schrecken; widerständlerische Töne waren nicht zu vernehmen.

Am 29.3. erreichte ich über Halle das kunstgeschichtlich und allgemein historisch interessante Halberstadt. Fünf Stunden Zeit für ein derartiges Konzentrat an vielgestaltigen Fachwerk-Giebelhäusern und den – innen an die Notre Dame erinnernden – Dom. Viel zu wenig Zeit, um alles bestaunen, analysieren und sozialgeschichtlich einordnen zu können. Den kurzen Aufenthalt in Goslar wollte ich nutzen, um die romanische Kaiserpfalz, ein typischer Ausdruck damaliger Besitz- und Herrschaftsverhältnisse, zu besichtigen. Am Bahnhof kam ich jedoch zufällig mit einer DRK-Schwester ins Gespräch. Sie äußerte sich relativ kritisch über Krieg und Nazismus, als wir allein an einem Tisch im DRK-Speiseraum saßen. Sie fragte mich nach Matthias Claudius und zitierte ihn mit klarer Identifikation: »s'ist Krieg. Und ich begehre, daran nicht schuld zu sein«. Meine kurze Antwort: In meiner Lebensphilosophie und meinem realen Tätigsein orientiere ich mich an einer Aussage eines anderen großen Deutschen: »Das internationale Prinzip der neuen Gesellschaft wird der Friede sein, weil bei jeder Nation dasselbe Prinzip herrscht – die Arbeit!«. Nur so befreien wir alle Menschen von der Geißel des Krieges, von der Ausbeutung von Menschen durch Menschen, nur so ermöglichen wir ihre allseitige Entfaltung. Die materiellen und geistigen Wurzeln dieses Krieges sind zu überwinden! Nicht schuld sein wollen ist sehr anständig, aber bei weitem nicht ausreichend! – Züge wurden ausgerufen! Wir brachen auf. Am 30.3. meldete ich mich vormittags bei der Sammelstelle in Hildesheim. Fast einen Tag Zeit zu kunst- und kulturgeschichtlichen Studien in dieser in ihren baulichen Zeugnissen aufschlussreichen Stadt. Das »Schatzkästchen Gottes« nannten Einheimische diese wundervolle Mischung aus mittelalterlich-sakral-monumentaler Kunst und der sich in farbigen Giebelhäusern zeigenden Volkskunst früherer Jahrhunderte. Neun Federzeichnungen waren – neben den Genüssen alter Kulturwerke – der Ertrag dieser kunstgeschichtlichen Erholungspause.

Etwa 500 Soldaten orderte die Sammelstelle per Nachtzug nach Belgien. Aber nicht – wie erwartet – in die Küstenregion. Am frühen Morgen des 31.3. stand unser Zug in Verviers, wenige Kilometer vor Lüttich. Erst dort erfuhren wir, dass unser Ziel Spa sei! Also rückwärtige Reserve, die je nach Bedarf nach »vorn« zu bringen war. Etwa 50 km südwestlich des oft bombardierten Aachen sollte unser »Erholungs-Kommando« Quartier beziehen. Spa, der Badeort am waldreichen Hohen Venn und 1918 letzter Aufenthaltsort des »Großen Hauptquartiers« der kaiserlichen Armee unter Wilhelm II. Als ein notwendiges »Stahlbad der Völker« bezeichnete der letzte deutsche Kaiser hier den 1. Weltkrieg, während er zwischen den täglichen Bädern die Hiobsbotschaften über die deutschen Niederlagen nach zunächst siegreichen Aggressionen entgegennahm. Von hier ging er ins holländische Exil.

In einem »Kurhaus« teilte ich ein relativ günstiges Zimmer mit zwei anderen Soldaten. Sofort informierte ich Herta, meine Eltern, Gertrud und drei weitere wichtige Verbindungsleute in Frankreich, im Osten und an der »Heimatfront« über meine neue Feldpostnummer und – verschlüsselt, so weit möglich – über meinen Aufenthaltsort. Nach ärztlicher Untersuchung sollte ich je drei mal pro Woche ein Bad und Knie-Massage in einem nahen Lazarett erhalten. In der Bibliothek fand ich nichts Besonderes. Angesichts der Kriegslage nahm ich Rosenbergs »Mythos des 20. Jahrhunderts«, um die nazistische Rassenideologie und deren martialische Praxis mit der realen weltpolitischen Entwicklung zu vergleichen. Der NS-Betreuungsoffizier lud mich angesichts dieser Lektüre, die die Bibliothekarin offenbar weitergemeldet hatte, zu einem Gespräch in sein Dienstzimmer. Es war belanglos: nur bekannte Propagandaformeln. Er glaubte an die letzte »Wunderwaffe« und an den »Sieg Groß-Deutschlands« als neuer Weltmacht. Mir kam es angesichts der geplanten illegalen »Nacherholungszeit« in Eger vorbeugend darauf an, erstens zu beweisen, dass ich neben Rosenbergs Büchern auch die von Goebbels und Hitlers »Mein Kampf« ziemlich genau kannte; zweitens ließ ich durchblicken, dass ich den »Mythos« gern besäße. »Das

Bibliotheks-Exemplar kann ich ihnen nicht geben. Aber ich lasse dieses Buch für sie besorgen.« Tatsächlich erhielt ich es innerhalb von 10 Tagen! Mit einer Widmung sowie Stempel und Unterschrift des NS-Betreuungsoffiziers des Lazarett-Standortes Spa! Ein willkommenes Alibi für den Fall aller Fälle …

Bei einem der Bäder sah ich im Lazarett ein bekanntes Gesicht: die DRK-Schwester mit den kritischen Äußerungen, die ich in Goslar traf. Sie war nach hier versetzt worden. Wir verabredeten uns zu einem Abendspaziergang. Bald knüpfte ich an unser kurzes Gespräch in Goslar an. Sie traf erstmals jemanden außerhalb ihrer Familie, mit dem sie als evangelische Pfarrerstochter über ihre distanzierten Gedanken über die deutsche Entwicklung nach 1933 sprechen konnte. Sie fragte mich nach Pastor Niemöller – damals nur ein vager Begriff für mich. »Bekennende Kirche« wusste ich eher einzuordnen. Über KZs, deutsche Kriegsverbrechen und die Unmenschlichkeit des Systems wusste sie Bescheid. Sie wunderte sich über die Verblendung vieler jüngerer und älterer verwundeter Offiziere, mit denen sie früher und teils auch jetzt zu tun hatte. Die Kriegslage war ihr nur so weit bekannt, wie es der Presse und dem Rundfunk zu entnehmen war. Einerseits war dieser verlorene Krieg in ihrer Sicht »eine Strafe Gottes für die Deutschen«, die aufzuarbeiten sei; andererseits sorgte sie sich über die Zeit nach Kriegsende. Nach allem, was die Deutschen verbrochen hätten, würde die Rache der Sieger furchtbar sein! Persönlich vertraue sie fest auf Gott. Aber unser Land und seine Menschen!

Es war nicht leicht, ihr zu vermitteln, dass passives kritisches Abwarten keine Alternative zu der von ihr verurteilten Nazi-Praktik sei. Je schneller man das Nazi-Regime zerstöre, um so besser für die Deutschen! Passiver Widerstand sei das eine, manche riskierten jedoch wirksame Sabotage. Jeder müsse sich persönlich überlegen, was er beitragen könne, um dieses Verbrechen möglichst schnell zu beenden. Trotz bevorstehender Niederlage bleibe nachzudenken, wie die nicht-belasteten Deutschen und die aktiven Antifaschisten an der bevorstehenden Neuordnung unseres Landes und Europas mitgestalten könnten. Mit der »Eröffnung der zweiten Front im Westen« ändere sich nicht nur die strategische Lage, sondern auch die Stimmung unter Soldaten und Zivilisten. Das schaffe viel günstigere Bedingungen für Leute wie uns; das sei allerdings auch zu nutzen.

»Das ist eine ganz neue Dimension des Denkens«, antwortete sie. »Mit meinen Eltern und Freunden bete ich für Deutschland und die Menschen. Wir halfen and helfen vielen, die in Not sind, auch Kriegsgefangenen. Uns fehlen jedoch die konkreten Vorstellungen, wie es nach diesem Krieg weitergehen soll. Vor allem muss ich mir jetzt überlegen, wie ich mich verhalte und was ich praktisch tun kann, wenn der Krieg auch im Westen beginnt und wenn sich die Menschen empfänglicher zeigen, andere Ideen und politische Positionen zu akzeptieren. Es ist einleuchtend, dass die Kriegs- und Nazi-Gegner zusammenhalten und nach Möglichkeit auch zusammenarbeiten müssen. Aber ich muss viel nachdenken und ich hoffe auch, dass ich von Ihnen einiges lernen kann.« Sie erinnerte sich an unser kurzes Gespräch in Goslar und begehrte mehr zu wissen über meine Friedensvorstellungen in Theorie und Praxis. Sie fand bald heraus, dass ich Humanist und Sozialist bin. Als ich den wissenschaftlichen Sozialismus und dessen langfristige Aktionsstrategie erwähnte, erklärte sie mir, dass in ihrem Elternhaus davon gesprochen wurde, dass in den KZs, aber auch außerhalb, Christen beider Konfessionen mit Sozialisten und Kommunisten gegen die Nazis konspirierten. Das hielt sie für gut. Wenn sich Gelegenheit biete, wolle sie auch mitarbeiten.

Unser Verhältnis wurde freundschaftlicher, herzlicher, je öfter wir uns trafen. Ihr Dienst ließ ihr nicht viel freie Zeit. Lazarett-Schwestern arbeiteten oft 10 Stunden pro Tag und länger. Dennoch interessierte sie sich für praktisches Wirken gegen das von ihr strikt abgelehnte System und den Krieg. Das war Gegenstand unserer vielen Diskussionen. – Bei einem dieser Abendspaziergänge erfuhr ich, dass ihr Verlobter vor zwei Jahren in Afrika gefallen war. Sie waren sich sehr, sehr zugetan und wollten nach dem Krieg heiraten. Mit ihren Eltern ergaben sich vor und nach der Verlobung fast unüberwindliche Probleme, weil deren Moralvorstellungen, auch über voreheliche intime Beziehungen, völlig veraltet waren. Mit ihren aufgeklärten Freundinnen und ihrem Verlobten stimmte sie überein, dass man sich nicht erst nach besiegelter Ehe intim kennenlernen sollte. Man müsse sich vorher prüfen, nicht nur allgemein-charakterlich und geistig, sondern auch in sexueller Hinsicht, nicht erst dann, wenn man den Bund fürs Leben endgültig geschlossen habe. In diesem Sinne habe sie nach bestem Wissen und Gewissen gehandelt und bereue nichts – im Gegenteil. Es waren für sie die glücklichsten Stunden ihres Lebens. Belastend waren nur die Gespräche mit ihren Eltern; diese aber mussten sich wohl damit abfinden, dass man in unserer Zeit, die ja nicht nur von den Nazis und deren Vorstellungen geprägt war, sich auch im zwischenmenschlich-intimen Bereich anders verhalte als zu »Omas Zeiten«. Natürlich interessierte sie meine Meinung zu diesen sehr persönlichen Fragen. Zu mir habe sie großes Vertauen, deshalb spreche sie mit mir auch über derartige Probleme. Erstaunt war sie über das, was sich schon nach 1920 in der Sozialistischen Arbeiterjugend entwickelte: eine längere »Probeehe« ohne Verlobung, also bevor man in den Ehestand eintrat. Das fand sie gut, hilfreich für

Frau und Mann. Bei dieser Gelegenheit erklärte ich ihr auch die Ursachen für die wachsende Zahl an Freidenkern nach dem 1. Weltkrieg und die kulturellen Auswirkungen; die »Probeehe« war eine davon. Erstaunt war sie auch, wie sehr sie mit einem Freidenker in politischen und persönlichen Fragen übereinstimmen konnte; sie meinte, dass sie trotz aller Wichtigkeit von Glaubensfragen für das allgemeine Verhalten der Menschen unterschätzte, welche ethischen Übereinstimmungen möglich seien.

Mit meinen Zimmerkameraden fand ich keinen persönlichen Kontakt. Einer der sechs Tischkollegen im Speisesaal wollte mich persönlich sprechen, nachdem er erfuhr, dass ich ein Buch von Rosenberg las. Als wir uns im Park unbelauscht wähnten, frage er, ob ich diesen Unsinn glaube, ob ich meine Zeit nicht für eine verlorene Sache verschwende? Er begriff sehr schnell, dass man diese Lektüre auch für die Contra-Argumentation nutzen konnte sowie zur Tarnung der tatsächlichen Gesinnung. Ihm war das neu. Jedoch waren wir beim Ausgangspunkt weiter politischer Unterhaltungen. Schnell stellte sich unsere konsequente Gegnerschaft zu Krieg und Nazi-Regime heraus. Was aber konnte man tun, um unser Land und seine Menschen zu befreien und um eine sozial gerechte demokratische Nachkriegsordnung mit starken Genossenschaften und vergesellschafteten Großbetrieben zu erreichen und zu gestalten? Wie ließe sich die gemeinsame Gegnerschaft zu diesem barbarischen Regime möglichst schnell verstärken, ohne unnötig das eigene Leben zu riskieren? Wir stimmten überein, dass man als aktiver Antifaschist jeden Tag den Kopf riskiere – an Verrätern fehlte es nicht! Das Risiko sollte aber in einem vertretbaren Verhältnis zur erbrachten antinazistischen und friedensfördernden Leistung stehen. In diesem abgelegenen Spa gab es jedoch kaum die Möglichkeit, belgischen Arbeitern Informationen zuzuspielen, welche Transport- oder Muni-Züge zur Kanal-Küste fuhren, um Sabotageakte zu ermöglichen bzw. daran mitzuwirken. Mit belgischen Arbeitern, die im Kurhaus oder in Lazaretten halfen, sprachen wir beide: ohne jeden Erfolg. Trauten sie uns nicht oder trauten sie sich selbst nicht? Von der bevorstehenden zweiten Front wussten wir nur, dass die neue Lage zu nutzen sei. Würde man an strategisch wichtige Orte verlegt, hätte man einen anderen Aktionsradius. Es ließ sich jedoch ohne genaue Kenntnis des geografischen und politischen Umfeldes nichts Konkretes planen. Allgemein dachten wir, in einem solchen Fall eine illegale Zelle zu gründen, die Stimmung in der Truppe zu erkunden und zu nutzen: mindestens für wachsenden passiven Widerstand mit fließendem Übergang zu direktem, was nur in größeren Gruppen Sinn machte. Vom jeweiligen Frontabschnitt aus Verbindung zu einheimischen

Aktivisten aufzubauen, um durch Sabotage u.a. den Zusammenbruch zu beschleunigen, schien dabei unverzichtbar.

Mein »Kumpel«, ein Unteroffizier der Panzergrenadiere und gelernter Tischler mit behindertem linken Arm infolge zweier Durchschüsse, fand bald einen Dritten für unsere Verschwörer-Gruppe. Auch dieser hatte sich vergeblich bemüht, im Gespräch mit belgischen Arbeitern in Spa herauszufinden, wie diese Leute dachten. Per Zufall erhielt er vor diesen Informationen, dass in Lüttich stark bewachte Muni-Lager existierten. Bei einem Anschlag auf diese wurden drei Belgier getötet, aber der Sachschaden sei nur gering gewesen. Immer noch hingen Plakate, die für das Anzeigen von etwa zehn Verdächtigen hohe Summen boten. Unsere Konsequenz: optimal in solchen Fällen ist eine Zusammenarbeit zwischen Wach-Soldaten und einheimischen Besatzungsgegnern. Gegenwärtig war diese Einsicht nicht praktisch umzusetzen.

Inzwischen stand mein Plan fest, wie ich nach dem Ende meiner Erholung in Spa nach Eger gelangen konnte. Beim zuständigen Arzt zeigte ich die Scherben meines Glasauges vor, beantragte ein neues und gab an, dass ich dieses in Wiesbaden bekäme, wie bereits zweimal vorher. Zwar entsprach dies nicht der ganzen Wahrheit. Aber der Arzt rezeptierte und ließ meinen Marschbefehl in diesem Sinne ändern. In einem verschlüsselten Feldpostbrief teilte ich Herta mit, dass ich Ende des Monats am vereinbarten Treffpunkt sei. Vorsichtshalber schrieb ich meinen Eltern – bei denen sich Herta nach ihrer Ankunft in Eger erkundigen wollte –, dass ich nach Wiesbaden abkommandiert werde und dass mich die Rückreise nach Osten Ende April über Eger führen werde. Von Herta lag bald die Bestätigung von Termin und Ort des vereinbarten Treffens vor.

Mit Schwester Inge war ich längst per Du. Sie diskutierte inzwischen mit zwei anderen regimekritischen und kriegsgegnerischen Schwestern, was man praktisch für einen baldigen Frieden tun könnte und wie es im Nachkriegsdeutschland aussehen sollte. Ihre Oberin war eine fanatische Hitler-Anhängerin, also war unter der Schwesternschaft große Vorsicht geboten. Verschiedene Soldaten befragten sie jedoch, was diese vom Krieg und dessen Ausgang hielten: die meisten wussten, dass er so gut wie verloren war. »Wir brachten ihnen auch bei, dass jeder Tag neue unnötige Opfer und Zerstörungen bringt und das jeder das Seine versuchen müsse, damit bald ein gerechter Friede werde. Eben das ist ihr und ist unser Problem. Wie können wir ihnen vermitteln, dass die Siegermächte einen gerechten Frieden mit Deutschland schließen werden?« – »Ihr leistet gute Arbeit«, reagierte ich. »Die Hauptsache ist zunächst, verständlich zu machen, die Zeit des unnötigen Sterbens und Zerstörens zu verkürzen; daran kann jeder

TEIL I

mitwirken. Je stärker der deutsche Widerstand, desto günstigere Bedingungen existieren für einen gerechten Friedensschluss. Für begangene Verbrechen muss zweifellos bezahlt werden. Es ist aber eine entscheidende Frage, ob das ganze Volk für das aufkommen soll, was die Verbrecher-Clique in Politik, Wirtschaft und Generalität verübte oder ob man primär die Hauptschuldigen bezahlen lässt. Das ist nicht nur eine Sache der Sieger, sondern auch eine Angelegenheit der Deutschen selbst. Das sollte verstanden werden, denn auch das gehört zur Nachkriegsordnung und zu ihren besonderen Bedingungen. Ich wiederhole jedoch: jetzt ist es das Wichtigste, Kräfte zu mobilisieren für das baldige Ende des gegenseitigen Mordens und der Vernichtung wertvoller Kulturgüter, von Produktions- und Wohnstätten, von Heimat und allem, was uns lieb ist«. – »So überzeugend wie Du möchte ich das sagen können! Ich merke mir alles und werde es weitergeben.« Während dieses Abendspaziergangs interessierte sich Inge für weitere Einzelheiten, wie aus vorhandener Kriegsmüdigkeit friedenswirksames Handeln zu entwickeln ist und wie man den Menschen nahebringt, konkreter über die Gestaltung des zu erringenden Friedens nachzudenken.

Mein Kumpel am Tisch des Speisesaals erhielt sein »Genesungskommando« um 14 Tage verlängert. Deshalb stellte ich ihn der Inge als einen verlässlichen Antifaschisten vor. Denn meine Zeit in Spa war vorbei. Ich rüstete mich für die Reise. Wir vereinbarten, in Verbindung zu bleiben. Sowohl Inge als auch mein Kumpel kannten nun eine Chiffrier-Methode für besondere Fälle.

Mit den anderen fuhr ich per Sammel-Transport über Verviers Richtung Köln. Hauptbahnhof gesperrt! Auf einem Vorort-Bahnhof stieg ich um. Erst abends erreichte ich Wiesbaden. Schon am nächsten Vormittag erhielt ich mein neues Glasauge. Lebensmittel nahm ich gleichwohl für 3 Tage in Empfang: damit hatte ich den Stempel von Wiesbaden vom 23. bis einschließlich 25.4. auf dem Marschbefehl. Also zwei Tage illegal für Eger gewonnen! Mit dem nächsten Fronturlauberzug reiste ich Richtung Nürnberg, Leipzig, Warszawa usw. Nun durfte ich mich von keiner Zugstreife erwischen lassen. In Nürnberg wechselte ich in den Fronturlauberzug, verbotenerweise, Richtung Prag, Krakau usw. Dieser hielt in Eger. Den normalen Bahnhofsausgang wegen der Kontrolle vermeidend, lief ich über den Güterbahnhof hinter den Häusern über die Wiese zur Wohnung meiner Eltern. Freudiges Wiedersehen! Herta hatte bereits nach mir gefragt. Zwei Stunden später war sie da.

Mit einem ärztlichen Zeugnis, wonach ihre Mutter schwer erkrankt sei und sie noch einmal zu sehen wünsche – was nicht stimmte –, erhielt sie 14 Tage Sonderurlaub für den Aufenthalt in Eger. Eine schlanke, große, hübsche junge Frau war sie geworden. Wir blieben im Haus, weil ich von keiner Streife erwischt werden durfte. Nach kurzem persönlichen Erfahrungsaustausch kamen wir zur Sache.

LK: »Wenn die zweite Front eröffnet ist, wird die Antifa-Arbeit etwas anders aussehen als jetzt«, leitete ich ein. »Wenn Amis und Tommis vom Westen her angreifen, ergeben sich bessere Chancen. Im Westen wird es viel leichter sein zu desertieren, auch gruppenweise, als im Osten. Die Zusammenarbeit deutscher Widerständler mit französischen, belgischen und holländischen ist schon jetzt einfacher als im Osten. Das dürfte sich steigern. Die kurz- oder mittelfristige Unterbindung von Nachschubwegen ist wichtig und mit relativ wenig Leuten zu schaffen. Dazu benötigt man gute Leitpersonen und erfahrene Sprengstoffspezialisten. Solche Aktionen sollten in Ost und West verstärkt werden. Das müsste allerdings Hand in Hand gehen mit breit gestreuten Informationen in der kämpfenden Truppe über das Ziel, das andauernde Leiden an Front und Heimat radikal zu verkürzen. Zwar ist dies eine eigenständige Aufgabe, unabhängig von allen anderen, aber die Bereitschaft, an Sabotageakten mitzuwirken wächst mit der Erkenntnis, dass der Krieg möglichst schnell beendet werden muss. Das Sprengen in Muni-Lagern ist schwieriger, aber möglich. Dazu benötigt man meist zivile Hilfe beim anschließenden Verschwinden, sofern nicht besondere Bedingungen gegeben sind. Das Ausschalten wichtiger Kommandanturen, wo Hitler ergebene Offiziere wirken, ist besonders kompliziert.«

Herta: »Als Funker sammeltest du Erfahrungen mit Generalstäben und Kommandaturen. Kann man die Stimmung grob beurteilen? Diese Leute sehen doch deutlicher als die meisten einfachen Soldaten, dass der Krieg sinnlos geworden ist, dass er nur noch vermeidbare Verluste bringt!? – Gibt es Ansätze, eine ganze Armee zum Kampf gegen Hitler und das Nazi-Regime zu bewegen?«

LK: »Zweifellos tauschen manche Spitzen-Offiziere ihre Meinungen über den sinnlos gewordenen Krieg aus. Von solchen Einsichten zum offenen Kampf gegen das Hauptquartier ist jedoch ein sehr großer Schritt, zumal es in Generalität und Führungsstäben genügend Verräter gibt! Ob man die zwei strategischen Hauptrichtungen in der Generalität nutzen kann, entzieht sich meiner Kenntnis: die einen gaben einem Bündnis mit den Westmächten gegen die UdSSR den Vorzug, die anderen einem Zusammengehen mit der größten Landmacht gegen die westlichen Seemächte. Ein Zwei-Fronten-Krieg wie ihn Hitler riskierte, wird von vielen Spitzenmilitärs abgelehnt. Diese Gegensätze werden stärker aufbrechen, wenn die Amis und die Tommis im Westen angreifen. Der propagandistische Hauptschwerpunkt sollte m.E. darauf gelegt werden, angesichts

des Zwei-Frontenkrieges und des alliierten Vormarsches in Italien den verlorenen Krieg zu beenden, bevor noch mehr an Menschenleben, Kulturwerten und Nutzbauten zerstört wird. Die deutsche Niederlage wird erträglicher, wenn man sie nicht weiter hinausgezögert. Im Osten dürfte es schwerer als im Westen sein, eine ganze Armee zum Aufgeben zu bringen. Ob eine Armee gegen die dann zu erwartenden SS-Einsätze kämpfen wird, ist fragwürdig. Im Westen könnte ich mir vorstellen, dass sich größere Heeresverbände einkreisen lassen, um dann zu kapitulieren. – Wesentlich scheinen mir größere Sabotageakte in Rüstungsfabriken. Darüber weiß ich jedoch zu wenig Bescheid.«
Herta: »Mit Rüstungsarbeitern sprach ich und sprachen viele andere. Die Überwachung in den Rüstungsbetrieben ist sehr streng. Bei Sabotageakten gab es viele Opfer, weil Gestapo und Naziaufpasser ein fast lückenloses System der Kontrolle errichteten. Im Vergleich zu den Zerstörungen durch Luftangriffe macht die interne Sabotage nach unseren Kenntnissen nur wenige Prozent aus.«
LK: »Kaum verwunderlich, wenn man bei Luftangriffen massenweise Wohnviertel zerbombt, abseits von strategisch ausschlaggebenden Zielen. Damit stärkt man die Wirksamkeit der Nazi-Propaganda. Die sinnlosen Bombardements von Arbeiter-Wohngegenden stärken eher patriotisches Empfinden. Zwar wird damit auch die soziale Frage verschärft, aber für den Klassenkampf kaum nutzbar. So machen Bourgeoises Politik, aber nicht Repräsentanten der Arbeiterklasse. Die Bereitschaft zu Sabotage in Rüstungsbetrieben wird durch Zerbomben ziviler Stadtviertel untergraben.
Herta: »Das werde ich nochmals mit Nachdruck weitergeben. Ich halte das für richtig und wichtig. Du kennst die komplizierte klassenmäßige Zusammensetzung der Anti-Hitler-Koalition. Manche Verantwortliche denken überhaupt nur in militärischen Kategorien und übersehen die politischen und die psychologischen Probleme. In London nehmen viele maßgebliche Leute an, dass Städtebombardements die Zivilbevölkerung und deren Durchhaltevermögen am schnellsten zermürben. Wie sind deine Erfahrungen über das hinausreichend, was du bereits dazu sagtest?«
LK: »Es ist eine Teilwahrheit, aber eben nicht die ganze, dass man manche, die tags hart arbeiten, durch Nächte im Luftschutzkeller oder durch zerstörte Wohnungen ermüden, auch entmutigen kann. Die anderen Teilwahrheiten sind, siehe Coventry, dass man den Trotz und den Selbstbehauptungswillen stärkt. Die nächste Teilwahrheit: an den Fronten kämpfen viele verbissener als sonst, wenn sie von zerstörten Städten und von den Verlusten unter der Zivilbevölkerung hören. Nicht Einschüchterung hilft uns weiter, sondern Aufklärung und

faktische Widerlegung der Nazi-Propaganda. Mit gleicher Bombenlast auf die Nachschubwege zur Front oder auf das Hauptquartier der Wehrmacht ist strategisch ungleich mehr zu gewinnen.«

Herta (nickte zustimmend, wendete jedoch ein): »Viele Eisenbahnknotenpunkte und Rüstungsbetriebe sind aber in Großstädten. Wie willst Du da die Zerstörung von Wohnvierteln verhindern?«

LK: »Hätte man etwa in Hamburg, Berlin, Köln, Nürnberg, Hannover u.a. nur die Bahnhofsregion oder Rüstungsfabriken oder Kommandozentralen bombardiert, sähe der Fall ganz anders aus. Das lässt sich erklären. Jedoch hundertfach reine Wohnviertel oder Arbeitersiedlungen zerstören, die weit von strategischen Zielen liegen: das ist derselbe Luftterror, wie der, den die Nazis praktizierten, von Anfang an. Mit diesem Gegenterror rechtfertigt man das, was man propagandistisch attackiert. – Ein weiteres wichtiges Thema: Aufrufe zum Sturz der Nazi-Regierung bleiben wichtig, auch wenn sie noch keine praktische Wirkung haben. Stattdessen, ich wiederhole das bewusst, auf ein schnelles Ende dieser unsäglichen Leiden drängen. Die Deutschen müssen davon überzeugt sein, dass es auch im Interesse der Völker der Anti-Hitler-Koalition liegt, den Krieg nicht unnötig in die Länge zu ziehen. Sicher wissen wir Antifaschisten, dass starke Kräfte in den Weststaaten die deutsche Konkurrenz auf dem Weltmarkt für längere Zeit ausschalten wollen. Darüber reden wir nicht viel. Wir verdeutlichen immer wieder, dass es die vorhersehbare Folge der deutschen Aggressionen ist, wenn so viel vernichtet wurde und wird.«

Herta: Gut, alles registriert! Noch ein Thema: Du kennst unsere engere Heimat sehr gut. Was hältst Du davon, wenn einige emigrierte Genossen per Fallschirm landen, um den Widerstand besser organisieren zu helfen, um zu mehr Engagement anzuregen. Wo sind günstige Landungsmöglichkeiten für solche Fälle? Wo sind nach deiner Meinung die günstigsten Gebiete für solche Aktionen?«

LK: »Erstens ist das ein Himmelfahrts-Kommando besonderer Art, überhaupt nur sinnvoll, wenn die Fronten zu brechen beginnen. Zweitens organisieren die mit unseren spezifischen illegalen Bedingungen wohlvertrauten hiesigen Leute den Widerstand besser als noch so gute Propagandisten und Organisatoren, die die jeweilige Lage gar nicht so exzellent kennen können. Drittens ist zu überlegen, ob ein eventuell entdeckter, aber zwecks weiterer Verfolgung nicht sofort liquidierter Abgesprungener bestehende Zellen nicht mehr gefährdet, als er ihnen nützen kann. Es gibt Beispiele aus Frankreich, wo man Abgesprungenen folgte und dann ganze Widerstandsnester aushob. Gewiss gibt es im Erzgebirge östlich von Schönbach oder westlich von Gottesgab günstige, weil kaum bewachte

Landemöglichkeiten, wo man schnell in Joachimsthal oder Graslitz oder Schönbach verlässliche alte Genossinnen oder Genossen findet. Die haben ihre Verbindungen zu den meist stark bewachten Städten im Egertal. Südwestlich von Reichenberg oder Gablonz mag das ähnlich sein. Persönlich beurteile ich den Wert solcher Aktionen unter konkreten Bedingungen aber nicht sehr hoch.«

Herta: »Kann das nicht eine wirksame politische Ermunterung für Widerständler sein, wenn ihre emigrierten Genossen zurückkehren und solidarisch mit ihnen den sozialistischen Kampf organisieren? In Frankreich, Norwegen, Dänemark gibt es sehr gute Erfahrungen mit zurückgekehrten Emigranten, die neue Informationen und Anregungen vermitteln und die Vorbildliches leisten im Kampf gegen die Nazi-Herrschaft – trotz Deines französischen Gegenbeispiels. Risiken sind immer gegeben!« (so die diesmal auch sehr temperamentvolle Herta)

LK: »Du weißt aus eigenen Erfahrungen, liebe Herta, dass man Beispiele aus besetzten Ländern nicht automatisch auf deutsche, vor allem nicht deutschböhmische Verhältnisse übertragen kann. Das ideologische und politisch-psychologische Umfeld in okkupierten Staaten ist ein völlig anderes als bei uns.«

Herta: »Es ist möglich, dass demnächst zwei oder drei Versuche unternommen werden, um sie für eine größere Aktion auszuwerten. Waren deine geografischen Hinweise zugleich eine Äußerung zu politisch günstigeren Plätzen?«

LK: »Politisch günstige Plätze kennen wir beide wahrscheinlich mehrere. Ich dachte auch an unbemerkte Landungsmöglichkeiten. Wie starke Rüstungszentren, z.B. Eger, aber auch nordböhmische Städte bewacht sind, ist bekannt. Wenn überhaupt, dann müsste man im Unterschied zu Frankreich von entlegenen Gegenden aus die Städte zu erreichen versuchen.«

Herta hatte eine große Tasche mit dänischen Lebensmitteln mitgebracht. Das Abendessen nahmen wir gemeinsam mit meinen Eltern ein. Sie hatte noch einen Besuch auf dem Programm. Unser Restpensum wollten wir am nächsten Tag abschließend diskutieren. »Gerne wäre ich mit Dir morgen nach Sirmitz geradelt. Der alte Vater vom früheren Parteivorsitzenden und Großvater unseres Jugendleiters in Sirmitz wohnt mit einigen alten und jungen Frauen in seinem Häuschen. Mit denen lässt sich diskutieren! Die haben auch Verbindungen nach Franzensbad, wo einige von ihnen arbeiten. Zum Baden im Sirmitzer Teich ist es noch zu kalt. Aber ich verstehe, dass Du bei einem illegalen Aufenthalt in Eger kein Risiko eingehen willst. Um halb zehn bin ich wieder hier. Fleisch und Zutaten fürs Mittagessen bringe ich mit.«

»Beginnen wir bei Nachkriegs-Europa, nicht bei der ČSR«, leitete ich am nächsten Tag wieder ein. – »Warum?«, fragte Herta und fuhr fort: »Die ČSR liegt uns näher als der gesamte vielgestaltige Kontinent! Zudem sind vor allem unsere Probleme zu lösen, nicht die der anderen Völker. Oder?«

LK: »Die Art, wie die kontinentalen Verhältnisse geordnet werden, dürfte starke Auswirkungen auf den Nachkriegs-Charakter der zu erneuernden ČSR haben, übrigens auch auf die anderen Staaten. Vergleichen wir kurz die Lage vor 1914 und vor 1939, um die veränderten Bedingungen ins Blickfeld zu bekommen. Vor 1914 waren alle Arbeiterbewegungen gegen den Krieg, auch wenn dann die Führungen gefasste Beschlüsse ignorierten und Kriegskredite bewilligten. Übrigens war dies eine der Ursachen der Spaltung, wie du weißt. 1939 war das anders. Sollten angesichts der faschistischen Drohung französische oder britische Arbeiter streiken, vor allem in den Rüstungsbetrieben, oder den Kriegsdienst verweigern? Das wäre 1914 notwendig und hilfreich gewesen. 1939 war es offenkundig falsch. Denke an unsere eigene Lage vor 1938 in der ČSR. Wir sangen nicht mehr unbekümmert ‚Nie, nie, woll'n wir Waffen tragen'. Wir übten die antifaschistische Wehrhaftmachung der Jugend, lernten Jiu Jitsu und Schießen oder Erste Hilfe. Damit will ich sagen: viel stärker als früher wirkten die außenpolitischen Entwicklungen auf die innerstaatlichen Reaktionsweisen der Arbeiterklasse ein, wahrscheinlich noch stärker auf die jeweiligen Regierungen. Das ist nur ein Beispiel. Die wirtschaftliche Zusammenarbeit der Staaten wird nach dem Krieg viel stärker entwickelt werden als vor und während der Weltwirtschaftskrise. Damit wachsen nicht nur die Handels- sondern auch die politischen Verbindungen, was den gefährlichen Nationalismus abbaut. Dann müssen auch die Arbeiterparteien und die Gewerkschaften ihre internationale Zusammenarbeit viel stärker ausbauen als früher. Wenn statt kriegsbedingter Rüstungswirtschaft eine friedensfestigende ökonomische Verflechtung einsetzt, wachsen die Chancen für soziale Investitionen und sozialen Fortschritt.«

Herta: »Du wirfst grundsätzliche Probleme auf, die noch gar nicht diskutiert geschweige denn geklärt sind. Wir wollten Deine aus vielen Gesprächen gewonnenen praktischen Vorstellungen vom späteren Zusammenleben der Völkerschaften in der ČSR erfahren. Die Parteileitung erarbeitet solche Konzepte und politische Forderungen, die man an die Regierungen der Anti-Hitler-Koalition heranbringen kann und die auch eine spätere Programmatik abgeben. Wir wollen uns nicht von anderen vor vollendete Tatsachen stellen lassen!«

LK: »Alles verstanden! Aber wir lernten bereits in unseren Jugend-Seminaren, dass sämtliche innen- und außenpolitischen Forderungen auf grundsätzlichen Analysen und praktikablen Prinzipien beruhen müssen bzw. nachvollziehbar davon abzuleiten sind. Deshalb gehe ich davon aus, dass nach dem Krieg nicht nur die deutschen Kapitalherren samt Generalität am Pranger stehen werden, weil sie mit den Nazis kollaborierten. Der Zweite Weltkrieg und die vorausgegangene Weltwirtschaftskrise hängen jedoch unlösbar zusammen. Das stellten wir bereits fest, bevor die voraussehbaren nazistischen Raubzüge begannen. Daraus ist die Konsequenz zu ziehen, dass auch die britische und die französische Arbeiterschaft die Macht ihrer Kapitalistenklasse in Frage zu stellen hat und es auch tun wird. Kapitalismus bedeutet letztendlich Krieg – und Krieg soll endgültig überwunden werden. Hieß es nicht so in Teheran Ende 1943?«

Herta: »Lieber Lenz, ich kann und will Deinen temperamentvollen Redefluss keineswegs bremsen. Das konnte schon früher niemand, als du Jugendleiter warst. Aber ich bitte dich: müssen wir uns die Köpfe der britischen und der französischen Arbeiter zerbrechen? Haben wir nicht genügend eigene Aufgaben, die des Schweißes der Besten wert sind?«

LK: »Meine liebe Herta, lass uns von den objektiven Notwendigkeiten ausgehen, die sich im Nachkriegseuropa und damit auch in der ČSR zweifelsfrei ergeben werden. Im Interesse der Völker und des Friedens müssen Vergesellschaftungen der Großindustrie erfolgen. Kriegsursachen sind zu beseitigen und dazu gehört konzentriertes Kapital, das in politische Macht umsetzbar ist. Reduziert man auf diese Weise den mörderischen Konkurrenzkampf, der zwei Weltkriege hervorbrachte, vergrößern sich die Chancen einer gleichberechtigten Zusammenarbeit der Völker. Zuerst müssen natürlich die Nazi-Verbrecher abgeurteilt und die Deutschen ideologisch ‚entgiftet' werden. Das alles hat Rückwirkungen auf das Verhältnis der Nationalitäten in der ČSR. Es kann und darf doch nicht mehr so weitergehen wie vor 1938, wo die tschechische Bourgeoisie dominierte und wo Slowaken, Deutsche, Ungarn und andere ständig benachteiligt blieben. Die kleineren Völker in Europa und in der ČSR – das ist eine prinzipielle Frage! – müssen nach diesem Krieg die gleichen Rechte erhalten wie die großen. Was Sozialisten früher oft allein forderten, dass nämlich innerstaatlich und international Recht vor Macht stehen muss und nicht umgekehrt, kommt nun auf die politische Tagesordnung! Das alte ‚Recht des Stärkeren' ist auch durch den Wahnsinn dieses Krieges ad absurdum geführt. Die Emanzipation der Menschen und Völker setzt Gleichberechtigung, Selbstbestimmung und wachsende Entfaltungsmöglichkeiten voraus.«

Herta: »Jetzt verstehe ich Deine Zusammenhänge. So kompliziert, wie ich erst dachte, sind sie gar nicht! Das alles leuchtet sogar ein! Tatsächlich sind Deine Analysen und grundsätzlichen Positionen wichtige Voraussetzungen für gut zu begründende Forderungen. Diese weiterzugeben und mit leitenden Genossen zu erörtern ist dringend, sogar sehr dringend. Nimm mir aber bitte ab, dass wir mit den praktisch zu lösenden Problemen so überladen sind, dass ich von unseren Leitungen bislang nichts davon hörte.«

LK: »Das darf doch nicht wahr sein, liebe Herta, dass die täglich mit dem Tod bedrohten Widerständler mehr prinzipielle Überlegungen anstellen als leitende Gremien im neutralen Schweden oder in England, wo die Labour Party dabei ist, realistische Zukunftsperspektiven zu entwickeln. Solche Perspektiven gründen doch nicht auf Spekulationen, sondern auf gründlichen Analysen und fixierten Prinzipien. Du und deine Eltern gingen doch stets von grundsätzlichen Positionen aus, nicht von rechtssozialdemokratischen Praktiken.«

Herta: »Gerade deshalb finde ich so interessant, was Du sagst. Das wird von mir kräftig unterstützt, nicht nur weitergeleitet. Das sollen unsere Leitungsgremien mal als eine wichtige Stimme des tagtäglichen deutschen Antinazismus erfahren und erörtern. Du sprachst ja nicht zur für Dich, wenn ich es richtig bewerte?! Beziehe aber bitte auch die beiden großen Unbekannten in Deine weiteren Überlegungen ein: die Amis und die Russen. Die werden auch Forderungen einbringen. Die werden nach Kriegsende mitzureden haben!«

LK: »Selbstverständlich sind die Amis an der Erhaltung des europäischen Kapitalismus interessiert und die Sowjets an seiner Überwindung. Die Sowjets werden versuchen, ihren m.E. ‚unterentwickelten Kommunismus' mit administrativer Vorherrschaft, aber ohne Mitwirkung der Arbeiterklasse, zu expandieren, was die Amis zu verhindern trachten dürften. Es könnte viel von den europäischen Arbeiterbewegungen abhängen sowie von demokratisch und sozial orientierten bürgerlichen Kräften, ob zwischen US-Kapitalismus und sowjetischem Bolschewismus ein europäisch-eigenständiger Weg zu einem demokratisch-humanen Sozialismus gefunden und durchgesetzt wird. Das ist die übergeordnete Perspektive; alles andere leite ich von den objektiven – und subjektiv auch verstandenen – Interessen der Völker ab.«

Herta: »Tatsächlich gibt es ähnliche Überlegungen in der Labour Party. Mein dänischer Freund weiß da einiges mehr. In der britischen Partei gibt es zwar keine Ideologen oder Marxisten. Aber neben praktisch-politischen Fragen gibt es Zukunftsplanungen. Bei uns stehen jedoch praktische Fragen im Vordergrund, wie bei Dir auch. Alles ist darauf orientiert, wie das Nazi-Regime schnellstens zu zerschlagen ist. Aber deine Gedanken bleiben wichtig!«

LK: »Wenn es in der Labour Party derartige Überlegungen gibt, liebe Herta, dann müssten doch auch die Leitungsgremien der DSAP in dieser Richtung denken, planen und davon konkrete Forderungen ableiten!? Wenn ich richtig informiert bin, gibt es doch des Öfteren Beratungen zwischen führenden Labour-Leuten und unseren Genossen!?«
Herta: »Vielleicht bin ich auch nur teilweise im Bilde über die Perspektivfragen. Natürlich haben wir Verbindungen mit Spitzenleuten der Labour-Party. Ich bin auch für Kritik an unseren Leitungsgremien. Lass uns aber noch erörtern, wie die ČSR neu aufgebaut werden sollte!«
LK: »Gut. Vorausgesetzt, dass die europäischen Völker erforderliche Konsequenzen aus zwei kapitalistischen Kriegen innerhalb von drei Jahrzehnten ziehen und die Großindustrien vergesellschaftet bzw. demokratisch kontrolliert werden; eine geschwächte Stellung des vor 1938 sehr nationalistisch-egoistisch handelnden tschechischen Großbürgertums und der Groß-Agrarier unter Beneš ist sehr wahrscheinlich. Zugleich setze ich eine gestärkte Position der tschechischen Arbeiterschaft und ihrer internationalistischen Position voraus. Bei den Deutsch-Böhmen – ich vermeide bewusst den Ausdruck »Sudetendeutsche« – muss zuerst eine Selbstreinigung erfolgen. Nazi-Größen und Kriegsverbrecher müssen auf die Anklagebank, sofern sie überleben. Die deutsch-böhmische Arbeiterbewegung wird sich vorwiegend links orientieren. Die Slowaken dürften starke nationale und soziale Interessen durchsetzen wollen. Vielleicht tendieren die Ungarn zur Ausgliederung aus dem alten Staatsverband. Insgesamt ist dann das angesagt und notwendig, was Masaryk 1918 in St. Germain andeutete, aber unter dem politischen Druck tschechischer Nationalisten nicht realisieren konnte oder auch nicht wollte: einen Staat ähnlich der Schweiz: Eine rechtlich garantierte Selbstbestimmung für alle Völkerschaften sowie Volksabstimmungen über konkrete politische Fragen. Eine neue ČSR mit einer starken Basis-Demokratie, die auch strukturell und rechtlich verankert sein muss. Staatliche Hilfe für die durch tschechische Schuld unterentwickelten Regionen, Garantien für den Bestand einer Vielvölker-Ordnung, deren Prinzipien nicht angetastet werden dürfen. Selbstverständlich gleiche Bildungschancen für Arbeiterkinder wie für andere.«
Herta: »Das wäre die Lösung! So ähnlich diskutierten unsere Genossinnen und Genossen am Beispiel Schwedens, das allerdings kein Vielvölkerstaat ist, aber den Finnen und Lappländern in Schweden gleiche Rechte und Ansprüche gewährt. Das alles steht, von vielen wahrscheinlich nicht genau erkannt, im direkten Zusammenhang mit Deinen analytischen und grundsätzlichen Feststellungen.«

Nach dem Mittagessen verabschiedeten wir uns sehr herzlich. »Das war eines meiner ertragreichsten Gespräche, seitdem ich diese Arbeit leiste«, meinte Herta.

Am nächsten Morgen bestieg ich den Fronturlauberzug via Prag/Krakau. Schon vor Prag fiel ich bei der militärischen Zugkontrolle auf. Der Feldwebel schickte mich zum Hauptmann, dem Zug-Kommandanten, weil ich eine andere als die vorgesehene Strecke fuhr. Ich hielt mich an der Abteiltür fest, als der Kontrolleur dem Hauptmann meinen Marschbefehl gab. Der musterte mich. »Sie sind verwundet?« – »Jawoll, Herr Hauptmann!«. Der sah ja auch mein silbernes Verwundeten-Abzeichen. »Setzen sie sich! Warum benützen sie einen anderen als den vorgeschriebenen Zug?« – »Bitte Herrn Hauptmann darauf aufmerksam machen zu dürfen«, erwiderte ich mit hochgerecktem Oberkörper, »dass der Luftangriff in Nürnberg alle Pläne durcheinanderbrachte. Mit allen anderen musste ich kurz nach der Einfahrt in den Luftschutzkeller. Drei Stunden. Nachher nahm ich befehlsgemäß den nächsten Richtung Osten führenden Zug, weil der Bahnhof schnell geräumt werden sollte. Deshalb kam ich auf die andere Strecke. Aber in Krakau erreiche ich einen Zug nach Warschau und weiter Richtung Bialystok.« – »Ich vermerke ihren Umweg im Marschbefehl. Klären sie die Sache mit ihren Vorgesetzten!«.

In Warszawa übernachtete ich. Am Zielbahnhof, wenige Kilometer vor Komarowo vernichtete ich den Marschbefehl. Der Spieß der Kommandantur, dem unsere Funkstelle disziplinarisch unterstand, meldete ich den Verlust infolge schlechten Sehens. Der schimpfte, natürlich auch, weil nun der Nachweis fehlte, wielange ich wo in Verpflegung war. Nach zwei Tagen kam die Bestätigung aus Wiesbaden und aus Warschau, dass ich, wie angegeben, in Wiesbaden für drei und in Warschau für einen Tag Marschverpflegung erhalten hatte. Alles stimmte!

Während meiner Abwesenheit war der Kommandeur des Wach-Bataillons von einer Russin, die er mit ins Bett genommen hatte, erstochen worden. Die Russin floh, das gesamte Dorf Komarowo war am nächstens Tag geflohen. In unserem Rayon gab es kein russisches Dorf mehr, dessen Einwohner liquidiert werden konnten. Alle waren geflohen.

Es dauerte noch fünf Wochen, bis der westliche Angriff in der Normandie begann und die Groß-Offensive der Roten Armee an allen Fronten. Eine stürmische Zeit brach an.

> Diesen Beitrag schrieb ich im Herbst 1946, als ein Brief von Herta einiges schilderte und vieles in Erinnerung brachte, was wir diskutiert hatten. Ihr langer Brief lag in einem großen Esspaket, dass sie mir aus Kopenhagen schickte.

Teil I

Unsere nicht-dechiffrierte Geheimschrift

Es blieb ein Coup besonderer Art, dass zwischen den aktiven Antifaschisten im Egerland und ihrem ehemaligen Parteivorsitzenden Wenzel Jaksch, 1938 exiliert nach London, sowie dem ehemaligen Generalsekretär der DSAP der ČSR, Ernst Paul, von 1938 bis 1946 in Stockholm für die Treuegemeinschaft der ausgewanderten Sozialdemokraten der ČSR wirkend, eine ständige Verbindung bestand. Von 1941 bis 1945 tauschte man chiffrierte Nachrichten und Anfragen aus, ohne dass es je eine gefährliche Panne gegeben hätte! Bei der strengen Überwachung der Telefonate und Briefe bzw. des Funkverkehrs sowie der Bespitzelung aller Verdächtigen durch die Gestapo darf man diese illegale Verbindung als eine Besonderheit im Kampf gegen die faschistische Barbarei bewerten. Nicht nur die Gestapo und den militärischen Überwachungsdienst täuschte man, auch die Dechiffrierer konnte man überlisten.

Für das Ver- und Entschlüsseln von Nachrichten existierten auf beiden Seiten der kriegsführenden Parteien bzw. der Aggressoren und Attackierten spezielle höchst qualifizierte Experten. Jede Seite versuchte, die geheimen Planungen der anderen Seite durch Entschlüsselung zu erfahren, um angemessen reagieren zu können. Wegen der realen Gefahr der Dechiffrierung wechselte man gelegentlich die Systeme. – Wäre der Gestapo bekannt geworden, dass antifaschistische Widerständler per Geheimschrift ihre jeweiligen Erfahrungen austauschten, noch dazu mit wichtigen Personen »im feindlichen Ausland«, und Anfragen von dort beantworteten, hätte man mit angemessenem Aufwand versucht, die chiffrierten Texte zu entschlüsseln und die Absender bzw. Empfänger zu fassen. Für die jungen Kämpfer gegen die faschistische Kriegsführung kam es also darauf an, nicht nur chiffrierte Nachrichten auszutauschen bzw. zu vermitteln, sondern zusätzlich auch noch zu verbergen, dass es sich bei Briefen um verschlüsselte Botschaften handelte! Und dass sie ins »Feindesland« befördert wurden!

Nicht allein Mut und Unerschrockenheit blieb also gefordert, sondern zugleich ein beachtliches Maß an Cleverness und Gründlichkeit beim Verschlüsseln, weil kleinste Fehler beim Chiffrieren und beim Dechiffrieren den Nutzen bzw. Aufwand auf Null reduzieren konnten.

Es existieren verschiedene Möglichkeiten, einen Text so zu verschlüsseln, dass sie nur informierte Empfänger zu dechiffrieren vermögen, aber kein Nicht-Eingeweihter. Zusätzliche Arten der Geheimhaltung erschweren es auch erfahrenen Experten, das codierte Schriftstück zu entschlüsseln. Im speziellen Fall konzipierten zwei Jungsozialistinnen aus Eger im August 1938, als man Vorbereitungen für den illegalen Widerstand gegen die faschistische Diktatur traf, ein Code-System.

Man benötigt dazu zwei Kästen mit je 25 Feldern. Der 1. Kasten ist der Klartext-Kasten, der 2. der Schlüssel- oder Code-Kasten. In den ersten trägt man das Alphabet der Reihe nach ein, wobei J entfällt bzw. I gleich Jot ist. In umgekehrter Reihenfolge trägt man das Alphabet in den zweiten Kasten ein, also mit Z beginnend. Liest man nun vom zu übermittelnden Klartext der Reihe nach die Buchstaben im 1. Kasten ab und liest sie im selben Feld des Code-Kastens ab, trägt dann den gefundenen Code-Buchstaben auf ein Blatt Papier, so erhält man den verschlüsselten Text. Aus A wird auf diese Weise Z, aus B nun Y, aus C nun X usw. Ein Beispiel:

A	B	C	D	E
F	G	H	I	K
L	M	N	O	P
Q	R	S	T	U
V	W	X	Y	Z

1. Kasten

Z	Y	X	W	V
U	T	S	R	Q
P	O	N	M	L
K	I	H	G	F
E	D	C	B	A

2. Kasten

Will man z.B. den Text weitergeben: »Um neun früh sind wir am Zoo«, hieße der Code-Text: FO NVFN UIFVS HRNW DRI ZO AMM: Diese Art des Verschlüsselns wäre jedoch relativ leicht zu dechiffrieren.

Deshalb schlugen die beiden Egerer Jungsozialistinnen vor, mit zwei Losungsworten zu arbeiten, die leicht zu merken sind und die man jedes Vierteljahr wechseln sollte.

Im kleinen Kreis überlegten wir, nachdem der Chiffriervorschlag vorlag, ob es besser sei, die Losungsworte monatlich zu wechseln. Das aber schien zu kompliziert nicht nur wegen der dann benötigten vielen Losungsworte (die im Voraus für etwa ein Jahr mit allen Beteiligten abzusprechen waren; notieren durfte man sie auf keinen Fall); auch wegen der Zustellung und der möglichen Beanspruchung der Benutzer des Code-Systems wollten wir beim Quartalswechsel bleiben.

Im I. Quartal der Benutzung unserer Geheimnachrichten wählten wir die Losungswörter August Bebel und Wilhelm Liebknecht. Beim Eintrag in die Käasten durfte kein Buchstabe doppelt verwendet werden. Hatte man die Namen ohne Doppelung der vorkommenden Buchstaben der Reihe nach eingetragen, folgte das Abc in der Reihenfolge ohne die bereits im Losungswort verwendeten Buchstaben. Die beiden Kästen sahen dann so aus:

A	U	G	S	T
B	E	L	C	D
F	H	I	K	M
N	O	P	Q	R
V	W	X	Y	Z

1. Kasten

W	I	L	H	E
M	B	K	N	C
T	A	D	F	G
O	P	Q	R	S
U	V	X	Y	Z

2. Kasten

Verfährt man nun wie oben ausgeführt, indem man die Buchstaben des weiterzugebenden Klartextes im 1. Kasten aufsucht und im selben Feld des 2. Kastens den entsprechenden Buchstaben notiert, erhält man für »Aktion erfolgreich alle Plakate geklebt« folgenden Codetext: WFEDPO RSTPKSRDNA WKKR QKWFWCR LRFKRME. Das wäre bereits ein schwieriges Problem für eventuelle Dechiffrierer. – Im II. Quartal wären dann die Namen Karl Marx und Friedrich Engels zu verwenden, im III. Quartal dann Karl Liebknecht und Rosa Luxemburg und im IV. Quartal Victor Adler und Otto Bauer.

Den nun chiffrierten Text vermochte jedoch ein Gestapomann oder ein Decodieren sofort als Geheimbotschaft zu erkennen. Absender und oder Empfänger würde man dann gefangen nehmen und foltern, um die Art der Verschlüsselung zu erfahren. Damit wären die Codes wirkungslos für alle, die sie anwendeten. Wahrscheinlich könnte ein derart entschlüsselter Text auch andere Personen verraten.

Der Verfasser schlug deshalb im kleinen Kreis, der eine endgültige Praxis beschließen sollte, eine weitere komplizierte Codierung vor, die den verschlüsselten Text nicht mehr als solchen erkennen ließ. Ein Artikel von Goebbels im »Völkischen Beobachter« (später in »Das Reich«) sollte Träger des Geheimtextes werden! Den Artikel zunächst ausschneiden. In einem Begleitbrief, in dem man auch Allgemeines mitteilte, sollte man eventuell sogar lobend auf den Goebbels'schen Text verweisen und einzelne »wichtige Passagen« besonders hervorheben sowie diese rot oder anders auffallend unterstreichen. Dies war die erforderliche Ablenkung vom Kern der Sache. Wichtig blieb, dass der zu transportierende Geheimtext von rückwärts beginnend mit der Nadel in den gedruckten Goebbels'schen Text einzustechen war. Notierte der Entschlüssler die durchstochenen Buchstaben von rückwärts, so erhielt er den nun zu dechiffrierenden Text!

Die antifaschistischen Widerständler verständigten sich nun per »Feldpost«, die weniger kontrolliert wurde als die normalen Postsendungen. Auch »unsere« Funkerinnen, ob sie nun im okkupierten Ausland oder auf Funkstationen im Inland arbeiteten, tauschten ihre Nachrichten mit dem Code-System über Feldpost aus.

Soweit bekannt übermittelten die beteiligten Geheimbündler von 1941 bis zum 8. Mai 1945 in knapp 500 Briefen mit verschlüsselten Texten ihre Nachrichten untereinander oder über Bergen/Norwegen bzw. über Kopenhagen nach Stockholm und London! Es gab keinen einzigen Fall, in dem die Gestapo oder die militärische Überwachung einen Grund fand, gegen die Aktivisten des Widerstandes wegen chiffrierter Nachrichten zu ermitteln – mit bekannten Folgen.

Teil II

Weltbild und persönliche Verantwortung als Motivation

Die enorme Antriebskraft und die Motivation der von den Organisationen der Arbeiterbewegung geprägten antifaschistischen Kämpfer war und blieb vom Geschichtsverständnis, vom emanzipatorischen Menschenbild und von der persönlichen Verantwortung im Streben nach einer sozialistischen Weltgesellschaft der Freien und Gleichen bestimmt. Diese Orientierung war und blieb im Bewusstsein mehr oder minder stark verankert. Kampferfahrung und politische Bildung führten zu dieser klaren Richtungsbestimmung.

Die deutschen Antifaschisten aus der ČSR verfügten im Unterschied zu ihren reichsdeutschen Genossinnen und Genossen im Widerstand jedoch auch über Erfahrungen und Erkenntnisse, die im wissenschaftlichen Sozialismus und der damit verknüpften politischen Praxis erst nach 1933 bekannt und akkumuliert wurden. Sie nutzten also nicht nur die Ergebnisse der Fehlerdiskussion, die deutsche Emigranten verschiedener linker Parteien nach 1933 in der ČSR fixierten. Die internationale Entwicklung in Theorie und Praxis der Sozialisten beeinflusste den Widerstand gegen die faschistische Brutalität. Bekanntlich fand man 1935/36 die Frühschriften von Karl Marx, von manchen die »Pariser Manuskripte« benannt. Vor allem die »Kritik an der Hegel'schen Rechtsphilosophie« sowie die Texte »Nationalökonomie und Philosophie« und »Die deutsche Ideologie« wirkten auf das Denken und Verhalten der Menschen in der internationalen Bewegung der Arbeiterparteien. Viele Experten popularisierten diese Texte.

In seinem Hauptwerk »Das Kapital« deckte Marx die bislang verborgenen Gesetzmäßigkeiten des kapitalistischen Systems mit seinen immanenten Widersprüchen auf: den Hauptwiderspruch von gemeinsamer gesellschaftlicher Produktion und der privaten Aneignung von deren Ergebnissen. Den dialektischen Materialismus als höchst wirksame Methode – nicht als dogmatische Weltanschauung – wendete er bei seinen Analysen an und ließ ihn für andere verständlich werden. Die historische Frontstellung Bourgeoisie und Proletariat unter profitwirtschaftlichen Verhältnissen dominierte im Klassenkampf. Der sich weiter entfaltende Widerspruch zwischen stürmischer Produktivkraftentfaltung und gesellschaftlichen Verhältnissen blieb zu überwinden zu Gunsten der von den Fesseln kapitalistischer Warenherstellung befreiten Produktivkraft bzw. Arbeit.

In den »Frühschriften« lag jedoch der Schwerpunkt auf Stellung und Leistung des Menschen im Geschichtsprozess und Gesellschaft: auf seiner Entfremdung und Fremdbestimmung in den Ausbeuterordnungen und dem notwendigen Ziel einer möglichen Selbstverwirklichung und Selbstbestimmung in befreiter Arbeit unter grundlegend veränderten gesellschaftlichen Bedingungen. »Wie die Gesellschaft selbst den Menschen als Menschen produziert, so ist sie durch ihn produziert.« Dieser Satz von Marx hebt auf die ständige Wechselwirkung von Sein und Bewusstsein sowie die spezifische aktive Rolle des Menschen in Gesellschaft und Geschichte ab. Prinzipielle Veränderungen durchsetzen zu helfen bedeutete also, auch das »tätige Ich« zu berücksichtigen. »Die vollständige Emanzipation aller menschlichen Sinne und Eigenschaften« setze eine völlig andere Sozialstruktur voraus ohne den gravierenden Gegensatz von Besitzenden und Besitzlosen bzw. ohne privilegiert Herrschende und Beherrschte (vgl. Aneignung der menschlichen Wirklichkeit in »Nationalökonomie und Philosophie«, Pariser Manuskripte). »Alle Verhältnisse umzuwerfen, in denen der Mensch ein erniedrigtes, ein geknechtetes, ein verlassenes, ein verächtliches Wesen« ist, galt nun als eine Art kategorischer Imperativ für die Sozialisten.

In Verbindung mit der Fehlerdiskussion bedeutete dies für die praktische Politik, dass sozialer Fortschritt auf dem Weg zur ausbeutungsfreien Gesellschaft der Freien und Gleichen nicht nur durch progressive Massenorganisationen als Motor weitergetrieben wird, sondern dass zugleich die Rolle des Individuums in Arbeiterorganisationen, in Gesellschaft und Geschichtsprozess ungleich stärker zu gewichten sei, als dies bisher der Fall war. Allgemeine Orientierung der Kollektive und persönliche Verantwortung in der Kampfgemeinschaft verschmolzen zur Einheit. Nicht mehr als kleines Schräubchen in der gewaltigen Maschinerie, die von wenigen dirigiert wird, sondern als mitgestaltendes Wesen – mit eigenen Aufgaben und Verpflichtungen – sollte der Einzelne wirken und sich so auch selbst verstehen. Selbstverständlich benötigt man große Massenorganisationen als produktives Gegengewicht zur Macht des immer mehr konzentrierten Kapitals. »In der Zeit nach Hitler« sollte eine tragfähige Synthese von Mensch und Gemeinschaft wirksam sein. Im speziellen Fall des antifaschistischen Widerstandes in einem das Extrem seiner Gesetzlichkeiten erreichten Kapitalismus, im Barbarismus seit 1933, bedeutete dies, dass jeder notfalls als eine Art ideologischer Einzelkämpfer wirken sollte, sich selbst, seinen Mitstreitern und dem großen gemeinsamen Ziel verantwortlich: das »tätige Ich« in einem oft fernen, im Geiste aber ständig anwesenden »Wir«.

Die Geschichte als Werk aller schaffenden Menschen, die sich im kollektiven Arbeitsprozess auf immer höherer Ebene neue Erfahrungen und Erkenntnisse aneignen und damit die Entwicklung der Produktivkräfte dynamisch vorantreiben: damit vertrugen sich keine spekulativen und irrationalen Geschichts- und Menschenbilder. Auch unter völlig entfremdeten Bedingungen des Mensch-Seins im Faschismus galt es, das emanzipatorische Menschen- und Weltbild zu bewahren.

In der kurzen historisch optimistischen Formulierung des Bereitseins »für die Zeit nach Hitler« klang bereits das eminent wichtige Teilziel der kämpferischen Überwindung der infernalischen Dreieinigkeit von Kapitalherren, Generalität und Nazi-Führungsclique als Herrschaftsklasse an. Der zivilisatorische Rückfall von 1933 war auch durch persönlichen Einsatz der Überwindung aufzuzeigen. Gewiss: niemand vermochte zu erklären, wie lange das angebliche »Tausendjährige Reich« dauern würde angesichts der begrenzten materiellen Mittel »Groß-Deutschlands«. Das Wirken dafür, dass es bald eine grundlegende Veränderung dieser Art von Gesellschaft geben sollte, blieb jedem Antifaschisten aufgetragen.

Schon vor 1938 trug in der ČSR die geistige Auseinandersetzung mit dem Faschismus als extreme Ausprägung kapitalistischer Herrschaft zur Motivierung der für Emanzipation, für soziale Gerechtigkeit und soliden Frieden wirkenden Sozialisten bei. Formal schon dadurch, dass die scharfen Kontraste identitätsstiftende Wirkungen auslösten und das Zusammengehörigkeits-Denken der Gegner dieses Barbarismus förderten. Allein schon der Raub des Namens »Sozialismus« für eine zutiefst unsozialistisch-diktatorische Praxis und Ideologie empörte uns und spornte zum Kampf an. Damit einher ging die konsequente Weigerung, den Namen »Nationalsozialismus« zu gebrauchen. Gegen diese Irreführung der Individuen und Völker durch Etikettenschwindel blieb aufklärend zu wirken. Faschismus als Ideologie und Praxis blieb etwas prinzipiell anderes als Sozialismus: Er war sein Antagonismus! Das Führer- und Gefolgschaftssystem, auf dem Partei und Staat gründeten, stand in totalem Widerspruch zum emanzipatorischen und genossenschaftlichen Denken und Agieren der Antifaschisten. Die »Volksgemeinschafts«-Ideologie sowie die Zusammenfassung von Kapitalisten und Arbeitern in der DAF (Deutschen Arbeitsfront) widersprach jeder gesellschaftlichen Realität, deren zunehmende Erkenntnis zu den Grundlagen progressiven Wirkens gehörte. Die »Blut und Boden«-Ideologie stand in schroffem Gegensatz zu aufklärerischem Denken und Wirken. Die Überhöhung der Nation als etwas Heiliges und Unantastbares widersprach jedem sozialistischen

Teil II

Drängen nach Internationalität als kooperations- und friedensförderndes Medium, auch wenn man die Nationalstaaten als historisch bedingt und insofern zeitweise als notwendig erkannte. Antifaschismus widersprach grundlegend der Interpretation des historischen Prozesses als angebliche Wiederkehr des großen Reiches – »Drittes Reich« als Klassifizierung faschistischer Herrschaft –, das von Germanen geprägt sei. Dazu das Dogma von den »Herrenvölkern« und den zu unterjochenden Sklavenvölkern! Dazu die Steigerung des im Kapitalismus dominierenden »Rechts des Stärkeren«. Die faschistische Losung »Du bist nichts, Dein Volk ist alles!« spornte zweifellos den politischen Kampfeswillen derer an, die im Sinne der Französischen Revolution von 1789 und der Parolen der revolutionären Arbeiterbewegung von der Gleichheit der Menschen ausgingen. Der faschistische Rassenwahn, verbunden mit einem teuflischen Antisemitismus, konnte man nur als etwas schleunigst zu Überwindendes verstehen und dagegen angehen. Die Antifaschisten verstanden, dass beim Raub jüdischer Vermögenswerte bzw. bei der »Arisierung jüdischen Eigentums« in Industrie und Finanzwesen der Rassenhass auch als Verschleierung diente. Die gesteigerte Emotionalisierung der Menschheit mit der Aufstachelung zum Hass gegen alles Fremde musste in Verbindung mit der forcierten Militarisierung der Gesellschaft zu schrecklichen Verbrechen führen. Brutale Gewalt statt politischer Vernunft: damit steuerte man dem Abgrund entgegen.

Eine Gesellschaft, in der der Mensch des Menschen Wolf ist und nicht der solidarisch handelnde Mitmensch, etablierte sich im Kapitalismus längst vor der faschistischen Infernalität. In den marxistischen Seminaren lernten jungen Antifaschisten der ČSR, dass zwei Traditionen den jüngeren historischen Prozess seit der Aufklärung charakterisierten: die obrigkeitsstaatliche, rassistisch-chauvinistische und militaristische Tradition mit dem als naturhaft beschriebenen Wechsel von Krieg und Frieden und – alternativ dazu – die emanzipatorische, internationalistische und antibellizistisch-antimilitaristische Tradition, die zum Sozialismus führen werde, wenn die Menschen ihren wohlverstandenen Interessen folgen würden. Die progressive Tradition umfasste als gesellschaftlichen Träger nicht nur die Arbeiterbewegung, sondern auch jene Teile des Bürgertums, die sich den Parolen der Französischen Revolution von 1789 verpflichtet sahen und die renitent contra Herrschaft der Repräsentanten der alten Tradition blieben. Gegen die alte Tradition mit ihrer höchsten Steigerung im Faschismus galt es, einen permanenten vernünftigen Interessenausgleich zwischen Menschen und Völkern zu realisieren, auch zwischen Arbeiterbewegung und antifaschistischem bzw. nichtfaschistischem Bürgertum. Die Volksfront schien das geeignete

Bündnis im Kampf gegen die faschistische Barbarei zu sein. Im illegalen Wirken gegen die höchst brutal Herrschenden war also stets Ausschau zu halten nach Bündnispartnern, die den noch engen Kreis der erklärten Antifaschisten erweiterten.

Das alles blieb Teil des progressiven Welt- und Geschichtsbildes mit einem Verständnis vom Menschen als lernfähigem und zur Selbstbestimmung fähigem Wesen, das die Produktivkraftentfaltung weitertreibt und gesellschaftlichen Fortschritt ermöglicht.

Der anhaltende Kampf der ausgebeuteten und entrechteten Menschen begann schon im alten Rom durch den Aufstand des Spartacus. Die Rebellion der geknechteten Bauern von 1525 belegte in der Neuzeit das Freiheitsstreben verbunden mit Forderungen nach sozialer Gerechtigkeit. Die bürgerliche Revolution in Frankreich von 1789 mit ihrem universalen Anspruch »Freiheit – Gleichheit – Brüderlichkeit« und folgend die Klassenkämpfe der Proletarier zeigten die immer wieder und immer stärker werdenden Revolten der gequälten Kreatur. All diese Bewegungen konnten die Herrschenden niederschlagen und Umwälzungen wie die von 1789 abschwächen, weil die ökonomisch-technischen Bedingungen für eine Gesellschaft der Freien und Gleichen noch nicht entfaltet waren. Die Herrschaft im Sinne von »demos« und »kratein«, von wahrer Volksherrschaft, konnten nur dann einen anhaltenden Durchbruch erreichen, wenn die Notwendigkeit einer von Arbeit befreiten Herrscherklasse mittels Produktivkraftentfaltung überwunden war, bei der alle realen Bedürfnisse der Menschen befriedigt werden konnten. Parlamentarismus als Zwischenstufe von Minderheitenherrschaft und Volkssouveränität galt als völlig unzureichend im Sinne voller Emanzipation und gemeisterter Schicksalsgestaltung durch alle. Der historische Entwicklungsprozess führte also von der ausbeutungs- und kriegsfreien Urgesellschaft über die Sklavenhalterzeit, den Feudalismus und den Kapitalismus hin zur internationalen Gesellschaft der Freien und Gleichen – immer unter der Voraussetzung, dass die objektiven Freiheits- und Gerechtigkeitsinteressen der Menschen subjektiv verstanden und in Aktion umgesetzt würden. Dazu war auch unter den komplizierten Bedingungen antifaschistischen Widerstandes ein Beitrag zu leisten. Wenn so viele im Ablauf des Aufstiegsprozesses der Menschheit litten und Opfer brachten, so war das Wagen antifaschistischen Kampfes »nur« eine Fortsetzung dessen, was Generationen erstrebten und wofür sie bluteten. Die gesteigerte Entfremdung des Menschen im Faschismus schien das Fanal, um mit der alten Tradition für immer zu brechen und die volle Selbstbestimmung und Selbstverwirklichung der Menschen zu realisieren.

Feixte man in den marxistischen Seminaren nicht etwa in dem Sinne, dass der Geschichtsprozess als eine Art Fahrstuhl missverstanden werde, in den man einstieg, bis am Ende ein Mann mit roter Mütze und grüner Kelle »Endstation« verkündete, »alles aussteigen bitte, Sozialismus!«? Nein! Geschichte blieb politischer Kampf mit Anstrengungen und mit Opfern! Nicht Kampf aller gegen alle, kulminierend in verbrecherischen Raub-Kriegen, sondern Kampf der Ausgeplünderten und Entrechteten contra auf Kosten der großen Mehrheiten privilegiert Herrschenden mit dem Ziel eines gerechten Friedens, der die Keime kommender Konflikte ausgeschaltet hatte.

Unausweichlich stellte man die Frage, ob der Aufwand an Opfern in einem vernünftigen Verhältnis zu den erreichten Erfolgen stehe. Es konnte nicht genügen, auf das Florian-Geyer-Lied zu verweisen: »Geschlagen ziehen wir nach Haus; die Enkel fechten's besser aus!« Gewiss: die Französische Revolution von 1789 leitete eine neue historische Epoche ein und die geschichtsträchtigen Leistungen des Pariser Proletariats 1870/71 mit seiner epochemachenden und wegweisenden, auf Gleichberechtigung gebauten Kommune blieb eine hervorstechende Leistung. Die beiden russischen Revolutionen von 1905 und 1917 in einem wirtschaftlich und technisch zurückgebliebenen Land (ohne die westeuropäische Persönlichkeitsentwicklung im Gefolge der Aufklärung) veränderten nicht nur das zaristische Russland strukturell, sondern auch die weltpolitische Entwicklung. Gewiss brachte auch die deutsche Revolution von 1918 den Fortschritt vom Kaiserreich zur bürgerlichen Demokratie. Es blieb jedoch die Vorherrschaft der Monopole bestehen, obwohl die kämpfenden Revolutionäre andere Vorstellungen vom Weg nach 1918 äußerten. Aber die damalige Führung unter den Mehrheitssozialdemokraten Ebert und Noske stoppte die Entwicklung jäh. Die Sowjetunion hätte einen anderen Entwicklungsweg zurücklegen können, hätte man die mögliche sozialistische Umgestaltung contra Kapitalherren und kaiserliche Generalität in Deutschland durchgesetzt. An der historischen Notwendigkeit von Kämpfen für eine humane Welt mit zu erbringenden Opfern zweifelte niemand. Die Frage war, ob man nach gründlicher Planung klug abwägend Aktionen durchführte oder ob man nach dem Motto Luthers: »Hier stehe ich. Ich kann nicht anders!« vorging.

Dabei dachte man öfter an den österreichischen sozialistischen Spitzenfunktionär Julius Deutsch, der gegen kleriko-faschistische Gefahren den Republikanischen Schutzbund gründete und als dessen Obmann wirkte. Im Bürgerkrieg 1934 kämpfte er an vorderster Front, auch nachdem er verwundet wurde, bis ihn seine Freunde drängten, ins Ausland zu flüchten: »Für die Zeit nach Hitler!«. Im speziellen Fall: bis man in Österreich eine neue Gesellschaft aufbauen könnte. Julius Deutsch kämpfte in Spanien als kluger und tapferer General der republikanischen Truppen bzw. der Internationalen Brigaden, der seine mitkämpfenden Soldaten nicht sinnlos opferte, sondern nüchtern entschied, ob ein Angriff Erfolgschancen hatte oder ob aus taktischen Gründen ein Rückzug erforderlich sei, um Menschenleben nicht abenteuerlich aufs Spiel zu setzen. Es gab Spitzenfunktionäre der Arbeiterbewegung, die als Vorbilder geeignet waren. Nicht nur August Bebel und Wilhelm Liebknecht, Rosa Luxemburg und Karl Liebknecht boten Orientierungsmöglichkeiten, auch unter völlig veränderten Kampfbedingungen.

Die Märtyrer Karl und Rosa, die ihren prinzipientreuen politischen Kampf mit dem Leben bezahlten, stärkten die Motivation der illegalen antifaschistischen Streiter ebenso wie August Bebel und Wilhelm Liebknecht, die den Bismarck'schen Sozialisten-Gesetzen trotzten und sich im Hochverratsprozess zu Anklägern gegen den kaiserlichen Obrigkeitsstaat emporschwangen. Marx und Engels boten die wissenschaftlichen Leitlinien für den zielorientierten politischen Kampf. Menschen, die wie Friedrich Ebert »die Revolution hassten wie die Sünde« und die eine Revolution um den Ertrag ihrer Funktion brachten, taugten nicht als Vorbilder, boten keine Motivation für den opferreichen antifaschistischen Kampf. Wer unter solchen Bedingungen zu faulen Kompromissen bereit war, suchte und fand keinen Platz in den Reihen der Antifa-Kämpfer.

Koloman Wallisch und Franz Münichreither, die 1934 im österreichischen Bürgerkrieg als Schutzbündler nach tapferem Widerstand den Tod fanden, erfüllten die Vorbildfunktion und stärkten die Motivation. Jean Jaurès, der als leitender französischer Sozialist und Pazifist 1914 ermordet wurde, ebenso wie Giacomo Matteotti, der 1924 von Faschisten aus Rache gemeuchelt wurde, huldigten wir vor 1938 in manchem Gruppenabend, wenn es um die Lage der Arbeiterbewegung in andern Ländern ging. Das galt auch für Kurt Eisner, 1918/19 Ministerpräsident der Bayerischen Räterepublik, der, durch Schüsse tödlich getroffen, als Opfer rechter Gewalt starb.

Unter völlig anderen Bedingungen und nicht in Spitzenpositionen, sondern als Basis-Aktivisten wirkten wir für dieselbe Mission wie unsere Vorbilder. Unsere Motivation und solidarische Gemeinsamkeit beruhte zudem auf einer annähernd gleichen materiellen Grundlage der in abhängiger Arbeit Wirkenden und für qualitativ bessere Lebensbedingungen Kämpfenden in der faschistischen Klassengesellschaft. Uns blieb aufgetragen, alle Sabotageakte und alle Gegenwirkungen contra faschistische Gewalt gründlich zu planen und mit größter Vorsicht durchzuführen: »Für die Zeit nach Hitler! – Ihr werdet gebraucht«.

Die kulturelle Aktivität und Prägung der antifaschistischen Widerstandskämpfer durch das Liedgut, besonders durch Kampflieder, die vielfältigen Kulturveranstaltungen der Arbeiterbewegung, die Arbeiter-Literatur und die alternative Art des Zusammenlebens – freundschaftliche Solidarität, emanzipatorisches Streben, gegenseitige Hilfe und Menschlichkeit statt skrupelloser Konkurrenz, Missgunst und Kriegsverherrlichung – sind als Faktoren der Persönlichkeits- und Gemeinschaftsbildung bzw. des Durchhaltevermögens unter schwierigsten Bedingungen nicht zu unterschätzen. Was manche Kampflieder ausdrückten und vermittelten, wirkte nicht nur gesinnungs- und bewusstseinsbildend; damit wurde eine Schicht im Menschen mobilisiert, die durch Vorträge und sozialistische Grundsatzlektüre nicht zu erreichen war. Die eindrucksvolle Kraft sozialistischer Fest- und Feiergestaltung, die keine unkritischen Konsumenten produzierte, sondern als ständiger Ansporn zur kreativen Selbsttätigkeit wirkte, hinterließ lange nachwirkende Spuren. Die mit treffender Kritik an unmenschlichen Verhältnissen gepaarte Wegweisung zu einem humanen Ziel brachte eine Kampforientierung: auch für schwierigste Bedingungen wie im Faschismus. Von vielen, die in Kerkern, KZs oder Strafbataillonen litten, ist bekannt, dass sie durch das kämpferische Liedgut, vor sich her gesummt, ebenso viel Kraftspende erfuhren wie durch die Vergegenwärtigung sozialistischen Grundsatzwissens. Solange man den Freund und Genossen neben sich hatte, war alles etwas einfacher, weil man sich gegenseitig über alle Qualen hinweghalf. Die Nachwirkungen sozialistischer Kultur zeigten sich vor allem in erzwungener Einsamkeit.

Alternative sozialistische Kultur im Kapitalismus oder später im Faschismus erfasste den ganzen Menschen. Man verstand ihn nicht nur als Vernunftwesen, sondern zugleich als ein von Emotionen und Triebkräften geprägtes Individuum, dessen Bewusstsein als steuernde Instanz auszubilden blieb. Als zielklarer Kämpfer für eine humane Kultur im Interesse aller Menschen sollte er seine Aufgabe erfüllen und dabei selbst Erfüllung finden.

»Die Zeit nach Hitler«: das blieb nicht nur eine politische Aufgabe zur Überwindung des dominierenden Widerspruchs von Produktivkraftentfaltung und gesellschaftlichen Verhältnissen; Sozialismus wurde auch als produktive Kulturaufgabe verstanden.

Hitlers Plan – Henleins Partei

Deutsche in der Tschechoslowakischen Republik vor und nach 1938

Der »Fall Grün« – Zerschlagung der ČSR

Die Zerschlagung des letzten demokratisch-parlamentarischen Bollwerks in Mitteleuropa, der ČSR, durch das faschistische Deutschland setzte den gezielten Einsatz von drei wichtigen Instrumenten voraus. Die massive Drohkulisse durch den Aufmarsch von 39 deutschen Divisionen, darunter auch Panzerverbänden, an den Grenzen Böhmens, Mährens und Tschechisch-Schlesiens verstärkte die erklärte Bereitschaft, auch Krieg zu führen, wenn die deutsch besiedelten Gebiete der ČSR nicht freiwillig abgetreten würden. Dazu kam ein kaum vorstellbares Maß an Psychologischem Krieg mittels Rundfunk und Presse, aber auch von Geheimdiensten. Die faschistische Führung bot dies auf, um die wahre Lage zu verschleiern, vor allem gegenüber den Westmächten, um die Tschechen systematisch einzuschüchtern, den Deutschen in der ČSR jedoch »jede Hilfe in ihrem berechtigten Kampf« (Goebbels) zu versprechen und sie zu aggressiven Aktionen gegen ihren Staat aufzustacheln.

Das Hauptinstrument in Hitlers Plan war jedoch die fanatisierte Sudetendeutsche Partei (SdP) Konrad Henleins, die ab 1935 von den 66 deutschen Parlamentariern in Prag 44 stellte. Ohne ihr von Hitler oft persönlich gesteuertes Wirken wäre es unmöglich gewesen, britische und französische Staatsmänner zu überreden, sie müssten das »Selbstbestimmungsrecht« der Deutschen in der ČSR respektieren und die Prager Regierung drängen, die »Sudetengebiete« an das Deutsche Reich abzutreten: dies wäre der Anfang vom Ende der souveränen ČSR gewesen. Die Isolierung der Prager Regierung von ihren teils durch Beistandsverträge verpflichteten Staaten gehörte dazu.

Der »Fall Grün« des deutschen Generalstabes, der die geplanten Operationen contra ČSR fixierte, hatte seine strategische Voraussetzung in der Besetzung Österreichs am 12.3.1938 und den fehlenden machtpolitischen, diplomatischen und psychologischen Schranken der Westmächte gegen die fortgesetzten Provokationen Hitler-Deutschlands. Am 20.3.1938 präsentierte General Keitel die Weisung »Grün«, die Hitler am 30.5.1938 unterzeichnete. Darin blieb festgelegt, »einerseits die Tschechei durch Drohungen einzuschüchtern und ihre Widerstandskraft zu zermürben, andererseits den nationalen Minderheiten Anweisungen zur Unterstützung des Waffenkrieges zu geben und die Neutralen in unserem Sinne zu beeinflussen«. Der faschistischen Führung war bekannt, dass ein sehr schwer zu überwindender Verteidigungswall, beginnend vom nördlichen Böhmerwald über den Kaiserwald und das Duppauer Gebirge und dann längs des Erzgebirges, den Sudetengebirgen bis zu den Beskiden folgend, die industriell hoch entwickelten und rohstoffreichen Hauptländer der ČSR schützte. Deshalb plante man den Hauptstoß von Linz aus ins Herz Böhmens bzw. nach Prag zu führen: an der Grenze zu Österreich hatte die Regierung der ČSR keinen Schutzwall bauen lassen, weil sie vom Süden her keinen Angriff erwartete. Zudem war bekannt, dass die Armee der ČSR bestens mit modernsten Rüstungen ausgestattet war und über eine höchst motivierte Truppe verfügte.

Erstmals in der Militärgeschichte ging dem vorbereiteten militärischen Angriff ein massiver »Propaganda-Krieg« voraus, der den Gegner bereits vor der Schlacht erheblich schwächen, isolieren und zur »Sturmreife« bringen sollte. Vor allem aber versuchte man – nicht ohne Erfolg! – die Deutschen in der ČSR als willige Helfer der faschistischen Aggressionspläne abzurichten, auch durch die Zerstörung der Menschen als vernunftbegabte Wesen. Unterhalb der Bewusstseinsschwelle mobilisierte man negative Leidenschaften und niedere Triebe unter Vorgabe moralisch edler Ziele. Hass und Aggressivität gegen »die« Tschechen und ihren ersten Staat in der Geschichte zu schüren und den Deutschen in der ČSR einzureden, dass sie nicht mit dieser »minderwertigen Rasse« zusammenleben bzw. sich von dieser beherrschen lassen sollten: das blieb das Hauptinstrument der faschistischen Führung im »Kampf um neuen Lebensraum«.

Hitlers »fünfte Kolonne« wuchs rasch!

Es ist allgemein bekannt, dass die 1934 gegründete Sudetendeutsche Partei (SdP, ab 1933 zunächst »Sudetendeutsche Heimatfront«) gegründet wurde, als die NSDAP der ČSR und die Nationalpartei wegen offener Verfassungsfeindlichkeit vor dem Verbot standen. Führende Kräfte der NSDAP erkannten in dem politisch unbekannten und unbelasteten Turnlehrer aus Asch, Konrad Henlein, den geeigneten Organisator für eine Ersatzpartei. In dieser fasste man deutschnationale, faschistische und rechtskonservative Personen und Verbände zusammen, um sie in Frontstellung gegen Demokraten und Progressive zu bringen. Der Aktivität entsprechend erkannte man deutlich einen fanatisierten harten Kern, der vor Terror gegen tschechische Sicherheitskräfte und deutsche Antifaschisten nicht zurückschreckte, ferner höchst aktive, aber meist nur Beifall spendende Mitläufer und solche, die »dabei sein« wollten und Geld spendeten, aber eher als interessierte Beobachter wirkten.

Die SdP und ihre Führung tarnte ihre wahre Funktion und ihre Ziele zunächst höchst geschickt; sie verfügte über diesbezügliche Experten als »Berater«! Zunächst griff die SdP das Nationalitätenproblem des Vielvölkerstaates ČSR auf und bekämpfte in den historisch bekannt gewordenen »Saalschlachten« die deutschen Antifaschisten der ČSR. Dabei häufte sich der Einsatz bezahlter Schläger, während die Antifaschisten auf kräftige Arbeiter gestützt blieben. Hatte Hitlers NSDAP nicht ebenso zunächst die innenpolitischen Widersacher ausgeschaltet, bevor sie ihre expansiv-aggressiven Ziele ansteuerte? Die Antifa der ČSR blieben jedoch eine konsequente und höchst kampfbereite Kapazität: die schrecklichen Berichte von Emigranten aus Hitler-Deutschland über Mord, Folter, Terror und Verfolgung bewirkten massive Gegenwehr gegen die von Berliner Stellen politisch und mit viel Geld unterstützten Hitler-Anhänger.

Die realen Ursachen für den rapiden massenhaften Zulauf zur SdP lagen einerseits in der miserablen wirtschaftlichen Lage der deutschen Arbeiter in der ČSR, auch nach der Weltwirtschaftskrise von 1929 bis 1932. Die deutsche Industrie in der ČSR wirkte meist mit veralteten Maschinen und war im Unterschied zur Zeit vor 1918 in der Habsburger KuK-Monarchie auf dem Weltmarkt nicht mehr konkurrenzfähig. Die Massenarbeitslosigkeit in den deutsch besiedelten Gebieten der ČSR lag schon 1930 weit über dem tschechischen Durchschnitt. Die deutschen Bauern in der ČSR bewirtschafteten meist Felder in Gebirgsregionen, während die tschechischen Groß-Agrarier riesige Felder in den fruchtbaren Gebieten Mittelböhmens bebauen ließen.

Andererseits wirkte die raffinierte Propaganda der Goebbel'schen Sender mit ihren irreführenden Parolen: »die« Deutschen würden von »den« Tschechen skrupellos benachteiligt. Die sozialen Probleme fälschte man um in »nationale«, um Hass und Gewaltbereitschaft zu bewirken und zu fördern.

Als die SdP 1936 zu stärksten Partei der ČSR aufstieg, wuchs mit dieser politischen Stärke auch die Aggressivität sowohl gegen deutsche Antifaschisten als auch gegen tschechische Polizei, Gendarmerie, Zollbeamte u.a. staatliche Institutionen. Auch die Forderungen nahmen immer mehr den Charakter einer auf Destabilisierung der ČSR gerichteten Praxis an.

Bereits vor dem Frühjahr 1938, als die Hitler-Clique Österreich besetzte, beobachteten Antifaschistischen im »Ascher Zipfel« Westböhmens regen Waffenschmuggel aus Deutschland durch SdP-Aktivisten. Die informierten ČSR-Staatsorgane unterbanden zwar auf der Route Selb/Asch diese illegale

Tätigkeit. Bald aber meldeten Beobachter den verstärkten Waffenschmuggel von Bad Brambach Richtung Wernersreuth/ČSR, von Adorf/Vogtland nach Rossbach/ČSR und von Rehau/Hof nach Schönbach bei Asch/ČSR. Gewehre, Pistolen, Handgranaten, Sprengstoff u.a. beschlagnahmten gelegentlich tschechische Grenzschützer. Deren Kräfte reichten jedoch – auch nach Verstärkung! – nicht aus, die Bewaffnung extremistischer SdP-Aktivisten zu verhindern. Nur selten entdeckte man ein Waffenlager. Offenbar verteilten die Verantwortlichen das Mordgerät an Einzelpersonen.

Nun begann man in Westböhmen besser zu verstehen, was gemeint war, als Goebbels während der Olympiade 1936 auf einer speziell für Deutsche aus der ČSR organisierten Sonderveranstaltung diese nachdrücklich ermunterte »zum verstärkten Kampf gegen die Tschechen und deren deutsche Mitläufer! Ihr seid keine Staatsbürger der ČSR, sondern Sudetendeutsche, die zum Deutschen Reich gehören! Das Deutsche Reich reicht so weit die deutsche Zunge reicht! Eure Heimat ist Deutschland, nicht diese elende Tschechei!«. Dass heißt im Klartext: haltet euch an die Gesetze und Verlautbarungen der Berliner Regierung und nicht an die Gesetze der ČSR, denn wo ihr seid, da ist Deutschland! Die Konfrontation zwischen SdP-Aktivisten und tschechischen Staatsorganen bzw. deutschen Antifaschisten nahm dramatisch zu. Die veränderte Sprachregelung galt als Waffe im Kampf gegen den demokratischen Vielvölkerstaat.

Der politische Kampf verwandelte sich Schritt für Schritt von einem Streit mit Worten und um Sachverhalte in ein Messen der Körperkräfte, der Angriffs- und Verteidigungstaktiken mit oft blutigen Folgen. In besonderen Situationen kamen auch Schusswaffen zum Einsatz! In Eger und Graslitz schossen SdP-Leute auf Antifaschisten, als sie nach gescheiterten Anstürmen auf die Volkshäuser verfolgt wurden. Nördlich von Asch schossen Waffenschmuggler auf tschechische Grenzorgane, um sich der Verhaftung zu entziehen.

Damals wusste – von drei oder vier Führungsleuten der SdP abgesehen – noch kein Mitglied, dass ihr »Führer« Konrad Henlein im Herbst 1937 bei Hitler »um die Einverleibung … des ganzen böhmisch-mährisch-schlesischen Raumes in das Reich« ersuchte. Die Politik der SdP war längst in diesem Sinne angelegt! Ohne Rücksicht auf die eventuellen Folgen, Krieg inbegriffen! Jede Einzelaktion, die die SdP-Führung anordnete, blieb den Richtlinien des »Fall Grün« entsprechend ausgerichtet. Ziel blieb die Zerschlagung der demokratischen ČSR zu Gunsten des faschistischen Deutschland und dessen Aggressionsplänen. Die psychologische und später bewusste Ausrichtung der SdP-Mitglieder blieb auf die Zerstörung normaler Beziehungen zu den Tschechen und zu ihrem Staat orientiert.

Massiver Widerstand deutscher Antifaschisten der ČSR

Die Deutsche Sozialdemokratische Arbeiter-Partei (DSAP) der ČSR stand in der Tradition der revolutionären austromarxistischen Arbeiterpartei, die einst die slawischen, die ungarische und die deutsch-österreichischen Sektionen des Habsburgischen Vielvölkerstaates zu einer politisch schlagkräftigen Gemeinschaft zusammenfasste. Der intensive Kampf um humane Lebensbedingungen, zu denen auch die Gleichberechtigung der verschiedenen Nationalitäten gehörte, führte 1918 zur Gründung von demokratischen Republiken ohne Vorherrschaft von Thron und Alter. Die DSAP stand zugleich in der Tradition gemeinsamer Klassenkämpfe mit den tschechischen Arbeitern, vor allem in Nordböhmen. 1919 wurde die DSAP gegründet, als durch die Friedensverträge die ČSR entstand und die Trennung von der »Mutter-Partei« mit Sitz in Wien erfolgte.

Die 1921 gegründete KPČ vereinte alle Nationalitäten des Vielvölkerstaates ČSR. Sie orientierte sich an der Politik Lenins in der 1917 geschaffenen Sowjet-Republik. (Auf die Probleme der Spaltung der historischen Arbeiterbewegung kann in diesem Zusammenhang nicht eingegangen werden.)

Bis 1933 wirkten diese beiden Arbeiterparteien der ČSR, nicht ohne Reibungen mit der tschechischen Sozialdemokratie, für die Rechte der arbeitenden Menschen, aber auch für die der Minderheiten in der ČSR. Diese vereinte knapp 15 Millionen Staatsbürger, davon etwa die Hälfte Tschechen, ca. 3 ½ Millionen Deutsche, knapp 3 Millionen Slowaken, knapp eine Million Ungarn sowie Polen, Ukrainer u.a.

Dem überall in Europa wirkenden Nationalismus setzten die antifaschistischen Kräfte ihren Internationalismus entgegen. Die in der ČSR dominierenden Groß-Agrarier und Groß-Bürgerlichen blieben nicht nur nationalistisch, sondern auch kapitalistisch-egoistisch.

Die politische Frontstellung in der ČSR veränderte sich ab 1933 einschneidend: der bekannte Terror im faschistischen Deutschland verdrängte in der ČSR die Klassenfrage von der Spitze der politischen Tagesordnung. Die unüberbrückbaren Differenzen zwischen Antifaschisten und Anhängern Hitlers in der ČSR traten in den Vordergrund aller Auseinandersetzungen. Vor allem in den deutsch besiedelten Gebieten der ČSR spitzte sich die Gegnerschaft zu einer erklärten Feindschaft zu. Tschechische Antifaschisten, die in diesen Gebieten wohnten, standen nun in einer Front mit deutschen Antifaschisten gegen die waschsende Zahl der Hitler- und Henlein-Anhänger. Die Brutalität wuchs mit der Stärke der SdP.

TEIL II

Die auf breiter Grundlage geführte Diskussion über das Verhältnis von Sozialisten zur kapitalistisch strukturierten Demokratie bzw. zum Faschismus, der auf dem Bündnis von Kapital, Generalität und NS-Führungsclique gründete, war längst mit klarem Ergebnis abgeschlossen: im Rahmen einer profitwirtschaftlichen Produktion mit verfassungsrechtlich gestützter Demokratie boten sich den Sozialisten ungleich mehr Möglichkeiten für ihren längerfristig angelegten Kampf für eine ausbeutungsfreie Gesellschaft der Freien und Gleichen als unter den diktatorischen Bedingungen faschistischer Herrschaft. In der konkreten Situation bedeutete dies: die ČSR blieb contra Hitler-Deutschland zu verteidigen, ohne das Streben nach besseren materiellen und kulturellen Lebensbedingungen hintan zu stellen. Die Prioritäten blieben jedoch klar: erst war der Faschismus durch das Bündnis aller seiner Gegner zu überwinden; nach diesem Sieg würde der politische Kampf um die humanste Lebensform der Menschen und Völker auszutragen sein.

Angesichts des wachsenden faschistischen Terrors im Reich und zunehmender Provokation und Aggressivität der SdP-Aktivisten gegen alle Antifaschisten gründete die DSAP 1935 als spezielle Formation mit klarem Schutzauftrag die »Rote Wehr« (RW). Dem Republikanischen Schutzbund in Österreich (vor 1934!) entsprechend, zum Teil auch dem Reichsbanner Schwarz-Rot-Gold (vor 1933!) in Deutschland, demonstrierte man die politische Kampfbereitschaft der sozialistischen Arbeiterbewegung. Regionale und zentrale Massenaufmärsche mit angemessenen politischen Aussagen und Verpflichtungen folgten, aber auch Aktionen vor Ort zum defensiven Schutz der Volkshäuser und von Veranstaltungen, wenn diese von SdP-Terroristen bedroht wurden.

Im Unterschied zur betont defensiven Aufgabe der RW gründeten linke Jugendorganisationen da und dort spezielle best-ausgebildete Sonderformationen, die notfalls offensiv und mit neuesten Kampftaktiken gegen Blockade-Versuche von SdP-Leuten vorgingen: meist mit beachtlichem Erfolg! Vor allem diesen Jungsozialisten schworen die Hitler-Anbeter in der ČSR »blutige Rache«!

Während an der Basis angesichts des französischen Vorbildes ab 1936 häufig die Volksfront-Praxis dominierte, blieben die Parteiführungen der antifaschistischen Kräfte im härter werdenden Kampf gegen die faschistische Bedrohung ohne praktische Einigung. Ideologische Gegensätze herrschten vor, obwohl es um Gemeinsamkeiten in der Aktion ging.

Die Erfahrungen im Spanischen Bürgerkrieg hätten Ansporn sein können für die Aktionseinheit. Obwohl in der ČSR viele verwundete Interbrigadisten aus Spanien zur Pflege und Genesung weilten, brachte deren Beispiel für den gemeinsamen Kampf keinen Erfolg für die gebotene Aktionseinheit. Gleichwohl: die Berichte über die skrupellose Einmischung des faschistischen Deutschland mit der »Legion Condor«, der italienischen Faschisten mit Militär, Beratern und Geld sowie des Vatikans mittels der Katholischen Kirche Spaniens mahnten zur Gemeinsamkeit im Abwehrkampf. An der Basis, die bei den Vorträgen der genesenden Kämpfer der Internationalen Brigaden die meisten Zuhörer stellte, wurde die Botschaft verstanden. Zugleich kritisierte man die Nichteinmischungspolitik der Westmächte angesichts unverhüllter Unterstützung der Putschisten Franco und Mola, was zu deren Überlegenheit führen müsste. Da fragten manche, was das für die ČSR bedeute!

Zu dieser Zeit wurden die als verschwunden geltenden Frühschriften von Marx, manchen als »Pariser Manuskripte« bekannt, gefunden und in der ČSR – wie auch in anderen Ländern – diskutiert. Die stärkere Berücksichtigung des »subjektiven Faktors« in der geschichtlichen Entwicklung und im gesellschaftlichen Kampf war nun ein Thema: der Einzelne sollte nicht nur als Rädchen im großen Getriebe der Massen-Organisationen wirken, sondern als Mensch mit Eigeninitiative und Selbstentfaltungsbedürfnis stärker gewichtet werden. Marx' fundierte Kritik an der Selbstentfremdung und Fremdbestimmung des Menschen im Kapitalismus fand eine Konsequenz in der Neugliederung mancher Organisationen, um ausreichend Raum für Selbstbestimmung im Rahmen der solidarischen Gemeinschaft zu finden. Die nun gegründeten Clubs und Arbeitsgemeinschaften in Parteigliederungen sowie die Aufstellung von Zehnerschaften mit eigenständigen Kompetenzen in Jugendgruppen brachten eine beachtliche Aktivierung der Mitglieder und der Organisationen mit sich.

Einen weiteren Aktivierungsanlass im antifaschistischen Kampf brachte die Auseinandersetzung mit Hitlers »Mein Kampf«. Zu wissen, wie der auf Kapital und Militär gestützte Diktator die Massen beeinflusste für den angekündigten »Kampf um neuen Lebensraum für das deutsche Volk« oder wie »Juden und Marxisten auszuschalten« waren: das blieb schon wesentlich für die Diskussion mit SdP-Leuten, soweit sie diskussionsbereit waren. Es blieb höchst nützlich, besser als die SdP-Funktionäre über die Pläne der faschistischen Führung Bescheid zu wissen. Das Konfrontieren der Goebbels'schen Propaganda mit den Ankündigungen Hitlers verunsicherte manchen Anhänger der SdP; es blieb jedoch ein mühseliges Wirken mit Argumenten gegen die unterschwellige Beeinflussung der Massen durch die raffinierte Propaganda Berlins.

Von Hitler verordneter Bürgerkrieg in der ČSR

Eine dramatische Zuspitzung des Gegeneinanders in den deutsch besiedelten Gebieten der ČSR, von den Faschisten als »Sudetenland mit wehrhaften Sudetendeutschen« bezeichnet, brachte der mit militärischen Mitteln erzwungene Anschluss des kleriko-faschistischen Österreichs an Hitler-Deutschland am 12.3.1938. Der Jubel der Hitler-Anbeter in der SdP als »demnächst zu Befreiende« mischte sich mit gesteigerter Aggressivität gegen die ČSR und deren Staatsorgane sowie gegen die deutschen Antifaschisten. Überfälle auf Volkshäuser, auf Antifa-Veranstaltungen und auf Einzelpersonen häuften sich; zwei nicht-faschistische deutsche Parteien der ČSR, die Christlich-Soziale Volkspartei und der Deutsche Bund der Landwirte schlossen sich mit einer Reihe kleinerer Organisationen der SdP an. Teils half man mit mehr oder minder sanftem Druck nach, wobei die Standhaftigkeit der Führungen fehlte. Die SdP vereinte nun mehr als eine Million Mitglieder. Die »Anschluss-Psychose« trieb ihnen viele zu, die vordem noch andere Positionen vertreten hatten. Das Auftreten reichsdeutscher Ausbilder verheimlichte man nicht mehr, so sehr wähnte man sich »auf der Straße des Sieges« (K. Henlein). Das von Hitler am 13.3.1938 erklärte »Groß-Deutschland« sollte die »Sudetendeutschen« bald aufnehmen, so der Spitzenfunktionär der SdP, Sebekovski.

Beim Befehlsempfang bei Hitler am 28.3.1938 erklärte dieser den SdP-Oberen, dass er nach dem Erfolg mit Österreich als nächstes plane, in nicht all zu langer Zeit gegen die ČSR loszuschlagen. Die Aktionen der SdP seien nun deutlich zu steigern und an die Prager Regierung sollte man Forderungen stellen, die diese auf keinen Fall einlösen könnte: sie müssten unannehmbar sein.

Im Mai 1938 gründete die SdP-Führung den »Freiwilligen Schutzdienst« (FS), um den Terror gegen die Staatsorgane der ČSR – wie verlangt! – zu steigern. Zwar wurde ihre »böhmische SS«, wie Antifaschisten ihren »Saalschutz« der Jahre 1934/35 nannten, sporadisch immer wieder eingesetzt. Nun aber zeigte sich die neue Qualität gezielter Provokationen: Henlein und seine Führungskamarilla steuerten auf den Bürgerkrieg zu. Der Prager Regierung, vor allem aber dem westlichen Ausland, wollte man verdeutlichen, dass »das Zusammenleben der Sudetendeutschen mit den Tschechen nicht mehr möglich« sei! Demgemäß häuften sich die Angriffe des FS auf die tschechische Polizei, auf Gendarmerie- und Zollposten, aber auch auf deutsche Antifaschisten. Letztere wichen nicht zurück, sondern konterten energisch alle faschistischen Attacken. Die Zahl der Verletzten auf beide Seiten vergrößerte sich. Der Parteitag der SdP in Karlsbad am 24.4.1938 bot Henlein das angemessene Podium, um seine unerfüllbaren

Forderungen zu präsentieren. Unter anderem verlangte er, »die Unantastbarkeit des deutschen Gebietes in der ČSR«, was den Abzug oder die totale Lähmung der Staatsorgane der ČSR bezweckte. Dazu: nur »deutsche Beamte im deutschen Gebiet«. Diese Ansinnen gipfelten in der verschleierten Verankerung der faschistischen Weltanschauung bei den Deutschen der ČSR: »Volle Freiheit des Bekenntnisses zum deutschen Volkstum und zur deutschen Weltanschauung«! Die verlangte Orientierung der Prager Politik an der Berliner Außenpolitik schob Henlein verklausuliert nach, was auf Beendigung der Beistandsverträge mit Frankreich und der UdSSR hinauslief – auf die Isolierung der ČSR!

Hitler trachtete danach, seine expansive Außenpolitik als Reaktion auf einen Bürgerkrieg in der ČSR erscheinen zu lassen, obwohl es genau umgekehrt war. Hitler ließ den Bürgerkrieg anheizen, um eine Begründung für die geplante militärische Besetzung zu erhalten: siehe »Fall Grün«!

Nach einem weiteren Befehlsempfang Henleins in Berlin, dieses mal bei der »Volksdeutschen Mittelstelle« – seit Kaisers Zeiten das Instrument zur Steuerung der Auslandsdeutschen im Sinne der Reichspolitik – am 3.6.1938 zeigte sich die Funktion der SdP deutlicher denn je: durch Mobilisierung und teilweise Militarisierung sollten die Unruhen zu einem Höhepunkt gebracht werden. Der bevorstehende Parteitag der NSDAP in Nürnberg benötigte diese Kulisse mit schwersten blutigen Zusammenstößen zwischen dem FS bzw. der SdP mit tschechischen Staatsorganen! Henlein und sein Stellvertreter Frank verhandelten zum Schein mit der Prager Regierung über die Karlsbader Forderungen mit totaler Autonomie des »Sudetengebietes«, während sie zugleich mit ihren Aktionen an der Basis alle möglichen Verhandlungslösungen blockierten. Anstelle der Autonomie-Lösung rückte nun mehr und mehr die Abtrennung der deutsch besiedelten Gebiete mit dem Ziel der Zerschlagung der ČSR in den Vordergrund. Bei alldem konnte sich Henlein darauf stützen, dass die SdP bei den letzten Kommunalwahlen in der ČSR nach dem Einmarsch in Österreich knapp 90 Prozent der deutschen Stimmen erhielt; nur in manchen Industriezentren erreichten die Antifaschisten zusammen etwa 20 Prozent.

Im Vorfeld des Nürnberger Parteitags der NSDAP übten SdP-Mitglieder Sprechchöre wie »Adolf Hitler mach uns frei von der Tschechoslowakei« oder »Wir wollen heim in Reich« ein. In persönlichen Aussagen wiederholten sich diese Passagen demonstrativ gegenüber vielen Antifaschisten. Man forderte sie auf, »rechtzeitig Konsequenzen zu ziehen« und der SdP beizutreten.

Die angeblichen Erkundungs- und Vermittlungsversuche des britischen Lords Runciman, der im Auftrag der Londoner Regierung die ČSR bereiste, erwiesen sich nur als zusätzliche Erpressungsversuche gegenüber der Prager Regierung. Diese britische Regierung hatte eine Lösung im Sinne Hitlers längst akzeptiert und die Prager Regierung zur »Abtretung der Sudetengebiete« gedrängt. Die Aggressivität des faschistischen Deutschland war längst erkannt; sie sollte von den Westmächten abgedrängt und nach Südosten kanalisiert werden.

In den Sommermonaten nahmen die Provokationen der SdP, speziell des FS, weiter zu. Die Prager Regierung empfahl ihren Organen offenbar Zurückhaltung, um Hitler keine weiteren Argumente zu liefern. Dadurch vermochte die SdP ihre Aktionen noch zu steigern. Die gleichzeitig geführten Diskussionen über das »Selbstbestimmungsrecht der Deutschen in der ČSR« begleiteten die politischen und gewaltbestimmten Kämpfe. Das »Selbstbestimmungsrecht der Deutschen in der ČSR« im Rahmen des demokratischen Staates forderten die deutschen Arbeiterparteien bereits 1918, nachdem der vorgeschlagene Anschluss »Deutsch-Böhmens« an das (kleiner gewordene) Österreich an den Siegermächten scheiterte. Was jedoch die SdP forderte, erwies sich als etwas grundsätzlich anderes: »Selbstbestimmung« diente als Kampfbegriff zur Zerschlagung eines funktionierenden demokratischen Staates zu Gunsten der faschistischen Diktatur! »Selbstbestimmung« war instrumentalisiert worden, um die Okkupation der deutsch besiedelten Gebiete der ČSR durch Hitler-Deutschland zu rechtfertigen! Was Diktatoren wie Hitler oder die deutschen Großkapitalherren oder die preußisch-deutsche Generalität von einer »Selbstbestimmung des Volkes« hielten, war hinreichend bekannt!

Von Berlin gesteuerter »Endkampf der SdP«
Die Sommermonate 1938 standen ganz im Zeichen provokatorischer SdP-Aktionen, vor allem des FS, die Hitler für den Parteitag der NSDAP im September und für die Erpressung der Westmächte benötigte. Während die SdP-Führung die befohlenen Scheinverhandlungen mit der Prager Regierung weiterführte, beriet sie die »Grundplanung O.A.«. In dieser sah man die »restlose Eingliederungen« des böhmisch-mährischen Gebietes in das Großdeutsche Reich vor und auch die Auslöschung des »Tschechentums... als eigenständiges Volkstum«!

Auftragsgemäß organisierte die SdP Protestkundgebung gegen die ČSR und die Prager Regierung; bewaffnete Überfälle auf Polizei, Gendarmerie, Zollstationen und deutsche Antifaschisten häuften sich. Der FS trat nun oft offen als »Kampfverband zur Befreiung des Sudetendeutschtums« auf. Inzwischen war bekannt, dass der FS von Ausbildern der SA und der deutschen Armee auf den Bürgerkrieg vorbereitet wurde. Angestachelt von der gesteigerten Hetze des Goebbels'schen Rundfunks erreichte die Provokation einen neuen Höhepunkt. Da war von der »Mordlust der hussitisch-bolschewistischen Soldateska« zu hören, dem der »tapfere und opferreiche Befreiungskampf der Sudetendeutschen« entgegengestellt wurde; eine weitere Aufstachelung zum Bürgerkrieg. Die Herausforderung der Regierung der ČSR und der Sicherheitskräfte verstand man überall.

Die Hitler-Anhänger der SdP frohlockten gegenüber deutschen Antifaschisten: »Der Bodenreichtum der ČSR und tschechisches Eigentum gehen bald in deutschen Besitz über! Kommt als Mitglied zu uns; es könnte sonst bald zu spät sein!«

Nach der Verhaftung von 26 FSlern wegen Waffenschmuggels durch die tschechische Polizei riefen SdP-Führer dazu auf, das »Recht auf Notwehr« auszuüben. Im Schutz von Massenaufmärschen erfolgten bewaffnete Angriffe des FS auf tschechische Staatsorgane. Erstmals setzte der FS auch Maschinengewehre und Granatwerfer ein.

Vom 5. bis 12.9.1938 fand in Nürnberg der Parteitag der NSDAP statt. Ab dem 9. September 1938 begann der allgemeine bewaffnete »Aufstand der Sudetendeutschen«. Tote und Verletzte auf beiden Seiten: eben das, was Hitler für seine Rede benötigte. Er versprach den »gequälten Kreaturen« Recht und Hilfe: »Sie werden beides von uns bekommen ... Die Deutschen in der Tschechoslowakei sind weder wehrlos noch sind sie verlassen«. Das war die Aufforderung zum Versuch, die Exekutivgewalt in den deutschen besiedelten Gebieten der ČSR zu übernehmen.

»Der Führer ist auf unserer Seite! – Unser Tag ist gekommen!«, stachelten die Redner der SdP die Massen auf. »Ein Volk, ein Reich, ein Führer« und »wir wollen heim ins Reich!«, erscholl es von den bis zur Hysterie getriebenen Massen. Allein in Karlsbad demonstrierten 15.000 SdP-Anhänger; ähnlich andernorts. In Westböhmen lag der Schwerpunkt der SdP-Provokationen.

Reaktiv verhängte die Prager Regierung am 13.9.1938 das Standrecht über die umkämpften Gebiete. Sie ließ die Widerstandszentren der SdP ausschalten: mit Toten und Verletzten auf beiden Seiten. Zwar gab es in Westböhmen, speziell in Eger, noch einmal schwere Gefechte; nun aber gelang es den Staatsorganen, die Lage dramatisch zu verändern – zu Gunsten der ČSR und der Prager Regierung.

Nach dieser Niederlage und dem deutlichen Scheitern der Pläne der SdP-Faschisten floh Henlein mit der gesamten Führung am 14.9.1938 ins Deutsche

Reich. Er forderte von dort zur Massenflucht auf, was Tausende auch taten: keineswegs nur bewaffnete SF-Leute, sondern auch viele, die keinen Grund hatten. Die Flucht der SdP-Führung demoralisierte die Verbliebenen erkennbar. Damit aber verlor Hitler das Instrument für weitere Provokationen in der ČSR! Immerhin war ihm der Versuch gelungen, dem Ausland zu verdeutlichen, dass ein Zusammenleben von Deutschen und Tschechen in einem Vielvölkerstaat nicht möglich sei.

Nun sollten die geflüchteten FS-Leute den »Kampf um die Heimat« von deutschem Boden aus weiterführen: Hitler befahl am 17.9.38 die Aufstellung bewaffneter Einheiten der geflüchteten FSler an der Grenze: »zur dauernden Beunruhigung an der ganzen Front« mit »kleineren Unternehmungen gegen die tschechischen Postierungen«. Ab 18.9. stellte die geflüchtete SdP-Führung befehlsgemäß das »Sudetendeutsche Freikorps« (SFK) auf. Es erreichte bis 1.10.1938 ca. 40.000 Kämpfer, von Wehrmachts-Offizieren ausgebildet für die weiteren Provokationen. Hitler ernannte einen Verbindungsoffizier des OKW zum Kommandostab der SFK.

»Das Freikorps Henlein unterstand dem Befehl des Reichsführers der SS für Unternehmungen im Sudetenland im Jahre 1938 und die Volksdeutsche Mittelstelle finanzierte die Tätigkeit der fünften Kolonne« – so steht es in einem Protokoll, das dem IMT (Internationalen Militärtribunal) in Nürnberg 1945/46 zur Verurteilung der Hauptkriegsverbrecher vorlag.

Besonders in den Nächten, wenn die Abwehr schwierig war, überschritten die Freischärler die Grenze, überfielen tschechische Grenzstationen ebenso wie Wohnungen von Antifaschisten; sie zerstörten Naturfreunde-Häuser in den Grenzgebirgen und plünderten in den grenznahen Orten, quälten und erschlugen wehrlose Antifaschisten. An den Grenzen nahe Eger erwiesen sich die tschechischen Sicherheitskräfte quantitativ als zu schwach, um den verbrecherischen Übergriffen Einhalt zu gebieten. Bewaffnete Antifaschisten halfen – wie auch in manchen Regionen des Erzgebirges – tatkräftig mit, die Attacken des SFK abzuwehren. Dabei fanden 110 Antifaschisten und tschechische Schutzpersonen den Tod, viele erlitten zum Teil schwere Verwundungen. Angehörige des »Sudetendeutschen Freikorps« verschleppten 2.029 Staatsbürger der ČSR über die Grenze (nur die Hälfte von ihnen tauchte später wieder auf!).

Es war Landes- und Hochverrat, wenn jene, die ihren Eid auf die tschechische Fahne geschworen hatte, nun den Eid auf Hitler leisteten und die ČSR mit Waffengewalt überfielen.

Funktion und Folgen des Münchener Abkommens von 1938

Am 30.9.1938 wichen der britische Premier Chamberlain und der französische Ministerpräsident Daladier vor den massiven Forderungen Hitlers, unterstützt vom italienischen Faschisten-Diktator Mussolini, zurück: Um der Erhaltung des Friedens willen, wie sie zur Beruhigung der internationalen Öffentlichkeit erklärten – was sich kurze Zeit später als Irreführung erwies!

Im Münchener Abkommen – von den Tschechen als Diktat, von den deutschen Antifaschisten als Verrat klassifiziert – legte man die Abtrennung des »Sudetenlandes« von der ČSR fest. Dieser Vertrag blieb völkerrechtswidrig, weil man ihn zu Lasten Dritter abschloss: die Repräsentanten der ČSR durften als Betroffene nicht teilnehmen! Ein Viertel des Territoriums der ČSR mit reichen Bodenschätzen und einer hochentwickelten Industrie sowie mit einem 2.000 Kilometer langen, gut bewachten und modern ausgerüsteten, Festungsgürtel schlug man Hitler-Deutschland zu! Ein Fünftel der Staatsbürger der ČSR erhielten die deutsche Staatsbürgerschaft: die einen jubelnd, die anderen gedemütigt! Die Westmächte verrieten etwa 400.000 Antifaschisten an Hitlers Schergen, davon etwa 80.000 höchst wehrhafte Menschen. International blieb das Münchener Abkommen ein Signal an die Völker, dass die Westmächte Hitler-Deutschland nichts entgegensetzen wollten, weil die kapitalistischen Staaten genügend innere Probleme hatten und deshalb auf außenpolitische Aktionen nicht nur nicht vorbereitet, sondern auch nicht einig genug waren. Viele Arbeiter fragten sich damals, ob sie Länder verteidigen sollten, mit der Waffe in der Hand und das Leben riskierend, die ihnen keinen Schutz vor profitwirtschaftlicher Ausplünderung boten.

Dabei gab es längst die Möglichkeit zu einem kollektiven System der Sicherheit, bei dem jeder Staat jedem anderen bei eventuellen Angriffen die volle Unterstützung vertraglich zusagte. Dies hätte jedem Aggressor unüberwindliche Schranken gesetzt, denn er wäre dann von allen Seiten durch Feinde bedroht gewesen. Aber diesen konstruktiven Vorschlag der UdSSR nahmen die Westmächte nicht an. Sie hofften auf ein Aufeinanderprallen von Großdeutschland mit der UdSSR, weil Hitler diese als »Hauptfeind« bezeichnete. Sie hofften auf eine Schiedsrichterrolle als unbeteiligte Dritte. Churchill notierte später, dass schon eine gemeinsame Garantieerklärung der Westmächte und der UdSSR ein wirksamer Schutz für die ČSR gewesen wäre.

Die bald sichtbar werdende Funktion des Münchener Abkommens – von Antifaschisten vorausgesagt – war die Eroberung eines strategisch wichtigen großdeutschen Aufmarschgebietes für weitere Aggressionen zur »Erkämpfung weiteren Lebensraumes für das benachteiligte deutsche Volk«, wie es Hitler formuliert hatte. So wie der Spanische Bürgerkrieg eine Machtprobe zwischen europäischen Staaten und eine Erprobung neuer Vernichtungsgeräte sowie neuer Kriegstaktiken für Hitlers weitergesteckte Pläne war, so blieb der »Testfall ČSR« eine Ermutigung für alle Faschisten für weitere Provokationen und militärische Angriffe. Das Münchener Abkommen blieb eine Hilfe der Westmächte für die faschistische Diktatur und deren weitere Ziele.

Die deutschen Antifaschisten in der ČSR konnten zwar die Monate seit dem Einmarsch NS-Deutschlands ins kleriko-faschistische Österreich nutzen, um ihren geplanten illegalen Kampf vorzubereiten. Man wusste allgemein, wer nach der Okkupation Österreichs das nächste Opfer sein würde. Jedoch transportierten die deutschen Faschos nach dem Münchener Abkommen einen großen Teil der erwachsenen Funktionäre der DSAP und der KPČ in Gefängnisse oder KZs. Soweit sie nicht rechtzeitig emigriert waren! Vor allem jüngeren Antifaschisten begannen nun mit den Erfahrungen, die emigrierte reichsdeutsche Antifaschisten vermittelt hatten, den ungleichen Kampf gegen die faschistische Diktatur und gegen die längst eingeleiteten Vorbereitungen für Raub- und Eroberungskriege. SS und Gestapo machten es den jungen Widerstandskämpfern nicht leicht. Jedoch leistete man mit Flugblättern, selbst gefertigten Klein-Plakaten und gezielten Sabotageakten antifaschistische Gegenwehr.

Ein halbes Jahr nach dem Diktat und Verrat von München ließ Hitler eines seiner Hauptinstrumente, die »Wehrmacht«, besser Eroberungs-Instrument, in der Rest-ČSR einmarschieren. Spätestens jetzt konnten die Regierungen der Westmächte und die europäischen Völker wissen, was von Hitlers Versprechungen zu halten war. Er hatte versprochen, dass das »Sudetenland« seine letzte territoriale Forderung sein würde!

Vom 1.9.1939 bis zum 8.5.1945 erlebten die Völker das, was durch das Münchener Abkommen gefördert wurde. 55 Millionen Tote, ca. 30 Millionen Kriegskrüppel, schreckliches Leid, unermessliche Zerstörungen und Verlust der Heimat für Millionen. Es war nicht nur das Ergebnis faschistischer Barbarei, sondern auch Folge der britischen und französischen Politik am Vorabend des Zweiten Weltkriegs. Die siegreiche Anti-Hitler-Koalition kam um einige Jahre zu spät. Schon 1933 war Gelegenheit, Hitler und seine Förderer in der deutschen Industrie und in der Generalität in die Schranken zu weisen. Aber zu dieser Zeit machte man noch Geschäfte mit dem faschistischen Deutschland – nicht nur US-Konzerne!

Ob es den Politikern der Westmächte, die das Münchener Abkommen mitverantworteten, bewusst war oder nicht: wer Hitlers »Mein Kampf« gelesen hatte, konnte wissen: »Eine ČSR mit einem musterhaft gelösten Nationalitätenprogramm wäre ebenso ein Angriffsziel Hitlers gewesen wie ein Staat, der keine einzigen deutschen Bürger gehabt hätte«, so J. W. Brügel in seinem Buch »Tschechen und Deutsche«. Der »Führer« und der Große Generalstab preußisch-deutscher Art erstrebten nicht nur eine »territoriale Bereinigung«, weil Böhmen und Mähren fast in der Mitte Groß-Deutschlands lag und eine rasche Verbindung etwa von Breslau nach Wien behinderte. Sie benötigten nicht zuletzt eine bessere Ausgangsbasis für die geplanten Kriege Richtung Südosten und Osten, auch auf dem Weg zu den dringend benötigten Rohstoffen. Die Erweiterung der Rohstoffbasis war für die weit gesteckten Ziele »germanischer Herrschaft über minderwertige Völker« ebenso wichtig wie die Eroberung zusätzlicher Arbeitskräfte und Industriepotenziale bzw. die Devisen und das Gold fremder Staaten. Britische und französische Diplomaten dürften nach Kenntnisnahme von Hitlers »Mein Kampf« sehr genau gewusst haben, welche längerfristigen Ziele die faschistische Führung anvisiert und welche veröffentlichten Pläne der deutschen Industrieherren auf Expansion und Rohstoffraub verwiesen. Sollten Chamberlain und Daladier vergessen haben, welche Pläne die einstige Führung Deutschlands hegte, als sie um die Wende vom 19. zum 20. Jahrhundert die Bagdad-Bahn bauen ließ? Sollten die gewiss zur Konsultation eingeschalteten britischen und französischen Diplomaten die früheren »Mitteleuropa«- und »Zwischeneuropa«-Pläne deutscher Strategen unberücksichtigt gelassen haben? Dies alles vorausgesetzt, bleibt nur der Schluss: die Aggressivität der auf Kapital und Generalstab gestützten NS-Führung sollte nicht verhindert werden – was durch ein Kollektives Sicherheitssystem möglich gewesen wäre –, sondern Richtung UdSSR kanalisiert werden!

Das Mindeste, was auf die Besetzung der Rest-ČSR – eine Folge des Münchener Abkommens! – hätte folgen müssen, wäre ein totaler Boykott gegenüber dem faschistischen Deutschland gewesen. Fehlanzeige! Vor allem US-Konzerne – alle namentlich bekannt! –, aber nicht nur diese, stornierten ihre Geschäfte mit Hitler-Deutschland erst, nachdem dieses zusammen mit Italien den USA 1941 den Krieg erklärte! Nun nahm man endlich zur Kenntnis, dass NS-Deutschland nicht nur in Europa aggressiv blieb, sondern dass seine angestrebte »Neuaufteilung der Welt« weiter gesteckt war, nun im Bündnis mit dem Militärstaat Japan!

Alter Geist in der Sudetendeutschen Landsmannschaft

Den Transfer der Deutschen aus mitteleuropäischen Staaten legten die »Großen Drei« – Roosevelt für die USA, Stalin für die UdSSR und Churchill für Großbritannien im Potsdamer Abkommen vom 2.8.1945 fest. Aus Gründen der europäischen Sicherheit und des Weltfriedens fasste man die Deutschen in einem zu kontrollierenden Staat zusammen. Die Unruheherde, die die Volksdeutschen vor allem in der ČSR und in Polen gebildet hatten, wollte man ein für alle mal beseitigen. Allerdings erhielten die Deutschen in den vier Besatzungszonen eine Zukunftsperspektive für die Zeit nach ihrer Eingliederung in die friedliebende Staatengemeinschaft zugesagt. »Der deutsche Militarismus und Nazismus werden ausgerottet.« Der Aufbau sollte für ein friedliches und demokratisches Deutschland geschehen.

Nach den schrecklichen Verbrechen, von den Faschisten im Namen des deutschen Volkes begangen, wallten in allen einst okkupierten Staaten Hass und Rachegefühle auf. Die Umsiedlung verlief insofern nicht bzw. nicht überall in jenen geordneten Bahnen, wie im Potsdamer Abkommen festgelegt. Willkür und Racheakte geschahen.

Die Deutschen in der ČSR besaßen nach Kriegsende die deutsche Staatsbürgerschaft; sie lebte jedoch in der wieder entstandenen ČSR, die ihnen aus nachvollziehbaren Erwägungen die neue tschechoslowakische Staatsbürgerschaft verweigerte – von den aktiven deutschen Antifaschisten abgesehen, die mit allen Rechten und Pflichten bleiben durften; wobei auch in diesen Fällen oft Unrecht geschah!

Henlein beging Selbstmord. Sein Stellvertreter Frank erhielt nach einem Gerichtsverfahren die Todesstrafe – falls diese je zu begründen war, dann in seinem und im Falle seiner Kumpane. Viele Hauptschuldige der ehemaligen SdP flohen bereits in den ersten Monaten des Jahres 1945 in die deutschen Gebiete, die voraussichtlich von den westlichen Alliierten besetzt würden. Dort erhoffte man Gnade, die von der UdSSR voraussichtlich verweigert werden würde. Die große Mehrheit der einstigen SdP-Mitglieder erinnerte sich nun nicht mehr daran, dass sie einst gelobten, »mit den Tschechen nicht mehr zusammenleben zu können«, dass sie »Heim ins Reich« wollten. Viele fanden sich schicksalsergeben mit der Umsiedlung ab. Mit 50 kg Gepäck und durch spezielle Lager gelangten sie – oft als »Flüchtlinge« bezeichnet – in deutsche Länder, vorwiegend nach Bayern. Der Begriff »Vertreibung« war damals nicht bekannt! Der harte Fakt »Umsiedlung« genügte!

Die Beneš-Dekrete, die die rechtliche Grundlage für Staatsbürgerschaft und Enteignung der deutschen Vermögenswerte betrafen als eine Art Wiedergutmachung, waren kein Gesprächsthema.

Bekanntlich war Beneš in der Emigration – wie auch de Gaulle! – international anerkannter Repräsentant seines (okkupierten) Staates. Nach dem 8. Mai blieb Beneš bis zur Wahl der Volksvertretung der neuen ČSR die einzige staatsrechtlich handlungsbevollmächtigte Person. In dieser Eigenschaft erließ er insgesamt 143 Dekrete, von denen sich 8 auf ehemalige deutsche, österreichische und ungarische Staatsbürger der ČSR bezogen. Die 1946 gewählte höchste Volksvertretung der ČSR bestätigte alle Beneš-Dekrete: sie standen im Interesse des tschechoslowakischen Volkes.

Die sogenannte »wilde Vertreibung«, die bereits vor dem Potsdamer Abkommen, aber in Kenntnis der 1943 in Teheran von den »Großen Drei« fixierten Absichtserklärungen stattfand, hatte zweifellos etwas mit Hass, Willkür und Rache zu tun. Eindeutig waren sie jedoch eine Reaktion auf vorausgegangene deutsche Demütigungen, Willkür und Verbrechen. Der Krieg hatte die Sitten verwildert!

Das Los aller Flüchtlinge, Umsiedler, aber auch der Ausgebombten und sonstigen vom Krieg geschädigten Menschen war zweifellos sehr hart. Die aus der ČSR transferierten Deutschen fanden jedoch bald wieder Heim und Arbeit; sie leisteten Beachtliches zum Wiederaufbau Deutschlands.

Einige Funktionäre der »Volksdeutschen«, die bis 1945 an faschistischen Verbrechen teilnahmen und/oder Theorie und Praktiken des manche Staaten destabilisierenden »Volkstumskampfes« begründen halfen, setzten nun unter veränderten Bedingungen ihre Tätigkeit unbeirrt fort. W. Turnwald z.B. von Henleins »Sudetendeutscher Volksjugend« veröffentlichte 1952 ein Weißbuch über die »Vertreibung der Sudetendeutschen«. Richtiges, Erfundenes und nicht Nachprüfbares an geschilderten Einzelschicksalen sollte das unerhörte »Unrecht der Vertreibung« dokumentieren. Die Verbrechen des »Sudetendeutschen Freikorps« von 1938, die Provokationen und blutigen Aktionen von SdL-Aktivisten gegen Staatsorgane der ČSR oder der bewaffnete Kampf gegen deutsche Antifaschisten der ČSR, schließlich die völkerrechtswidrige Annexion der deutsch besiedelten Gebiete der ČSR und die Massenaustreibung von Tschechen aus dem »Sudetenland« – dies alles ist in dieser Dokumentation nicht zu finden! Nur Anklagen gegen »die« Tschechen! Nach diesem Muster wirkten »Volkstumsfunktionäre« sowie andere meist belastete ehemalige Amtswalter der NSDAP und arbeiteten Geschichte auf: was vor dem 8. Mai 1945 seitens deutscher Aggressionen, Terroristen und Okkupanten geschah, rückte man ins Dunkel; tatsächliche oder erfundene »Vertriebenenschicksale« stellte man groß heraus: aus Tätern machte man beklagenswerte Opfer!

Diese »Dokumentation« bildete die Grundlage für Band 4 einer ministeriellen Dokumentation mit 5 Bänden samt Beibüchern, erschienen von 1954 bis 1961 unter dem Titel »Die Vertreibung der Deutschen aus Ost- und Mitteleuropa«. Der Vorsitzende einer Kommission, die für die Korrektheit dieser Serie verantwortlich zeichnete, war Prof. T. Schieder, der – wie einer seiner Kooperatoren, W. Conze – einst als »wissenschaftlicher Begründer« faschistischer Volkstumspolitik agierte. Schieder schlug bereits 1939 vor, aus dem von Hitler-Deutschland annektierten polnischen Territorium »mehrere hunderttausend Polen zu deportieren und die Entjudung Restpolens« zu realisieren!

Die Art, in der in NS-Deutschland »die« Russen und Polen in propagandistischer Manier gezeichnet bzw. herabgewürdigt wurden, setzte sich in dieser Dokumentationsreihe fort. Den »Einfall« der Roten Armee in Deutschland beklagten die Schreiber, dass diesem Ereignis der deutsche Überfall auf die UdSSR als »Vernichtungskrieg« mit millionenhaften Verbrechen vorausging, ist ausgeklammert!

Im Jahr 2004 erschien diese Dokumentation mit partiellen Irreführungen und Auslassungen unverändert als preiswerte Taschenausgabe! Frau Steinbach, CDU-MdB, Vorsitzende des »Bundes der Vertriebenen« (BdV) und Betreiberin einer Ausstellung über Vertreibungen, würdigte dieses Werk!

Die Alt-BRD, erklärte Rechtsnachfolgerin NS-Deutschlands, bzw. die Bonner Regierungen akzeptierten das Potsdamer Abkommen nicht, keinesfalls nur wegen der Abschnitte über den Transfer Deutscher! In Art. 116 des Grundgesetzes von 1949 nahm man die Begrifflichkeit »Flüchtlinge oder Vertriebene« auf. Im »Bundesvertriebenengesetz« von 1953 legte man Einzelheiten fest. Die Einflussnahme von Personen, die sich 1945 ein demokratisches Mäntelchen umhängten, jedoch im alten Revanchismus gefangen blieben, ist offenkundig. Viele, die sich nach 1945 für »unschuldige Opfer« erklärten, obwohl sie in vielen Fällen dem aktiven Täterkreis angehörten, ließen verlauten, dass sie als »Umsiedler« falsch bezeichnet würden! Ein »fortlaufender Protest gegen das Unrecht der Vertreibung« bei vorsätzlicher Ausklammerung der realen Ursachen dieser Ereignisse – sogar mit rechtlicher Verankerung! – ist mit der gesellschaftlichen Entwicklung der BRD verknüpft.

Oben genannte Dokumentation bildete nicht nur die Grundlage für das ideologische und geschichtspolitische Wirken der »Vertriebenenverbände«, sie ist zugleich Teil des Kampfes um das Geschichtsbild der Deutschen. Verschleiert wird das »Woher kommen wir«, um eine bessere Ausgangsposition für politischen Streit in der Gegenwart und für die Zukunftsgestaltung zu erreichen. Für die gesellschaftliche Orientierung der Menschen ist das erarbeitete oder vermittelte Geschichtsbild von wesentlicher Bedeutung.

Verbände der Umsiedler verkündeten auf einer Massenkundgebung am 5.8.1950 in Stuttgart die »Charta der deutschen Heimatvertriebenen«. Zwar erklärten Repräsentanten des »Bundes der Vertriebenen« wiederholt, damit sei die »Absage an Rache und Vergeltung« erfolgt, zugleich das »Recht auf Heimat als einem der von Gott geschenkten Grundrechte der Menschheit« betont. Jedoch relativierte man mit dieser Charta die Kriegsschuld Deutschlands! Den »Menschen mit Zwang von seiner Heimat zu trennen« bedeute, »ihn im Geist zu töten«. Die »Völker der Welt« sollten ihre »Mitverantwortung am Schicksal der Heimatvertriebenen erkennen«. Das war nicht nur ein Protest gegen das Potsdamer Abkommen der Siegermächte gegen die faschistische Diktatur; was die »Volksdeutschen« in hohem Maße mitverschuldeten, transportierte man nun zur Mitverantwortung anderer Völker!

1957 vereinigten sich die bislang konkurrierenden Verbände der Umsiedler zum »Bund der Vertriebenen«. Man verlautete: »Die Heimat ist nicht verloren, solange wir in Treue zu ihr stehen«. Von dieser Position ausgehend entwickelte sich der BdV nicht nur als eine Art pressure-group in der Innenpolitik der Alt-BRD, sondern zugleich als permanenter Störfaktor zu allen Versuchen, die staatlichen Beziehungen zu den östlichen Nachbarstaaten zu normalisieren und die drohende Kriegsgefahr zwischen Nato und Warschauer-Vertrags-Staaten abzuwenden. Die Bundesregierungen unterstützten den BdV und seine Landsmannschaften mit beträchtlichen finanziellen Mitteln.

Die Sudetendeutsche Landsmannschaft (SL) konstituierte sich 1947. Die CDU-nahe Ackermann-Gemeinde, der rechtsextreme Witiko-Bund mit vielen bekannten Ex- und Neo-Nazis sowie die SPD-nahe Seliger-Gemeinde trugen diese Vereinigung. Das Faktum, dass auch SPD-Politiker gelegentlich als Präsidenten der SL amtierten, änderte nichts daran, dass die Geschicke der SL vorwiegend ehemalige hohe NS-Funktionsträger bestimmten. In der »Eichstätter Erklärung« von 1949 ist die »Rückgabe der Heimat in den Sprachgrenzen und Siedlungsverhältnissen von 1937« gefordert!

Die Landsmannschaften nutzten skrupellos das Heimatgefühl vieler sonst gutwilliger und verständigungsbereiter Menschen aus, um offen revanchistische Ziele anzusteuern. Abgekoppelt vom realen Leben und der im Atomzeitalter bei hochgerüsteten Militärallianzen immer dringlicher werdenden Notwendigkeit gutnachbarlicher und kooperativer Beziehungen zwischen Völkern und Staaten versuchten BdV-Leute den geographischen und emotionalen Heimatbegriff zu expandieren: Heimat sei mehr als Vaterhaus, Geburtsort und Landschaft. Die Jugend, die Heimat als Landschaft nicht kennt und in anderen Ländern geboren ist, soll weiter als »Vertriebene« gelten! »Die Heimat als Ethos, als Synthese aus Verwurzelung, Recht, Freiheit und Kulturträchtigkeit lässt sich weitergeben!«. Ein Kritiker notierte dazu: »Heimat als Phantasie und Wertkonstrukt, mehr Magie als wahrgenommene Gegenwart, mehr Utopie als erfahrene Wirklichkeit«, ist das ein Ziel von Bewusstseinsbildung, das die Oberen des BdV anstreben? Es ist die Umdeutung des Heimatbegriffs und seine Instrumentalisierung für expansive politische Ziele! Falsches Bewusstsein, das die politische Realität und die geschichtliche Entwicklung nicht mehr zu erkennen vermag. Erfuhren das die Deutschen aus der ČSR nicht bereits vor 1938 und auch noch danach? Keine Konsequenzen aus diesen in der Katastrophe und der Umsiedlung endenden Ideologie?

Die sehr realistischen Ostverträge des SPD-Kanzlers Willy Brandt ab 1970 mit dem Ziel entspannter und beiderseits nützlicher Kooperationen auf den Weg zu bringen, lösten bei den meisten Funktionsträgern des BdV Proteststürme und bekundeten Widerstand aus! Besonders der Vertrag der Alt-BRD mit der ČSSR von 1973 beantworteten SL-Spitzenleute mit Aufrufen zur aktiven Gegnerschaft. Erst als maßgebliche SPD-Funktionäre mit der Spaltung der SL drohten bzw. mit Geldentzug wegen staatsfeindlicher Aktivitäten kühlten sich die Gemüter der BdV- und SL-Sprecher deutlich ab.

Auch die historisch gewichtige Schlussakte der KSZE, der Konferenz für Sicherheit und Zusammenarbeit in Europa (mit den USA und Kanada), die auf der Basis bestehender Machtstrukturen nicht nur die Kriegsgefahr reduzieren half, sondern auch die wirtschaftlichen Beziehungen zum gegenseitigen Nutzen sowie kulturellen Austausch mit sich brachte, war politisches Angriffsobjekt von BdV und SL-Funktionären. Sie wollten zurück in die Schützengräben des Kalten Krieges und der risikoreichen militärischen Konfrontation. Zu wessen Nutzen? Im Interesse ihrer Mitglieder?

Höhepunkte der geschürten Emotionen, die sich in der »Bewahrung des Rechts auf Heimat« tarnten und die Störung normalisierter Staatsbeziehungen zur ČSSR hervorriefen, waren stets die Sudetendeutschen Tage zu Pfingsten. Früher F. J. Strauß und später E. Stoiber als »Schirmherren des vierten bayerischen Stamms,« der »Sudetendeutschen«, sorgten stets für Furore in der politischen und zwischenstaatlichen Landschaft.

Menschen, die aus demselben Wohnort oder aus der gleichen Region stammen und nun fern der alten Heimat leben und arbeiten, haben das Bedürfnis, alte Bekannte wiederzusehen und neue Erfahrungen auszutauschen oder wertvolle Erinnerungen aufleben zu lassen. Das ist verständlich. Ob man dazu, wie von den Funktionären des BdV angeordnet, alte und neue Fahnen benötigt, ist eine andere Frage: viele dieser Symbole standen für Herrschaftsverhältnisse, an die man nicht so gern erinnert werden möchte.

Das Problem der »Sudetendeutschen Treffen« war auch nicht, dass sie von den Hauptrednern für Wahlpropaganda instrumentalisiert wurden. Das gefährliche Faktum bleibt, dass die meisten Redner revanchistisches Gedankengut verbreiteten, vorbedacht, keineswegs fahrlässig Hass schürten, auch wenn sie gelegentlich die Vokabel »Verständigung« einflochten! Tatsächlich schob man mit diesen spektakulär aufgemachten Treffen das gesellschaftliche Spektrum nach rechts – auch wenn viele Teilnehmer dies nicht wünschten.

Nach dem Ende des Kolonialismus waren die Algerien-Franzosen genötigt, ihre Heimat zu verlassen und in Frankreich neu zu beginnen. Keine französische Regierung und kein Sprecher der Algerien-Franzosen versprach ihnen je die Rückkehr! Sie waren Realisten!

Wer jedoch ständig das »Recht auf Heimat« betont (das es im Völkerrecht nicht gibt), wer wiederholt die »Vertreibung als Unrecht« bezeichnet, ohne die Ursachen der Umsiedlung zu benennen, wer – wie der langjährige Ministerpräsident Stoiber – die Frage aufwirft, »wie das Recht auf Heimat verwirklicht werden kann«, dazu die Beneš-Dekrete »nicht als Vergangenheit« einstuft, sondern als ständige »Belastung für Gegenwart und Zukunft«, der schafft nicht nur falsches Bewusstsein, der fördert nicht nur politischen Irrationalismus! Der verhindert vorsätzlich die nötige Normalisierung zwischenstaatlicher Beziehungen, weckt unerfüllbare Hoffnungen, die in Hass und Revanchismus umschlagen können. Kennen wir das nicht aus der Geschichte vor 1939?

Ein Höhepunkt solcher Hass-Produktion ist der Slogan des Sudetendeutschen Treffens von 2006 »Vertreibung ist Völkermord!«. Bezogen auf Juden, Armenier, US-Indianer oder etwa die Hereros lässt sich diese Aussage korrekt anwenden. Wenn jedoch eine Gruppe Volksdeutscher, die belegbar an der Vertreibung Juden, Ziganos und Tschechen u.a. – mit Millionen Opfern – aktiv mitwirkte, nun den Spieß umzudrehen versucht, dann wird es kriminell!

Man hatte vorgearbeitet! Propagandisten der SdP – ähnlich wie Herr Turnwald von der »Sudetendeutschen Volksjugend« – gaben wiederholt 220.000 bis 270.000 »Opfer der Vertreibung« an! Die mit objektiven und nachprüfbaren

Kriterien forschenden deutsch-tschechischen Historiker stellten eine Opferzahl von 15.000 bis maximal 30.000 Todesfällen durch Umsiedlung fest! Das ist nicht einmal ein Prozent der 1945 in der ČSR lebenden Deutschen. Gewiss: jeder einzelne ist einer zu viel! Dies jedoch als »eiskalt geplantes Nachkriegsverbrechen« der Tschechen auszugeben, wie es der Sprecher der Sudetendeutschen Volksgruppe Böhm während es Treffens 2006 tat, das belegt, dass es nicht um historische Wahrheit, sondern um Hetze und Störung gutnachbarlichen Zusammenlebens geht. Die Umsiedlung war kein »Völkermord«, selbst wenn man die nachgeschobene Begründung Böhms berücksichtigt: kein »Massenmord« wäre es gewesen; »ein Volk wurde vernichtet: das eben ist Völkermord!«. Da bliebe zu fragen, wie es denn mit dem zahlenmäßig beachtlichen »vierten Stamm Bayerns« ist, den neu konstituierten und eingebürgerten »Sudetendeutschen«!? Diese Volksgruppe wurde nicht als »kulturelle und soziale Einheit« ausgelöscht, denn sie strukturierte sich neu. Nicht die »Auslöschung« war Ziel der Umsiedlung, sondern das für die Menschheit hohe Gut des Weltfriedens! Der Begriff »Völkermord« im speziellen Zusammenhang ist nicht nur Ablenkung von den nachweisbaren Verbrechen der SdP und ihrer Mitglieder; es ist Aufwiegelung und Volksverhetzung! (§ 130 StGB).

Höchst aufschlussreich ist, dass Stoiber – sonst durchaus zu verbalen Zuspitzungen bereit – den das Strafrecht tangierenden Slogan des Sudetendeutschen Treffens von 2006 nicht übernahm! In seiner Rede nannte er es zwar auch »völkerrechtswidrig« und ein »Verbrechen gegen die Menschlichkeit«, dass viele Menschen ihr Eigentum und ihre Heimat verloren. Kriminelle Vokabeln fehlten jedoch. Wie immer ließ der »Schirmherr des vierten Stamms in Bayern« alle Hinweise auf die Vorgeschichte der Aussiedlung weg und vermittelte ein Geschichtsbild, in dem wesentliche Realitäten fehlen.

Die deutschnationalen und rechtskonservativen Kräfte der Alt-BRD trachteten von Anfang an danach, gleichberechtigt in die westliche Völkergemeinschaft aufgenommen zu werden. Da mußte Geschichte umgedeutet, faschistische Verbrechen ausgeklammert oder bagatellisiert werden. Danach führten eben bis 1945 alle Völker Krieg gegeneinander! Einen Aggressor gab es nach dieser Logik nicht. Die »Sudetendeutschen«, die mit Henleins SdP an Verbrechen beteiligt waren, mussten eben – wie andere Deutsche – von Tätern zu Opfern mutieren!

Die Sprecher der SdL stehen in der verhängnisvollen Tradition des bürgerlich-deutschen Irrationalismus. Dieser ist für Ignoranz und/oder Vernebelung realer historischer Entwicklungsprozesse und politischer Wirklichkeiten bekannt. Erkenntnisse ersetzen die Irrationalisten durch Mythen, Intuitionen und Spekulationen. Was diese Herren über Heimat, Zukunft, Verhältnis von Tschechen und Deutschen vor und nach 1938 bzw. nach 1945 von sich gaben, mag auch destruktive Wahlwerbung sein. Ob sie nicht wissen, dass andauerndes Vermitteln von Irrationalem den Boden bereitete für deutsche Verbrechen und dass es auch jetzt zu barbarischen Lebensweisen führen kann? Oder nehmen sie um kurzfristiger Vorteile willen längerfristige Gefahren in Kauf? Herr Stoiber allerdings müsste es wissen! Unbeeindruckt von geschichtlichen Lektionen spielt er mit Emotionen! Gefühlsmystik und politische Phantastereien (»Wie man das ‚Recht auf Heimat' realisieren kann!«) sind – selbst wenn das Verhältnis von Deutschen und Tschechen im gegenwärtigen Europa relativ gefestigt ist – höchst negativ für stabile Staatsbeziehungen.

In den Köpfen derer, die man mit Irrationalismen zu manipulieren sucht, kann nur sehr schwer eine auf grenzüberschreitendes Verständnis gegründete gutnachbarliche Kooperation entstehen. Politisches Denken, das die aufgetürmten Weltprobleme nüchtern erkennt und auf deren humaner Meisterung orientiert ist, wird von Irrationalismen blockiert. Die Prioritätensetzung im Leben, in der Gesellschaft und im Geschichtsprozess folgt dann nicht mehr erkannten objektiven Interessen, sondern aufoktroyierten Zwecken! Vermittelter Irrationalismus bringt Fehlorientierungen (ahnungsloser) Menschen mit sich und beraubt sie der Möglichkeit, zielklar in politisches Geschehen und geschichtliche Abläufe einzugreifen. Vernunftgemäße Wahrnehmung objektiver Interessen würde gefördert, wenn man die Staatsbürger mit wesentlichen Fakten und Zusammenhängen bzw. mit historischen Wahrheiten vertraut machen würde: z.B. mit der Rolle der Henlein-Partei im Dienste faschistischer Ziele! Leider sind auch viele Massenmedien auf Desinformation bzw. auf Ablenkung der Menschen von den realen Problemen ihrer Existenz ausgerichtet, so dass SdL-Sprecher ihren Irrationalismus weitergeben können, was zu falschem Bewusstsein führt und zu benachteiligenden politischen Entscheidungen.

Die herrschende Minderheit, die ihren eigenen Irrationalismus pflegt, ist am Irrationalismus der Massen insofern interessiert, weil er ihre undemokratischen Privilegien sichert und die gegenwärtigen Herrschaftsverhältnisse verfestigt.

Ein weiterer Gipfelpunkt von Rachsucht und Skrupellosigkeit der Nachfahren williger Steigbügelhalter faschistischer Verbrecher bzw. der Teilnehmer an höchst inhumanen Handlungen ist der Versuch des BdV, vertreten durch Frau Steinbach/CDU-MdB, mit einem »Zentrum gegen Vertreibung« von der Zerschlagung einer funktionierenden Demokratie in der ČSR und der bewussten Hinarbeit auf die faschistische Diktatur 1938 abzulenken (soweit es die damalige

ČSR betrifft). Die aktive Täterrolle der Mitglieder der SdP wird verschleiert und ihre Opferrolle nach 1945 herausgestellt, als ob nicht ein ursächlicher Zusammenhang existiert! Die von den SdP-Aktivisten ermordeten 110 Antifaschisten sowie die 2.029 über die Grenze Verschleppten – von denen 1945 nur die Hälfte wieder auftauchte! – sind im Konzept dieses Projekts nicht erwähnt.

Es ist eine spezielle Form des Revanchismus, denn mit dieser Irreführung der Öffentlichkeit ist die alte Forderung an die Prager Regierung »Rückgabe oder Entschädigung« verknüpft. Die sprichwörtliche Überheblichkeit mancher Deutscher contra übergeordneter internationaler Rechtsetzung – im speziellen Fall der Transfer-Regelung im Potsdamer Abkommen – drückt sich im Plan zu diesem »Zentrum« deutlich aus. Die Lektionen aus der Zeit vor und nach 1939 sowie vom 8. Mai 1945 sind nicht verarbeitet.

Als Rechtsaußen in der CDU sowie als Vorsitzende des BdV stützt sich Frau Steinbach auf versierte Berater, die dem einstigen Reichspropagandaminister J. Goebbels größte Freude bereiten würden: dessen Umkehrung der Faktizitäten, seine Verteufelung politischer Gegner und dessen Heroisierung der von NS-Leuten begangenen Verbrechen feiert im Konzept zu diesem »Zentrum« eine Auferstehung! Man kennt die Schule, aus der solche Weisheiten stammen!

Die Voraussetzungen für diesen Plan »Zentrum gegen Vertreibung« vermochten nur unter den speziellen Bedingungen feindlicher Systemkonfrontation und der Restauration jener inhumanen Besitz- und Machtverhältnisse zu reifen, die die faschistische Barbarei samt schrecklicher Raub- und Vernichtungskriege hervorbrachten. In Zeiten grenzüberschreitender Kooperation in Europa wirkt das »Zentrum« wie ein Fremdkörper, zudem als vehementer Störfaktor gutnachbarlicher Beziehungen; vor allem ist es Geschichtsklitterung mit weiterer Steigerung irrationalistischen Denkens und Verhaltens: mit bekannten Folgen.

Selbst wenn man später auch andere – nicht vergleichbare! – Vertreibungen tatsächlich Unschuldiger nachschob und im Plural von »Vertreibungen« sprach, um vom dominierenden »deutschen Anliegen« etwas abzulenken und der Sache einen europäischen Anstrich zu geben: die Reaktionen in manchen Nachbarstaaten belegen die erkannte Provokation und Skrupellosigkeit, die diesem Plan zu Grunde lagen und liegen. Belegte historische Tatsachen umzufälschen und den Opfern in den überfallenen Staaten eine Schuld aufzuladen, die de facto bei den deutschen Tätern liegt: da reicht Bedauern über solche Chuzpe nicht aus!

Wie Geschichte umgedeutet wird zeigt Frau Steinbachs Gleichstellung von Vernichtungslagern wie Auschwitz, Treblinka, Soribor und Majdanek mit der Umsiedlung der Deutschen nach 1945! Geplanter Massenmord auf einer Stufe mit der aus Gründen des Weltfriedens erfolgten Umsiedlung der Deutschen in einen eigenen Staat?! Dazu erklärte sie: »Im Grunde genommen ergänzen sich die Themen Juden und Vertriebene ... Dieser entmenschte Rassenwahn hier wie dort, der soll auch Thema unseres Zentrums sein«. Den Urhebern und politischen Trägern des Potsdamer Abkommens unterstellt man also dieselben verbrecherischen Motive wie Hitler und seinen Kumpanen! – Von den Akteuren des BdV kein Einwand gegen diese Position!

In Berlin scheiterte Frau Steinbach mit dem Versuch, in einer zum Verkauf angebotenen katholischen Kirche zunächst eine Ausstellung »Das Jahrhundert der Vertreibungen« einzurichten und danach diese in das »Zentrum gegen Vertreibungen« umzuwandeln. Kardinal G. Sterzinsky distanzierte sich öffentlich; Prälat K. Jülich sagte es deutlicher: »Es darf kein Ort des Revanchismus sein!«. Ex-Staatsminister Hoyer erklärte dazu: die deutsch-polnische Vergangenheit dürfe man »nur gemeinsam und nicht gegen Polen aufarbeiten«. Er hätte hinzufügen können, dass man deutsche Vergangenheit auch nicht gegen die Tschechische Republik aufarbeiten kann, sondern nur mit ihr gemeinsam! Unter vernünftigen Menschen eine Selbstverständlichkeit!

Vernebelung von NS-Verbrechen: nur fahrlässig?
In der dem geplanten BdV-Zentrum vorgeschobenen Ausstellung »Erzwungene Wege – Flucht und Vertreibung im Europa des 20. Jahrhunderts« sind als Alibi für die deutliche Hervorhebung der »Vertreibung Deutscher« erneut nicht vergleichbare Umsiedlungen präsentiert. Die ungleichen Ursachen von Umsiedlungen, die diesen zu Grunde lagen, sind nicht angegeben: das ist nicht aufklärend, sondern irreführend! Viele Fehlinterpretationen charakterisieren die Ausstellung! Dabei folgen die Ausstellungsmacher den offenbar nicht hinterfragten Intentionen des NS-Aktivisten und Nationalismustheoretikers E. Lemberg, der 1938 als Propagandist des verbrecherischen »Sudetendeutschen Freikorps« tätig war und in Hitler-Deutschland Karriere machte. Nach seinen seit 1961 bekannten falschen Vorschlägen heißt es: »Die Ursache der Vertreibungen von 15 Millionen Deutschen ... aus den Siedlungsgebieten Osteuropas liegt in dem Nationalismus der im 19. Jahrhundert zu eigenem Bewusstsein und Souveränitätswillen erwachten Völker, die das, wenn auch jahrhundertelange, Vorhandensein deutscher Volksgruppen in den 1918 errichteten Nationalstaaten als gefährlich, ihren kulturellen und wirtschaftlichen Einfluss als entwürdigend empfanden«. Mehrfach falsch, z.T. halbrichtig! Tschechen, Polen u.a. bis ins

Teil II

19. Jahrhundert ohne eigenes »Bewusstsein«? Ohne Souveränitätswillen? Seit 1945 versuchen die Ex-Nazis, den infernalischen deutschen Faschismus mit dem aus vielen Gründen erwachten Nationalismus bei fast allen europäischen Völkern gleichzusetzen: also Bagatellisierung der diabolischsten Verbrechen in Hitler-Deutschland und während der vielen Okkupationen! Das Faktum, dass in Polen, im Vielvölkerstaat ČSR, in Ungarn und Jugoslawien trotz nationaler Gesinnungen – neben dem politisch ausgleichenden Internationalismus der starken Arbeiterbewegungen – die Völkerschaften bis 1933 relativ reibungslos miteinander kooperierten, hat in dieser nationalistischen Version keinen Platz! Zwar versuchten die deutsch-völkischen und pangermanischen Kräfte bereits im 19. Jahrhundert, »Deutschstämmige« in anderen Staaten für expansive Ziele auszunutzen, aber gemessen an den deutsch-faschistischen Praktiken nach 1933 blieben deren »Erfolge« hinsichtlich ihrer Wirkung kaum bedeutend.

Erst mit gezielter und skrupelloser Instrumentalisierung deutscher Minderheiten im Interesse annektionistisch-aggressiver Großmachtpolitik in Hitler-Deutschland steigerte man vorhandene – vernünftig lösbare! – Probleme bis an den Rand von Aufständen, Verbrechen und zu letzteren selbst! So liest man in der Ausstellung: »Die Umsetzung der Idee eines ethnisch homogenen Nationalstaates ist eine der Hauptursachen für Vertreibungen ethnischer Gruppen und Minderheiten im 20. Jahrhundert. Rassismus und Antisemitismus waren neben Nationalismus weitere Antriebskräfte für Vertreibungen und Vernichtung.« Da schließen NS-geprägte Deutsche von Einstellungen Deutscher auf andere und klammern die NS-Verbrechen konsequent aus! Das Faktum, dass das Potsdamer Abkommen vom 2.8.1945 eine internationale Reaktion auf deutsch-faschistische Gewaltverbrechen war und bleibt, wird ausgeklammert! Die NS-Ausrottungspläne und weitere Verbrechen als Ursache der Umsiedlungen thematisiert man nicht; nur ohne jeden Zusammenhang mit den Folgen sind sie marginal erwähnt. Verweist man darauf, dass Rassismus, Antisemitismus und Nationalismus auch in anderen Staaten und Völkern wirksam waren und erklärt diese zur Ursache, schiebt man anderen Völkern Schuld mit zu. Zugleich entlastet man den faschistischen Staat, dessen aktive Mistreiter infolge der feindlichen Konfrontation wieder in höchste Staatsämter der BRD aufsteigen konnten.

Zwar erwähnt man in der BdV-Ausstellung auch die »Verfolgung der Juden.« Vom Holocaust jedoch, der mit »Verfolgung« und »Ermordung« in seiner Einmaligkeit nicht hinreichend klassifiziert ist, ist nicht die Rede! Die »Ermordung der europäischen Juden ist nicht das Thema dieser Ausstellung«, heißt es lapidar! Als ob das singuläre Gewaltverbrechen des Holocaust nicht mit »Vertreibung« ursächlich zusammenhängt!

Die Gleichsetzung von Faschismus und Kommunismus bzw. Hitler-Deutschlands mit der UdSSR ist mehrfach, ja permanent, präsentiert. Das auf Degradierung der Menschen als Befehlsempfänger ausgerichtete NS-System und der prinzipiell auf Emanzipation aller Menschen und Völker orientierte Sozialismus (unbeschadet der totalen Verzerrung unter Stalin) ist für die Ausstellungsmacher nicht existent! Das hat einen aktuellen Bezug: der Faschismus ist historisch obsolet, aber der Kommunismus bleibt die ständige Bedrohung »des« Westens!

Soweit es Polen betrifft, erfährt der Betrachter nichts über die »Curzon-Linie«. Diese war 1919 (nach Studien vor Ort) im Auftrag einer internationalen Konferenz vom damaligen britischen Außenminister Curzon als »Grenze« zwischen den mehrheitlich von Weißrussen und Ukrainern bewohnten Gebieten in Ost-Polen und den mehrheitlich von Polen bewohnten westlicheren Landesteilen ermittelt worden. Die 1945 festgelegte Ostgrenze Polens entspricht genau dieser Linie, die auch 1939 die Grenze zwischen dem Einflussbereich Hitler-Deutschlands und der UdSSR war!

Von der »Technik der Entvölkerung«, die Hitler plante und der ca. 30 Millionen Slawen, vor allem Russen, geopfert werden sollten, ist in der Ausstellung – wie zu erwarten – kein Platz. Dasselbe gilt – Teil dieses satanischen Planes – für die Aushungerung Leningrads nach dessen Einkreisung durch deutsch-faschistische Truppen. Auch die Tatsache, dass durch die »Partisanen-Bekämpfung« zu 75 Prozent nichtbeteiligte Frauen, Kinder und Greise umkamen – befehligt von höchster Stelle – sucht man in der Ausstellung vergeblich! Selbst die tatsächliche Vertreibung von Millionen Russen, Weißrussen und Ukrainern aus ihren Wohnungen und Wohnorten findet in der keinerlei Erwähnung! Vieles von dem, was Grund für das Potsdamer Abkommen war, verdrängen die Ausstellungsgestalter!

Die Ursachen der »Westverschiebung«, von Neusiedlungen bis an die (nun) endgültige Oder-Neiße-Grenze, schiebt man Stalin zu – obwohl dies bekanntlich ohne Roosevelt und Churchill nicht möglich gewesen wäre! Auch in diesem Fall bleiben die Ursachen ausgeklammert.

Irreführend ist auch die getroffene Aussage: »Mit Kriegsbeginn begannen die Kriegsgegner Deutschlands mit Planungen für die Nachkriegszeit, zu denen auch Umsiedlungen gehörten.« Kein Beleg dafür; wie in vielen anderen Fällen: nur Behauptungen! Zu Kriegsbeginn standen die überfallenen Staaten erst einmal vor den Problemen einer wirksamen Abwehr – die lange auf sich warten ließ! Auch bei diesen konstruierten Passagen wird in der Ausstellung verschwiegen, dass erst nach grausamen Okkupationspraktiken durch die willigen Helfer des »Führers« die Voraussetzungen für die Umsiedlungen Deutscher entstanden. Es mag gutbürgerliche (exilierte) Minderheiten oder Personen polnischer bzw. tschechischer Herkunft gegeben haben, die angesichts der von Volksdeutschen geschürten Unruhen oder gar begangener Verbrechen an künftige Sicherheitsprobleme in ihren Staaten gedacht haben. Die 1945/46 erfolgten Umsiedlungen jedoch als »populäres Element im Prozess der kommunistischen Machtergreifungen 1945« auszugeben, wie in der Ausstellung der Fall, liegt auf der im Kalten Krieg üblichen Linie, den Kommunisten alle Schuld zuzuschieben, obwohl sie stets zu den ersten Opfern faschistischer Macht- und Ausrottungspolitik gehörten. Die für die Umsiedlung mitverantwortlichen westlichen Siegermächte von 1945 dürften sich für ihre Einstufung als Nicht-Beteiligte beim BdV herzlich bedanken.

Ungenau und desorientierend ist auch die Feststellung: »Die von Konrad Henlein geführte nationalsozialistische Sudetendeutsche Partei hatte zudem die in der Tschechoslowakei lebenden Deutschen als antitschechisch und Hitlerfreundlich diskreditiert«. Bei dieser Verallgemeinerung (»die Deutschen« in der ČSR) verschweigt man den politischen Kampf der Antifaschisten gegen die schleichende Faschisierung und für eine auszubauende Demokratie vor dem Münchener Abkommen von 1938. Außerdem war es ja keinesfalls nur Henlein, der die SdP-Mitglieder instrumentalisierte und zu Terror aufstachelte. Diese selbst machten Henleins Praktiken möglich: sie wirkten bewusst als Träger antitschechischer und Hitlerfreundlicher Aktionen – manche bevor Henlein 1933 ins politische Leben in der ČSR trat! Nicht umsonst standen die Deutschnationale Partei der ČSR und die Nationalsozialistische Partei der ČSR 1933 vor dem Verbot! Mit obiger Aussage in der Ausstellung entlastet man die Mitglieder der SdP – und diese ist längst Geschichte!

Die weit verbreiteten Vorurteile gegen slawische Völker und Personen, die unter den nationalistischen Deutschen in der ČSR üblich waren (und bis heute noch sind; z.B. contra Beneš), thematisiert die Ausstellung selbstverständlich nicht, obwohl sie zur Vergiftung des politischen Klimas beitrugen. Solche Vorurteile haben zwar eine lange Tradition; im Verhältnis Deutsche/Tschechen wirkten sie jedoch – da sie von interessierten Kräften bewusst gefördert wurden – steigernd für die Erschwerung gutnachbarlichen Zusammenlebens. Instrumentalisierte Erinnerungen halten sich bekanntlich eben so lang wie reale!

Jene Deutschen, die sich stets den Slawen »kulturell überlegen« wähnten und Mitteleuropa zu »zivilisieren« trachteten, hatten es schwer, mit Tschechen und Polen auf gleichberechtigter Ebene zu leben und anderes So-Sein zu akzeptieren. Behauptet wird der falsche Anspruch – und der fließt in die Ausstellung indirekt formuliert ein –, Osteuropa sei durch die Deutschen seit 1000 Jahren kolonisiert und modernisiert worden! Der polnische Einfluss auf weite Regionen an der Elbe – die Naumburger Stifter-Figuren sind Beispiele einsamer und isolierter germanischer Burgherren und ein Beispiel wichtiger diesbezüglicher Vertuschung – findet für die Umdeuter europäischer Geschichte nicht statt. Von unterstellter »kultureller Superiorität« der Deutschen, die erst vor 1000 Jahren erstmals so genannt wurden (»Diutisk Volk«), wird oft eine politische Hegemonie abgeleitet. Die Ausstellung jedenfalls hinterlässt den Eindruck: nur die anderen begingen Unrecht, keinesfalls die armen »vertriebenen Deutschen«.

Offizieller Geschichtsrevisionismus: wofür?

Die Bundesregierungen befanden sich mehr oder minder in einem Dilemma: aus diplomatischen Gründen sowie aus wirtschaftlichen und machtpolitischen Erwägungen konnte man das Projekt des BdV nicht unterstützen. Provozierte Widerstände etwa gegen deutschen Export bzw. verdeckte oder offene hegemoniale Bestrebungen in der EU und darüber hinaus sind nicht erwünscht.

Am 4.7.2002 nahm der Deutsche Bundestag nach vorherigen Sondierungen einen Antrag zu einem eigenen Projekt »Europäisches Zentrum gegen Vertreibungen« mit den Stimmen der SPD und der Grünen an; der Antrag der CDU/CSU und der FDP fand keine Mehrheit. Wegen der Nähe zum Plan der BdV lehnte die Regierungskoalition den oppositionellen Antrag ab, wollte sich jedoch zugleich die Wählerstimmen der Umsiedler bzw. deren Nachkommen sichern. »Einen europäischen Dialog zu beginnen über die Errichtung eines europäischen Zentrums gegen Vertreibung«, die Ursachen zu benennen, die Probleme anderer Völker zu berücksichtigen und europäische Partner einzubeziehen bei Konzipierung und Gestaltung des Projekts: dies stellte man als Aufgabe!

Verfolgte man nun das Interesse, eine »Normalisierung« deutscher Geschichte und Geschichtspolitik zu fördern? Oder stimmte der geäußerte Verdacht, dass man europäische Staaten für deutsche Revisionsbestrebungen gewinnen wollte statt sie wie Steinbach/BdV vor den Kopf zu stoßen? Wollte man auf Umwegen erreichen, was BdV und CDU/CSU direkt anpeilten: mit einer völkerrechtlichen Verankerung des »Rechts auf Heimat« contra Potsdamer Abkommen neue Expansionen vorzubereiten? Schon die Übernahme des anklagenden Begriffs »Vertreibung« im Gegensatz zu »Transfer« im Potsdamer Abkommen verhieß nichts Gutes! Wer die realen Ursachen von Umsiedlungen benennen und überwinden will, der sollte ein solches Zentrum zugleich zu einem Mahnmal für Frieden und gegen Krieg ausgestalten – wie von einem Sprecher der Linken/PDS im Bundestag hervorgehoben. Im speziellen Fall, die ČSR betreffend, wäre die Völkerrechtswidrigkeit des Münchener Abkommens, die Zerschlagung der demokratischen ČSR und die eingeleitete »Germanisierung« zu benennen, aber auch die Rolle der SdP Henleins in diesem Zusammenhang und deren Teilnahme an Verbrechen: als Partei sowie deren Aktivisten.

Das Faktum, dass für das Holocaust-Mahnmal etwa 25 Millionen Euro bereitgestellt wurden, das »Zentrum« nach Angaben des BdV jedoch »mehr als das Dreifache« kosten soll, spricht Bände!

Das inzwischen der Öffentlichkeit vorgestellte Projekt »Flucht, Vertreibung, Integration« mit einem Begleitbuch ist keineswegs die erforderliche Korrektur der Pläne des von der CDU/CSU unterstützten Projekts des BdV. Es dominieren weiterhin spezielle deutsche Positionen anstatt der zunächst anvisierten europäischen Ausrichtung. Auch die Einbeziehung europäischer Experten bei Planung und Realisierung schrumpfte auf eine Alibi-Praxis. Der neudeutsche Geschichtsrevisionismus, der weiteren Irrationalismus fördert, ist in der Ausstellung unverkennbar vorhanden. Es ist aufschlussreich, dass Bundestag und Bundesregierung die real mögliche Europäisierung der offiziellen Ausstellung bzw. des Zentrums unterließen. Oder ignorierten die Ausstellungsmacher den Auftrag des Gesetzgebers? Die Einbeziehung der Signaturmächte des Potsdamer Abkommens (z.B. Frankreichs und Englands) hätte durch deren Insistieren auf diese für die Umsiedlungen wesentliche völkerrechtliche Grundlage dem Inhalt dieses Aufklärung schaffen sollenden Zentrums eine andere Richtung geben können. Bezieht man nur – höchst partiell und unzureichend – machtpolitisch und ökonomisch relativ schwache Staaten ein, bleibt es bei deutscher Dominanz eines europäisch geplanten Vorhabens!

Bei den präsentierten »Zwangsmigrationen« im 20. Jahrhundert bis zum Zweiten Weltkrieg wird der falsche Eindruck vermittelt, es hätte es vor 1945 »Vertreibungen« Deutscher aus der ČSR gegeben! Betont wird die »Minderheitenrolle« der Deutschen in der ČSR von 1918 bis 1938. Diese existierte jedoch bereits in Böhmen und Mähren zu Zeiten der Habsburger-Monarchie: mit dem Unterschied, dass die Deutschen in diesen beiden Ländern vor 1918 zur herrschenden deutsch-österreichischen Mehrheit gehörten, was danach nicht mehr der Fall war. Diesen keineswegs gravierenden Wechsel (sofern man Demokrat ist) verarbeiteten viele national orientierte »Deutsch-Böhmen« nicht, während die international geprägte Arbeiterschaft in beiden historischen Situationen – unbeschadet der jeweils dominierenden Nation – für menschenwürdigere Lebensbedingungen sowie für die Ergänzung der politischen Demokratie in der ČSR durch eine wirtschaftliche kämpfte. Das Sich-nicht-abfinden-wollen deutschnationaler Akteure mit der Minderheitenrolle im tschechoslowakischen Vielvölkerstaat unter der Dominanz der zahlenmäßig stärksten Nation, der Tschechen, gehört zu den Ursachen später aufbrechender Konflikte. Bekanntlich vermischte sich dieses Schein-Problem mit der nazistischen Position einer »Heim-ins-Reich-Politik«, auch um wieder »Mehrheit«, bzw. »staatstragende Nation« im (faschistischen) Deutschland zu sein. – Diese zum Verständnis der Entwicklung in der ČSR höchst wichtige Tatsache fehlt in dieser Informationen vermitteln sollenden Ausstellung!

»Den« Tschechen unterstellt man in Ausstellung und Begleitbuch, dass sie einen »ethnisch homogenen Nationalstaat« erstrebten, in dem für Deutsche kein Platz sei! Also: »Vertreibung!«. Eindeutig falsch! Die offizielle Prager Regierungspolitik von 1918 bis 1938 war multinational ausgerichtet! Die Ausstellungsmacher unterstellen quasi eine Nation als Blutsgemeinschaft mit Heimatboden (wie leider auch im Grundgesetz der BRD fixiert) anstelle auch die Alternative einer Gemeinschaft aller in einem Staatsgebiet lebenden Menschen, d.h. unabhängig von ihrer ethnischen Abstammung, zu thematisieren: wie unter dem Einfluss Französischen Revolution von 1789 in den traditionellen westlichen Demokratien zumindest formal garantiert. Der alte Gegensatz zwischen den obrigkeitsstaatlichen Monarchien in Mitteleuropa und den fortschrittlicheren Nationen erlebt in dieser Einseitigkeit und Zurückgebliebenheit des »Faktums« neue Auferstehung! Es fehlt also eine aufklärerische Präsentation, die klarer Gegenentwurf zur Planung von Steinbach/BdV sein könnte. Der Weg zu einer nicht blutsbestimmten Staatsgesellschaft wird geistig blockiert! Das wirft Fragen nach Einstellung und Absichten der Ausstellungsmacher auf. War das ein Anliegen des Deutschen Bundestages?

Höchst irreführend ist auch, was über die politische Entwicklung der ČSR von 1918 bis 1938 vorgegeben wird. Die Tatsache, dass bis 1933 etwa 85 Prozent der Deutschen in der ČSR konstruktiv versuchten, die gewährten Menschen- und Bürgerrechte durch Minderheitenrechte für alle Völkerschaften der ČSR zu ergänzen, wird verschwiegen. Die politische Zäsur von 1933, die durch den starken propagandistischen Einfluss der Goebbels'schen Sender auf die Deutschen der ČSR entstand, bleibt ebenso unerwähnt wie die neue politische Frontenbildung, die eben dadurch entstand. Nun standen sich nämlich deutsche und tschechische Antifaschisten auf der einen Seite und die Anhänger Hitlers in der ČSR auf der anderen Seite feindlich gegenüber! Es dominierte also keineswegs der oft unterstellte nationale Gegensatz! – Nur wer die damalige Szenerie ausschließlich durch die national gefärbte Brille zu beurteilen versucht und den damaligen Hauptwiderspruch im machtpolitischen und ideologischen Bereich leugnet oder nicht wahrzunehmen vermag, kann zu derartig verzerrten Präsentationen gelangen.

Völlig irreführend stellt man auch die »Sudetendeutschen Freikorps« vor, die erst seit 1938 ihren von Hitler-Deutschland inspirierten und finanzierten Terror gegen die ČSR, die Tschechen und gegen alles Antifaschistische entfachten. Die meisten »Freischärler« begingen Landes- und Hochverrat, weil sie einst als Angehörige der Armee der ČSR bzw. als Staatsbeamte den Eid auf die Fahne der ČSR schworen und dann den Eid auf Hitler ablegten und mit der Waffe gegen ihren Heimatstaat kämpften. – Es gäbe noch mehr richtigzustellen!

Durchsichtig und verständlich wird die Umsetzung dieses vom Bundestag beschlossenen Konzepts erst dann, wenn man berücksichtigt, daß der für die offizielle Ausstellung verantwortliche Präsident der Stiftung Haus der Geschichte der BRD in Bonn, Prof. H. Schäfer, zugleich Mitglied des wissenschaftlichen Beirats der BdV-Stiftung »Zentrum gegen Vertreibungen« ist!

Es ist davon auszugehen – vieles spricht dafür –, dass es den Sonder-Interessen herrschender Akteure der erweiterten BRD entspricht, wesentliche Fakten der jüngeren deutschen Geschichte zu verschleiern. Versucht man damit, den vorhandenen Eindruck zu verstärken, die dunkelste Zeit der Deutschen sei aufgearbeitet? Das wäre ein Widerspruch! Wenn die Deutschen unserer Zeit, vor allem die tonangebenden Minderheiten, mit ihrer Vergangenheit im Reinen wären, bräuchte man – z.B. auf die international festgelegten Umsiedlungen von 1945/46 bezogen – weder Geschichtsklitterung zu betreiben noch den anklagenden Begriff »Vertreibung« zu benutzen. Dieser wurde, bei unzureichender Wachsamkeit damals oppositioneller Kräfte, von Ex-Nazis wie Oberländer und Seebohm im Kabinett Adenauer sowie von Bonner Bürokraten mit NS-Vergangenheit – dem »Kabinett der braunen Staatssekretäre« – und ebensolchen MdBs in offizielle Dokumente eingeschleust. Fördert man aber Geschichtsrevisionismus, dann liegt dieser bewussten Uminterpretierung des Geschichtsbildes eine handfeste politische Ursache zu Grunde.

Zu fragen bleibt, ob rechtskonservative und deutschnationaler Gruppierungen der erweiterten BRD die angestrebte »nationale Identität« – contra immer weiter auseinander klaffende soziale Gegensätze bzw. zur Verdeckung derselben – mit Umdeutung von Ereignissen der jüngeren deutschen Historie zu fördern bzw. zu verwirklichen trachten? Stört sie bei dieser angestrebten (künstlichen bzw. aufoktroyierten) Übereinstimmung hinsichtlich Vergangenheitsbewertung, Gegenwartsgestaltung und Zukunftsplanung der schwerwiegende zivilisatorische Rückfall von 1933 bis 1945? Verschweigt man deshalb manches bzw. wird es uminterpretiert, damit eine geschichtliche Kontinuität vorgetäuscht werden kann – obwohl die sogenannte »nationale Identität« der Deutschen von historischen Brüchen charakterisiert bleibt?!

Zur besseren »gleichberechtigten Einordnung« in Gemeinschaften traditionell bürgerlich-demokratischer Nationen bzw. Staaten sowie zur Durchsetzung weltpolitischer Einflussnahme soll offenbar der kaum zu tilgende Schandfleck des »Dritten Reiches« wenigstens etwas retuschiert werden, da man ihn eben nicht gebrauchen kann für das Anvisieren und Realisieren hegemonialer Ziele. Da könnte ein bereinigtes Geschichtsbild vielleicht helfen!

Wo aber bleiben jene gesellschaftlichen Verbände bzw. Parteien, die die erkennbaren Ziele von Schäuble, Hundt u.a. blockieren und für vernünftige Alternativen wirken?

Dieser letzte Abschnitt über die Durchführung eines Beschlusses des Deutschen Bundestages blieb anzufügen um zu belegen, wie die offizielle Politik sich entweder einer einst bekämpften Position annäherte oder es gestattet, dass anstelle weltoffener und aufklärerischer Projekte das schiere Gegenteil realisiert wird.

TEIL II

Die »Aktion Ullmann« 1946

Die freiwillige Aussiedlung deutscher Antifaschisten aus der ČSR, vorwiegend nach Bayern, ist nur zu verstehen, wenn man ihre Voraussetzungen und Hintergründe kennt. Wesentlich dabei sind die politischen Streitfragen zwischen dem Exil-Präsidenten der ČSR, Edvard Beneš, und dem ehemaligen Vorsitzenden der Deutschen Sozialdemokratischen Arbeiterpartei (DSAP) in der ČSR, Wenzel Jaksch, die man von 1940 bis 1945 in London austrug. Beneš, der im Völkerbund als Außenminister der ČSR höchst konstruktiv mitwirkte, z.B. am Kriegsächtungspakt von 1928, war nach 1938 zutiefst beeinflusst von den Demütigungen durch die britische Regierung, die ihn längst vor dem Münchener Abkommen mit Hitler, Mussolini, Daladier und Chamberlain laufend drängte, die deutsch besiedelten Gebiete der ČSR an das (faschistische!) Deutschland abzutreten. Beneš, hochkarätiger Repräsentant des tschechischen Großbürgertums, hatte auch mit größtem Unbehagen die langen zermürbenden »Verhandlungen« mit der Führung der »Sudetendeutschen Partei« (SdP) Konrad Henleins verfolgt, die auf Weisung Hitlers stets solche Forderungen an die Regierung der ČSR stellte, die nicht annehmbar sein sollten: man wollte die Prager Regierung als ständigen Verweigerer »berechtigter Ansprüche« vor dem Ausland diskreditieren. Aus der Sicht des tschechischen Großbürgertums mag es verständlich erscheinen, den deutschen Unruhefaktor im Vielvölkerstaat ČSR endlich auszuschalten, der den ersten Staat der Tschechen in ihrer langen Geschichte bedrohte. Viele Überfälle von brutalen Aktivisten der SdP auf tschechische Staatsorgane oder auf Tschechen, die in den deutsch besiedelten Gebieten der ČSR wohnten sowie ständige Provokationen contra Prager Regierung bauten viel Unmut über »die« Deutschen auf. Die deutschen Antifaschisten, die primär aus der Arbeiterschaft stammten, waren – obwohl sie die Republik gegen den faschistischen Ansturm verteidigen halfen – auch nicht unbedingt ein Freund tschechischer Großbourgeoisies. Besonders nach der Wende von Stalingrad 1943 und der sich abzeichnenden militärischen Niederlage Hitler-Deutschlands wuchs die Neigung, das deutsche Problem in der ČSR langfristig zu lösen. Allerdings war das eine internationale Angelegenheit, die die tschechische Führung nicht allein lösen konnte: dazu benötigte man Konsens mit den Westmächten. Man wollte die Feinde der ČSR loswerden!

Wenzel Jaksch vertrat dagegen mit Nachdruck die Position, die Vor-München-ČSR zu erhalten und mit Verbesserungen weiterzuführen. Es ging in diesem Zusammenhang auch um die konsequente Ausschaltung der Kriegsverbrecher und der hauptverantwortlichen – faschistisch motivierten – Unruhestifter. Eine nach dem Krieg erstarkende Sozialdemokratie würde die Gewähr dafür bieten, dass in der ČSR ein vernünftiger Ausgleich mit allen Rechten zwischen allen Völkerschaften realisiert würde: natürlich in Abstimmung mit dem Mehrheitsvolk der Tschechen. Die lange Geschichte der Tschechen und der Deutschen in Böhmen und Mähren brachte bekanntlich auch Zeiten bester Kooperation und gegenseitiger Bereicherung im Kultur- und Wirtschaftsleben mit sich. An diese gute Tradition sollte man wieder anknüpfen und Voraussetzungen schaffen, unter denen es unmöglich wird, dass je wieder Verbrechen wie die der Hitler- und Henlein-Anhänger geschehen können. (So erklärte es Wenzel Jaksch dem Schreiber dieser Zeilen 1947 in München nach dem zweiten Wiedersehen seit 1938.)

Viele Repräsentanten der Tschechen – so auch Beneš – blieben jedoch geprägt vom Jahrhunderte langen Kampf um nationale Selbstbestimmung in der österreichisch-ungarischen Monarchie. Die verlorene Schlacht am Weißen Berg bei Prag 1618, mit der der Dreißigjährige Krieg begann, verstanden viele Tschechen als nationale Demütigung und als beginnende historische »Finsternis«, d.h. Unterdrückung des Tschechentums und agierender Personen. Das wachsende Nationalbewusstsein der Tschechen stand auch Pate bei der Gründung der ČSR 1918: der verspäteten Antwort auf 1618! (So der Bischof der Tschechischen Kirche und Mitglied des Weltfriedensrates, Novák, zum Verfasser dieser Zeilen). Die einst spezifischen Forderungen des Bürgertums nach »Freiheit – Gleichheit – Brüderlichkeit« (analog zur Französischen Revolution) empfanden viele National-Tschechen als politische Bedrohung ihrer Klassenprivilegien nach der Industriellen Revolution, als die aufstrebende international orientierte Arbeiterbewegung mit denselben Parolen für bessere Lebensbedingungen aller Menschen auftrat. Zwar blieben auch in Böhmen und Mähren sowohl das Bürgertum als auch die Arbeiterbewegung bewusste »Kinder der Aufklärung« und wandten sich dementsprechend gegen die Vorherrschaft von Thron und Klerus. Die zunehmenden Klassenunterschiede brachten sie jedoch bald im Habsburgerreich gegeneinander in Stellung. Mit ausgeprägtem Nationalbewusstsein erkannte der elitär geprägte Beneš insofern in der Arbeiterbewegung, repräsentiert im Exil vor allem von der DSAP bzw. Jaksch, einen potenziellen innerstaatlichen Gegner, wenn der deutsche Faschismus mit vereinter Kraft besiegt sei.

Jaksch, als Funktionär einer im politischen Kampf gestählten Bewegung, die das Unwissen der Massen als Folge monarchistischer oder kapitalistischer

Benachteiligung oder Desorientierung erkannte, erstrebte – völlig übereinstimmend mit der Positionierung aller Antifaschisten – nach Kriegsende durch umfassende Aufklärung der vom Faschismus verführten Menschen auf der Basis gesicherter materieller Verhältnisse solide Voraussetzungen für eine stabile Demokratie zu schaffen. Volkssouveränität ohne Abstriche war das Ziel. In der Wiederherstellung der Vor-München-ČSR sah Jaksch den staatlichen Rahmen, in dem nationale Widersprüche ebenso harmonisiert werden sollten wie man Klassenschranken abzubauen bemüht sein würde. Gewiss dachte Jaksch auch daran, dass er in der Nachkriegs-ČSR als Vorsitzender der dann deutlich erstarkten DSAP mehr Einfluss auf die Politik der Regierung erreichen könnte als unter den vormals herrschenden bzw. von Berlin beeinflussten Bedingungen vor 1938.

Eine Gruppe exilierter Sozialdemokraten in London missbilligte die Verhandlungsführung Jakschs. Erst sei der deutsche Faschismus zu besiegen; darauf sollte man alle Kraft konzentrieren und nicht die Position Beneš' im Ausland schwächen. Über die Gestaltung der ČSR nach dem Krieg würde man dann entscheiden. Der vor 1938 als Internationalist bekannte Wenzel Jaksch geriet im Streit mit Beneš zunehmend zu einem Repräsentanten aller Deutschen in der ČSR, wo nun bei vielen der falsche Eindruck entstand, er sei zu einem verbohrten Nationalisten geworden. Seine Widersacher in der exilierten DSAP wollten primär die Rechte der Antifaschisten repräsentiert sehen, nicht die aller Deutschen in der ČSR.

Intern wurde bekannt, dass die »Großen Drei« – Roosevelt, Stalin und Churchill – bereits 1943 in Teheran und vor allem Anfang 1945 in Jalta übereinstimmten, dass nach dem Sieg der Anti-Hitler-Koalition aus Gründen des Weltfriedens und der europäischen Sicherheit alle Deutschen in einem zu kontrollierenden Staat zusammengefasst werden sollten. Jaksch hatte nun schlechte Karten: er sah die Antifaschisten wieder einmal – wie schon durch das Münchener Diktat – um den Erfolg ihrer Bemühungen geprellt!

Das Potsdamer Abkommen der »Großen Drei« vom 2.8.1945 fixierte einen geordneten Transfer der Deutschen aus Polen, der ČSR und weiteren Staaten. Das war die eine Seite des Problems. Die andere: die zum blinden Hass gesteigerte Wut über »die« Deutschen entlud sich bereits vor dem 8./9. Mai 1945 in den befreiten Gebieten. In der ČSR herrschte noch keine regulierte Staatlichkeit; örtliche Kräfte eigneten sich »Staatsgewalt« an. Beneš hatte die alleinige kompetente Staatsgewalt inne und regierte, bis ein Jahr später ordentlich gewählte Volksvertretungen zu wirken begannen, mit Dekreten.

Nicht immer erreichten diese die Basis. Hier und dort gab es Racheakte. Die jahrelang erfahrene Brutalität der deutschen Faschisten steckte viele an, die einst anders positioniert waren. Krieg und Okkupation hatten Sitten und Moral ausgehöhlt. Insofern begannen die Aussiedlungen bereits vor Inkrafttreten des Potsdamer Abkommens. Es hatte sich herumgesprochen, dass »die« Deutschen die ČSR verlassen sollten!

Beneš versagte den deutschen Antifaschisten der ČSR keineswegs die gebührende Anerkennung, weder in London noch später in Prag. Über das Ausmaß der Aussiedlung kam es jedoch zwischen den verschiedenen Akteuren vorerst nicht zu einer Einigung.

Die deutschen Antifaschisten der ČSR blieben von den Beneš-Dekreten von 1945 über Staatsbürgerschaft, deutschen Besitz und Bestrafung der Kriegsverbrecher ausgenommen; diese Sanktionen betrafen sie nicht. Sie blieben mit allen Rechten und Pflichten Staatsbürger der neuen ČSR. Es gab also, entgegen der Behauptung nicht weniger, keine Bestrafung der Deutschen nach den Kriterium der »Kollektivschuld«. Von den Dekreten betroffen waren jene, die zuvor bis zum Münchener Diktat 1938 an der Zerstörung der ČSR aktiv mitwirkten. In der Praxis jedoch behandelte man bewährte Antifaschisten gelegentlich nicht anders als diejenigen, die als Hitler- und Henlein-Anhänger bekannt waren oder die sich direkt an tschechischen Staatsbürgern vergangen hatten. Der aufgestaute Hass machte blind für Gesetzliches und für Realitäten.

In diesem Zusammenhang ist ausdrücklich jenen vorsätzlichen oder fahrlässigen Irreführungen entgegenzutreten, mit denen rückwirkend alle Schuld für damalige Verfehlungen oder Verbrechen auf »die Kommunisten« abgeladen wird. Fakt ist, dass alle Antifaschisten, gleich welcher Partei, nach dem 8./9. Mai nationalistischen Aktionen entgegentraten! Sie waren – und sie blieben – Internationalisten. Und sie handelten auch so! In einer Reihe bekannter Fälle wirkten tschechische Antifaschisten den Hass-Orgien gegenüber Deutschen entschieden entgegen. Der Verfasser kennt einige konkrete Beispiele aus seiner Heimatstadt Eger/Cheb. Es ist aber auch ein Fall bekannt, in dem die örtliche KPČ-Leitung erklärte, sie wolle sich nicht von den Massen isolieren und damit auch nicht gegen Ungesetzliches vorgehen. Im Großen und Ganzen lag der Schwerpunkt der Entladungen aufgestauter Wut bei Nationalisten bzw. bei Personen oder Gruppen, die besonders schwer von deutschen Faschisten gequält wurden.

Vor 1938 war die politische Frontstellung in der ČSR eindeutig: es standen sich nicht, wie oft behauptet wird, Tschechen und Deutsche gegenüber, sondern Hitler-Anhänger hier und deutsche mit tschechischen Antifaschisten dort!

Nach dem 8./9. Mai 1945 hatte sich das Gegeneinander als Folge faschistischer Verbrechen verändert. Von geringen Ausnahmen abgesehen, wollte kein Deutscher in der ČSR begeisterter Hitler-Anbeter gewesen sein! Verdrängung? Schutzmaßnahme? Tschechischer Nationalismus, von Rachegefühlen verstärkt, wirkte nun gegen »die« Deutschen. Die ausgleichenden tschechischen Antifaschisten konnten jedoch nicht überall sein, um Verstöße gegen die Beneš-Dekrete zu verhindern.

Privilegierte Aussiedlung deutscher Antifaschisten
Alois Ullmann, 1888 in der Nähe Karlsbads geboren, kehrte 1939 illegal in die Heimat zurück, nachdem er zunächst nach England emigriert war. Er versuchte, den Widerstand gegen das infernalische System der NSDAP zu organisieren. Von der Gestapo verhaftet, verbrachte er Jahre im KZ. Bis 1938 wirkte er als General-Sekretär des Arbeiter-Turn- und Sportbundes (ATUS) in Aussig (Ústí nad Labem) und als Technischer Leiter der Republikanischen Wehr (RW), des Schutzverbandes der DSAP. Auch als Mitglied des Parteivorstandes der DSAP hatte man ihn gewählt. Ullmann erfuhr 1945 Ungesetzliches an seiner eigenen Person! Und das als ehemaliger KZ-Häftling! Er hatte Verbindung zur Parteileitung, die immer noch in London weilte. Nun agierte er als Verhandlungsbeauftragter der DSAP mit Prager Stellen und verhandelte über den Status der deutschen Antifaschisten; einige Male direkt mit Präsident Beneš.

Das Problem: blieben die deutschen Antifaschisten als kleine Minderheit in der ČSR, dann würde ihr politischer Einfluss im Vergleich zur Zeit vor 1938 erheblich reduziert sein. Die Realisierung der Konzeption des exilierten Vorstandes der DSAP, wie sie Jaksch gegenüber Beneš in London vertreten hatte, nach der ein wesentlich größerer Teil der Deutschen in der neuen ČSR geblieben wäre, hätte zu einer völlig anderen Lage geführt: die deutsche Minderheit hätte dann mehr als 2 Millionen Menschen gezählt und nicht etwa 500.000 Personen. Das allerdings hätte einer Sonderregelung der »Großen Drei« bedurft. Den »Draht« zu diesen hatte jedoch nur Beneš. Und der beharrte auf seiner Konzeption von der Nachkriegs-ČSR, die auch im Potsdamer Abkommen festgelegt ist. Dazu kam, dass es für nationale Minderheiten eigene Schulen und Kulturhäuser nur in den Orten gebe sollte, in denen deren Anteil 20 Prozent überstieg. Für die 800.000 Ungarn, die in der Süd-Slowakei siedelten, bedeutete das keine Schwierigkeit. In West-Böhmen trafen diese Bedingungen jedoch nur für eine Stadt, für Graslitz, zu! Keine gute Perspektive für das Bleiben in der ČSR!

Andererseits: gebot es nicht eine moralische Pflicht, das herbe Schicksal der bereits ausgesiedelten Deutschen zu teilen, diese auf den Weg der Demokratie bringen zu helfen und zugleich mit ihnen die Irrtümer und Verbrechen aufzuarbeiten, die die SdP-Leute bis 1938 in der Vor-München-ČSR begingen? Allerdings herrschte in den von den Siegermächten besetzten deutschen Landen infolge der total zusammengebrochenen Versorgung bittere Not; in der ČSR dagegen hatte sich das Leben weitgehend normalisiert. Weiteres Elend nach der Aussiedlung könnte die Aufarbeitung der Geschichte der Deutschen in Böhmen und Mähren erheblich erschweren, weil zunächst der dringendste Bedarf zu befriedigen blieb nach der Eingewöhnung in der »neuen Heimat«.

Diese Fragen diskutierte Ullmann 1946 auch in Eger/Cheb mit ansässigen Antifaschisten. Die Meinungen waren nicht einheitlich. Die seit Kindheit gewohnte Umgebung und manches unter Opfern erbaute kleine Familien-Häuschen band manche nicht nur emotional an ihren angestammten Wohnort. Die Einsicht in die bittere Notwendigkeit setzte sich schließlich durch. Wochen später fiel die Entscheidung nach Diskussionen in den Sektionen und Vorständen der DSAP: wir siedeln freiwillig aus, privilegiert, wie Ullmann in Prag ausgehandelt hatte. Vorwiegend sollte es in die US-Zone bzw. nach Bayern gehen, während die deutschen KPČ-Leute privilegiert in die sowjetische Zone umsiedelten. »Aktion Ullmann« nannte man diese Planung und die folgende Realisierung.

In Prag hatte Ullmann mit manchen Widerständen zu kämpfen. Nicht alle Verhandlungspartner in dieser Sache, obwohl von Beneš klar eingewiesen, reagierten wie erprobte Antifaschisten und Internationalisten. Ganz anders als bei dem von vielen Gemeinsamkeiten geprägten Verhältnis tschechischer und deutscher Antifaschisten an der Basis erschwerten manche Beauftragte Beneš' als höchst nationalbewusste Akteure viele Einzelregelungen der Aussiedlung. Es blieb ein Kompromiss mit Prager Administratoren, dass die Umsiedlung in zwei nicht gleich behandelten Gruppen erfolgte. »Antifa 1« waren jene, die der ČSR bis zuletzt die Treue hielten und auch in der Folgezeit in keiner NS-Organisation tätig waren. Diese sollten mit je 12 Tonnen Habe per Großtransporter nach Wiesau/Bayern zur dortigen Flüchtlings-Leitstelle gebracht werden; mit tatkräftiger Unterstützung tschechischer Ämter. »Antifa 2« standen zwar ebenfalls bis zum Münchener Diktat treu zur ČSR. Weil sie jedoch später NS-Organisationen angehörten, sollten sie mit nur 150 kg Gepäck pro Person aussiedeln, also noch mit mehr als die SdP-Leute, die nur 50 kg Gepäck mitnehmen durften. Die bittere Pille für die »Antifa 2«: auch sie mussten durch die Lager, durch die man die SdP-Leute geschleust hatte, allerdings ohne Kontrolle des Gepäcks.

Teil II

Die Unlogik dieser Regelung bestand darin, dass z.B. aktive Widerständler gegen das faschistische Regime, die (oft im Parteiauftrag!) in NS-Organisationen tätig waren, unter »Antifa 2« fielen, während manche »Antifa 1« nur passiv am Widerstand teilnahmen! Ullmann konnte jedoch nichts Besseres herausholen.

Eine Sache blieb ungeklärt. Zwar gab es die Zusicherung von Beneš, dass die Sparguthaben der Antifaschisten nicht angetastet würden, jedoch versuchten an einigen Orten befugte Stellen, vielleicht nicht ausreichend informiert, nicht nur die Konten der Antifaschisten einzufrieren, sondern auch die Sparbücher einzuziehen! Ullmanns Reaktion bestand in der Aufforderung, insgeheim Sparbücher in Parteibüros abgeben; sie sollten illegal über die Grenze gebracht werden. US-Behörden signalisierten nach Anfrage, die Sparbücher der Deutschen aus der ČSR würden in ihrer Zone auf jeden Fall anerkannt.

Ullmann hatte rechtzeitig verfügt, dass eine kleine Gruppe erfahrener Genossen, vorwiegend aus Nord-Böhmen, in München eine Leitstelle für Flüchtlinge einrichteten und Verbindung zu US-Stellen aufnahmen, selbstverständlich auch zu örtlichen Ämtern und zur Bayerischen Landesregierung. Die Neuansiedlung der Antifaschisten aus der ČSR bedurfte ausreichender organisatorischer Vorbereitungen. Emil Werner, ein junger, rüstiger und cleverer Sozialist, Rudolf Müller u.a. wirkten nun, nach der Aussiedlung, in der Goethestraße in München als »Anlaufstelle« und koordinierend für die Aktion Ullmann. Einige »Flüchtlings-Kommissare« bemühten sich im Frühjahr 1946 mit amtlichem Ausweis und festgelegten Befugnissen in bayerischen Landkreisen, um Wohnraum zu beschaffen – oft gegen massiven Widerstand von manchen Einheimischen! In vielen bayerischen Städten war Wohnraum als Folge kriegsbedingter Zerstörungen knapp. Nur auf Dörfern, in denen keine Arbeitsmöglichkeiten bestanden, fanden die Flüchtlings-Kommissare einfache und meist zu kleine Unterbringungsmöglichkeiten.

Zur Tragik der antifaschistischen Umsiedler gehörte, dass für die ein Jahr früher umgesiedelten SdP-Leute relativ bessere Möglichkeiten gegeben waren. Der verdiente und einst hochgeehrte Bürgermeister von Eger, Adam Heinrich, Sozialdemokrat bereits vor 1900, erhielt mit seiner Frau einen Kleinst-Wohnraum im Dorf Marzling bei Freising. Die bekannte und geehrte Senatorin Betty Schack aus Eger bekam im abgelegenen Moosburg ebenfalls einen Kleinst-Wohnraum! Fast alle blieben von politischer Mitwirkung zunächst ausgeschlossen.

Lange vor der Aussiedlung der Egerer Antifaschisten erhielt ich einen Auftrag als Partei-Kurier: anfangs war nur die Verbindung herzustellen zwischen dem Vorstand der DSAP in Eger und der Leitstelle für Flüchtlinge in Wiesau/Bayern. Diese leitete Christoph Perlet, ehemals Kreisturnwart des ATUS in West-Böhmen und Schulwart in Eger. Nach einem Gespräch mit Ullmann in Eger übernahm ich auch die Verbindung zur Hauptleitstelle nach München. Eine höchst riskante Aufgabe trug man mir zusätzlich auf: illegal hatte ich in versiegelten Taschen Sparbücher über die Grenze zu bringen. Zwei Postenketten der tschechischen Grenzwache galt es unbemerkt zu durchqueren; in Bayern durfte sich kein illegaler Grenzgänger von den US-Patrouillen erwischen lassen! Gewissenhaft erledigte ich die mir übertragenen Aufgaben. Diesseits und jenseits der Grenze kannte ich jedes Weglein und Steglein: die Brücken über die zu überquerende Wondreb waren bewacht! Insgesamt überquerte ich im Dienste der Partei 64 mal die stark bewachte Grenze.

Mit einem Ausweis des Bayerischen Roten Kreuzes, beschafft von meinem Freund Rudi Schneidenbach aus Eger, nun bei München sesshaft, begleitete ich einige Flüchtlings-Transporte, meist solche von Antifaschisten. Im Landkreis Freising wirkte Anton Zacherl, einst Vorsitzender der Buchdrucker-Gewerkschaft in Eger, der ich damals angehörte, als Flüchtlings-Kommissar. Er wies die in Freising ankommenden Familien in ihre neuen Quartiere ein. Von ihm erfuhr ich, dass viele einst an Verbrechen beteiligte Nazis bereits nach der Kriegswende von Stalingrad aus der ČSR aussiedelten und in München respektable Wohnungen erhielten. Obwohl sie in ihrem »Sudetengau« einst gegen die Kirche polemisierten, hängten sie sich nach 1945 ein christliches Mäntelchen um, damit sie von der Katholischen Kirche Schutz und Hilfe bekamen: was auch geschah! Mehrere von ihnen seien nun in der Bayerischen Verwaltung tätig und erschwerten gezielt die Neuansiedlung der Antifaschisten.

Von einem anderen Flüchtlings-Kommissar, von Gustav Kauders aus Eger, erfuhr ich etwas Ähnliches. Als »Halbjude« war er im KZ; seinen Vater, einen jüdischen Rechtsanwalt, ermordeten die SS-Leute. Wir wohnten einst im gleichen Genossenschaftshaus und besuchten zusammen dieselbe Schule. Er berichtete von manchen Auseinandersetzungen mit örtlichen Bürokraten wegen der Ansiedlung von Antifaschisten; nur durch Einschaltung von US-Stellen konnte er sich durchsetzen! Es blieben dennoch nur Dorf-Wohnungen, die er vermitteln konnte.

Im Spätsommer 1946 siedelten meine Eltern aus. In Paunzhausen, einem abgelegenen Dorf 20 km westlich von Freising, erhielten sie in einem Bauernhof ein Zimmer! Die meisten Möbel landeten im Stall! Sofort bemühte ich mich um eine Wohnung in der Nähe Münchens. Genosse Ditie, der zuständige Flüchtlings-Kommissar, half mir: acht Wochen nach der Aussiedlung bezogen wir in Krailling/Planegg eine Zwei-Zimmer-Wohnung, die bald durch ein drittes Zimmer ergänzt wurde. Zwar kein Vergleich zu dem Genossenschafts-Häuschen, das meine Eltern in Eger besaßen bzw. sich erspart hatten, wesentlich jedoch war nun die Nähe Münchens: eine neue Existenz blieb aufzubauen; zudem wollte ich am politischen Leben aktiv teilnehmen.

In Paunzhausen vereinbarten die fünf ausgesiedelten Antifa-Familien aus Eger regelmäßige Treffen. Das ging nur im Orts-Wirtshaus, isoliert von anderen. In Krailling dagegen fanden wir eine Parteiorganisation der – bayerischen! – SPD vor, die auch Gemeinderäte in Planegg/Krailling stellte. In kürzester Zeit baute ich – gegen den Widerstand einiger örtlicher SPD-Mandatsträger! – eine Kindergruppe der »Falken« und eine Sozialistische Jugendgruppe auf. In der Parteiversammlung bekam ich zu hören: »Hier gibt es die Katholische Jugend und die Evangelische, dazu eine Sportjugend! Wozu brauchen wir noch eine sozialistische?«. Nach meinen unguten Erfahrungen mit der Generation der Erwachsenen hatte ich mir geschworen, bei der progressiven Erziehung junger Menschen anzufangen, um verhindern zu helfen, dass je wieder derartige Verbrechen auf deutschem Boden geschehen konnten wie gehabt! Bald existierten im Umkreis von Planegg/Krailling vier von mir aufgebaute Ortsverbände der Sozialistischen Jugend »Die Falken«. Die Gebrüder Richter, zwei erfahrene Funktionäre aus der ČSR halfen mir dabei. Meine Eltern mischten sich kräftig ein in die örtliche Tätigkeit der SPD. Dieses sind Beispiele dafür, wie man in veränderter Umgebung mitzuwirken in der Lage war, wenn man wollte.

Auftragsgemäß nahm ich in München durch Vermittlung von Emil Werner Verbindung mit dem neu gewählten Vorsitzenden der Drei-Zonen-Gemeinschaft der Sozialistischen Jugend »Die Falken«, Hans Weinberger auf. Von ihm erfuhr ich, dass es vor 1933 in ca. 30 Orten Sozialistische Jugendgruppen gegeben hätte; nun wären es mehr als 100, vor allem in Dörfern. »Die kommen aus meiner früheren Heimat«, ergänzte ich. Das galt auch für die SPD. In Orten, in denen es vor 1933 nie Sektionen der SPD gab, wirkten nun kontinuierlich Ortsverbände, die bald auch in Kreis- und Bezirksversammlungen als belebendes Element auftraten, später auch im Landesverband.

1947, kurz nachdem man mich zum Landessekretär der Sozialistischen Jugend »Die Falken« gewählt hatte, traf ich in Planegg/Krailling Wenzel Jaksch in einer Versammlung Umgesiedelter: ein freudiges Wiedersehen! Er dankte mir für die Nachrichten, die ich ihm von 1941 bis 1945 via neutrales Ausland zukommen ließ. Informationen über die Stimmung im »Sudetengau« und in Deutschland allgemein waren für die exilierte Parteiführung in London höchst wichtig. Einige Tage später trafen wir uns in München. Nun erfuhr ich Einzelheiten über seinen Streit mit Beneš in London.

In Krailling traf ich Alois Ullmann, der inzwischen nach Süd-Bayern übersiedelt war. Schon in Eger hatte ich ihm gelegentlich über meine Grenztätigkeit berichtet; nun interessierte er sich für den Fortgang meines Wirkens und meine neue Tätigkeit.

Auch Richard Reitzner, der 1938 maßgeblich an dem Wechsel im damaligen Parteivorsitz von Czech zu Jaksch mitwirkte und der in London die Gruppen der »Treuegemeinschaft« ehemaliger DSAP-Mitglieder koordinierte, traf ich in München zu einem längeren Gespräch.

Ernst Paul, der als General-Sekretär der Exil-DSAP in Stockholz tätig war, fuhr mit der Vorortbahn von Planegg nach München. Ich kannte ihn nur vom Bild; persönlich waren wir uns noch nie begegnet. Er freute sich, den Genossen kennen zu lernen, dessen Botschaften er an Jaksch von Stockholm aus weiterleitete.

Diese vier einst leitenden Genossen der DSAP nahmen bald wichtige Positionen in der SPD ein. Bei späteren Gesprächen zwischen Wenzel Jaksch, inzwischen Parteivorstandsmitglied der SPD, und mir, mittlerweile Bundessekretär der Sozialistischen Jugend »Die Falken«, stellten sich deutliche Unterschiede in der Bewertung der Lage und in den zu ergreifenden Aufgaben ein. Einig mit allen Gesprächspartnern blieb ich jedoch in der wesentlichen Feststellung: Wir verloren unsere geographische Heimat – unsere geistige Heimat in der Sozialistischen Bewegung konnte uns aber niemand nehmen. Die Internationalität der Antifaschisten bot allen neue Aufgabenfelder und Verpflichtungen. Die »Aktion Ullmann« hatte bei allem Leid gute Früchte gebracht!

TEIL II

Europäische Fundamente und Perspektiven

Geschichtsrevisionismus versus Antifaschismus

Die innenpolitische Entwicklung und die zwischenstaatlichen Beziehungen der europäischen Staaten, vor allem der mittel- und westeuropäischen, sind – neben der jeweils objektiven Interessenlage – wesentlich mitbestimmt von zwei gegensätzlichen Traditionen. Außenpolitische Einwirkungen verstärken oder minimieren Gewicht und Bedeutung bzw. die Zukunftsträchtigkeit dieser beiden Haupttraditionen. Das »Woher kommen wir?« bestimmt im positiven wie im negativen Sinn sowohl das »Wo stehen wir?« als auch das »Wohin streben wir?«. Die Nachwirkungen des Vergangenen auf Gegenwart und Zukunft erreichen – ob bewusst oder nicht – eine oft unterschätzte Größe.

Die von Aufklärung, Humanismus und den Verheißungen der Französischen Revolution von 1789 »Freiheit, Gleichheit, Brüderlichkeit« sowie vom wissenschaftlichen Sozialismus Marx'scher Prägung bestimmte Tradition erreichte im alten Deutschland – wegen starker Gegenkräfte – keinen maßgeblichen und nachwirkenden Einfluss. In den alten europäischen Demokratien bestimmte diese Tradition Politik sowie Denken und Verhalten vieler Menschen. Bei den Deutschen dominierte die obrigkeitsstaatliche, chauvinistische, rassistische und militaristische Tradition.

Das Nationalbewusstsein der in Deutschland herrschenden Klasse stand von Anfang an im Widerspruch zur Volkssouveränität. Die Nationenwerdung in den westlichen Demokratien war dagegen mit der Volkssouveränität verknüpft.

Der sog. »deutsche Sonderweg« ist von der inhumanen Tradition charakterisiert. In der faschistischen Barbarei erreichte er seinen Höhepunkt. Das Wesen dieses Sonderwegs kommt in der Philosophie des Demokratie- und Friedensgegners Friedrich Nietzsche deutlich zum Ausdruck. Bekanntlich ersetzte er wissenschaftliche Erkenntnis durch Instinkt, Intuition und Mythos. Stark verkürzt: Nietzsche kannte nur zwei Rassen: Herren und Sklaven. Den Herrschenden sei alles erlaubt; dies wäre ihre Moral. Das Recht des Stärkeren sei ihre Maxime. Georg Lukács analysierte und kritisierte in seinem gleichnamigen Werk diese »Zerstörung der Vernunft«. Er arbeitete jedoch heraus, dass diese eine den Imperialismus insgesamt kennzeichnende Philosophie ist – auch wenn sie in Deutschland kulminiert. Die Zerstörung der Vernunft wirke also auch, wenn eben nicht so stark, in den imperialistischen Staaten mit westlicher Tradition.

Gesteigerter Irrationalismus bei höchster technischer Rationalität und Abwesenheit politischer Vernunft blieb den deutschen Führungen eigen, von einigen Phasen der Weimarer Republik abgesehen. In der Weimarer Republik zeigte sich Geschichtsrevisionismus in Hindenburgs »Dolchstoßlegende«, mit der die militärische Niederlage Deutschlands von 1918 zu verschleiern versucht und den Gegnern dieses Krieges bzw. den Revolutionären die Schuld daran zugeschoben wurde. Diese katastrophenträchtige Tradition schien 1945 am Ende. Dieser tiefe historische Bruch realisiert sich jedoch nur in der Staatsform, aber belegbar nicht im Denken und Verhalten der meisten Westdeutschen. Es war keine selbst erkämpfte emanzipatorische Demokratie, sondern eine von den Siegermächten verordnete. Mit einem demokratischen Mäntelchen verdeckt, wirkte die alte inhumane Tradition weiter.

Die der Alt-BRD von der US-Führungsmacht zugeordnete Funktion eines antikommunistischen Bollwerks brachte Hitlers Ost-Experten und anderen maßgeblichen Nutznießern des staatsterroristischen NS-Regimes gestaltenden Einfluss auf Politik, gesellschaftliches Bewusstsein und Geschichtsbild. Dieser reaktivierte und völkerrechtswidrig rehabilitierte Personenkreis hatte größtes Interesse, sich selbst zu entlasten, alle Verantwortung für die schrecklichen Kriegsverbrechen und Verbrechen gegen die Menschlichkeit auf Hitler im Sinne von Befehlsnotstand abzuschieben und die Gewaltverbrechen des faschistischen Staates zu relativieren. Die Aggressorrolle Deutschlands sollte aus dem Blickfeld verschwinden. Als Gleicher unter Gleichen wollte man in die westlichen Gemeinschaften eingeordnet sein. Diese Art von Geschichtsrevisionismus verfälscht die historische Faktizität oder verkehrt sie ins Gegenteil – und das, wie noch darzustellen, bis in die jüngste Zeit. Das »Woher kommen wir?« wird verdunkelt, obwohl es weiterwirkt. Das Geschichtsbewusstsein der Menschen wird verfälscht, um Konsequenzen für eine humane Praxis zu verhindern. Das zu korrigierende Inhumane konzentriert sich auf die Form; das alte Wesen bleibt. Das »Wo stehen wir?« und das »Wohin streben wir?« bleibt verfälscht.

Antifaschismus als praktikable Alternative?
Im Rahmen der humanen Tradition entwickelte sich bereits in der Weimarer Republik als Antwort auf die wachsende faschistische Bewegung der Antifaschismus. In Wort und Tat zeigte er »eine prinzipielle Alternative zum zivilisatorischen Rückfall«. Dieser Antifaschismus stützte sich auf die in der Arbeiterbe-

wegung vorhandenen Kräfte und auf einen kleinen Teil des Bürgertums. Seinen Härtetest bestand der Antifaschismus unter den infernalischen Bedingungen der NS-Diktatur. Allerdings überlebten große Teile der Funktionärsschicht der Arbeiterorganisationen den bis zur Befreiung 1945 herrschenden NS-Terror nicht.

Der im April 1945 abgelegte Schwur von Buchenwald drückt sowohl das ANTI gegen die realisierte Barbarei deutlich aus als auch das klare PRO für eine Welt des Friedens und der Freiheit. Zum politischen Erbe dieses Antifa-Widerstandes gehörte z.b., die Ursachen des Zweiten Weltkrieges nicht nur in Deutschland, sondern überall auszutrocknen. Die Vergesellschaftung der Produktion, d.h. die Demokratisierung des Wirtschaftslebens, soll auch Kriegsinteressen beseitigen.

Das politische Erbe des Antifa-Widerstandes schlug sich auch in den Partei-Programmen der Nachkriegszeit und in den deutschen Länderverfassungen unübersehbar nieder. Nach der Teilung Deutschlands im Gefolge des Zerfalls der Anti-Hitler-Koalition wirkte im Grundgesetz der BRD und in der Verfassung der DDR das politische Erbe des antifaschistischen Widerstandes weiter. Konsequenzen der historischen Bilanz blieben meist, vor allem in Westeuropa, aus. Dort verhinderte nicht zuletzt die Dominanz der USA progressive Praktiken der Staaten. Die US-Führung wünschte ihr spezifisches System – ein imperialistisches! – auf Westeuropa auszudehnen, wie die UdSSR das ihre in ihrem Einflussbereich zu sichern trachtete. Die militärische Konfrontation in Europa blockierte emanzipatorische Entwicklungen. In der BRD klaffte ein Widerspruch zwischen Verfassungsauftrag und Verfassungswirklichkeit. Kräfte der demokratischen Erneuerung verfügten zwar über zivile Rechte, aber nicht über die Macht in Bonn.

Der geschürte Hass gegen die kommunistischen Nachbarn stützte sich auf das alte Feindbild, das auch vor 1945 die Aggressivität hatte legitimieren sollen. Dieses Feindbild wirkte jedoch nicht nur nach außen, sondern auch nach innen – mit Ausnahme des faschistoiden Spanien verbot kein Staat, außer der BRD, die KPD! Als einziger Staat in Europa erhob die BRD territoriale Forderungen bzw. verlangte eine Korrektur der Nachkriegsgrenzen. Erst unter der Kanzlerschaft Willy Brandts folgten die Regierenden den Geboten der politischen Vernunft. Die Wende von 1989/90 gab den Repräsentanten der inhumanen Tradition wieder neuen Auftrieb. Das Weiterwirken dieser Tradition entspricht dem imperialistischen Wesen der Machtstruktur. Bekanntlich schließen Humanismus und Imperialismus einander aus.

Ein neuer gefährlicher Geschichtsrevisionismus
Heute verbreitet sich zunehmend eine global ausgerichtete Variante des Geschichtsrevisionismus. Er verstärkt den deutschen Geschichtsrevisionismus, ohne mit ihm etwas zu tun zu haben – wenn man vom praktizierten Recht des Stärkeren als Prinzip des Imperialismus absieht. Die Wirkungen des neuen Geschichtsrevisionismus sind schrecklich insofern, weil an Stelle des Prinzips der gleichen Sicherheit und des Kriegsverbots bzw. der souveränen Gleichheit das vordemokratische Recht des Stärkeren in Ideologie und Praxis skrupellos realisiert wird. Im Interesse kleiner elitärer Minderheiten werden soziale und demokratische Rechte abgebaut.

Die europäischen Kontinentalstaaten übernahmen unkritisch die von den USA und Thatcher-Großbritannien ausgehende neoliberale Ideologie und Praxis. Diese waren die kapitalistische Antwort auf den nicht mehr tendenziellen, sondern realen Fall der Profitrate nach einer stürmischen Nachkriegsprosperität. Dieser sog. Neoliberalismus ist verbunden mit einer Deregulierung, sprich Entrechtlichung, um die Bedingungen der Kapitalakkumulation und -verwertung deutlich zu verbessern. Dereguliert wird alles an Regeln, was 1945 in der Konsequenz zweier Weltkriegen, aus Faschismus und aus der ersten kapitalistischen Weltwirtschaftskrise im Interesse aller Menschen und Völker rechtsverbindlich vereinbart worden war: UNO-Charta, Menschenrechts-Verträge und Sozialstaatlichkeit. Um den Weltfrieden zu sichern, zivilisatorischen Fortschritt und soziale Gerechtigkeit zu gewährleisten, regelte man das Zusammenleben der Staaten und Völker.

Die Folgen der entfesselten Kräfte des Marktes – eine »Macht ohne Gehirn«, wie der französische Politikwissenschaftler Alfred Grosser zutreffend feststellte – erkennen wir neben der Entregelung der zwischenstaatlichen Beziehungen im rigorosen Abbau aller sozialen Verpflichtungen des Staates. Das Auseinanderklaffen von Arm und Reich mit einer wachsenden materiellen und kulturellen Verelendung untergräbt die Stabilität von Gesellschaften. Der deutsche Bundespräsident Johannes Rau immerhin befand, der unbeschränkte Markt entscheide über Wert und Unwert von Ideen und Plänen, Projekten und Orten, als gäbe es keine anderen tauglichen Maßstäbe für das Zusammenleben der Menschen. Rau sah Demokratie und soziale Stabilität gefährdet. Er verwies darauf, dass in der BRD 30.000 Millionäre etwa einer Million Kindern mit Sozialhilfebezug gegenüberstehen. Die Verfügbarkeit über den Menschen ist durch die neue Wirtschaftsweise gesteigert, seine Selbstbestimmungschancen gefährdet worden. Der Soziologe Ulrich Beck bezeichnete diesen »Marktradikalismus als demokratischen Analphabetismus«. Die sog. »Ellenbogen-Gesellschaft«, ein Produkt neoliberaler Deregulierung, zerstört zwischenmenschliche Beziehungen und auch die Solidarität der Arbeiterschaft.

Die neoliberale Deregulierung untergräbt auch das demokratische Völkerrecht der UNO-Charta und damit den Weltfrieden. Die Aggressionen der USA und der NATO nach 1990 sind zwar allgemeiner Ausdruck imperialistischer Politik, speziell jedoch das Ergebnis einer deregulierten Praxis in der internationalen Arena. Diese konflikt- und kriegsträchtige Praxis nach dem vordemokratischen Prinzip Macht vor Recht kulminiert derzeit im Aggressionskrieg und Raubregime der USA gegen den Irak.

Dieser globale Geschichtsrevisionismus fördert mit der Entregelung innenpolitischer und internationaler Rechtsfixierungen sowie mit der fortschreitenden Verelendung auch den Neofaschismus. Dieser ist gesteigerter Irrationalismus, der aus Frustration, Wut und Hass entsteht. Der gesellschaftliche Nährboden desselben ist eine Wirtschaft und eine Machtstruktur ohne emanzipatorische Elemente; er wirkt auf diese in extremistischer Weise zurück. Nur im Widerspruch zu dieser Machtstruktur und deren Folgen kann sich folglich emanzipatorisches und friedensfestigendes Wirken entwickeln. Jeder Aggressionskrieg ist eine Bestätigung und Förderung des Neofaschismus, weil Gewalt und das Prinzip »Macht vor Recht« zu seinen Grundfesten gehören. Auch unter den neuen Bedingungen ist Antifaschismus mit seinem klaren ANTI und seinem kreativen PRO gefordert, als unverzichtbare Gegenkraft beim Aufbau eines neuen Europas.

Verspäteter deutscher Sonderweg und Beneš-Dekrete
Am Beispiel des Verhältnisses vieler Deutscher zu den Tschechen bzw. der Sudetendeutschen Landsmannschaft zu den Beneš-Dekreten sei nun die Frage Irrationalismus oder politische Vernunft, alter Geschichtsrevisionismus oder Verständigung bzw. Antifaschismus sowie deren Bedeutung für ein neues Europa diskutiert.

Bekanntlich ist die Aussiedlung der Deutschen aus Polen, der Tschechoslowakei und Ungarn im Potsdamer Abkommen der »Großen Drei« der Anti-Hitler-Koalition vom August 1945 geregelt. Schon vor Kriegsende bestand in der Anti-Hitler-Koalition Übereinstimmung, die Deutschen als einstigen Störfaktor in den drei genannten Staaten umzusiedeln. Das schien damals ein wichtiger Baustein für die Nachkriegs-Friedensordnung in Europa. Die Beneš-Dekrete von 1945 regelten als entsprechendes nationales Recht die Verwaltung deutscher Vermögenswerte, die Bestrafung faschistischer Kriegsverbrecher, die Enteignung deutschen Besitzes und die Staatsbürgerschaft. Die deutschen Antifaschisten in der ČSR, die bis 1938 gemeinsam mit vielen Tschechen gegen die Attacken der Henlein-Faschisten und gegen die geplante Zerschlagung der ČSR gekämpft hatten, waren davon nicht betroffen. Sie erhielten als Staatsbürger der neuen ČSR alle Rechte. Es ist also falsch, wenn behauptet wird, die Beneš-Dekrete wären kollektiv gegen die Deutschen in der ČSR gerichtet gewesen.

Und wie reagiert man heute auf diese Ereignisse? Der Schirmherr der »Sudetendeutschen Landsmannschaft«, der bayerische Ministerpräsident Edmund Stoiber, wiederholte auf dem »Sudetendeutschen Tag« am 19. Mai 2002 in Nürnberg, was er jahrelang immer wieder betonte: »Die Vertreibung der Sudetendeutschen war von Anfang an Unrecht ... Es muss darüber gesprochen werden, wie jene Beneš-Dokumente, die die Vertreibung betreffen, aufgehoben und aus der Welt geschaffen werden«. Stoiber griff führende tschechische Politiker und auch das tschechische Parlament an, weil sie »die Beneš-Dokumente nicht als Unrecht empfinden«. Stoiber möchte klären, »wie das Recht auf Heimat verwirklicht werden kann ... Es liegt im Interesse der Tschechischen Republik, sich von diesem Teil der Vergangenheit endlich verbindlich zu trennen«. Die Beneš-Dekrete, so Stoiber, »sind nicht Vergangenheit. Sie belasten vielmehr Gegenwart und Zukunft.« Stoiber bezog das auch auf das »sich einigende Europa«.

Stoiber verwandelt also altes Recht in neues Unrecht! Fast alle, die wie er Derartiges von sich geben, lassen die Geschichte erst 1945 beginnen, als viele faschistische Täter durch den historischen Bruch vom 8. Mai 1945 zu Opfern ihrer vorherigen aktiven Täterschaft wurden. Es wird ausgeklammert, dass es das faschistische Regime mit all seinen Mittätern war, die Jahrhunderte alte Bindungen zerstörten, den Verlust der Heimat von Millionen Menschen und unvorstellbares Leid zu verantworten haben. Die Opfer der Vergangenheit sollten nun büßen, weil sie 1945 in Übereinstimmung mit den Hauptmächten der Anti-Hitler-Koalition für die Nachkriegszeit wichtige Regelungen trafen. Dieser Geschichtsrevisionismus schafft falsches Bewusstsein und einen gefährlichen Irrationalismus mit weitreichenden Folgen. Die desorientierten Umsiedler von 1945 schwört man auf Rache und Revanche ein – ohne Rücksicht auf die Folgen solcher Aufstachelung.

Stoiber fordert einen »ehrlichen Umgang mit der Geschichte«. Jedoch widerlegt er mit seinen eigenen Reden diesen Anspruch. Zum ehrlichen Umgang mit der Geschichte gehört, die Beneš-Dekrete im historischen Kontext zu bewerten, d.h. die Nachkriegslage einzubeziehen und ihre realen Ursachen zu benennen und zu bewerten. Wenn Stoiber die Beneš-Dekrete als »Unrechts-Dokumente« abwertet, reklamiert er indirekt »Recht« für jene, die vor 1938 maßgeblichen Einfluss auf die Zerstörung der ČSR erreichten:

Der größte Teil der Deutschen in der damaligen ČSR ließ sich nicht nur für Hitlers Eroberungspläne instrumentalisieren. Sie nahmen 1939 auch aktiv am Sturm auf tschechisch-staatliche Polizei-Stationen, auf antifaschistische Volkshäuser, auf Rathäuser und bei Angriffen auf Tschechen teil. Die Forderungen nach Selbstbestimmung – nach 1918 auch von den Arbeiterparteien in der ČSR erhoben – transformierten sie unter Berliner Einfluss in »Befreiung von der Tschechoslowakei«. Der politische Frontverlauf war damals kein ethnischer; er trennte faschistische Henlein-Anhänger von deutschen und tschechischen Antifaschisten. Was der reichsdeutsche Rundfunk Goebbels'scher Prägung täglich an Hass und Hetz-Parolen ausstrahlte, setzten die meisten Henlein-Anhänger der böhmischen Nationalsozialistischen Arbeiterpartei (NSAP) in eine brutale Praxis um. Henlein und sein Stellvertreter Frank als Befehlsempfänger Hitlers vollzogen mit Hilfe ihrer Anhänger die strategische Stoßrichtung des NS-Regimes gegen die ČSR, willfährig und unkritisch. War das nicht Hochverrat gegen einen souveränen Staat und dementsprechend zu bestrafen?

Wenn Stoiber sich anmaßt, die Interessen der jetzigen ČSR zu definieren, so setzt er damit eine Tradition fort, die 1945 scheiterte! Was Stoiber ausführt, ist eine spezifische Form der alten »Dolchstoß-Legende«. Die deutsch-tschechische Historiker-Kommission hingegen, um Realitätstreue bemüht, anerkannte 1996, dass die Menschenrechte in der ČSR gewährleistet waren. Für manche Revanchisten kein Thema.

»Vertreibung« wird vererbt, »Heimat« neu definiert

Nachzutragen bleibt, dass der Begriff »Vertreibung« in der Nachkriegszeit nicht bekannt war. Die Umsiedlung erkannte man damals als rechtens – auch seitens der Ausgesiedelten! Die Schuldgefühle der Täter waren noch relevant. Mit dem Zerfall der Anti-Hitler-Koalition und der neuen Frontstellung im Europa des Kalten Krieges verschoben sich die Begrifflichkeiten. Bereits im Grundgesetz der BRD von 1949 ist die Umsiedlung als »Vertreibung« benannt – was ihr einen völlig anderen Charakter verlieh. Unter Einflussnahme von Sprechern der Umsiedler fixierte man im Bundesvertriebenen-Gesetz von 1953 die »Vererbung der Vertreibung« und dehnte diese auf Kinder und Kindeskinder aus. Ein ungeheuerlicher Vorgang! Die »Rechts«-Ansprüche auf die alte Heimat sollten die direkt Betroffenen zeitlich überdauern. Danach klagte man das »Unrecht der Vertreibung« an und das »Recht auf Heimat« ein. Also: die Umkehrung des Potsdamer Abkommens in sein Gegenteil!

Nicht nur die Verbände der Umsiedler, auch die ehemaligen rechtskonservativen Bundesregierungen forderten Korrekturen der Kriegsfolgen und meldeten territoriale Ansprüche an. Revanchismus als Produkt der faschistischen Niederlage und neuer Machtpolitik machten sich breit, während andere von »Befreiung« sprachen.

Es blieb nicht bei der »Vererbung« der Vertreibung, um auch in Zeiten erwachsener Nachkommenschaft der Umsiedler territoriale Forderungen erheben zu können. Der Begriff »Heimat« erfuhr nun eine Neudefinition, die über das Territoriale und das Emotionale hinausreichte – Heimat sei »Ethos, eine Synthese aus Verwurzelung, Recht, Freiheit und Kultur. Eine derart verstandene Heimat ist auch vererbbar.« Die Heimat, derart vom realen Leben gelöst, wurde zum Mythos; man lehrte sie als etwas zu empfinden, was sich jederzeit für expansionistische Zwecke instrumentalisieren lässt. Die erklärte »Zweite Schlacht um den deutschen Osten« meint eine Beeinflussung der Jugend zur »Wiedergewinnung der Heimat«. Zum Vergleich: Keine französische Regierung machte den aus ihrer Heimat in Algerien umgesiedelten Franzosen je eine Hoffnung auf ihre Rückkehr.

In den Landsmannschaften der Umsiedler war von Anfang an eine Grauzone zu erkennen, in der Alt- und Neonazis, Rechtskonservative und Deutschnationale mit relativ vernünftigen Kräften konkurrierten und kooperierten. Zu den gewählten Vertretern der Umsiedler gehörte Bundesminister Theodor Oberländer, der 1923 mit Hitler zur Münchner Feldherrnhalle marschiert war, später als Gauamtsleiter der NSDAP und als Reichsleiter des Bundes Deutscher Osten wirkte. In der DDR verurteilte ihn das Oberste Gericht als Kriegsverbrecher. Bundesminister Hans-Christoph Seebohm, ein nazistischer Arisierungsgewinnler, forderte mehrfach »die Abtretung der Sudetengebiete« von der ČSSR. Lodgman van Auen, der ehemalige Vorsitzende der Deutschen Nationalpartei in der ČSR vor 1938, bekannte sich – dokumentarisch fixiert – als glühender Verehrer Hitlers.

Erst Willy Brandt, Bundeskanzler 1969-1974, sorgte mit den Ostverträgen zwischen der BRD und seinen Nachbarn bzw. der UdSSR für ein geregeltes Neben- und Miteinander – gegen erheblichen Widerstand der Berufs-Vertriebenen, d.h. der Funktionäre der Landsmannschaften. »Verräter« gehörte noch zu den mildesten Beschimpfungen gegen die Brandt-Regierung. Der Vertrag der BRD mit der ČSSR vom 11. Dezember 1973 erklärte zwar das Münchner Abkommen von 1938 für nichtig, leider nicht ex tunc. Jedoch ist im Vertrag fixiert, dass beide Staaten keine Gebietsansprüche erheben, weder jetzt noch in Zukunft. Die Funktionäre der Umsiedler-Verbände scherte das wenig. »Ausverkauf deutscher Interessen« hieß es von dieser Seite. Der Revanchismus lebte weiter. In seiner Rede anlässlich der Unterzeichnung des Vertrags erklärte Brandt: »Niemand kann seiner Vergangenheit, seiner Geschichte entfliehen. Nur wer sich ihr stellt, wird sie ins Positive, ins Konstruktive wenden können«. Eine deutliche Absage an den Geschichtsrevisionismus und ein Hinweis für jene, die die deutschen Verbrechen – auch jene der Deutschen in der ČSR vor 1938 – verschweigen. Diese wenden die Vergangenheit nicht ins Positive: sie trachten nach Revanche für 1945.

Erika Steinbach vom rechten Flügel der CDU setzte in ihrer Eigenschaft als Vorsitzende aller Landsmannschaften die Judenvernichtung mit der Aussiedlung gleich. Sie drohte »uneinsichtigen Kandidaten« bei der EU-Erweiterung mit einem Veto. Doppeldeutig sagte sie: »Dazu bedarf es keiner Kampfflugzeuge«. Man erinnert sich dabei an den CDU-Oberen Egon Gerstenmaier, der vor Jahren im Industrie-Kurier schrieb: »Geld ist an die Stelle von Angriffswaffen getreten«. Der deutsche Imperialismus hält beide Instrumente bereit und noch ergänzend dazu die Manipulation des Bewusstseins.

Nachdenken über europäische Perspektiven
Im Prozess der geschichtlichen Einwicklung näherten sich die beiden antagonistischen Traditionen an, ohne sich selbst aufzugeben. Die Repräsentanten der inhumanen Idee und Praxis bewegen sich gezwungenermaßen auf ihre Gegenspieler zu, weil sie durch innenpolitische Gegenkräfte und später durch veränderte internationale Machtrelationen in ihrer aggressiven Expansionstendenz eingedämmt wurden. Die koexistenziellen Regelungen im Jahr 1945 milderten die Auswüchse des Imperialismus. Die gesellschaftlichen Träger der anderen, humanistischen Tradition indes entfernten sich im Kampf gegen die alte Tradition von ihren Wurzeln, besonders im Kalten Krieg. Seit 1990 dominierte erneut die inhumane Tradition, auch wenn es über die »Friedens-Dividende« viele Illusionen gab. Gesteigerter Irrationalismus zeigt sich in der neoliberalen Deregulierung und in der erneuten Legitimierung des Krieges unter den Be-

dingungen der Hightech-Rüstung. Der von der US-Führung erklärte »permanente«, d.h. also niemals endende Krieg belegt erneut die »Die Zerstörung der Vernunft«.

Angesichts dieser Tendenzen und Realitäten bleibt es notwendiger denn je, über europäische Perspektiven nachzudenken. Das vorgefundene historische Erfahrungsmaterial bietet sehr wohl viele Hinweise, was zu tun und was zu vermeiden ist. Ein neues Europa sollte jeden Geschichtsrevisionismus durch verstärkte Aufklärung überwinden.

Historische Wahrheit sollte eine verbindliche Grundlage für das Gestalten der Gegenwart und für Zukunftsplanung sein. Auf Geschichtsrevisionismus, welcher Art auch immer, lässt sich eine Politik für Frieden, soziale Gerechtigkeit und demokratischen Fortschritt nicht bauen. Ein gemeinsames europäisches Haus braucht Antifaschismus, um neuen Gefahren zu begegnen. Das ANTI und das PRO des Antifaschismus bieten genügend inhaltliche Positionen und Perspektiven. Ein neues Europa sollte jene Tradition den veränderten Bedingungen anpassen, die reale Humanität statt Irrationalismus und falsches Bewusstsein garantiert.

Wie können wir als Freidenker im Rahmen des weltweiten Widerstandes gegen Krieg und der Bewegung für »Eine bessere Welt ist möglich« wirken und eigene Erkenntnisse einbringen? Mit dem Wissen, dass Noch-nicht-Bewusstes zur Bewusstwerdung drängt und mit seinem »Prinzip Hoffnung« vermittelt uns Ernst Bloch neue Kraft für unser Wirken, auch wenn wir (noch) eine Minderheit sind. Von Karl Marx wissen wir, dass die Idee zur materiellen Gewalt wird, »wenn sie Herzen und Hirne der Menschen ergreift«.

In diesem Sinne können wir Freidenker contra Irrationalismus und für reale Humanität wirken. Das mag ein mühevolles Unterfangen sein. In der Geschichte gibt es jedoch keine Geschenke; alles ist Produkt politischen Kampfes mit bewussten Zielen.

Alle Aussagen stützen sich auf vorhandenes Quellenmaterial und eigene Erfahrungen als Zeitzeuge. Die Deutschen in der ČSR bis 1938 waren »tschechoslowakische Staatsbürger deutscher Zunge«, das Wort »Sudetendeutsche« als Kampfbegriff der Nationalsozialisten wurde erst nach 1936 gebräuchlich. Danach richtet sich der Sprachgebrauch in der vorliegenden Arbeit.

Dieser (Vortrags-)Text wurde auf dem Weltkongress der Freidenker am 15./16. März 2003 in Prag vorgestellt.

Nationalismus als Ursache der »Vertreibung«?

SPD-Politiker Peter Glotz verschweigt NS-Verbrechen

Seit Jahren wiederholen Sprecher der Sudetendeutschen Landsmannschaft und ihr Schirmherr, der langjährige bayerische Ministerpräsident Stoiber/CSU, Forderungen an die Repräsentanten der Tschechischen Republik, die Beneš-Dekrete von 1945 zu annullieren. Mit diesen historische Realität gewordenen Dekreten, die das Prager Parlament einstimmig bestätigte, regelte man die Modalitäten der Aussiedlung der Sudetendeutschen. Diesen Transfer fixierten die Großen Drei im Potsdamer Abkommen vom 2.8.1945 mit dem Ziel, die europäische Sicherheit in der Nachkriegszeit zu gewährleisten: Unruheherde, die zu den Kriegsursachen gehörten, waren auszuschalten. Es braucht kaum betont zu werden, dass die auf »Rückgabe oder Entschädigung« zielenden höchst provokativen Forderungen der eingangs genannten Kräfte die Beziehungen zwischen der BRD und der Tschechischen Republik nachhaltig stören.

Gleiches gilt für den Versuch des »Bundes der Vertriebenen« (BdV) und deren Vorsitzender Erika Steinbach, CDU-MdB, ein »Zentrum gegen Vertreibungen« in Berlin zu schaffen. Mit diesem soll – vernebelt als Aufforderung, gegen alle die Menschenrechte verletzenden Bevölkerungstransfers zu wirken – jedoch primär die Opferrolle der nach 1945 aus Polen und der ČSR ausgesiedelten Deutschen den heutigen Zeitgenossen und der Nachwelt eindringlich vermittelt werden: natürlich mit dem Ziel, Entschädigungen zu erhalten mit Unterstützung anderer. Die Mittäter von einst erheben als »Leidtragende und Opfer« einen Anspruch auf Wiedergutmachung von denen, die sie einst kriegerisch überfielen, okkupieren und ausplündern halfen.

In jüngster Zeit verstärken Ableger der Landsmannschaften ihre Forderungen an östliche Nachbarstaaten. Die »Sudetendeutsche Initiative« und die »Preußische Treuhand« versuchen mit verteilten Rollen die »Vertreibung« als Völkermord hinzustellen und über die Förderung bzw. Unterstützung privater Klagen das 1945 erloschene Eigentumsrecht mancher Ausgesiedelter, Aussiedler oder Flüchtlinge in bare Münze zu verwandeln. Klagen beim Europäischen Gerichtshof für Menschenrechte sind bereits anhängig. Mit solchen Argumentationen, Plänen und Aktionen in der nunmehr erweiterten EU untergräbt man auch die Beziehungen zu Polen.

Erklärtermaßen verfolgt man das Ziel, die Probleme der 1945 Ausgesiedelten zu »europäisieren«, indem man das Schicksal einer höchst mitverantwortlichen und mitschuldigen Minderheit an der Zerschlagung der damaligen ČSR oder Polens zu einem Verbrechen gegen die Menschlichkeit umfunktionalisiert. Damit spekuliert man auf die Unterstützung human orientierter Personen und Gruppen für die gestellten Forderungen auf Rückgabe oder Entschädigung. – Manche fallen auf diesen ebenso raffinierten wie skrupellosen Trick herein oder machen sich diese Argumentationen oder Handlungen gar zu Eigen!

Man benennt nicht die tatsächlichen Hauptverantwortlichen der zur Aussiedlung führenden NS-Verbrechen, sondern verlangt Entschädigung von den tatsächlichen Opfern der Zeit von 1938 bis 1945.

Die gegenwärtige Bundesregierung unterstützt zwar solche »Ansprüche« nicht, sondern verweist auf den Zusammenhang von NS-Verbrechen und Aussiedlung. Allerdings verweist sie zugleich auf mögliche private Klagen. Dieses Einerseits/Andererseits trägt nicht zur erforderlichen Beruhigung und Normalisierung der Beziehungen zu den Nachbarstaaten bei. Die Schröder-Regierung lässt vielmehr zu, dass vernünftige Konsequenzen aus geschichtlichen Erfahrungen weiter blockiert bleiben und dass von revanchistischen Kräften die NS-Täterrolle weiter ins Dunkel gerückt wird.

Ein Reinwaschversuch sudetendeutscher Verbrechen?

Im Jahr 2003 legte der Kommunikationswissenschaftler und 1939 in Eger/Cheb geborene Peter Glotz ein Buch vor, das sich mit dem Verhältnis zwischen Tschechen und den bis 1945 in Böhmen und Mähren siedelnden Deutschen befasst. »Die Vertreibung. Böhmen als Lehrstück« nennt der von 1981 bis 1987 als Bundesgeschäftsführer der SPD und als Parlamentarier wirkende Autor sein neues Werk. In diesem breitet er die lange Geschichte der gegenseitigen »Verfeindung« aus und benennt den in der Tat zu bekämpfenden »Nationalismus« als Ursache der Aussiedlung.

Im ersten Drittel des Buches, das etwa bis zum völkerrechtswidrigen Münchener Abkommen reicht (tatsächlich war es ein Diktat gegen einen nicht in die Verhandlungen einbezogenen Staat!), verteilt Peter Glotz seine Kritik an nationalistischen Äußerungen und Handlungen gleichmäßig auf Tschechen und Deutsche. Im kürzeren mittleren Teil vermittelt der Autor auch noch den Eindruck des neutralen Beobachters und distanzierten Kritikers. Im umfangreichen letzten Drittel schildert er jedoch, gestützt auf sehr subjektiv eingefärbte und zum Teil nicht belegte Zeitzeugenberichte der von der Aussiedlung Betroffenen, höchst einseitig die Leiden vieler aus der ČSR ausgesiedelter Deutscher. Jene Tausende, die sich der Strafe für begangene Verbrechen durch Flucht nach Deutschland entzogen, erwähnt der Autor nicht. Nur nebenbei berichtet er, dass die Antifaschisten bleiben konnten, aber freiwillig aussiedelten. Zwar bekennt der Autor im Vorwort, dass er ein »politisches Buch« präsentiere, kein historisches. Aber wesentliche Auslassungen, vor allem die extrem faschistische Tätigkeit der Sudetendeutschen Partei (SdP) Konrad Henleins, fordern auch dann zu einer zugespitzten Kritik heraus, wenn Glotz auf das Attribut »wissenschaftlich« für sein Opus verzichtet.

Die wahre Ursache der Aussiedlung ist nicht der vom Autor benannte »Nationalismus« von Tschechen und Deutschen, sondern sind die belegten faschistischen Verbrechen der Aktivisten der SdP und die besondere Mitverantwortung für die Zerschlagung der ČSR 1938. Eine große Mehrheit der Deutschen in der ČSR billigte und unterstützte aktiv Hitlers Pläne, das Sudetenland aus der ČSR herauszulösen und es dem NS-regierten Deutschen Reich anzuschließen. Dies zu verschweigen ist keinesfalls im Interesse der Versöhnung von Tschechen und Deutschen, das nützt nur denen, die ihre Niederlage vom 8. Mai 1945 nachträglich in einen Sieg verwandeln wollen!

Es kann und darf nicht verschwiegen werden, dass eine große Mehrheit der Deutschen in Böhmen und Mähren, geführt von Konrad Henleins SdP, einen wesentlichen Beitrag zur Zerstörung des ersten Staates der Tschechen in ihrer langen Geschichte leistete. Man wusste es, denn man sprach 1937/38 am Arbeitsplatz, in Familien, Schulen und Begegnungsstätten darüber – und zwar seitens der SdP-Mitglieder höhnisch! –, dass mit dem geplanten Eingliedern des Sudetenlandes in das Deutsche Reich Hitlers die ČSR ein Fünftel ihres Territoriums, ein Viertel ihrer Bevölkerung, wichtige Bodenschätze sowie beachtliche Wirtschaftspotenzen verlieren würde. Und man bemerkte und sprach es auch offen aus, dass damit das letzte demokratische Bollwerk in Mitteleuropa zerstört und die politischen, wirtschaftlichen und militärischen Führungsorgane des NS-Reiches für weitere Expansionen freie Hand bekämen. Mit der provokativ vorgetragenen Forderung nach »Selbstbestimmung« – und das bedeutete im konkreten Fall den lautstark eingeforderten »Anschluss an das Deutsche Reich« – lieferte man Hitler alle Möglichkeiten, dem Ausland die Notwendigkeit einer Abtrennung des Sudetenlandes und damit der Zerschlagung der ČSR plausibel zu machen. Insofern ist es nicht falsch, zu erklären, dass die Mehrheit der Sudetendeutschen als »fünfte Kolonne Hitlers« wirkte (Glotz 2003, S. 254/255).

NS-Täter contra deutsche und tschechische Antifaschisten

Wie wenig der von Glotz benannte Nationalismus als vermeintliche Ursache der Aussiedlung zutrifft, zeigt sich schon darin, dass die Aktivitäten der SdP ab 1934 weniger gegen die Tschechen und ihren Staat gerichtet waren, sondern zunächst gegen die deutschen Antifaschisten. Die »Saalschlachten« der mittleren Dreißigerjahre fanden zwischen Henlein-Anhängern und deutschen Sozialdemokraten bzw. Kommunisten statt: Jede Partei versuchte, Großveranstaltungen der Gegenseite zu stören oder zu verhindern. Analog zum Vorgehen der Nazi-Führung in Deutschland bekämpfte man zunächst die entschiedenen Gegner einer kriegsorientierten Außenpolitik, bevor man diese einleitete. Programmatisch, aber eben nicht praktisch wollte die SdP erst innenpolitische Zugeständnisse von der Prager Regierung erhalten, bevor man die »Heim-ins-Reich«-Parole mit Aktionen zu realisieren begann.

Die Mordkommandos der SdP, zunächst »Freiwilliger Schutzdienst« und ab 1937/38 »Sudetendeutsches Freikorps« genannt, töteten 110 tschechische und deutsche Antifaschisten und verschleppten 2.029 als Linke bekannte Personen über die Grenze; etwa die Hälfte von diesen blieb »verschollen«! Angehörige dieses »Freikorps« hatten den Eid auf die ČSR geschworen und kämpften dann mit der Waffe gegen diesen Staat, nachdem sie auf Hitler den Eid geschworen hatten. Hoch- und Landesverrat nennt man solche Praktiken. Überfälle auf Gendarmerie-Stationen der ČSR, auf Antifa-Volkshäuser oder demokratisch regierte Rathäuser: waren dies »nationalistische« oder faschistische Aktionen, da die wahre Frontstellung eben nicht »Hier Deutsche und dort Tschechen« bedeutete, sondern »Hier deutsche Faschisten und dort deutsche und tschechische Antifaschisten«!?

Peter Glotz, der angibt, hunderte Werke tschechischer, deutscher, amerikanischer und englischer Historiker zur Geschichte Böhmens gelesen zu haben, könnte wissen, was 1937/38 im Sudetenland realiter geschah! Er kannte ja auch einige von ihm erwähnte antifaschistische Zeitzeugen. Was er ebenfalls verschweigt, weil es nicht in sein Schema vom Nationalismus als Ursache der »Vertreibung« passt, ist das Faktum, dass deutsche Unternehmer deutsche antifaschistische Arbeiter vor die Alternative stellten: entweder Mitglied werden in der SdP oder den Arbeitsplatz räumen! Glotz folgt also dem Argumentationsmuster der provokativsten Sprecher der Landsmannschaften, indem er die tatsächlichen Ursachen der Aussiedlung verschweigt. Hat das besondere Gründe? Der Gedanke drängt sich auf: Nur wenn man faschistische Verbrechen verschweigt und den ganz allgemein und alleinig den von allen entwickelten Völkern praktizierten Nationalismus als Vertreibungsursache vorgibt, kann man sich gleichberechtigt in die Gemeinschaft der supranationalen Zusammenschlüsse einreihen. Das taten die in Bonn Herrschenden von Anfang an. Die Singularität der NS-Verbrechen, an denen man aktiv oder passiv beteiligt war und deren integrierter Teil die NS-Aktionen der SdP zur Zerschlagung der ČSR blieben, sollen im Dunkel der Geschichte verschwinden, damit der Weg für eine neue deutsche Großmachtrolle frei wird.

War nur die NS-Führung an allem schuld?
Peter Glotz stellt fest: »Der Totengräber des Sudetendeutschtums heißt Adolf Hitler ... Dass Hitler einer der ganz großen Verbrecher der Menschheitsgeschichte war, macht andere aber nicht schuldlos.« (S. 248) Das klingt so und wird durch die gesamten Ausführungen des Schreibers bestätigt, als ob das Volk, im speziellen Fall die Deutschen in Böhmen und Mähren, als harmlose Mitläufer in ein Unglück gestürzt wurden, an dem sie lediglich durch fehlende Gegenwehr mitschuldig wurden. Aktives und gezieltes Mitwirken an den Verbrechen erwähnt Glotz nicht! Er erweckt auch den Anschein, als ob nur Konrad Henlein den deutschen Aggressoren und Raubkriegsplanern »in die Hände arbeitete« (S. 12 und 120). Ohne die geplanten Aktionen und Verbrechen von hunderttausenden fanatisierten SdP-Mitgliedern wäre Henlein kaum mehr als eine historische Fußnote geworden.

Von der falschen Personalisierung komplexer gesellschaftlicher Prozesse abgesehen: der Autor wendet mehrfach eine Methode an, die seit 1945 seitens vieler schwer belasteter NS-Spitzenleute in Wehrmacht, Wirtschaft, Medien u.a. des NS-Staates bekannt ist: sie zielte auf deren Entlastung: »Der Führer war (allein!) an allem schuld!« Sehr bald fragte man im Sinne Bert Brechts, ob Hitler nicht wenigstens einen Leibkoch dabeihatte, als die umfassenden Kriegsvorbereitungen in allen Bereichen der Gesellschaft und die opferreichen Raubzüge realisiert wurden! Glotz erwähnt, dass Konrad Henlein als Vorsitzender der SdP von Hitler erbat, »die Einverleibung des sudetendeutschen Gebietes, ja des ganzen böhmisch-mährischen Raumes in das Reich« durchzuführen (S. 119/120). Obwohl dieser Hoch- und Landesverrat zunächst geheim blieb, arbeitete die SdP in ihren Schulungen auf diese Ziele hin. In manchen Diskussionen zwischen Antifaschisten und SdP-Aktivisten erhielten erstere die Aufforderung, angesichts dieser »Perspektive« doch lieber gleich der SdP beizutreten.

Ein aufschlussreicher Satz des Autors: »... steigt in mir der Hass hoch, wenn mir sogar linke Freunde sagen: Ihr wolltet doch ‚heim ins Reich'. Dieser Unsinn stammt von Konrad Henlein: und eine große, Mehrheit der Sudetendeutschen ist ihm, Schande über uns, zwischen 1935 und 1945 gefolgt ...« (S. 12). Damit identifiziert sich Peter Glotz mit dieser Mehrheit; ein Antifaschist könnte so etwas nicht zu Papier bringen, denn die deutschen Antifaschisten der ČSR wirkten für den sozialistischen Ausbau der Demokratie im Vielvölkerstaat, aber gegen diese Anschlussparole. Der vom Autor zitierte »Unsinn« stammt jedoch nicht von Konrad Henlein; er wurde vom Goebbels'schen Propagandaministerium kreiert und – erfolgreich! – verbreitet. Gewiss: Glotz stellt richtig, dass Böhmen/Mähren als Teil der österreichisch-ungarischen Monarchie längst vor der Reichsgründung 1871 nicht mehr zum mittelalterlichen »Reich« gehörte. Er hätte anmerken können, dass Henlein die Goebbels'sche Parole nach Kräften verbreiten half. Gegen wen aber richtet sich sein »Hass«? Gegen jene Linke, die ihm die Wahrheit sagten, soweit es sich um die Mehrheit der Sudetendeutschen handelte? Oder gegen jene, die kräftig mithalfen, die Pläne der NS-Führung, der deutschen Kapitalherren und der Generalität in die Realität umzusetzen? Wieder wälzt er Schuld auf Führungsorgane ab, erklärt die oben genannte Mehrheit quasi zu Dummköpfen, blendet jedoch die verbrecherischen Aktionen der SdP, die mit dieser Parole verbunden waren, völlig aus! »Hass« bei einem Menschen, der erklärtermaßen vorurteilsfrei an das von ihm erörterte Problem heranzugehen bestrebt ist? Einer der vielen Widersprüche dieses Buches.

Was Peter Glotz in diesem Zusammenhang anzumerken unterlässt: im »NS-Sudetengau« erreichte die Mitgliedschaft in der NSDAP – in die man die SdP nach der Zerschlagung der ČSR eingliederte – die prozentual höchste Quote in der deutschen Gesamtbevölkerung! Wer nüchtern zu vergleichen in der Lage war, konnte feststellen, dass Lautstärke und Dauer von Zustimmungsbekundungen in NS-Versammlungen der Sudetendeutschen deutlich voluminöser ausfielen als etwa im benachbarten Sachsen oder Franken. Auch das sind Beispiele für den Fanatismus der ehemaligen »Grenzland-Deutschen«, wie sie sich mitunter bezeichnet hatten.

Warum versucht der Autor – das ist die durchgehende Linie seines Buches – die Rolle der Volksmassen bzw. die der Mehrheit der Sudetendeutschen als instrumentalisierte Gruppe darzustellen? Das waren sie bestimmt auch. Aber eben nicht nur! Es sind genügend eigenständige Initiativen bei der Umsetzung der strategischen Linie der NS-Führungsorgane nachzuweisen und auch viele persönliche Verbrechen! Fehlanzeige bei Glotz!

Realisierung oder Annullierung des Potsdamer Abkommens?

Die Beneš-Dekrete, die konform zum Potsdamer Abkommen der Siegermächte stehen, beschreibt Peter Glotz im historischen Kontext sachlich-konkret (S. 193 ff.). Auch die Beweggründe von Beneš werden transparent. Der Autor kritisiert jedoch, dass die Aussiedlung bereits vor dem 2.8.1945 begann. Zugleich verweist er darauf, dass die Siegermächte lange vor Beginn des Transfers eben diesen im Visier hatten und dies auch bekundeten (vgl. S. 152 und 171). Ein weiterer Widerspruch!

Die Beschreibung der Person Beneš bleibt einseitig (S. 145 ff., S. 171 ff. und S. 193 ff.). Bei Glotz erscheint er als der teils raffinierte, teils naive Präsident, dessen Agieren vor allem von »Rache« gekennzeichnet ist. Verschwiegen wird, dass Beneš als Außenminister der ČSR im Völkerbund eine sehr konstruktive Rolle spielte und am Zustandekommen des Genfer Protokolls von 1924 maßgeblich beteiligt war. Dieses beinhaltete: den Angriffskrieg zu ächten, internationale Streitfälle durch einen kompetenten Gerichtshof regeln zu lassen und ein System kollektiver Sicherheit zu schaffen. Die Enttäuschung von Beneš über das Münchener Abkommen und seine partielle Zuwendung zur UdSSR (die viel zu spät kam!) wird man ihm nicht anlasten können.

Der Verfasser des Buches »Vertreibung« übernimmt in vielen Fällen Sprachgebrauch und Argumentationsmuster der Landsmannschaften – auch wenn er manche Geschichtslügen ohne Bezug auf ihre Verbreiter richtigstellt.

Nach dem 8. Mai 1945 war der Begriff »Vertreibung« erst einmal kaum bekannt. Die Mehrheit der Flüchtlinge oder Ausgesiedelten erkannte in ihrem harten Los eine Folge ihres Verhaltens und übernahm die bei den Siegermächten üblichen Termini für den Transfer. Im Zusammenhang mit der Konstituierung der BRD taucht der Begriff »Vertriebene« im Grundgesetz (Art. 116) auf. Politische, wirtschaftliche und militärische Kräfte, die sich durch die von der US-Führung zugewiesene »antisowjetische Bollwerkfunktion« der BRD ermutigt sahen und die Revision der Ergebnisse des Zweiten Weltkrieges anvisierten, benutzten den Begriff »Vertreibung« zur Untermauerung ihrer expansiven Ziele. Im Bundesvertriebenengesetz von 1953 wird die »Vererbung der Vertreibung« fixiert und damit das »Recht auf Heimat« (das bekanntlich nicht zu den Menschenrechten gehört) sowie das »Unrecht der Vertreibung« in den politischen Sprachgebrauch eingeführt und ist in der Zeit der politischen und militärischen Konfrontation in Europa ein Teil dieser Zuspitzung. Die Umkehrung der Täter-Opfer-Rollen ist im Widerspruch zum Potsdamer Abkommen »eingeführt« worden – und politisch höchst wirksam.

Die Gegnerschaft zum Potsdamer Abkommen, das auch bei Peter Glotz mit erkennbarer Skepsis bedacht wird, bleibt ein Prüfstein für Frieden festigendes oder Frieden gefährdendes Verhalten. Auch die Umdeutung der Begriffe hat politische Ziele: sie dient der Aufrechterhaltung revanchistischer Ansprüche. Letztere sind beim Verfasser nicht zu erkennen.

Der Begriff »Vertreibung« soll im Unterschied zu den neutralen Termini »Transfer« oder »Umsiedlung« die Verteufelung der östlichen Nachbarn festigen und deren Politik a priori ins Unrecht setzen. Im Kalten Krieg war solches üblich. Hat diese Fortsetzung unter völlig veränderten Bedingungen einen anderen Sinn als den, politische Spannungen aufrechtzuerhalten, wenn das Ziel »Rückgabe oder Entschädigung« schon nicht zu erreichen ist?

Selbst dem Begriff »Heimat« gab man im Dienste territorialer Ansprüche eine neue Definition. Man löst »Heimat« von ihrem territorialen und emotionalen Inhalt und bestimmt sie als »Ethos, eine Synthese aus Verwurzelung, Recht, Freiheit und Kultur. Eine derart verstandene Heimat ist auch vererbbar!«. Heimat wird zum Mythos, zum gefährlichen Irrationalismus, beliebig zu instrumentalisieren gegen politische Vernunft und sicherheitspolitische Regelungen.

Peter Glotz, der die Verhältnisse zwischen Tschechen und Deutschen zu verbessern angetreten ist, wendet sich nicht gegen diese Untergrabung der europäischen Sicherheit und stabiler Verhältnisse in der erweiterten EU. Auch gegen die Vergiftung des politischen Klimas zwischen Tschechen und Deutschen durch provokative und die Geschichte verfälschende Reden Edmund Stoibers findet man bei Glotz kein Wort! Dabei prangert Stoiber wiederholt die »Vertreibung« als »Unrecht« und »Verletzung der Menschenrechte« an. Der »Schirmherr« der Sudetendeutschen möchte geklärt haben, wie das »Recht auf Heimat« zu verwirklichen ist: mit militärischer Gewalt? Mittels wirtschaftlichen Drucks? Durch Verweigerungen berechtigter Ansprüche der Tschechischen Republik an die EU? Angeblich belasten die Beneš-Dekrete – so Stoiber – nicht nur Vergangenheit und Gegenwart, sondern auch die Zukunft!

»Vertreibung« als »Verbrechen« und als »Völkermord«?

In seinem Epilog »Aufklärung oder Aufrechnung« bringt Glotz einerseits sehr Vernünftiges, andererseits höchst Provokatives zu Papier (S. 254 ff.): «Vertreibungen sind Kriegsverbrechen und Verbrechen gegen die Menschlichkeit!« (S. 258) Bei solchen Verallgemeinerungen bleibt zu fragen, ob alle Bevölkerungstransfers auf die gleiche moralische Stufe zu stellen sind – wie der Verfasser es tut. Nur auf den ersten Blick lassen sich alle Umsiedlungen gleichsetzen, weil jeder Transfer dieser Art menschliches Leid mit sich bringt. In vielen Bürgerkriegen, etwa im Afrika unserer Tage, ist die Lage eindeutig: Die mit vielen Opfern und Leiden aus ihrer Heimat Vertriebenen – hier stimmt dieser Begriff, da es sich um schreckliche Willkürmaßnahmen handelt – begingen in der Regel keine Verbrechen gegen andere, sie hegten und hegen keine expansionistischen und aggressiven Ziele. Sie waren und sind keine Bedrohung für ihre Nachbarn. Lässt sich Gleiches von der Mehrheit der Sudetendeutschen vor dem geplanten Transfer feststellen? Ganz gewiss nicht! Deren aktive Teilhabe an satanischen NS-Verbrechen ist bekannt. Selbst wenn man berücksichtigt, dass primär den fanatischen Aktivisten der SdP/NSDAP eine Hauptschuld zuzuweisen und beachtliche Teile der SdP/NSDAP eine aktive Mittäter-Verantwortung zuzuschreiben ist, wäre einzuwenden, dass manche der raffinierten Massenpsychologie Goebbels'scher Prägung erlagen, ohne direkte Schuld auf sich zu laden. Ihr Mitläufertum bliebe abzuwägen. Zu klären bliebe auch, ob Sudetendeutsche und Deutsche in Polen ein neuer Unruhefaktor in der staatlichen und internationalen Politik geworden wären, hätte man die Bestrafung der Hauptkriegsverbrecher, Friedensbrecher und Verbrecher gegen die Menschlichkeit und deren Helfershelfer an die Stelle der Aussiedlung gesetzt. Die Frage ist akademisch, sie muss jedoch gestellt werden: Hätten sich Deutsche in den östlichen Nachbarstaaten unter den Bedingungen der militärischen Konfrontation nicht erneut zu einem sicherheitspolitischen Risiko entwickelt? Oder im Rückblick: Hätte ihr Bleiben etwa bürgerkriegsähnliche Zustände nach dem 8. Mai 1945 hervorgerufen? Am aktuellen Beispiel des Verhaltens der Sprecher des »Bundes der Vertriebenen« lässt sich kaum ableiten, dass vernünftige Konsequenzen aus den Lehren der deutschen Geschichte gezogen worden wären.

Peter Glotz verweist korrekt darauf, dass die UNO-Generalversammlung den Transfer 1946 bestätigte. Und erst 1996, nach vielen neuen Erfahrungen mit tatsächlichen Vertreibungen, legte man völkerrechtsverbindlich fest, dass Vertreibungen »Verbrechen gegen die Menschlichkeit« sind. Eine Ruckwirkungsklausel gibt es jedoch nicht! Das sollte ein Politiker und Wissenschaftler wie Peter Glotz anmerken, wenn er darüber schreibt.

»Vertreibungen können auch Völkermord sein«, notiert Peter Glotz (S. 259). Ganz allgemein stimmt das, wenn man an die Verbrechen gegen Juden und Armenier denkt. Die Argumentation des Autors folgt jedoch teilweise dem, was man von manchen Scharfmachern der Landsmannschaften hört oder liest. Glotz führt die UNO-Definition für Völkermord von 1948 an, um dann festzustellen: »Nach dieser Definition könnte man mit einigen Zweifeln auch die Vertreibung der Sudetendeutschen als Genocide bezeichnen« (S. 259)! Diese Feststellung ist das Letzte, was man von einem Autor wie Glotz erwarten darf! Auch wenn es kein wissenschaftliches Buch, sondern ein politisches ist: damit ist der Rubikon überschritten! Der Autor vermerkt an anderer Stelle, dass die deutsch-tschechische Historiker-Kommission 15.000 bis 30.000 Todesfälle durch die Aussiedlung errechnete; die Sudetendeutsche Landsmannschaft gab jedoch 220.000 bis 270.000 Opfer an! Tatsächlich ist nicht einmal ein Prozent der Sudetendeutschen als Opfer der Aussiedlung zu beklagen. Das ist kein Genozid, selbst wenn man die nachfolgend schlechten Lebensbedingungen berücksichtigt. Aufrechnungen sollten zwar vermieden werden, aber der Prozentsatz der Toten, die durch sudetendeutsche Kriegs- und Gewalthandlungen bei anderen Völkern zu beklagen sind, ist doch wesentlich höher!

Wem nützt und wem schadet dieses Buch?
Eine Fülle von Kritikpunkten bliebe noch nachzutragen. Der Autor unterlässt es, eine klare Trennung zwischen Nationalbewusstsein – das in manchen historischen Epochen sehr wohl positive Merkmale zeigte! – und dem emotional aufgeladenen Nationalismus herauszuarbeiten. Es bliebe auch richtigzustellen, dass es in Böhmen und Mähren zu keiner Zeit Ruthenen und Ukrainer gab (S. 19), sehr wohl aber viele nomadisierende Sinti und Roma. Es wäre auch zu kritisieren, dass der Autor vorwiegend auf Politik und auf Personen abhebt und die im speziellen Fall doch sehr wichtigen ökonomischen Zusammenhänge weitgehend ausklammert. Die ČSR war z.B. vor 1938 ein wirtschaftlich hoch entwickelter Staat mit einem beachtlichen Lebensstandard; auch wegen der wirtschaftlichen Potenzen hatte die NS-Führung in Berlin höchstes Interesse an der Einverleibung der ČSR.

Die Einseitigkeit des Autors ist insofern ebenso zu kritisieren, weil er circa 100 Seiten zur Beschreibung der Leiden der ausgesiedelten Sudetendeutschen verwendet, während er für das Elend der 1938 aus dem Sudetengebiet ausgesiedelten Tschechen und das schwere Schicksal der deutschen Antifaschisten in der ČSR vor und nach dem Münchener Abkommen nur wenige Seiten nutzt. Dem »Protektorat« und den dort begangenen Verbrechen an den Tschechen widmet er zwar ausreichend Raum (S. 134 ff.), aber in diesem Fall betont er die Verantwortung der Berliner Führung. Den Anteil der Sudetendeutschen klammert er weitgehend aus; nur die Rolle des Stellvertreters Henleins, K. H. Frank, wird kurz erwähnt. Glotz wollte ein Buch schreiben »für Europa, für einen europäischen Staatenbund, der sich zu einer europäischen Politik fähig macht« (S. 13). Europäische Politik kann imperialistisch, aber auch sozial und human sein! Es ist jedoch zu bezweifeln, dass die Ausklammerung schwerer NS-Verbrechen der SdP und die versuchte Umkehrung der Täter-Opfer-Rollen ein Beitrag zu einer menschenwürdigen Politik der EU sein kann. Damit ist die Frage nach der realen Funktion dieses Buches aufgeworfen, unabhängig davon, was der Autor wollte und was er als sein Ziel angibt. Die Sachlichkeit im vorderen Teil des Buches ist anzuerkennen und sein Wirken gegen den Nationalismus ebenfalls. Die Bedenken erwachsen gegenüber dem letzten Drittel dieses Buches. In der jetzt vorliegenden Form ist es eine Hilfe für jene, die sich als SS-Täter oder deren Kinder eine »unterstützenswerte« Opferrolle selbst zuschreiben.

Der Autor stammt aus einer bürgerlichen Familie; antifaschistische Beurteilung ist ihm völlig fremd. Der Vater war Versicherungskaufmann und Mitglied der SdP, er floh bereits im Mai 1945! Wichtiger vielleicht noch: Peter Glotz war bis zu seinem Tod im Jahr 2005 einer der Vorsitzenden des »Zentrums gegen Vertreibungen« – zusammen mit Erika Steinbach, der Vorsitzenden des BdV. Insofern wird verständlich, dass Glotz viele Argumentationsmuster aufnimmt und verbreitet, die der Berater des Henlein-Stellvertreters und Staatssekretärs im »Protektorat« K. H. Frank, Prof. H. Raschhofer, suggerierte. Letzterer stand an der Spitze des chauvinistisch-revanchistischen Lagers in Deutschland und Österreich, er war Stichwortgeber für die rechtesten Kräfte in den Landsmannschaften. In Glotz' Quellenliste findet man diesen faschistischen Agitator nicht, nur dessen Schüler und Neuherausgeber von dessen Hauptwerk, den weniger verdächtigen Völkerrechtler Otto Kimminich, findet man im Quellenverzeichnis. Die Ausklammerung der NS-Verbrechen, die Abwertung von Vielvölkerstaaten wie der ČSR bis 1938 und des Potsdamer Abkommens, das Lob für das Münchener Abkommen von 1938: das alles findet sich bei Glotz in leicht modifizierter Form wieder! Verpackt in die vermeintliche wissenschaftliche Potenz eines SPD-Funktionärs, dem man derlei nicht ohne weiteres zutraut, wird eine Ideologie für das »Zentrum gegen Vertreibungen« geboten. Böhmen war kein Lehrstück!

Quellenhinweise und Anmerkungen:
Georg Herde / Alexa Stolze, Sudetendeutsche Landsmannschaft, Köln 1987
Samuel Salzborn, Grenzenlose Heimat, Berlin 2000
W. von Goldenbach / H. R. Minow, Deutschtum erwache! – Zur Volkstumspolitik aller deutschen Regierungen vom Kaiserreich bis in unsere Zeit, Berlin 1994
Deutsch-Tschechische Nachrichten, Stuttgart, sämtliche Ausgaben seit Jahren bis in die Gegenwart
Edmund Stoiber, Reden als bayerischer Ministerpräsident auf sudetendeutschen Pfingsttreffen

Lorenz Knorr
Aufklärung, Frieden, Antifaschismus
Broschur, 379 S., EUR 19,90 (D)
ISBN 978-3-89438-356-5

Der Band vereinigt Reden, Artikel und Aufsätze von 1945 bis heute. Er bietet einen Querschnitt durch Leben und breit gefächertes politisches und publizistisches Wirken eines profilierten Friedenskämpfers und Antifaschisten und ist zugleich ein plastisches Spiegelbild der Zeitgeschichte. Schwerpunkte: Autobiographisches zum antifaschistischen Widerstand und zu den Erfahrungen in der SPD; Geschichtspolitik und Geschichtsrevisionismus; Kriegsursachen und friedenspolitische Alternativen; theoretische Analysen z.B. zur Französischen Revolution oder zu Karl Marx.

PapyRossa Verlag
Luxemburger Str. 202, 50937 Köln
Tel.: (02 21) 44 85 45, Fax: (0221) 44 43 05
www.papyossa.de – mail@papyrossa.de

Conrad Taler
Verstaubte Kulisse Heimat
Über die Kausalität von Krieg und Vertreibung
Broschur, 233 S., EUR 14,90 (D)
ISBN 978-3-89438-376-3

Für Conrad Taler beginnt die Geschichte der Vertreibung nicht mit dem Kriegsende 1945, sondern mit dem Kriegsanfang. Ohne Krieg keine Vertreibung, so seine These. Er selbst entstammt einer antifaschistischen Familie, die von den sudetendeutschen Nazis bedrängt und verfolgt wurde und später wie die meisten anderen ihre Heimat verlassen musste. Taler nennt die Verursacher der Vertreibung mit Namen und kritisiert die Vergesslichkeit der heutigen völkischen sudetendeutschen Bewegung.